उर्दू साहित्य की परम्परा

उर्दू साहित्य की परम्परा

जानकीप्रसाद शर्मा

वाणी
प्रकाशन

प्रकाशन के उत्कृष्टतम 61 वर्ष

vaniprakashan.com

सजिल्द पहला संस्करण : 2001
सजिल्द दूसरा संस्करण : 2009
सजिल्द तीसरा संस्करण : 2025

वाणी प्रकाशन
4695, 21-ए, दरियागंज, नयी दिल्ली-110 002
फ़ोन : +91 11 23273167, 23275710

शाखाएँ
अशोक राजपथ, पटना-800 004, बिहार
कॉफ़ी हाउस कैम्पस, महात्मा गांधी मार्ग, प्रयागराज-211 001, उत्तर प्रदेश
महात्मा गांधी अन्तरराष्ट्रीय हिन्दी विश्वविद्यालय, वर्धा-442 001, महाराष्ट्र
sales@vaniprakashan.in
vaniprakashan@gmail.com

URDU SAHITYA KI PARAMPARA
by Janki Prasad Sharma

ISBN : 978-93-5000-123-3
Criticism

मूल्य : ₹ 595

मुद्रक : नरूला प्रिंटर्स, दिल्ली-110 032

वाणी प्रकाशन का लोगो मक़बूल फ़िदा हुसेन की कूची से

भूमिका

उर्दू भाषा हिन्दुओं और मुसलमानों के बीच मेल-जोल और जीवन-यापन में अन्तर्निर्भरता की बिना पर अस्तित्व में आई। विस्तार में जाने पर इस भाषा के जन्म के और भी कारण सामने आ सकते हैं लेकिन इनमें मेल-जोल के तत्त्व को नज़रअंदाज़ नहीं किया जा सकता। पहले इसे हिन्दवी और फिर रेख़्ता कहने का रिवाज रहा। बाद में इसके लिए 'उर्दू' शब्द प्रचलन में आ गया। साथ-साथ रेख़्ता नाम भी चलता रहा। यह भाषा दिल्ली और इसके आसपास खड़ी बोली की एक शैली के रूप में विकसित हुई लेकिन इसमें उल्लेखनीय साहित्य की रचना पहले दक्षिण में हुई। दकनी उर्दू में सोलहवीं सदी के दौरान शाइरी और गद्य-रचना की शुरूआत हो चुकी थी। बीजापुर के आदिलशाही और गोलकुंडा के क़ुतबशाही शासकों के दौर में उर्दू दकनी मुहावरे में फूली-फली। उत्तर भारत में भी उर्दू में रचना के प्रमाण सत्रहवीं सदी के दौरान मिलने लगते हैं लेकिन इसके संस्कारित होने में समय लगा और अठारहवीं सदी की शुरूआत से इसमें बाक़ायदगी से साहित्य रचा जाने लगा। इस प्रकार उर्दू साहित्य की तीन सौ वर्ष से ऊपर की सुस्पष्ट परम्परा रही है।

इन तीन सौ वर्षों के हिन्दी और उर्दू साहित्यों के विकास को एक-दूसरे की मुनासबत में देखने-समझने की ज़रूरत है। उर्दू ने हिन्दी भाषा और साहित्य में कुछ नए आयाम जोड़े हैं, वहीं हिन्दी ने उर्दू भाषा और साहित्य में भारतीय तत्त्वों की समाहिति को प्रोत्साहित करने में सहकारी भूमिका निभाई है। कम से कम इन तीन सौ वर्षों में दोनों भाषाओं की सर्जनात्मकता का विकास इतना साझा रहा है कि किसी एक को बरतरफ़ करके दूसरी भाषा के साहित्य का आकलन अधूरा रहेगा।

हिन्दी और उर्दू के दो भिन्न लिपियों में लिखी जानेवाली एक भाषा होने के विचार को लेकर मत-भिन्नता की स्थिति रही है। इस पर बहस-मुबाहिसे होते रहे हैं और होते रहने चाहिए। कभी उर्दू में रचना के नमूनों को देखकर लगता है कि लिपि-भेद के साथ ये दोनों भाषाएँ एक ही हैं। शाइरी और कथा-साहित्य में ये नमूने इफ़्रात में मिल जाते हैं। इसका ताज़ा उदाहरण सलाहुद्दीन परवेज़ की प्रगीत-रचना 'परमात्मा के नाम आत्मा के पत्र' है। इसके विपरीत फ़ारसीनिष्ठ उर्दू में शुरू से ही रचनाएँ होती रही हैं जो हिन्दी की प्रकृति से मेल नहीं खातीं और उर्दू के एक अलग भाषा होने

के तर्क की पुष्टि करती हैं। साहित्यिक अभिव्यक्तियों का यह अन्तर हमें महत्वपूर्ण नहीं होना चाहिए। हमारे लिए महत्व इस बात का है कि विशेष रूप से हिन्दी-क्षेत्र के अवाम जिस भाषा को व्यवहार में लाते हैं उसमें इस विभेद के लिए कोई ख़ास गुंजाइश नहीं है। उर्दू यदि स्थानीय बोलियों के मुहावरे और शब्द-भंडार को आत्मसात् कर ले तो रहा-सहा भेद भी ख़त्म हो सकता है।

उर्दू साहित्य की परम्परा की विभिन्न धाराओं के सम्यक् विवेचन के लिए एक व्यवस्थित प्रबन्ध की दरकार है। इसमें सर्जनात्मकता के विकास के कई अहम मोड़ रहे हैं। इसके अलावा ग़ज़ल, क़सीदा, मर्सिया, मस्नवी, शहर-आशोब आदि शाइरी के काव्यरूपों और गद्य की विधाओं की अपनी-अपनी परम्पराएँ रही हैं। प्रस्तुत पुस्तक इस विषय पर योजनाबद्ध तरीक़े से किए गए काम का नतीजा नहीं है। इसमें मेरे पिछले बीस वर्षों में उर्दू भाषा और साहित्य पर लिखे गए लेखों को संकलित कर दिया गया है। इनमें से अधिकांश लेख 1980 और 2000 के बीच विभिन्न पत्र-पत्रिकाओं में प्रकाशित हो चुके हैं। लेखों के एकत्र होने पर उर्दू साहित्य की परम्परा की एक रूपरेखा स्वाभाविक रूप से बन गई है। किसी न किसी लेख के बहाने उर्दू साहित्य की प्रमुख प्रवृत्तियाँ चर्चा के बीच आ गई हैं। आशा है, वली दकनी से लेकर हाल के दौर तक के साहित्य—विशेष रूप से शाइरी—का एक ख़ाका इन लेखों के आधार पर बन सकेगा।

मैं 'समकालीन भारतीय साहित्य', 'आजकल', 'विपाशा', 'उद्भावना', 'कथादेश', 'मधुमती', 'राजभाषा भारती', 'धरती', 'शाइर' (उर्दू), 'नया मानदंड', 'इंडिया टुडे', 'जनसत्ता', 'नवभारत टाइम्स' और 'राष्ट्रीय सहारा' के प्रति आभार व्यक्त करता हूँ कि इन पत्र-पत्रिकाओं के माध्यम से ही ये लेख पाठकों तक पहुँच सके हैं।

उर्दू साहित्य पर बातचीत के रूप में यह विनम्र प्रयास आपके सामने है। आपकी मूल्यवान प्रतिक्रिया का स्वागत है।

वाणी प्रकाशन के श्री अरुण माहेश्वरी ने उर्दू साहित्य सम्बन्धी व्यापक योजना के तहत इस किताब को प्रकाशित किया। इस हेतु उनका हार्दिक धन्यवाद।

बी-330, अशोकनगर, शाहदरा
दिल्ली-110093

जानकीप्रसाद शर्मा
5.3.2000

अनुक्रम

साझा भाषा और संस्कृति के कवि वली दकनी

फ़ारसी की तुलना में अपनी स्थानीय भाषा को काव्य-रचना की सामर्थ्य प्रदान करनेवाले शाइर के रूप में 'वली' का ऐतिहासिक योगदान रहा है। उनका जन्म 1648 ई. में औरंगाबाद में हुआ। उन्हें वली दकनी, वली औरंगाबादी और वली गुजराती तीन नामों से पुकारा जाता है, जो उनके अलग-अलग मूलस्थानों को सूचित करते हैं। कुछ वृत्तान्तकारों के अनुसार वे गुजरात के थे और उनका जन्म अहमदाबाद में हुआ था। उनका नाम मुहम्मद वली उल्लाह था। जबकि दूसरे वृत्तान्तकार उनका नाम वली मुहम्मद बताते हैं और वतन औरंगाबाद। अन्तर्साक्ष्यों के आधार पर दूसरा मत ही उचित प्रतीत होता है। वली ज्ञानार्जन के उद्देश्य से अपनी युवावस्था के आरम्भ में अहमदाबाद गए। उनकी देशाटन की रुचि भी इसका एक कारण थी। जैसाकि उनके बाद के जीवन में सिद्ध भी हुआ और उन्होंने सूरत व दिल्ली की यात्राएँ कीं। अहमदाबाद जाकर शाह वजीहुद्दीन की ख़ानक़ाह के मदरसे में उस समय के प्रसिद्ध अध्यात्मवादी व्यक्तित्व शेख़ नूरुद्दीन सुहारावर्दी से शिक्षा प्राप्त की। इन शेख़ साहब से उन्होंने तसव्वुफ़ का मर्म समझा। तसव्वुफ़ की लोकवादी व्यापक दृष्टि से वे गहरे में प्रभावित हुए। बाद में चलकर यह उनकी शाइरी की मुख्य भूमि बनी। यहीं शे'र कहने की रुचि जाग्रत हुई। वतन औरंगाबाद लौटने के बाद उन्होंने बाक़ायदा शाइरी की शुरूआत की। कर्बला के शहीदों की प्रशंसा में 'दह मजलिस' शीर्षक एक मस्नवी लिखी। 1744 ई. में अहमदाबाद में उनका निधन हुआ। उनके मज़ार को आज 'चीनी पीर' के नाम से जाना जाता है।

वली स्वच्छन्द वृत्ति के एक फक्कड़ व्यक्ति थे। प्रेम ही उनका दीन और ईमान था। इस संसार को नश्वर मानते हुए भी जीवन में उनकी गहरी आस्था थी। मिलनसार तबीयत और धार्मिक सहिष्णुता के कारण उनके परिसर में अनेक हिन्दू मित्र शामिल थे। खेम दास औरंगाबादी, अमृतलाल गौहर और गोविन्द लाल आदि मित्रों का ज़िक्र उनके शे'रों में मिलता है। श्री रामबाबू सक्सेना ने अपने इतिहास में उन्हें 'सूफ़ी मंश फ़क़ीर मशरब शख़्स' ठीक ही कहा है। अपने इस जीवन-दर्शन के कारण वली ने किसी अमीर या बादशाह की प्रशंसा में शे'र नहीं कहे।

कहा जाता है कि वली का दो बार दिल्ली आना हुआ। वे पहली बार 1700

ई. में औरंगज़ेब के ज़माने में दिल्ली आए। दिल्ली के प्रसिद्ध विद्वान शाह सादुल्लाह गुलशन की ख़िदमत में हाज़िर हुए। वली ने उन्हें रेख़्ता में अपने कुछ शे'र सुनाए। इस पर शाह साहब ने वली से कहा—"ये तमाम फ़ारसी के विषय जो बेकार पड़े हैं, इन्हें रेख़्ता में ढाल दो, तुम्हारी कोई बराबरी न कर सकेगा।" वली ने शाह साहब के इस परामर्श को गम्भीरता से लिया और वतन औरंगाबाद लौटकर सिर्फ़ रेख़्ता में ही ग़ज़लें कहीं। वे दूसरी बार मुहम्मद शाह के युग में दिल्ली आए। इस बार वे अपना दीवान भी साथ लाए। वली के दो बार दिल्ली आगमन की धारणा का आधार 'आबे-हयात' (1910) में प्राप्त विवरण है। डॉ. सैयद नूरुल हसन हाशमी ने 'कुल्लियाते वली' की भूमिका में इस धारणा पर प्रश्न-चिह्न लगाया है। 'आबे-हयात' पृष्ठ 113 पर वली के नाम से उद्धृत एक शे'र है जिससे वली की दो यात्राओं का भ्रम खड़ा हो जाता है। शे'र है—

दिल 'वली' का ले लिया दिल्ली ने छीन
जा कहो कोई मुहम्मद शाह सूँ

दरअस्ल यह शे'र वली का न होकर शेख़ शर्फ़ुद्दीन 'मज़्मून' (1745 ई. में वर्तमान) का है, जो कि इस प्रकार है—

इस गदा का दिल लिया दिल्ली ने छीन
जा कहो कोई मुहम्मद शाह सूँ

सच्चाई यह है कि वली केवल एक बार औरंगज़ेब के शासनकाल में दिल्ली आए। उस समय दिल्ली का सूबेदार यार ख़ाँ था। वली के एक शे'र में इसका नामोल्लेख मिलता है—

क्यूँ न होवे इश्क़ सूँ आबाद सब हिन्दोस्ताँ
हुस्न की दिल्ली का है सूबा मुहम्मद यार ख़ाँ

वली 1700 ई. में ही अपना दीवान साथ लाए होंगे। इस समय उनकी आयु 52 वर्ष की थी। 1722 ई. में दीवान साथ लाने का औचित्य इसलिए भी नहीं ठहरता कि इस समय वे 74 वर्ष के थे। इसका मतलब यह हुआ कि वली को उत्तर भारत विशेषकर दिल्ली में ख्याति 74 वर्ष में जाकर मिली। जो कि ठीक नहीं जँचता।

बहरहाल वली का दीवान जब दिल्ली पहुँचा तो उन्हें सम्भ्रान्त वर्ग (उमराव और शुर्फ़ा) से लेकर जनसाधरण के बीच समान प्रतिष्ठा प्राप्त हुई। दिल्ली के साहित्यिक माहौल में फ़ारसी का बाज़ार गर्म था। ऐसे में वली की नए भाव और विषयों से युक्त रेख़्ता की ग़ज़लों ने दिल्ली के शाइरों को जनभाषा में शाइरी की प्रेरणा दी। उनके स्वागत में अनेक शे'री नशिस्तें (कवि-गोष्ठियाँ) हुईं। वे यहाँ तक लोकप्रिय हो गए

कि 'क़व्वाल उनकी मारीफ़त (अध्यात्म) की ग़ज़लें गाने लगे।' (आबे-हयात) वली की ग़ज़लों पर ग़ज़लें कही गईं। बाद में 'मीर' जैसे शाइर ने उनकी ज़मीन में कहा।

वली की अपने अनेक समकालीनों से साहित्यिक प्रतिद्वंद्विता भी रही। इसे उर्दू आलोचना की भाषा में मार्का आराई कहा जाता है। प्रायः हर दौर में समकालीनों के बीच चोटें हुई हैं। वली और नासिर अली के बीच साहित्यिक नोक-झोंक का पता चलता है। वली ने रेख़्तागोई के जोश में नासिर अली को लेकर एक शे'र कहा था—

उछल कर जा पड़े ज्यूं मिसरा-ए-बर्क़
अगर मत्‌ला लिखूँ नासिर अली कूँ

—वली

नासिर अली ने जवाब में यों कहा था—

बा एजाज़े-सुख़न गर उड़ चले वो
वली हर्गिज़ न पहुँचेगा अली कूँ

—नासिर अली

वली 'बाबा-ए-रेख़्ता' के नाम से प्रसिद्ध हैं। उन्हें उर्दू में दीवान जमा करने वाला पहला शाइर माना जाता है। लेकिन जब से क़ुतबशाही दौर के शाइरों के दीवानों (संग्रहों) का पता चला है तब से वली के पहले साहिबे-दीवान शाइर होने की धारणा ग़लत सिद्ध हो चुकी है। हाँ, वे पहले ऐसे दकनी शाइर अवश्य हैं जिनके दीवान ने दकन से बाहर उत्तर भारत में मान्यता पाई। वली के दीवान को पहली बार गार्सां द तासी ने 1833 ई. में दो भागों में संपादित किया। यह काम उन्होंने उस समय उपलब्ध आठ पांडुलिपियों के आधार पर किया। गार्सां द तासी ने दीवान के आरंभ में लंबी भूमिका भी लिखी जिसमें उन्होंने वली को उर्दू का चॉसर कहा है। इसके बाद 1872 ई. में सूरत के एक शाइर मियाँ 'समझू' ने वली का दीवान प्रकाशित किया। फिर अंजुमन तरक़्क़ी उर्दू-हिन्द ने 1947 ई. में इस दीवान को छापा। 'रिसाला-ए-उर्दू पाकिस्तान' के संपादक मुहम्मद इकराम चुग़ताई ने वली के दीवान की 97 पांडुलिपियों की सूची प्रकाशित की है जिनमें से 45 पर लेखन की तिथि दर्ज है तथा 52 पर नहीं है। ज़ाकिर हुसैन कॉलेज, दिल्ली के पूर्व प्राध्यापक डॉ. सैयद नूरुल हसन हाशमी ने उपर्युक्त प्रकाशित तथा अप्रकाशित सामग्री के आधार पर 1982 में 'कुल्लियाते वली' का संपादन किया है। कुल्लियात में ग़ज़ल, क़सीदा, मस्नवी और वासोख़्त आदि विभिन्न काव्य-रूपों में रचनाएँ संकलित हैं। लेकिन वली की रचना का मुख्य मैदान ग़ज़ल है।

वली की भाव-चेतना पर तसव्वुफ़ का गहरा प्रभाव है। इसके दो कारण हैं। एक तो शाह वजीहुद्दीन की ख़ानक़ाह में रहकर वे तसव्वुफ़ की ओर मुड़े। दूसरे, उस दौर की उर्दू-फ़ारसी शाइरी में तसव्वुफ़ ने लगभग केन्द्रीय स्थिति प्राप्त कर ली थी।

हिन्दी कविता में भी सूफ़ी मत की सुस्पष्ट परम्परा रही थी। उदार धार्मिक दृष्टिकोण के कारण तसव्वुफ़ को व्यापक सामाजिक स्वीकृति मिली। वली ने तसव्वुफ़ को काव्य-विषय की रूढ़ि के रूप में नहीं बल्कि एक उदार दृष्टिकोण के रूप में अपनाया और उसे अपने जीवन-दर्शन का अंग बनाया। वे 'क़तरे में दरिया और दिल के आईने में दुनिया' को देखते हैं।

वली के अनुसार जो व्यक्ति लामकाँ (ब्रह्म) का तलबगार है, उसे मस्कन (घर या जगत) से मोह कैसा—

जो तालिब लामकाँ का है
उसे मस्कन सूँ क्या मतलब ?

तसव्वुफ़ से उन्होंने भौतिक ऐश्वर्य के दर्प के विरोध में आवाज़ उठाने का साहस प्राप्त किया। वस्तुतः संसार को नश्वर बताकर वे धन और पद के मद में चूर लोगों को उनके जीवन की निरर्थकता का एहसास कराना चाहते हैं—

पाया है जो कोई दौलते-फ़ुक्र
मुश्ताक़ नहीं सिकंदरी का
फीकी लगे है उसकूँ शानो-दौलत
चाख्या है जो मज़ा क़लंदरी का

वली मनुष्य के आत्म-विस्तार हेतु प्रेम को अपरिहार्य मानते हैं। प्रेम ईश्वर तक पहुँचने का मार्ग तो है ही, साथ में मनुष्यत्व की गरिमा का आधार भी है। तसव्वुफ़ उन्हें दुनिया से दूर नहीं ठेलता बल्कि उसके सौन्दर्य को आत्मसात् करने की प्रेरणा देता है। वे किसी कल्पित स्वर्ग की बात नहीं करते। प्रेमी की गली में ही उनका स्वर्ग है—

इश्क़ की राह में मुसाफ़िर कूँ
हर क़दम तुझ गली में जन्नत है

'स्व' के रहते प्रेम पूर्णकाम नहीं हो सकता। जिस प्रकार कबीर प्रेम के लिए सीस उतार कर भूमि पर रखने की बात कहते हैं, उसी प्रकार वली 'ज़ात को फ़ानी' करना ज़रूरी समझते हैं—

इश्क़ में लाज़िम है अव्वल ज़ात को फ़ानी करे
हो फ़नाफ़िल्लाह दायम याद यज़्दानी करे

वली चेतना के उस धरातल पर पहुँच जाते हैं जहाँ लौकिक और ईश्वरीय प्रेम के बीच द्वैत शेष नहीं रह जाता। उनका प्रेम एक दुनियादार व्यक्ति का प्रेम है जिससे

अध्यात्म की छाया भी झाँकती नज़र आती है। प्रेम की अलग-अलग कोटियाँ उन्हें स्वीकार नहीं हैं–

शग़ल बेहतर है इश्क़बाज़ी का
क्या हक़ीक़ी ओ क्या मजाज़ी का

वली, बिहारी के समकालीन रीतिकवि थे। अतः उनके प्रेम-वर्णन में नायिका के मान आदि के संदर्भ भी आते हैं। इससे ज्ञात होता है कि उस युग के हिन्दी-उर्दू कवियों के प्रेम-वर्णन की पद्धति में काफ़ी समानता थी। नायिका के मान का एक दृश्य देखें–

मत ग़ुस्से के शोले सूँ जलते को जलाती जा
टुक मेहर के पानी सूँ तूँ आग बुझाती जा

वली के शे'रों में प्रेमी-प्रेमिका के लिए कृष्ण और राधा के नामों का भी प्रयोग किया गया है। इसे हिन्दी के रीतिकवियों का प्रभाव भी कहा जा सकता है। एक बात और है, वली के द्वारा कृष्ण और राधा के नामों के प्रयोग से यह निष्कर्ष निकालना भी अनुचित न होगा कि वे फ़ारसी के बजाय हिन्दी काव्य-परम्परा के अधिक निकट दिखाई देते हैं। कम-से-कम उनकी आरम्भिक शाइरी के विषय में यह बात पूरी तरह सच लगती है–

अगर मोहन करम सूँ मुझ तरफ़ आवे तो क्या
अदा सूँ इस क़दे-नाज़ुक कूँ दिखावे तो क्या

वली पर फ़ारसी शैली के प्रभाव से इनकार नहीं किया जा सकता। उनकी ग़ज़लों में ऐसे शे'र भी मिल जाते हैं, जहाँ वे प्रेमी को स्त्री रूप में देखते हैं। ऊपर इस प्रकार के नायिका के मान सम्बन्धी शे'र को उद्धृत भी किया गया है। वैसे इस प्रकार के शे'रों की संख्या कम है। धीरे-धीरे उन पर फ़ारसी शैली का प्रभाव पड़ने लगता है और वे प्रिय को स्त्री की बजाय पुरुष रूप में देखने लगते हैं। इसके पीछे उर्दू-फ़ारसी शाइरी में अम्रदपरस्ती (किशोर लड़कों से प्रेम) की लम्बी परम्परा रही है। फ़ारसी की यह शैली बाद की उर्दू शाइरी में एक रूढ़ि का रूप ले लेती है। आज भी उर्दू शाइरी में प्रिय को पुरुष रूप में ही देखने का रिवाज है।

वली के प्रेम विषयक शे'र भावों की नवीनता और अभिव्यक्ति की सहजता के कारण मर्म को छू लेते हैं। जीवन के प्रति रागात्मक लगाव के रहते ही इस दर्जे की शाइरी सामने आ सकती है। कुछ बेहतरीन शे'र देखिए, जो आज भी ताज़ा लगते हैं–

किया मुझ इश्क़ ने ज़ालिम कूँ आब आहिस्ता-आहिस्ता
कि आतिश गुल कूँ करती है गुलाब आहिस्ता-आहिस्ता
अजब कुछ लुत्फ़ रखता है शबे-ख़िलवत में दिलबर सूँ
ख़िताब आहिस्ता-आहिस्ता, जवाब आहिस्ता-आहिस्ता

ख़ूबरू ख़ूब काम करते हैं
इक निगाह में गुलाम करते हैं
खोलते हैं जब अपनी ज़ुल्फ़ों को
सुब्हे-आशिक़ को शाम करते हैं

वली अपनी फक्कड़ मिज़ाजी के कारण व्यापक जन समुदाय के जीवन से गहरे में जुड़े हुए थे। दरबारों से दूर रहते हुए उन्होंने अभावों का जीवन जिया था। समाज की आर्थिक विषमता ने उनके संवेदनशील मन को बहुत उद्वेलित किया था। एक ओर उमराव का विलासितापूर्ण जीवन था, दूसरी ओर अवाम का अभावग्रस्त जीवन। उनकी चिन्ता के केन्द्र में वह मनुष्य है, जो आर्थिक दरिद्रता के कारण अपना विश्वास खोने के लिए अभिशप्त है। वली के दीवान में ऐसे कई शे'र मिल जाते हैं जो उनकी दृष्टि के इस नए आयाम का परिचय देते हैं। यह यथार्थ का दबाव है जो शाइर को तसव्वुफ़ के गूढ़ रहस्यों से विमुख कर जीवन के प्रत्यक्ष रूपों की ओर उन्मुख करता है—

मुफ़लिसी सब बहार खोती है
मर्द का ऐतिबार खोती है

मुफ़लिसी जैसे सामाजिक विषयों को रीतिकालीन हिन्दी-उर्दू कविता में कोई स्थान नहीं था। आगे चलकर नज़ीर अकबराबादी ने 'मुफ़लिसी' शीर्षक से बड़ी यथार्थपरक कविता लिखी। वली यह मानते थे कि अपने समय के प्रति सजग रचनाकार के लिए नए विषयों के स्रोत कभी बंद नहीं होते—

राहे-मज़्मूने-ताज़ा बंद नहीं
ताक़यामत खुला है बाबे-सुख़न

वली मनुष्य और मनुष्य के बीच विभेद उत्पन्न करनेवाले धर्म के बाह्य रूपों का विरोध करते हैं। वे हिन्दू या मुसलमान के बजाय मनुष्य के रूप में पहचान बनाने पर ज़ोर देते हैं। तस्बीह और ज़ुन्नार (जनेऊ) बन्धन में डालते हैं, मुक्त नहीं करते। जिसे मुक्ति की आकांक्षा है उसे इन बन्धनों का क्या अर्थ है ? कहते हैं—

गर हुआ है तालिबे-आज़ादगी
बंद मत हो सब्हा-ओ-ज़ुन्नार का

अब वली की भाषा पर एक नज़र। वली के समय तक शाइरी की भाषा के लिए उर्दू शब्द का प्रचलन नहीं हुआ था। उर्दू शब्द का पहली बार प्रयोग 'मुसहफ़ी' (1750-1824) के इस शे'र में हुआ है–

ख़ुदा रक्खे ज़बाँ हमने सुनी है मीर-ओ-मिर्ज़ा की
कहें किस मुँह से हम ऐ 'मुसहफ़ी' उर्दू हमारी है

सत्रहवीं शताब्दी के उत्तरार्द्ध से लेकर अठारहवीं शताब्दी के अन्त तक शाइरी की भाषा के लिए रेख़्ता या हिन्दवी शब्दों का व्यवहार होता था। फ़ायज़, आरज़ू (1689-1756), शम्सुद्दीन जानजानाँ 'मज़हर' (1698-1781), शेख़ शर्फ़ुद्दीन 'मज़्मून', शाह मुबारक 'आबरू', सौदा (1707-1781), मीर दर्द (1720-1784) आदि शाइरों ने अपनी भाषा को रेख़्ता और हिन्दवी कहा है। दक्षिण के मुल्ला वजही और मुल्ला ग़वासी जैसे शाइरों की भाषा को दकनी कहा जाता था। इससे ज्ञात होता है कि उत्तर रीतिकाल की शाइरी की भाषा में फ़ारसीयत से मुक्त होने का आग्रह दिखाई देता है। बावजूद इसके कि फ़ारसी को राजाश्रय प्राप्त था और 'बेदिल' जैसे फ़ारसी शाइरों की धाक बनी हुई थी, जनसामान्य की रुचि स्थानीय रंग की भाषा में ज़्यादा थी। लेकिन उत्तर भारत में फ़ारसी को अपदस्थ करना मुश्किल हुआ। यह काम पहले दक्षिण में सम्पन्न हो सका।

सत्रहवीं शताब्दी के दौरान रेख़्ता के निर्माण की प्रक्रिया उत्तर भारत में चल रही थी। लेकिन मुसलमान शासकों की दक्षिण विजय के साथ यह भाषा दक्षिण पहुँची। तब इसे काव्य-भाषा का गौरव प्राप्त हुआ। गोलकुंडा और बीजापुर के क़ुतबशाही और आदिलशाही दरबारों में रेख़्ता और दकनी में काव्य-रचना को प्रोत्साहित किया गया। बीजापुर के इब्राहीम आदिलशाह ने बहुत पहले फ़ारसी के स्थान पर दकनी उर्दू को राजभाषा बना दिया था। वह भारतीय संगीत का भी अच्छा ज्ञाता था। उसने भारतीय रागों पर 'नवरस' नामक काव्य की रचना की जिसमें दकनी उर्दू के साथ-साथ ब्रजभाषा का भी व्यहवार किया गया है। गोलकुंडा के क़ुतबशाही वंश में कई प्रसिद्ध शाइर हुए। क़ुली क़ुतबशाह का तो दीवान भी मिलता है। इस प्रकार वली से पहले दक्षिण में फ़ारसी से अलग न केवल भाषा आकार ले चुकी थी बल्कि उसमें काव्य-रचना भी आरम्भ हो चुकी थी। वली के सामने एक ओर परम्परा से प्राप्त दकनी भाषा थी, दूसरी ओर उत्तर और दक्षिण के लोगों की अन्तर्क्रियाओं से जन्म ले रही नई भाषा। यह दूसरी भाषा रेख़्ता थी जिसे बाद में उर्दू कहा गया। वास्तविकता यह है कि हम ब्रजभाषा और रेख़्ता के दक्षिण भारतीय रूप को दकनी उर्दू कह सकते हैं। वली के अध्येता सैयद मुहम्मद फ़ैयाज़ की दकनी उर्दू के बारे में राय है कि जब मुसलमान फ़ौजें अपनी ज़बान को मुल्क दकन ले गईं तो वहाँ के मुहावरे उस भाषा में दाख़िल हो गए। इसे हम ख़राब क़िस्म की उर्दू नहीं कह सकते बल्कि इसे उर्दू की एक शाख़ तस्लीम करना

चाहिए। वली जैसे शाइरों की कोशिशों से इसे एक अदबी ज़बान की हैसियत मिली।

वली की काव्य-भाषा न ठेठ दकनी है और न फ़ारसीनिष्ठ रेख़्ता। उन्होंने दकनी के मूल संस्कार को सुरक्षित रखा और उसमें रेख़्ता की प्रवाहमयता और व्यंजकता का योग किया। उन्हें फ़ारसी के परम्परागत प्रतीकों और शब्दबन्धों (बन्दिशों) से भी परहेज़ नहीं था लेकिन अपनी देसी ज़बान की रंगत देकर ही इन्हें अपनाया। यह मात्र सतही तौर पर शब्द-प्रयोग का मामला नहीं है। इसके पीछे जातीय चेतना कारण रूप में विद्यमान है। वली जिस समाज के बीच रह रहे थे उसकी सांस्कृतिक पहचान दकनी हिन्दी या उर्दू में सुरक्षित थी, न कि फ़ारसी में। एक रचनाकार के रूप में उनकी यह विवशता थी कि वे अपने समाज के रीति-रिवाज और जीवन-शैली का निरूपण उसी की भाषा में करते। इसलिए वली का दीवान जब दिल्ली आया तो यहाँ के शाइर इसलिए अभिभूत नहीं हुए कि वली ने दिल्ली की ज़बान में आला दर्जे की शाइरी की थी बल्कि वली की ग़ज़लें पढ़कर और सुनकर दिल्ली के शाइरों ने अनुभव किया कि अपनी भाषा में भी उत्कृष्ट काव्य-रचना सम्भव है और समाज में इसे इतनी अधिक प्रतिष्ठा मिल सकती है। 'मीर' ने वली की इस भाषा-क्षमता को लेकर प्रशंसा की थी और उन्हें अपना आदर्श स्वीकार किया था–

ख़ूगर नहीं हम यूँ ही कुछ रेख़्तागोई के
माशूक़ जो अपना था बाशिंदा दकन का था

मुसहफ़ी ने भी यह माना है कि रेख़्ता में काव्य-रचना का प्रवर्तन वली ने ही किया है–

रेख़्तागोई की बुनियाद वली ने डाली
बाद अज़ाँ ख़ल्क़ को मिर्ज़ा से है और मीर से फ़ैज़

लोकभाषा की पूर्ववर्ती शाइरी तो वली के संस्कारों में रची बसी थी, साथ में उन्होंने फ़ारसी शाइरी का भी गहराई से मनन किया। वे ख़ुसरो, सादी और नज़ीरी से काफ़ी प्रभावित हुए। वली के कई शे'र इन शाइरों के भावानुवाद लगते हैं पर भाषा अपनी ज़मीन की ही है। जैसे–

तू चुनाँ गिरफ़्ताँ ई जाँ बामियान जान शीरीं
ना तवाँ तुरा वजारा ज़े हमइम्तियाज़ कर्दन

–नज़ीरी

ऐसा बसा है आकर तेरा ख़्याल ज्यू में
मुश्किल है ज्यू सूँ तुजको अब इम्तियाज़ करना

–वली

वली से पहले दकन और उत्तर भारत में शाइरी की भाषा का विकास अलग-अलग तरह से हो रहा था। एक क्षेत्र के लोगों को दूसरे क्षेत्र की भाषा सहज ही बोधगम्य नहीं थी। वली ने दोनों के जनजीवन से निकटता स्थापित की और उनकी सांस्कृतिक वृत्तियों के सामान्य बिन्दुओं की तलाश की। इसके परिणामस्वरूप वे एक ऐसी भाषा को रिवाज देने में सफल हुए जो फ़ारसी से इतर शाइरी की मानक भाषा हो सकती थी। वली से पहले ऐसी भाषा नहीं मिलती जिसे उत्तर और दक्षिण दोनों के लोग बोलें और समझें।

जिस रूप में मुल्ला वजही, ग़वासी और नुसरती दकनी के शाइर हैं, उस रूप में वली नहीं हैं। इन तीनों शाइरों के यहाँ ठेठ दकनी और गुजराती के प्रयोगों का बाहुल्य है। लेकिन वली अपनी दकनी पहचान के साथ सरल उर्दू के शाइर हैं। अलबत्ता उनकी आरम्भिक ग़ज़लों की भाषा इन शाइरों के नज़दीक जान पड़ती है। बाद की ग़ज़लों में वे एक ऐसी भाषा के सृजन के लिए प्रयत्नशील रहते हैं जो भारत की अदबी ज़बान बन सके। इस प्रयत्न में उन्होंने फ़ारसी तत्सम और दकनी देशज शब्दों को इस तरह फैंटा है कि उन्हें छाँटकर अलग करना दुष्कर है। मुहम्मद हुसैन आज़ाद ने ठीक ही कहा है कि ''वली ने एक ज़बान को दूसरी ज़बान में ऐसा नामालूम जोड़ लगाया है कि ज़माने ने कई करवटें बदली हैं मगर पैवन्द में जुम्बिश नहीं आती।''

इसी प्रसंग में आगे चलकर 'आज़ाद' ने वली की भाषा पर जो टिप्पणी की है, वह ग़ौर तलब है। कहते हैं, ''उस वक़्त के उमराव और शुर्फ़ा की ज़बान का पता दीवान-ए-वली के सिवा किसी से नहीं चलता।'' अर्थात् आज़ाद के अनुसार वली ने दिल्ली के शिक्षित और सम्भ्रान्त वर्ग की ज़बान में शाइरी की। इसका अभिप्राय यह हुआ कि उनकी शाइरी से अवाम की ज़बान के मुहावरे का पता नहीं चलता। वस्तुतः आज़ाद का यह कथन वली की भाषा के एक स्तर को लेकर उचित प्रतीत होता है, उनकी समग्र भाषा को लेकर नहीं। क्योंकि वली, उत्तर भारत में उनके समकालीन 'फ़ायज़' (1738 ई. मृत्यु) तथा उनके परवर्ती शाइर 'सौदा' और 'मीर' की भाषा का एक स्तर उमराव व शुर्फ़ा के जीवन के सम्बन्ध रखता है और दूसरा स्तर अवाम के जीवन से। मसलन,

फीकी लगे है उसकूँ शानो-दौलत
चाख्या है जो मज़ा क़लंदरी का
कहता है वली पुकार या बात
बंदा हूँ पिया की दिलबरी का

यह उमराव और शुर्फ़ा की ज़बान नहीं हो सकती। यह खाँटी देसी मुहावरा है जिसका सम्बन्ध जनभाषा से है।

दूसरे, सम्भ्रान्त वर्ग की ज़बान में 'नज़दीक' के लिए 'नजीक' और 'सूरज' के

लिए 'सुरज' शब्द शामिल नहीं हो सकते, आम बोलचाल में ही यह उच्चारण प्रचलित रहा होगा—

जग में जो ऐतिबार न पाया तेरे नजीक
होकर ख़जल सुरज ने लिया है गगन में जा

इसी प्रकार फ़ारसीनिष्ठ उर्दू के क़ायल उमराव और शुर्फ़ा 'यह' के लिए 'यो' और 'से' के लिए 'सूँ' शब्दों का व्यवहार न करते होंगे। लेकिन वली की पूँजी यही शब्द हैं। इस वर्ग के लिए 'मुख रूपी किताब' प्रयोग भी अटपटा लगता होगा लेकिन वली कहते हैं—

है मदरसे में चर्ख़ के ख़ुर्शीद फ़ैज़ बख़्श
जब सूँ लिया है दर्स तेरी मुख किताब का

मुल्ला वजही की 'क़ुतब मुश्तरी' (1608 ई.) और 'सबरस' (1635 ई.) की भाषा के विकास के अगले सोपान को वली की शाइरी में देखा जा सकता है। वजही आदि अन्य कवियों से भिन्न पहचान रखते हुए भी वली की भाषा अठारहवीं-उन्नीसवीं शताब्दी की दिल्ली और लखनऊ की काव्य-भाषा से कोई मेल नहीं रखती। अलबत्ता धीरे-धीरे उनकी भाषा में फ़ारसी के समास और बन्दिशों का चलन बढ़ने लगता है। वली के समय की दकनी भाषा की विशिष्ट प्रकृति के सम्बन्ध में डॉ. रामविलास शर्मा की मान्यता है कि, "बाद की दकनी में फ़ारसी शब्द ज़्यादा आए थे लेकिन वे ऐसे हैं जो उत्तर भारत की बोलियों में घुल-मिल गए थे। ख़ास बात यह है कि दकनी में उन शब्दों का बहिष्कार नहीं किया गया जो बाद की उर्दू में मत्रूक समझे गए।" (भाषा और समाज, पृ. 292) डॉ. शर्मा उर्दू के उत्तरोत्तर क्लिष्ट होते जाने के पीछे मत्रूकात के सिद्धान्तों को ही ज़िम्मेदार मानते हैं। जैसे-जैसे कविता के नियमों पर सामन्ती दबाव बढ़ता गया, वैसे-वैसे यह सिद्धान्त ज़ोर पकड़ता गया।

वली की भाषा उर्दू के विकास के उस चरण को सूचित करती है जब हिन्दी या ब्रजभाषा के प्रयोगों को मत्रूक (निषिद्ध या बहिष्कृत) नहीं माना जाता था बल्कि जनसामान्य के बीच एक मिली-जुली भाषा को सराहा जाता था। वली के साथ फ़ायज़, सौदा, मीर और नज़ीर में हिन्दी के प्रयोगों के प्रति यह खुलापन बदस्तूर जारी रहा। नज़ीर की तो आगरा की बोली के कवि के रूप में पहचान ही बन गई। वली अपनी भाषा-सृष्टि में अरबी-फ़ारसी शब्दावली से आक्रान्त न होने वाले पहले शाइर हैं। शायद उनकी कोई ग़ज़ल हिन्दी शब्दों से खाली नहीं है। एक ग़ज़ल के दो शे'र देखिए—

पिरत की जो कंठा पहने उसे घर-बार करना क्या
हुई जोगन जो कुई पी की उसे संसार करना क्या

जो पीवे नीर नैना का उसे क्या काम पानी सूँ
जो भोजन दुख का करते हैं उसे आधार करना क्या

वली के यहाँ ऐसे तद्‌भव प्रयोग भी मिल जाते हैं जिनका संस्कृत तत्सम से सम्बन्ध बिठाना कठिन हो जाता है। डॉ. मोहन अवस्थी ने 'हिन्दी रीतिकविता और समकालीन उर्दूकाव्य' पुस्तक के पृष्ठ 175 पर वली का एक शे'र उद्धृत किया है–

उस बेवफ़ा की तर्ज़ सूँ शिकवा नहीं 'वली'
है जंग रात देस मुझे मुझ नसीब सूँ

डॉ. अवस्थी के अनुसार संस्कृत 'दिवस' से हिन्दी में 'द्यौस' आया और उर्दू में 'देस'। इस प्रकार 'रात-देस' का अर्थ रात-दिन होना चाहिए। वली की चेतना पर किसी अंश में संस्कृत काव्य-परम्परा के प्रभाव से भी इनकार नहीं किया जा सकता। उनका संस्कृत से सीधा सम्पर्क भले न रहा हो लेकिन उनसे पहले दक्षिण में भारतीय पृष्ठभूमि पर आधारित अनेक काव्यकृतियों की रचना हो चुकी थी। ग़व्वासी की 'हितोपदेश' के फ़ारसी अनुवाद पर आधारित 'तूतीनामा' (1631 ई.) और इब्राहीम आदिलशाह की 'नवरस' जैसी मस्नवियाँ विशेष रूप से उल्लेखनीय हैं। मस्नवियों के अलावा उस दौर में ग़ज़लों में भी रामायण और महाभारत के पात्रों का उल्लेख मिलता है। दकनी शाइर 'लुत्फ़ी' का एक शे'र है–

'लुत्फ़ी' तेरे पलन की पाकी कहाँ है इसमें
ज्यूँ पाँच पांडवों के कहते सो दुरपती हूँ मैं

वली के कुल्लियात में ऐसे अनेक शे'र मिल जाते हैं, जहाँ वे पौराणिक पात्रों से सम्बन्धित अप्रस्तुत विधान के माध्यम से अपनी बात कहते हैं, जैसे–

जोधा जगत के क्यूँ न डरें तुझ सूँ ऐ सनम
तर्कश में तुझ नयन के हैं अर्जुन के बान आज

प्रसंगवश वली के पूर्ववर्ती दकनी कवि सुल्तान अब्दुल्लाह क़ुतब शाह का यह शे'र भी देखिए–

हरेक तेरा पलक है राम का बान
हरेक सूका है तेरा ज्यूँ कटार

यहाँ 'सूका' का अर्थ 'भौंह' है। 'अर्जुन का बान' और 'राम के बान' जैसे प्रयोगों से यह अनुमान करना ग़लत न होगा कि वली और अन्य दकनी कवि रामायण और महाभारत के लोक-व्याप्त आख्यानों से भली-भाँति परिचित थे। इसके साथ ही

साथ उनकी भाषा दरबार के बजाय लोक के अधिक समीप थी। अतः यह बात पूरे निश्चय के साथ कही जा सकती है कि वली की भाषा की जड़ें मात्र फ़ारसी काव्य-परम्परा में नहीं हैं।

इस संक्षिप्त चर्चा से यह बात भली-भाँति स्पष्ट हो जाती है कि वली की शाइरी सत्रहवीं-अठारहवीं शताब्दी के दौरान की साझा संस्कृति की एक झाँकी प्रस्तुत करती है। उनकी शाइरी से एक साथ हिन्दी और उर्दू भाषा एवं काव्य के विकास को समझने में मदद ली जा सकती है। जहाँ तक उर्दू शाइरी के इतिहास की बात है, उन्हें इसमें एक युग-प्रवर्तक की हैसियत प्राप्त है। आज भी वे हमें अपनी जनपदीय भाषाओं की शक्ति को पहचानने की प्रेरणा देते हैं।

—'राजभाषा भारती', जुलाई-दिसम्बर, 1998

सौदा : उर्दू के पहले समर्थ व्यंग्य-कवि

मिर्ज़ा मुहम्मद रफ़ी 'सौदा' ने अठारहवीं शताब्दी में दिल्ली और लखनऊ में साहित्यिक-सांस्कृतिक वातावरण के निर्माण में महत्वपूर्ण भूमिका अदा की है। उर्दू अदब में उन्हें एक उच्चकोटि के शाइर के साथ-साथ एक ज़बानसाज़ का दर्जा हासिल है। वली दकनी ने जिस रेख़्ता ज़बान को शाइरी में रिवाज दिया था, उसे अपने कृतित्व से समृद्ध करनेवालों में दिल्ली के 'सौदा' और 'मीर' (1722-1810 ई.) जैसे महान् रचनाकारों का बड़ा योगदान रहा। 'सौदा' और 'मीर' के युग को उर्दू शाइरी का स्वर्णगुण कहा जाता है।

'सौदा' का जन्म 1706-7 ई. में दिल्ली में हुआ। उनके पिता पेशे से व्यापारी थे। 'सौदा' अपने पिता की इकलौती सन्तान थे। 'सौदा' के समकालीन कवि और वृत्तान्तकार 'मुसहफ़ी' ने अपनी पुस्तक 'रियाज़ुलफ़स्हा' में लिखा है कि 'सौदा' कम इल्म थे। यह हो सकता है कि 'सौदा' ने मदरसों में विधिवत् शिक्षा प्राप्त न की हो। लेकिन उनकी पारिवारिक पृष्ठभूमि और शाइरी की हर विधा में उनके असाधारण अधिकार को देखते हुए यह कहना उचित न होगा कि 'सौदा' कम पढ़े-लिखे थे। उनके नाना भी अपने ज़माने के बड़े शाइर थे, 'सौदा' को उनसे भी मार्गदर्शन प्राप्त हुआ होगा। और फिर मदरसे की सनदों से कोई शाइर बड़ा नहीं होता। उसकी सबसे बड़ी सनद तो उसके अदबी कारनामे हैं।

मिर्ज़ा मुहम्मद रफ़ी ने अपना उपनाम 'सौदा' क्यों रखा ? दरअस्ल तख़ल्लुस बड़े सोच-विचार के बाद रखा जाता है क्योंकि बहुत-से शाइर नाम से कम उपनाम से ज़्यादा जाने जाते हैं। मिर्ज़ा इससे लापरवा थे। अपने पैतृक व्यवसाय में ही उन्हें उपनाम मिल गया। मुहम्मद हुसैन 'आज़ाद' ने लिखा है कि "बाप की सौदागरी सौदा के लिए वजहे-तख़ल्लुस हुई।" (आब-ए-हयात, पृ. 182)

'सौदा' अपनी दुकान के सामान के बजाय दिल के सौदे में अधिक रुचि रखते थे। पैतृक व्यवसाय पिता के साथ ही जाता रहा। व्यवसाय ठप्प हो जाने के बाद आर्थिक निश्चिन्तता का दौर ख़त्म हुआ। जीविका के लिए उन्होंने फ़ौज में नौकरी कर ली। फ़ौज की नौकरी का कार्यकाल बहुत सीमित रहा। जैसा कि उस दौर के सभी शाइरों के साथ हुआ, 'सौदा' को भी नवाबों और अमीरों की मुसाहबत (सान्निध्य)

का मार्ग अपनाना पड़ा। दिल्ली हो या लखनऊ वे आजीवन किसी न किसी आश्रयदाता से जुड़े रहे।

'सौदा' ने किशोर और युवावस्था की वयःसन्धि से शे'र कहना शुरू कर दिया था। 'मीर' की तरह 'सौदा' ने भी पहले-पहल फ़ारसी में शे'र कहे। फ़ारसी में अपने समय के प्रसिद्ध विद्वान और शाइर ख़ान आरजू से इस्लाह लेते थे। ख़ान आरजू ने 'ग़रायबुल लुग़ात' नामक फ़ारसी शब्दकोश का सम्पादन किया था। शुरू के दौर में ही कभी-कभी उर्दू में भी शे'र कह लिया करते थे। उर्दू में उन्हें सतत लेखन की प्रेरणा फ़ारसी के एक विद्वान ने दी। 'सौदा' को इस विद्वान की यह बात बहुत उचित प्रतीत हुई कि शाइरी की पहुँच आम लोगों तक तभी होगी जबकि आम लोगों की ज़बान में शाइरी की जाए। 'मीर' के साथ भी यही हुआ था। वे अपने एक आत्मीय की प्रेरणा से उर्दू में सृजन की ओर मुड़े थे। 'सौदा' ने उर्दू में पहले सुलेमान क़ुली ख़ाँ 'दाऊद' को उस्ताद बनाया। कुछ समय बाद 'हातिम' के शागिर्द हो गए। जब तक आवश्यकता समझी शाह 'हातिम' से इस्लाह लेते रहे। जल्द ही 'सौदा' की गिनती रेख़्ता के नामी उस्तादों में होने लगी। यहाँ तक कि बादशाह शाह आलम भी उनके शागिर्द हुए।

'सौदा' के स्वभाव में दैन्य नहीं था। न ही वे अपने प्रति दूसरों की दीनता पसंद करते थे। वे बहुत ही शान्त और विनम्र प्रकृति के व्यक्ति थे। 'मीर' ने अपने वृत्तान्त 'निकातुश्शुअरा' में सौदा के विषय में लिखा है—''जवाने अस्त ख़ुश ख़ल्क़-ओ-शगुफ़्ता रूए।'' अर्थात् एक हँसमुख, विनम्र और शालीन व्यक्ति।

'सौदा' की अभिरुचियाँ विचित्र थीं। उन्हें नए-नए कुत्ते पालने की धुन सवार रहती थी। वैसे शाइरी और सगपरस्ती (कुत्ते पालना) में कुछ संगति नज़र नहीं आती। पर 'सौदा' औघड़ थे। शायद इस तरह के शौक़ों ने उन्हें व्यंग्य-कविता की ओर प्रेरित किया हो। अनेक साक्ष्यों से उनकी अभिरुचि की पुष्टि होती है। 'सौदा' के एक अध्येता शेख़ चाँद ने लिखा है, ''सौदा को कुत्ते पालने का बुरा शौक़ था। कच्चे रेशम जैसे बालों वाले कुत्ते पालता था।'' (देखिए 'सौदा' पृष्ठ 77) अन्तर्साक्ष्यों से भी इसकी पुष्टि होती है। 'सौदा' ने 'फ़िदवी' की हज्व में अपने बारे में एक मिसरा कहा है—'सग बहुत ख़ूब मैंने हैं पाले।'

'सौदा' को आत्म-सम्मान और मुसाहबत में तालमेल बैठाना आता था। जहाँ यह तालमेल बैठता दिखाई नहीं देता था, वहाँ से तत्काल मुक्त होकर घर का रास्ता पकड़ लेते थे। मुहम्मद हुसैन 'आज़ाद' ने 'सौदा' से जुड़े एक रोचक प्रसंग का उल्लेख किया है। एक दिन 'सौदा' हस्बे मामूल शाह आलम के दरबार में पहुँचे। कुछ बातचीत के बाद बादशाह ने पूछा, ''भई मिर्ज़ा, कै ग़ज़लें रोज़ कह लेते हो ?''

''जब तबीयत लग जाती है, दो-चार शे'र कह लू हूँ।'' सौदा का जवाब था।

शाह आलम ने आत्म-श्लाघा के अंदाज़ में कहा, ''भई, हम तो पाख़ाने में बैठे-बैठे

चार ग़ज़लें कह लेते हैं।''

"हुज़ूर, वैसी ही बू भी आती है।'' और इस जवाब के बाद 'सौदा' उठकर चल दिए। फिर कभी शाह आलम के दरबार की ओर मुड़कर नहीं देखा।

(आब-ए-हयात, पृ. 183)

यह थी 'सौदा' की हाज़िरजवाबी और स्पष्टवादिता।

'सौदा' के पहले आश्रयदाता मुहम्मदशाही युग के एक प्रभावशाली अमीर बसन्त ख़ाँ थे। फिर उन्हें नवाब अमादुलमुल्क ग़ाज़ी उद्दीन ख़ाँ ने आश्रय दिया। नवाब की पत्नी ग़न्ना बेगम शाइरा थीं। इसलिए नवाब के यहाँ 'सौदा' की बड़ी क़द्र थी। 'सौदा' बेगम के शे'रों में संशोधन किया करते थे।

यह वह दौर था जब दिल्ली उजड़ रही थी और लखनऊ आबाद हो रहा था। अवध का सूबेदार पद-प्रतिष्ठा में दिल्ली के बादशाह के वज़ीर के समतुल्य होता था। लेकिन केन्द्र के निरन्तर अशक्त होते जाने के कारण अवध जैसे सूबों ने स्वाधीनता की घोषणा कर दी। सूबेदार सफ़दरजंग ने 1707 ई. में अवध को एक स्वतन्त्र स्वशासित क्षेत्र घोषित कर दिया। उसकी मृत्यु के बाद शुजा उद्दौला ने सत्ता सँभाली। शुजा उद्दौला के समय तक राजधानी फ़ैज़ाबाद थी। उनके उत्तराधिकारी आसफ़ुद्दौला ने लखनऊ को अपनी राजधानी बनाया। उन्होंने शहर के सौन्दर्यकरण पर विशेष ध्यान दिया। व्यापार-व्यवसाय को प्रोत्साहित किया। ग़रज़ यह कि दिल्ली की विपन्नता के मारे शाइर और अदीब लखनऊ की सम्पन्नता की ओर आकृष्ट होने लगे।

'सौदा' ने अपनी आयु के 56 वर्ष दिल्ली में बिताए। अब तक वे शाइरी में इतना नाम कर चुके थे कि उनकी प्रसिद्धि देश के विभिन्न भागों, विशेषकर फ़ैज़ाबाद और लखनऊ में हो चुकी थी। 'सौदा' के दिल्ली छोड़कर लखनऊ जाने की कहानी बड़ी अजीब है। पहले हम यह जान लें कि 'सौदा' दिल्ली की गलियाँ छोड़कर लखनऊ प्रवास करनेवाले पहले बड़े उर्दू शाइर हैं। 'सौदा' 1775 ई. में लखनऊ पहुँचे और 'मीर' 1782-83 में।

अहमद शाह अब्दाली के दूसरे आक्रमण ने दिल्ली की रही-सही शक्ति नष्ट कर दी। आलमगीर द्वितीय का क़त्ल हुआ और मीर व सौदा के आश्रयदाता अमादुलमुल्क ने दिल्ली से पलायन कर दिया। वे भरतपुर होते हुए 1762 ई. में फ़र्रुख़ाबाद पहुँचे। 'सौदा' उनके साथ रहे। परिस्थितिवश नवाब को फ़र्रुख़ाबाद भी छोड़ना पड़ा। अब वे 'सौदा' का साथ न दे सके और 'सौदा' को विवश होकर मेहरबान ख़ाँ 'रिंद' की सरकार से जुड़ना पड़ा। 'रिंद' ने 'सौदा' को क़रीब दस वर्ष निभाया। 'सौदा' ने फ़र्रुखाबाद को अलविदा कहा और 1770 ई. के आसपास फ़ैज़ाबाद पहुँच गए। उन दिनों फ़ैज़ाबाद एक साहित्यिक केन्द्र था। यहाँ नवाब शुजा उद्दौला ने उनका हार्दिक स्वागत किया। उनके निधन के बाद उनके उत्तराधिकारी आसफ़ुद्दौला ने जब

लखनऊ को राजधानी बनाया तो 'सौदा' उनके साथ लखनऊ के हो लिये। लखनऊ में उन्होंने अपनी आयु के अन्तिम छः वर्ष बड़ी सुख-शान्ति के साथ बिताए। उम्र की ढलान पर भी उनकी लेखनी में सृजन का ताप बरक़रार रहा। यहीं 27 जून, 1781 ई. को उनका निधन हुआ।

'सौदा' अपनी विनोदप्रियता और शाइरी की मर्मज्ञता को लेकर बाद की पीढ़ी में बराबर याद किए जाते रहे। 'नासिख़' (1772-1838 ई.) का यह शे'र एक व्यक्ति और कवि के रूप में 'सौदा' की श्रेष्ठता का पता देता है–

पहले अपने अहद से अफ़सोस 'सौदा' उठ गया
किससे 'नासिख़' इस ग़ज़ल की जाके लें अब दाद हम

—नासिख़

'सौदा' अठारहवीं शताब्दी के उन विरले शाइरों में से हैं जिन्होंने शाइरी की तमाम विधाओं में सृजन किया। उन्होंने ग़ज़ल, हज्व, क़सीदा, शहर-आशोब, मस्नवी, रुबाई और क़त्आ आदि विभिन्न माध्यमों में लिखा और इन सब में शाइरी के मे'यार को बनाए रखा। दिल्ली में रहते हुए वे इन काव्य-रूपों में उत्कृष्ट रचनाएँ दे चुके थे। लखनऊ में उनकी ख्याति का एक कारण यह भी था।

ग़ज़ल में 'मीर' और मस्नवी में मीर हसन जैसे शाइरों का उस दौर में कोई सानी नहीं है। एक रचनाकार के रूप में 'सौदा' का निजी वैशिष्ट्य जितना क़सीदों (विशेषकर हज्विया क़सीदों) में निखरा है, उतना अन्य विधाओं में नहीं। उनके शहर-आशोब और मस्नवियाँ भी हज्वगोई के कारण मशहूर हुईं। दिल्ली और लखनऊ में जबकि ग़ज़ल का बोलबाला था, उन्होंने नज़्म को अपनी अभिव्यक्ति के लिए ज़्यादा उपयुक्त समझा। ग़ज़ल की लोकप्रियता अपनी जगह पर थी लेकिन उस समय वर्णनात्मक शाइरी का अभाव अखर रहा था। मीर हसन ने अपनी मस्नवी, सौदा ने हज्वों और 'मीर' ने शिकारनामों के माध्यम से लखनऊ में वर्णनात्मक शाइरी को लोकप्रिय बनाया। उर्दू नज़्म के विकास में 'सौदा' की हज्वें संगे-बुनियाद की तरह हैं। वे इस हुनर में यक्ता (अद्वितीय) हैं। 'सौदा' के अनेक शे'रों से स्पष्ट होता है कि वे न केवल हज्व और क़सीदा में बल्कि इनसे इतर विधाओं में भी स्वयं को कम करके नहीं आँकते थे। वे इस बात के प्रति सचेत थे कि लोग उन्हें ग़ज़ल का शाइर मानने को तैयार नहीं हैं। इसलिए ऐसे लोगों की स्वीकृति और प्रशंसा पाने के लिए उन्हें यह शे'र कहना पड़ा था–

कहते हैं वो जो है 'सौदा' का क़सीदा है ख़ूब
उनकी ख़िदमत में लिये मैं ये ग़ज़ल जाऊँगा

सच्चाई यही है कि रचनात्मक उत्कर्ष की दृष्टि से 'सौदा' की हज्वें उनके कृतित्व

का श्रेष्ठतम अंश हैं। हज्व का अर्थ हिंदी में निंदापरक कविता होता है। हज्व शाइरी का कोई फ़ार्म नहीं बल्कि स्पिरिट है, चीज़ों को तिरछे कोण से देखने की एक दृष्टि है। हिंदी में ऐसी कविता को हम व्यंग्य की कोटि में रख सकते हैं। सौदा ने अपनी हज्वों के माध्यम से व्यंग्य को उर्दू शाइरी के केन्द्र में प्रतिष्ठा दी। उनकी प्रकृति में व्यंग्य शामिल था। किसी व्यक्ति ने उन पर चोट की या अपने व्यवहार से उन्हें पीड़ा पहुँचाई तो धैर्य की एक सीमा के बाद वे विचलित हो जाते थे और लगे हाथ उसकी हज्व कह देते थे। ऐसी रचनाओं में आत्मपरकता का संस्पर्श स्वाभाविक है। इसके बावजूद इनमें व्यक्तिगत निन्दा से बचाव की कोशिश दिखाई देती है। 'सौदा' ग़ज़ल के शे'रों में भी कभी-कभी व्यंग्य बोलने लगते हैं। लेकिन हज्व की अपेक्षाओं की दृष्टि से ग़ज़ल का मैदान काफ़ी तंग प्रतीत होता है। नज़्म और क़सीदे की विधाएँ इसके लिए अधिक उपयुक्त हैं।

'सौदा' की हज्वें शाइरी को शृंगारिकता के संकीर्ण क्षेत्र से बाहर निकालकर एक विस्तृत ज़मीन पर खड़ा करने की रचनात्मक कोशिश हैं। उन्हें अपनी हज्वों का लोहा मनवाने के लिए कोई अलग से बयान देने की ज़रूरत महसूस नहीं हुई, जैसा कि उन्हें ग़ज़ल के सिलसिले में करना पड़ता था।

व्यंग्य की विद्यमानता हज्व की कोई शर्त नहीं है। ऐसी हज्व भी हो सकती है जिसमें आलम्बन के प्रति सिर्फ़ खीज व्यक्त की गई हो। 'सौदा' के यहाँ ऐसा नहीं है। वे आलम्बन के जिस चारित्रिक दोष की आलोचना करते हैं, साथ-साथ समाज में मौजूद उस दोष के कारणों पर भी टिप्पणी करते चलते हैं। यहीं कविता में व्यंग्य पैदा हो जाता है। व्यंग्य के लिए उर्दू में तंज़ शब्द है। इसलिए 'सौदा' की रचनाओं को तंज़िया कलाम या हज्विया कलाम एक साथ कहा जा सकता है। हम इन्हें व्यंग्य कविताएँ क्यों कहना चाहते हैं ? यह जानने के लिए हिंदी से एक-दो उदाहरण काफ़ी होंगे। निराला की 'कुकुरमुत्ता' कविता को गुलाब की हज्व कहा जा सकता है। अपने प्रतीकार्थ में यह सरमायेदार वर्ग पर व्यंग्य करती है। हिंदी के सबसे समर्थ हज्वगो नागार्जुन हैं। उन्होंने आइज़न होवर, नेहरू, इंदिरा गांधी, रजनी पामदत्त और देश-विदेश के कितने ही नेताओं और सम्भ्रान्त व्यक्तियों की हज्वें कही हैं। ये हज्वें तो उन्होंने स्वतन्त्र कविता के रूप में कही हैं, बाक़ी कविताओं के बीच में जहाँ जो लपेट में आ गया है, उसे बख़्शा नहीं है। कहने की ज़रूरत नहीं कि नागार्जुन की ये रचनाएँ व्यंग्य से ख़ाली नहीं हैं। अतएव हिंदू-उर्दू की साहित्यिक शब्दावली के अन्तर को भुलाकर 'सौदा' को एक व्यंग्यकार के रूप में देखना उचित होगा।

'सौदा' के यहाँ दो प्रकार की हज्वें मिलती हैं—एक व्यक्तिपरक, दूसरी समाजपरक। जिस प्रकार व्यक्तिपरक हज्वों में सामयिकता की छाप है, उसी तरह समाजपरक हज्वों में उनका निजी स्पर्श मौजूद है। व्यक्तिपरक हज्वों में 'सौदा' ने कुछ लोगों से अपना हिसाब-किताब चुकता किया है। व्यक्तिपरक हज्वों की भी दो

क़िस्में हैं। एक वे हैं जिनमें 'सौदा' ने अपने समकालीन शाइरों पर व्यंग्य-बाण छोड़े हैं। दूसरी वे हैं जिनमें दीगर लोगों के व्यंग्य-चित्र प्रस्तुत किए गए हैं।

'सौदा' ने अपने समकालीन शाइरों में मीर ज़ाहिक, मीर, फ़िदवी, नुदरत काश्मीरी और मिर्ज़ा फ़ाक़िर 'मकीन' की हज्वें कही हैं। कहा जाता है कि हज्व की पहल वे अपनी ओर से नहीं करते थे। जब कोई उनके विरुद्ध निन्दा-अभियान चलाता था तब वे उसका ख़ाका खींचे बिना नहीं रहते थे। मीर ज़ाहिक की हज्व एक अपवाद है जिसमें पहल 'सौदा' की ओर से हुई। ज़ाहिक ने कविता में ही इसका उत्तर भी दिया। ज़ाहिक पर उनकी दो व्यंग्य-रचनाएँ मिलती हैं। एक रचना का प्रसंग बड़ा ही मनोरंजक है। एक बार दिल्ली के पाईं बाग़ में मिर्ज़ा सुलेमान शिकोह की महफ़िल सजी। स्वयं बादशाह इस गोष्ठी में उपस्थित थे। दरबार की ओर से इसमें मीर, सौदा, मियाँ सिकंदर (मर्सियागो) और मीर ज़ाहिक को आमन्त्रित किया गया। बादशाह ने सौदा से कुछ सुनाने का आग्रह किया। अनौपचारिक गोष्ठी थी, सौदा को एक वक्रतापूर्ण मज़ाक़ सूझा। बादशाह के आग्रह पर सौदा ने विनम्र भाव से कहा–"हुज़ूर मैंने तो नया कुछ कहा नहीं है। सिकंदर मियाँ ने अलबत्ता एक नज़्म कही है, मैं उनकी जानिब से इसे पढ़े देता हूँ। सौदा ने यह क़त्आ पढ़ा–

या रब ये दुआ माँगता है तुझसे सिकंदर
ज़ाहिक के उड़ा देवे किसी वन में कलंदर
घर उसके तवल्लुद[1] हो अगर बच्चा-ए-बंदर
गलियों में नचाता फिरे वो बंगले के अंदर
रोटी तो कमा खावे किसी तरह मछंदर।

बस यह सुनना था कि इधर उपस्थितजनों के मुँह से हँसी के फव्वारे छूटे और उधर मियाँ सिकंदर और मीर ज़ाहिक की आस्तीनें चढ़ गईं। गोष्ठी अखाड़े में बदल गई। बमुश्किल बीच-बचाव हुआ।

इस हज्व में 'सौदा' ने मीर ज़ाहिक को लक्ष्य करके व्यक्ति के नैतिक पतन पर चोट की है। यह हास्य-व्यंग्य का सुन्दर नमूना है।

'सौदा' ने मीर ज़ाहिक की एक और हज्व कही है। कहा जाता है कि मीर ज़ाहिक बड़े भोजन-भट्ट थे। 'सौदा' ने उनके पेटूपन पर तीखा व्यंग्य किया है। एक तरह से यह हज्व ज़ाहिक के बहाने इस प्रवृत्ति के सभी लोगों का उपहास करती है। इसका मत्ला है–

है अजीबो-ग़रीब जब्र समा
इक यहाँ सूरत आशना अपना।

---

1. जन्म

इन व्यक्तिपरक हज्वों में 'सौदा' कहीं-कहीं अपना संयम भी खो बैठे हैं। वे निन्द्य के साथ-साथ उसके परिवारजनों को भी कोप-भाजन बना लेते हैं। वे अपने समकालीन शाइर नुदरत काश्मीरी पर इतने कुपित हुए कि उनकी बेटी की भी हज्व कह दी। हालाँकि 'सौदा' इसमें शालीनता और मर्यादा से स्खलित नहीं हुए हैं। नुदरत की हज्व का मत्ला है–

मौलवी जी से अब कोई जाके मेरा पयाम दो
किसने कहा कि ये ग़ज़ल को इज़्ने-आम[1] दो

नुदरत पर एक क़त्आ और मिलता है जिसमें आता है कि नुदरत को शे'र मौज़ू करना तो आता नहीं है और व्यर्थ ही दूसरों की हज्व कहते फिरते हैं।

'सौदा' यह मानते थे कि शाइरी संस्कारवान लोगों की चीज़ है। यदि कोई असंस्कारी और उजड्ड व्यक्ति शाइरी के फ़न पर बात करता था तो उनके लिए असह्य था। उन्होंने ऐसे कुपात्रों पर भी कविता लिख दी है। एक शे'र है–

बवक़्ते-सुबह मेरी बुलबुले-तबीयत से
हरेक मुर्ग़-ए-चमन आन कर लगा कहने

यहाँ 'मुर्ग़-ए-चमन' शब्दों का प्रयोग ऐसे व्यक्तियों के लिए किया गया है जो अपने अज्ञानतापूर्ण अहंकार में काव्य-कला पर बहस करते हैं।

'सौदा' ने 'मीर' की हज्व भी कही है। यह एक शालीन मज़ाक़ है। कलात्मकता की दृष्टि से यह सबसे सन्तुलित व्यंग्य है।

उन्होंने परिचित पात्रों को लेकर जो कविताएँ लिखी हैं, उन्हें मात्र संयोग नहीं कहा जा सकता, बल्कि एक सुविचारित उपक्रम हैं। संयोग सिर्फ़ इतना है कि कुछ व्यक्ति उनका लक्ष्य बन गए। गहराई से देखने पर पता चलता है कि 'सौदा' व्यक्ति पर कम प्रवृत्ति का ज़्यादा प्रहार करते हैं। लेकिन एक व्यक्ति अपनी छवि के निरूपण से कितना उद्विग्न हो सकता है, यह अनुमान की बात है। मुहम्मद हुसैन आज़ाद ने ठीक ही कहा है, 'कि सौदा जिसके पीछे पड़ जाएँ तो वह जान से बेज़ार हो जाता था।' (आबे-हयात, पृ. 183)

उर्दू में इस आपसी नोंक-झोंक को मार्का आराई (साहित्यिक प्रतिद्वंद्विता) कहा जाता है। समकालीनों के बीच यह एक आम बात है। बाद की पीढ़ी के शाइरों में भी यह नोंक-झोंक चलती रही। 'आतिश' और 'नासिख़' की प्रतिद्वंद्विता साहित्य जगत् में बहुत प्रसिद्ध है।

ऊपर 'सौदा' की उन रचनाओं की चर्चा की गई है जिनका सम्बन्ध साहित्य के परिसर से जुड़े व्यक्तियों से है। उन्होंने ग़ैर साहित्यिक व्यक्तियों के व्यंग्य-चित्र

1. सार्वजनिक निमन्त्रण, बुलावा

भी प्रस्तुत किए हैं। इस सिलसिले में 'मस्नवी दर हज्व अमीर दौलत मंद बख़ील' विशेष रूप से उल्लेखनीय है। बख़ील का अर्थ कृपण है। इसमें एक धनवान कृपण की निन्दा की गई है। इसे हम नीति-काव्य भी कह सकते हैं। 'सौदा' इसमें दर्शाना चाहते हैं कि कृपणता व्यक्ति को आत्मकेन्द्रित, स्वार्थी और निर्मम बना देती है। यहाँ तक कि वह स्वयं के प्रति भी कठोर हो जाता है। औदार्य और परोपकार की बात उसे विष के समान लगती है। लेकिन शाइर का रुख़ यहाँ उपदेशात्मक कम उपहासात्मक ज़्यादा है। वह कृपणता के भिन्न-भिन्न रूपों पर फब्तियाँ कसता गया है और एक कंजूस व्यक्ति की नक़्लें तराशता गया है। यह रचना इस शे'र से आरम्भ होती है–

है ख़ुदा का एक शम्म-ए-नूर
जिससे रौशन है आस्माँ का तनूर [1]

'कृपण की निन्दा' सौदा की वर्णन-क्षमता का अद्‌भुत उदाहरण है। इस मस्नवी की एक विशेषता यह भी है कि यह कविता में रची गई एक हास्य-व्यंग्य कथा का आस्वाद कराती है। इसमें अनेक छोटी-छोटी उपकथाओं का संयोजन इस प्रकार किया गया है कि हर उपकथा कंजूस व्यक्ति की अलग चारित्रिक विशेषता को उभारती है। शाइर बयान करता है कि एक कृपण का बेटा उदार था। उसने अपने कुछ मित्रों को भोजन पर आमन्त्रित कर लिया। कृपण पिता इस पर आग-बबूला हो उठा। वह अपनी पत्नी और बेटे का परित्याग करने पर आमादा हो गया। जिसने स्वयं कभी मनचाहा भोजन न किया हो, वह धन का ऐसा विनाश कैसे सहन कर सकता था ? वह जानता है कि उसके पूर्वजों ने किस प्रकार धन-संग्रह किया है। वह इस कहानी को यों सुनाता है–

यारो मुझसे तो लावल्द बेहतर
मेरा बेटा और इस क़दर अब्तर [2]
इसका दादा भी गरचे था ऐयाश
इस सलीक़े से पर करे था माश [3]
जो कोई उसके घर में नौकर था
रात को उस पे ये मुक़र्रर था
फिरता वो टुकड़े माँगता घर-घर
लाता आक़ा के आगे झोली भर
अच्छे चुन-चुन के आप खाते थे
बुरे तनख़्वाह में लगाते थे

1. विशेष प्रकार की आग की भट्टी, 2. अस्त-व्यस्त, बिगड़ा हुआ, 3. धनोपार्जन

'सौदा' की सामाजिक चेतना का अपेक्षाकृत अधिक व्यापक रूप हमें उनकी समसामयिक समस्याओं पर केन्द्रित हज्वों में देखने को मिलता है। इनमें 'तज़्हीके रोज़गार', 'फ़ौलाद ख़ाँ कोतवाल की हज्व' और दो 'शहर-आशोब' विशेष रूप से चर्चा के योग्य हैं। ये चारों रचनाएँ उन्हें एक चेतना-सम्पन्न और जागरूक कवि का दर्जा देती हैं। उर्दू के वे पहले कवि कहे जा सकते हैं जिन्होंने अपने दौर के सामाजिक और राजनीतिक वातावरण में हस्तक्षेप किया। उनकी ये रचनाएँ तत्कालीन समाज-व्यवस्था का प्रामाणिक दस्तावेज़ हैं। विशेष रूप से दिल्ली के जीवन का शायद ही कोई पहलू हो जिस पर 'सौदा' की दृष्टि न गई हो। इसमें सन्देह नहीं कि ऐसी रचनाओं में तात्कालिकता का दबाव ज़्यादा दिखाई देता है। लेकिन 'सौदा' ने अपनी कला को हानि नहीं पहुँचने दी है।

'तज़्हीके-रोज़गार' सौदा के दिल्ली के दिनों की रचना है। इसका वर्ण्य-विषय घोड़ा है। तज़्हीक का अर्थ खिल्ली उड़ाना या निन्दा करना है। यानी इसमें रोज़गार की खिल्ली उड़ाई गई है। 'तज़्हीक' विषय की दृष्टि से एक घोड़े की नज़्म भले हो लेकिन असल में यह उस दौर की जर्जर सैन्य व्यवस्था का एक मार्मिक मर्सिया है। शाइर ने अन्योक्ति का सहारा लेकर सामान्य जन के कष्टपूर्ण जीवन के चित्र प्रस्तुत किये हैं। जो दशा घोड़े की है, वही आम आदमी की। इस नज़्म की भूमिका बाँधते हुए 'सौदा' कहते हैं कि "एक ज़माना था कि जिनके द्वार पर अरबी-इराक़ी घोड़े बँधे रहते थे, आज वे अपनी जूती उधार गुँथवाते हैं। लेकिन कुछ लोग धनी भी हैं, पर बेहद कंजूस। एक हमारे मित्र हैं, सौ रुपये माहवार वेतन पाते हैं, लेकिन न घोड़े के लिए दाना-पानी है, न खुजलाने के लिए साइस है।" यह अंश शाइरी में है। इस भूमिका के बाद शाइर सीधे-सीधे समसामयिक परिस्थितियों पर आ जाता है। और घोड़ा रचना के केन्द्र में होते हुए भी गौण हो जाता है। भूखे घोड़े की विकलता का वर्णन करते हुए 'सौदा' युगीन यथार्थ को मूर्त कर देते हैं। यहाँ उनकी निरीक्षण-क्षमता सराहनीय है—

हर रात अख़्तरों[1] *के तईं दाना बूझकर*
देखे हैं आस्माँ की तरफ़ हो के बेक़रार

और फिर—

है इस क़दर ज़ईफ़[2] *कि उड़ जाए बाद से*
मेख़ें गर उसके थान के होवें न उस्तवार[3]
न अस्तुख़्वाँ,[4] *न गोश्त, न कुछ उसके पेट में*
धौंके है दम को अपने कि जूँ खाल को लुहार

1. सितारों, 2. अशक्त, वृद्ध, 3. मज़बूत, 4. हड्डी

यह नज़्म घोड़े की व्यथा-कथा के साथ-साथ व्यवस्था के दोषों को भी उभारती जाती है। बादशाह इतना अशक्त हो गया है कि उसकी स्थिति शतरंज के मोहरे की तरह है, तलवार बेज़ार हो गई है। यह बात भी घोड़े के माध्यम से कही गई है। एक-दो शे'र देखिए–

कमज़ोर इस क़दर है कि गर उसकी नाल का
लोहा गला के तेग़ बनावे कभू लुहार
कि दिल को ये यक़ीं कि वो तेग़ रोज़े-जंग
रुस्तम के हाथ से न चले वक़्ते-कारज़ार
मानिंदे-अस्प [1] ख़ाना-ए-शतरंज अपने पाँव
जुज़[2] दस्त ग़ैर के नहीं चलता है ज़ीनहार[3]

घोड़े के फ़ाक़ों (भुखमरी) का वर्णन करते हुए सौदा ने भाषा के भदेस हो जाने की भी परवा नहीं की है–

फ़ाक़ों से हिनहिनाने की ताक़त नहीं रही
घोड़ी को देखता है तो पादे है बार-बार

'सौदा' ने बीच में एक लतीफ़ा भी जोड़ दिया है कि कोई व्यक्ति उस मालिक से घोड़े के लिए कुछ दिनों के लिए माँग कर ले जाना चाहता है। मालिक सोचता है, चलो पीछा छूटा और फिर मालिक घोड़े की अतिशयोक्तिपूर्ण प्रशंसा करने लगता है।

'मस्नवी दर हज्व शीदी फ़ौलाद ख़ाँ कोतवाल' रचना 'सौदा' की निर्भीकता और स्पष्टवादिता की जीवन्त मिसाल है। शीदी का अर्थ हवस करनेवाला या लोभी है। इसमें दिल्ली के तत्कालीन शहर कोतवाल फ़ौलाद ख़ाँ के भ्रष्टाचार और आतंक की कहानी को क़लमबन्द किया गया है। इस रचना से एक ऐसे चरित्रभ्रष्ट व्यक्ति का बिम्ब उभरता है जो चोर, उचक्कों और लुटेरों से अपनी निगरानी में लूटपाट कराता है। चोरी के माल में हिस्से को अपना नैतिक अधिकार समझता है। उस दौर के वृत्तान्तकारों का तो यहाँ तक कहना है कि फ़ौलाद ख़ाँ का बेटा भी डाके डालता था। कोतवाल की निरंकुशता के आगे दिल्लीवाले असुरक्षित और असहाय थे। किसी में विरोध का साहस नहीं था लेकिन 'सौदा' ने इस नज़्म में कोतवाल का कच्चा चिट्ठा पेश कर दिया है। उन्होंने पिछले दिनों के स्वच्छ प्रशासन की याद करते हुए नज़्म की शुरूआत की है। इसके बाद कोतवाल और लुटेरों की मिली-भगत का वर्णन किया है। चोरी, सेंधमारी और डाकों के भिन्न तरीक़े बताए गए हैं। यह निरीक्षण बहुत ही विश्वसनीय

---

1. घोड़े (मोहरे) की भाँति, 2. अलावा, अतिरिक्त, 3. कदापि, हरगिज़।

लगता है। कोतवाल और अपराधियों के सम्बन्धों पर एक टिप्पणी देखिए–

उनसे रिश्वत लिये ये बैठा है
उसके दिल में ये चोर बैठा है
बाज़ू का मुफ़्सरों के ज़ोर है ये
चोर का भाई घटी चोर है ये
ठग न तजहा चढ़े हैं उसकी आँट
मिल रही है उचक्कों से भी साँट
गश्त जब उसका फिरता आता है
यही नरसिंगिया बजाता है
सुनलो चोरो ये मुख़्तसर क़िस्सा
सुबह को भेज दीजियो हिस्सा।

पूरी नज़्म में इस प्रकार की व्यंग्योक्तियों की भरमार है। लगता है कि यह नज़्म आज लिखी गई है।

'सौदा' ने दो शहर-आशोब लिखे हैं। पहला शहर-आशोब 'वीरानी-ए-शाहजहानाबाद' एक मुख़म्मस है और दूसरा एक क़सीदा है। पहले हम शहर-आशोब विधा के बारे में थोड़ा-सा जान लें। शहर-आशोब एक ऐसी क्लासिकी विधा है जो उर्दू के अतिरिक्त फ़ारसी और तुर्की में भी मौजूद है। फ़ारसी और तुर्की शहर-आशोबों में वहाँ के निवासियों, विशेषकर व्यवसायी वर्ग के किशोर लड़कों की सुन्दरता का वर्णन किया गया है और उनकी कल्पित कहानियाँ लिखी गई हैं। उर्दू में शहर-आशोब की शुरूआत अठारहवीं शताब्दी के आरम्भ में हुई। अर्थात् 'सौदा' के शाइरी शुरू करने से कुछ पहले इस विधा का आविर्भाव हुआ।

उर्दू में फ़ारसी और तुर्की शहर-आशोब की परम्परा को यथावत् नहीं अपनाया गया। उर्दू शाइरों ने शहर-आशोब को किशोरों की काम-कथा के बजाय युगीन वास्तविकताओं की अभिव्यक्ति का माध्यम बनाया। अतएव यह धारणा नितान्त भ्रामक है कि उर्दू शाइरी फ़ारसी की लीक से अलग नहीं हटी है। शहर-आशोब का अर्थ है व्याकुल शहर।

'वीरानी-ए-शाहजहानाबाद' शहर-आशोब में दिल्ली के उजड़ने की दर्द भरी दास्तान कही गई है। इसका आरम्भ संवाद के साथ होता है। कोई व्यक्ति 'सौदा' से परामर्श के अन्दाज़ में कहता है–

कहा मैं आज ये 'सौदा' से तू क्यों डाँवाडोल
फिरे है, जा कहीं नौकर हो, ले के घोड़ा मोल

बस, इसके बाद 'सौदा' यह बताना शुरू कर देते हैं कि घोड़ा लेकर नौकरी

करने अर्थात् फ़ौज में भर्ती होने की क्या-क्या कठिनाइयाँ हैं ? जब अपने लिए ही भर पेट भोजन नहीं होगा तो घोड़े को क्या खिलाएँगे ? 'सौदा' आगे के हर बंद में नक़ली आभिजात्य को उघाड़ते गए हैं।

इस मुख़म्मस में छत्तीस बंद हैं। शुरू के दो तिहाई भाग में बादशाह, वज़ीर और अमीर-उमराव की पतन-गाथा सुनाई गई है। मुग़ल शासन की वर्तमान दयनीय स्थिति का चित्र खींचते हुए शाइर के मन में इस सल्तनत का अतीत भी रहा है। जहाँ तक हम समझते हैं 'सौदा' को अमीर-उमराव के ऐश्वर्य और सैन्य-बल में ह्रास की स्थिति को लेकर अफ़सोस नहीं है बल्कि उन्हें इस बात का दर्द है कि इन वर्गों की अकर्मण्यता और विलासिताओं के कारण अवाम का जीवन दुःखी है। ऊपर से देखने पर लग सकता है कि शाइर निज़ाम की बदहाली पर आँसू बहा रहा है। दरअस्ल इन आँसुओं का कारण जनता की बदहाली है। जब इन वर्गों की दशा यह है तो जनसामान्य की क्या बात–

उन्हें है अपनी अमूरत [1] से अब यही मंज़ूर
कि हों दो मोरछल और एक कातबी समूर [2]
न रस्म सुलह की समझें न जंग का दस्तूर
जो उनमें क़ायदा दाँ थे हुए वो उनसे दूर
क़ुमाश [3] उनकी तबीयत का सब तरह से ठठोल।

इस रचना के अनेक छन्दों से यह बात स्पष्ट होती है कि 'सौदा' की दृष्टि में शाहजहानाबाद की वीरानगी के लिए सल्तनत के उच्चाधिकारी ज़िम्मेदार हैं। जिन्हें अपने दायित्वों की रत्तीभर चिन्ता नहीं है और सत्ता सुख-भोग पूरा करना चाहते हैं। उनसे यदि कोई दायित्व की बात करता है तो विचलित हो जाते हैं और आगन्तुक से यह कहते हैं कि किसी दूसरे विषय पर बात करो। 'सौदा' ने एक छन्द में इसी तरह की नाटकीय स्थिति की सृष्टि की है। यहीं शाइरी में नाटकीयता और कथात्मकता के समावेश को लेकर उनकी महारत का पता भी चलता है :

जो कोई मिलने को उनके, उन्हों के घर आया
मिले ये उनसे, गर अपना दिमाग़ ख़ुश पाया
जो ज़िक्रे-सल्तनत उसमें वो दरम्याँ लाया
उन्होंने फेर के उधर से मुँह ये फ़रमाया
ख़ुदा के वास्ते बाबा, कुछ और बातें बोल।

अन्तिम चार-पाँच छन्द दिल्ली शहर के प्रति 'सौदा' के आत्मिक लगाव की गवाही देते हैं। वह शहर जिसने 'सौदा' के शाइर की शख़्सियत को गढ़ा था, जिसने उसके

1. पद, दायित्व, 2. एक जानवर की नर्म बालों वाली खाल, 3. ढंग, तौर।

ख़यालों को परवाज़ दी थी, अब सांस्कृतिक पस्ती की भँवर में घिर चुका था। शहर के आर्थिक और राजनैतिक संकट ने कला-साहित्य-संस्कृति को हाशिए पर फेंक दिया था। जिस वन में सर्व और सनोबर हुआ करते थे वहाँ कीकड़ और थूहड़ की कँटीली झाड़ियाँ खड़ी हुई हैं। जहाँ बाग़ में फूलों के साथ बुलबुलें किलोलें करती थीं, वहाँ अब चील-कौओं की धूम मची हुई है। इन छन्दों को पढ़ते हुए दिल्ली की तबाही पर कहे गए 'मीर' के शे'रों की याद आती है। लखनऊ पहुँचने के बाद भी 'सौदा' और 'मीर' का मन दिल्ली में ही रखा रहा। 'मीर' ने दिल्ली के कूचों को 'औराक़-ए-मुसव्विर' (चित्रकार के पन्ने) कहा। 'सौदा' ने अपनी इस रचना में कहा कि दिल्ली वह शहर है जिससे संसार सुन्दरता के मोतियों को बटोरता था—

कि जिसकी ख़ाक से लेती थी ख़ल्क़ मोती रोल।

दूसरा शहर-आशोब क़सीदे के फ़ार्म में है। इसमें भिन्न-भिन्न व्यवसायों से जुड़े लोगों की समस्याओं का जायज़ा लिया गया है। पहले शहर-आशोब की तुलना में दूसरी रचना का विषय-क्षेत्र अधिक व्यापक है। सिपाही, व्यापारी, शाइर, कातिब, मुल्ला और क़ाज़ी व मज़दूर वर्ग सबकी ओर शाइर की दृष्टि गई है। अन्य पेशों की तुलना में फ़ौजी पेशे से जुड़े लोगों की दुर्दशा का वर्णन अधिक विस्तार के साथ किया गया है। इस नौकरीपेशा वर्ग की त्रासदी देखिए—

घोड़ा ले अगर नौकरी, करते हैं किसू की
तनख़्वाह का फिर आलमे-बाला पे निशाँ है
गुज़रे है सदा यूँ ही सल्फ़-ओ-दाना[1] की ख़ातिर
शमशीर जो घर में तो सिपर बनिये के याँ है

शाइर ने इस बंद में दारिद्रय की त्रासदी को तो उभारा ही है साथ में सिपहसालारों के मिथ्या-अहंकार की मॉकरी भी की है। अन्तिम मिसरा ग़ौर तलब है। इस मिसरे का अर्थ-ग्रहण दो स्तरों पर होता है। एक स्तर यह है कि फ़ौजियों ने ग़रीबी के कारण अपनी ढालें बनिये के यहाँ गिरवी रख दी हैं। दूसरे स्तर पर इस मिसरे में हमें मॉकरी की कैफ़ीयत दिखाई देता है। 'सौदा' ढाल (सिपर) गिरवी रखने की बात कहते हैं, शमशीर की नहीं। अकेली शमशीर का घर पर होना मिथ्या दम्भ का सूचक है। वैसे भी अब ढाल के पीछे छुपाने को रह क्या गया था ?

इस क़सीदे के कई शे'रों में इतिहास की वास्तविक घटनाओं का ज़िक्र किया गया है। कहा गया है कि सिपाहियों को छत्तीस महीनों तक वेतन नहीं मिलता। कई सिपाही 'धौंस धड़े' के ज़रिए नवाब से वेतन वसूल लेते हैं। जिनमें इतनी शक्ति नहीं है, वे बीच बाज़ार में नवाब से वेतन माँगते हैं और अपमानित करते हैं।

---

1. भोजन की सामग्री

अन्य वर्गों की स्थिति इससे भिन्न नहीं है। सब एक नाव के यात्री हैं, एक हज़ार छिद्रों वाली नाव जो कभी भी डूब सकती है। सबको अपनी अस्तित्व-रक्षा की पड़ी है। रोटी (नान) और कपड़ा (पार्चः) अर्जित करने के लिए व्यक्ति किसी भी प्रकार का उचित या अनुचित कृत्य करने में संकोच नहीं करता है। सब कामों का प्राप्तव्य (माहसिल) यही है। 'सौदा' लगता है जैसे अपने समय के साथ-साथ आज के यथार्थ को अभिव्यक्त कर रहे हैं–

सब माहसिल इन बातों का एक पार्चः नाँ है।

अन्तिम चार शे'रों में शाइर ने अपने युग की इस पतन-गाथा का उपसंहार किया है। शाइर कहता है, "आराम से कटने का सुना तूने कुछ अहवाल।" यहाँ 'आराम से कटने' पद का प्रयोग सव्यंग्य है। क़सीदे में मुसीबत से वक़्त कटने का हाल बयान किया गया है। यह 'सौदा' की अभिव्यक्ति का कमाल है कि वे अपने समय पर कटाक्ष करते हुए रचना का समापन कर देते हैं।

इस अन्तिम बंद में कहा गया है कि कहीं सुख-सन्तोष की सूरत नज़र नहीं आती। धन-दौलत का महत्व इस संसार तक ही है, परलोक में इसका निशान बाक़ी नहीं रहेगा। लेकिन इस पर किसी को विश्वास नहीं है। यह एक भ्रम ही है। वास्तविकता तो यह है कि यहाँ आजीविका की चिन्ता है और वहाँ हश्र का खटका बना हुआ है। न चैन इस लोक में है, न परलोक में–

याँ फ़िक्रे-मईशत है तो वाँ दग़दग़ा-ए-हश्र
आसूदगी हर फ़ीस्त न याँ है न वहाँ है

इन रचनाओं की रौशनी में हम 'सौदा' के कवि-मानस की बनावट को समझ सकते हैं। उनके दौर की दो ऐतिहासिक स्थितियाँ थीं–एक, नादिरशाह और अहमद शाह अब्दाली के हाथों दिल्ली की तबाही और दूसरी, अपने आन्तरिक कारणों से मुग़ल हुकूमत में पैदा हुई अराजकता। 'सौदा' और उनके समकालीन शाइरों ने इन स्थितियों को लेकर अलग-अलग तरह से प्रतिक्रिया व्यक्त की। 'मीर' ने अपने समय की पीड़ा को दार्शनिक रंग दे दिया और इस क्षेत्र में वे अपना कोई सानी नहीं रखते। 'सौदा' ने अपने दौर की सामाजिक स्थिति के प्रति आलोचनात्मक रवैया अख़्तियार किया। राजनीति, धर्म, नैतिकता, लोकव्यवहार, ग़रज़ यह कि जीवन के हर पहलू पर उन्होंने सचेत भाव से टिप्पणी की। अपने समय की हर साँस को शे'रों में दर्ज किया। चाहे वह व्यक्ति हो या व्यवस्था, जहाँ भी उन्हें दोष दिखाई दिए, वे उन पर कटाक्ष किए विना नहीं रह सके।

अपने समय की विरूपताओं को उभारने की अभिरुचि ने 'सौदा' को एक व्यंग्य का शाइर बना दिया है। यह कहना अतिशयोक्ति नहीं होगा कि 'सौदा' ने वर्णनात्मक

शाइरी और व्यंग्य के क्षेत्र में परवर्ती उर्दू शाइरों का मार्ग प्रशस्त किया। उनकी शाइरी का रंग देहलवी ही था लेकिन इस रंग में भी वे अपनी अलग पहचान रखते हैं। एक वह रंग जिसमें जीवन की आलोचना और अध्यात्म की छायाएँ एक साथ झाँकती हैं और इसके साथ ही साथ जिसमें बातचीत का एक अनूठा ढंग विद्यमान है—

सुख़न तो यार भी 'सौदा' बुरा नहीं कहते
वले जो चाहे ये अंदाज़-ए-गुफ़्तगू, मालूम

—*'विपाशा', मई-जून, 1994*

मीर का तौर

मीर तक़ी 'मीर' (1722-1810 ई.) दिल्ली के मुहम्मद शाह व शाह आलम बादशाह और लखनऊ के आसफ़ुद्दौला नवाब के ज़माने में हुए। उनके उर्दू कुल्लियात में ग़ज़लों के छः दीवान शामिल हैं, कुछ अन्य मज्मुए भी। मीर का एक दीवान फ़ारसी में भी मौजूद है। फ़ारसी गद्य में उन्होंने 'ज़िक्र-ए-मीर' और 'निकातुश्शुअरा' किताबें लिखीं। 'ज़िक्र-ए-मीर' आपबीती है और 'निकातुश्शुअरा' में मीर ने शाइरों के वृत्तान्त लिखे हैं। 'निकातुश्शुअरा' के पहले पन्ने पर मीर ने अपना नाम और परिचय इस तरह लिखा है : "फ़क़ीर हक़ीर मीर तक़ी मीर मुअल्लिफ़-ए-ईं नुस्ख़ा मुत्वत्तन अकबराबाद अस्त, बा सबब गर्दिश-ए-लैलोनहार अज़ चन्दे दर शाहजहानाबाद अस्त।" (इस किताब के लेखक फ़क़ीर हक़ीर मीर तक़ी मीर का वतन आगरा है। अब रात-दिन की गर्दिश के सबब से कुछ रोज़ से दिल्ली में रहता है।)

मीर ने अपने दौर के सामाजिक और राजनीतिक हालात को बराहेरास्त कहीं रचना-विषय नहीं बनाया। मुहम्मद शाह और शाह आलम के शासनकाल के अनुभव, नादिरशाह के हाथों दिल्ली की लूटपाट (1739 ई.) और अहमद शाह अ़ब्दाली के हमले (1748 ई.), फिर लखनऊ में आसफ़ुद्दौला के दौर की घटनाओं को उन्होंने प्रायः नहीं छुआ है। सिर्फ़ एक 'शहर-आशोब' है जिसमें वे दिल्ली में कुंजड़ों के झींकने, बक़्क़ालों के रोने और सिपाहियों के बिफरने का वर्णन करते हैं। इसके अलावा आगरा, दिल्ली और लखनऊ की उथल-पुथल उनके बोध का सक्रिय हिस्सा नहीं बन सकी। उनके समकालीनों में 'सौदा' एक ऐसे शाइर हैं जो इन सामाजिक हालात में सीधे हस्तक्षेप करते हैं। यही वह एक नुक्ता है कि तमाम सरलताओं के बावजूद मीर की बाबत अधिकार के साथ कुछ कह पाना बहुत कठिन है।

यह बात यक़ीनी है कि मीर अपने समय से उदासीन और विच्छिन्न नहीं हैं। समय से अपनी सम्बद्धता व्यक्त करने या समाजी ज़िंदगी में हस्तक्षेप करने का उनका एक अलग तौर है। वे नासाज़गार हालत और गुर्बत से आजिज़ आकर अपनी ज़ात में गुम या अन्तर्मुखी नहीं हो जाते, जैसा कि हमें लगता है। दरअस्ल उनके यहाँ मनुष्य के जीवन की एक कल्पना है। एक ऐसा जीवन जिसमें सादगी, स्वाभिमान, धैर्य और संतोष जैसे गुण हों। इसके मूल में मीर की ज़ेहनी तरबीयत (वैचारिक

शिक्षा-दीक्षा) और कुछ निजी अनुभव रहे हैं। अपनी कल्पना के जीवन के लिए अपने समय में एक जगह की तलाश उनकी मुख्य चिन्ता है। ज़ाहिर है कि यह जगह खुद उनके लिए और उनकी कल्पना के जीवन के लिए मुयस्सर नहीं है। उनके दिल के बुझने का सबब यही है। इस दृष्टि से वे अपने भीतर की ओर झाँकते हुए भी अपने 'होश के गोश' (चेतना के कान) को बाहर के प्रति खुला रखते हैं। समसामयिक जीवन से मीर के विशिष्ट सम्बन्धों की जानकारी के लिए एक-दो शे'र काफ़ी होंगे :

शाम से कुछ बुझा-सा रहता है
दिल हुआ है चराग़ मुफ़लिस का

दिल के लिए 'चराग़ मुफ़लिस का' पद पर ग़ौर कीजिए। यह अप्रस्तुत विधान खुद विपन्नता की अनुभूति किए विना और दूसरे विपन्नजनों के जीवन को जाने विना नहीं आ सकता। हमारी आँखों में तेल को तरसते हुए चराग़ का बिंब उभरता है, अब बुझा कि अब ! शे'र का अभिधेयार्थ यहीं तक है। इसका व्यंग्यार्थ हमारे मन में जगमगाते फ़ानूसों के एक विरोधी बिंब की सृष्टि करता है। तब विपन्नता की अनुभूति में और ज़्यादा तीव्रता पैदा हो जाती है। और मीर यह भी कह जाते हैं कि दिल के लिए जगह मुफ़लिस के चराग़ में है, अमीरों के रौशन फ़ानूसों में नहीं।

यह शे'र भी इसी नुअय्यत का है :

क्या जानूँ चश्म-ए-तर से मेरे दिल पे क्या हुआ
किसको ख़बर है 'मीर' समंदर के पार की

किसी की अश्रुपूरित आँखें देखकर शाइर का हृदय द्रवित हो उठता है। ज़रूरी नहीं कि यह अन्यपुरुष नायिका भेद के अनुसार 'प्रिय' ही हो। दरअस्ल यह कोई दुःखी जन है। उसके आँसुओं से इतना तो पता चलता है कि वह मुसीबतज़दा है और यह अनुमान शाइर के मन में संवेदना जगा देता है। आगे इस संवेदना की सीमा की ओर संकेत किया गया है। अश्रुपूरित आँखें यथार्थ का प्रकट रूप हैं। जो प्रच्छन्न है, उसे अपने बोध के दायरे में समेट पाना एक मुश्किल काम है। 'समंदर के पार' मुहावरे का मतलब दूरवर्ती इलाक़ा होता है। यहाँ यह मुहावरा दूरी और गहराई दोनों का अर्थ देता है। मुराद यह है कि आँसुओं के समंदर के पर्दे में छुपी वेदना की किसको ख़बर है? यह है मानवीय पीड़ा के प्रति मीर की उत्कट जिज्ञासा। ग़रज़ यह कि मीर के यहाँ तत्कालीन सामाजिक जीवन के ब्यौरे तो नहीं हैं लेकिन उनके अकेलेपन में बहुत-से दुःखी जन शरीक हैं।

यह अलबत्ता है कि मीर के कुल्लियात में ऐसे बेशुमार शे'र हैं जिनके आधार पर हम उनका एक ख़ाक़ा तैयार कर सकते हैं। यहाँ थोड़ी सावधानी दरकार है। ग़ज़लों को पढ़ते हुए हमें शाइर की जीवनयात्रा को भी ज़ेहन में रखना होगा कि किस मुक़ाम

पर उसने कौन-सा शे'र कहा ? यह तभी सम्भव है जबकि उनकी ग़ज़लों के रचनाकाल की सही-सही जानकारी हो। इतना तो पता चलता है कि मीर अपनी बेहतरीन ग़ज़लें 66 वर्ष की उम्र तक दे चुके थे—यानी लखनऊ जाने तक। लेकिन 17 और 66 वर्ष के बीच मीर ने कब क्या कहा ? नहीं मालूम। इस सूरते-हाल में कुछ शे'रों की बिना पर यह क़यास किया जा सकता है कि मीर ने अपनी दरिद्रता और अवमानना की ओर स्पष्ट संकेत किया है।

उनके अनेक शे'रों में आजीविका की चिन्ता (फ़िक्र-ए-मआश) झलकती है। रोज़गार की तलाश उन्हें किशोरावस्था में ही दिल्ली खींच लाई। समसादुद्दौला से एक रुपया रोज़ाना वज़ीफ़ा पाया फिर वह भी बन्द हो गया। उन्होंने एक के बाद एक रिआयत ख़ाँ, नवाब बहादुर जावेद ख़ाँ और दीवान महानारायण की नौकरियाँ कीं। राजा जुगलकिशोर से भी फ़रियाद की। 'ज़िक्र-ए-मीर' में ये सब हवाले आते हैं। लेकिन अस्तित्व को बनाए रखने के लिए अपेक्षित न्यूनतम आर्थिक निश्चिन्तता उन्हें कभी नसीब नहीं हुई :

फ़िक्र-ए-मआश, यानी ग़म-ए-ज़ीस्त ताबके
मर जाइए कहीं, कि टुक आराम पाइए

आजीविका के लिए परनिर्भरता और इस पर लोगों के उपहास ने मीर को अति संवेदनशील बना दिया था। एक शे'र में कहते हैं :

फिरते हैं 'मीर' ख़्वार कोई पूछता नहीं
इस आशिक़ी में इज़्ज़त-ए-सादात भी गई

इस शे'र का सम्बन्ध उनके किसी इश्क़ से नहीं जोड़ना चाहिए। यहाँ 'आशिक़ी' से मुराद ऐश्वर्यवादी वर्ग से उम्मीद से है। इस उम्मीद के छलावे में श्रेष्ठ कुल की प्रतिष्ठा (इज़्ज़त-ए-सादात) भी धूलिसात् हो गई। यह शे'र दिल्ली के अनुभवों पर कहा गया लगता है, पर लखनऊ के अनुभव इससे कहीं तीखे थे। वहाँ उन्हें आसफ़ुद्दौला के लिए शिकारनामे भी लिखने पड़े।

मीर एक शे'र में अहल-ए-दुवल (धनवान लोगों) के लड़कों से न मिलने की नसीहत भी कर जाते हैं :

मत मिल अहल-ए-दुवल के लड़कों से
मीर जी इनसे मिल फ़क़ीर हुए

यह शे'र इस वर्ग की हृदयहीनता का एहसास कराता है। मीर इनसे रस्मो-राह बढ़ाने का नतीजा उठा चुके हैं।

कुछ ग़ज़लें उनकी पूरी आपबीती हैं। एक शे'र में अपना हाल यों बयान करते हैं:

अहदे-जवानी रो-रो काटा, पीरी में लीं आँखें मूँद
यानी रात बहुत थे जागे, सुब्ह हुई आराम किया

भले ही मीर ने जवानी रो-रो काटी हो और बुढ़ापे में आँखें मूँद ली हों लेकिन उन्होंने किसी बंदे के आगे सिर नीचा (फ़िरो) नहीं किया। यह ज़रूर कहा कि अफ़सोस (हेफ़) बंदे ही ख़ुदा बन बैठे हैं। अमीर-उमराव छोटे-छोटे ख़ुदा तो थे ही :

सर किसी से फ़िरो नहीं होता
हेफ़, बंदे हुए ख़ुदा न हुए

मीर की 'नामुरादाना ज़ीस्त' को जानने की दृष्टि से 'घर' पर लिखी गई उनकी दो मस्नवियों का विशेष महत्व है। ग़ालिब ने 'घर' के तसव्वुर पर बहुत बुलंद पाए के शे'र दिए हैं। मीर की इन मस्नवियों में ऐसे शे'र तो कम हैं जो तथ्यों का अतिक्रमण कर सार्वभौमिक आयाम पर पहुँच जाएँ और हमारे ज़बानज़द हो जाएँ। यदि हम इन शे'रों से यह जान पाते हैं कि यह 'अक़्लीमे सुख़न का शहंशाह' (मीर के शब्द) किन हालात में बसर करता था तो हमारे लिए इनका महत्व बढ़ जाता है। पहली मस्नवी का शीर्षक है 'घर का हाल'। यह यों शुरू होती है :

क्या लिखूँ 'मीर' अपने घर का हाल
इस ख़राबे में मैं हुआ पामाल

118 शे'रों की इस मस्नवी में मीर की निरीक्षण-क्षमता देखने योग्य है। एक-एक ब्यौरे में गहरी कसक है। दूसरी मस्नवी 'दर हज्व ख़ाना-ए-ख़ुद' नाम से मिलती है। इसके नीचे फ़ारसी उपशीर्षक है—''कि बासबब शिद्दत-ए-बाराँ ख़राबशुदा बूद', अर्थात् जोकि बारिश की शिद्दत के सबब से ख़राब हो गया। इसका एक शे'र मीर के रंग के लिए उद्धृत किया जाता है :

मीर जी इस तरह से आते हैं
जैसे कंजर कहीं को जाते हैं

मीर जब ख़ुद को निशाना बनाते हैं तो अमूमन अपने नाम के साथ 'जी' ज़रूर लगाते हैं।

मीर में अपने व्यक्तित्व को लेकर अहंबोध (अनानियत) नहीं है, सात्विक विनम्रता है। लेकिन एक रचनाकार के रूप में अपनी बुलंदियों का बयान करने से उन्हें गुरेज़ नहीं है। उनका मानसिक रचाव उन्हें अहंबोध की इजाज़त नहीं देता। बक़ौल सरदार जाफ़री, 'अहं धन, शक्ति या योग्यता के घमंड से उत्पन्न होता है और बेदिमाग़ी सब कुछ खो देने के बाद आती है। ग़ालिब और मीर में यही अन्तर है।'' अलबत्ता मीर

को अपनी कविता की शाश्वतता का पूरा भरोसा है। वे अपने फ़रमाए हुए को मुस्तनद (प्रामाणिक) मानते हैं :

सारे आलम पे हूँ मैं छाया हुआ
मुस्तनद है मेरा फ़रमाया हुआ

अपने कहे हुए को 'फ़रमाना' एक विलक्षण प्रयोग है। ग़ज़लों में ऐसे वक्तव्य बहुत मिल जाएँगे। 'ज़िक्र-ए-मीर' में भी एक जगह लिखते हैं, ''मेरी शाइरी का शुहरा तो पूरी दुनिया पर छाया था।''

मीर की शाइरी का मुख्य गुण है उसकी तासीर यानी प्रभावमयता। यह तासीर शाइर के निजी दर्द को पूरी मानवता के दर्द से मिला देने से पैदा हुई है। यह दर्द एक ओर व्यक्ति के रूप में मीर की पहचान कराता है और इससे गुज़र कर हम मानवीय पीड़ा के व्यापक रूप से भी जुड़ पाते हैं। उर्दू शाइरी में दर्द एक रिवायती मज़्मून (पारम्परिक विषय) की हैसियत रखता है और अनेक शाइरों के यहाँ इस मज़्मून पर ऊँचे शे'र भी मिल जाते हैं। सृजन में ऐसे संयोग हुआ करते हैं जिनका अपना एक महत्व है। लेकिन मीर के लिए दर्द महज़ एक मज़्मून नहीं है, वह एक वुजूद है, हस्ती है बल्कि उनकी ज़िंदगी का कुल हासिल है। यह उनकी 'हृदय-सत्ता का सुन्दर सत्य'[1] है। दर्द की सच्चाई और पवित्रता इसकी तासीर का बाइस हैं। शायद ही ऐसा कोई शे'र हो जिसकी बिना पर आप यह कह सकें कि मीर अपनी व्यथा सुनाकर सहानुभूति लेना चाहते हैं। निज के दर्द को लेकर ऐसी तटस्थता विरल है। हर दर्दअंगेज़ शे'र आपका हो जाता है। मीर अपनी कविता के साथ हमें बहुत देर तक जीने देते हैं। एक पाठक के रूप में आस्वादन प्रक्रिया के चरमबिन्दु पर पहुँचकर हम उसके सर्जक की ओर लौटते हैं। अक्सर होता यह है कि हमारे तथ्यों की ओर दौड़ने में कविता विलीन हो जाती है। मीर की कविता हमें ऐसा करने से रोकती है।

मीर के दीवान में शे'र की सूरत में दर्द-ओ-ग़म जमा हैं। बज़ाहिर ज़माने से उन्हें जो दर्द मिले, इसके अलावा दुःख की सत्ता पर उन्होंने चिन्तन भी किया। मीर का तौर अगर हमें याद है तो हम कह सकते हैं कि दर्द को लिखने के अलावा उनके सामने कोई विकल्प भी नहीं था। वे ख़ुद को शाइर न कहकर दर्द का संग्रहकर्ता कहते हैं :

मुझको शाइर न कहो 'मीर' कि साहब मैंने
दर्द-ओ-ग़म कितने किए जमा तो दीवान हुआ

मीर के यहाँ आत्मपरक प्रसंगों में ख़ुद-ब-ख़ुद एक वस्तुपरक आयाम पैदा हो जाता है। वे भाषा से इस तरह काम लेते हैं कि निजी दर्द ख़ुद से दूरी का एहसास

---

1. 'कामायनी' की पंक्ति।

कराता है। मसलन एक जगह वे अपने दर्द के बाह्य रूप धुएँ की बात करते हैं :

देख तो दिल कि जाँ से उठता है
ये धुआँ-सा कहाँ से उठता है

'देख' शब्द सम्बोधनसूचक है जिसके प्रयोग से शाइर इस शे'र को बड़े फलक पर पहुँचा देता है। दुःख के स्रोत की तलाश उसकी मुख्य समस्या बन जाती है। यह तलाश उसके अनुभव-वृत्त को विस्तार देती है। धुआँ है तो कहीं आग भी है। लेकिन कहाँ ? मनुष्य की नियति के प्रति इस सहज जिज्ञासा ने मीर की ग़ज़लों में अनेक रूपों में अभिव्यक्ति पाई है। इसी ढंग का एक शे'र है :

सरहाने मीर के आहिस्ता बोलो
अभी टुक रोते-रोते सो गया है

शे'र में कोई ऐसा गम्भीर विचार या भाव नहीं है जो अलग से हमारा ध्यान खींच सके। सिर्फ़ वेदना की गहराई है जो हमें बेचैन कर देती है। रोते-रोते आदमी सोता नहीं है। रुदन अपने-आपमें जागरण की अलामत है। रोते-रोते आदमी के सोने से एक ओर उसके दर्द की शिद्दत का पता चलता है, दूसरी ओर यह भी मालूम होता है कि वह कितनी मुद्दत से उन्निद्र है। यह शे'र भी दूसरे को सम्बोधित है। यह मीर की रेख़्तागोई का कमाल है कि आहिस्ता से बोलने की हिदायत भी कोमल और शान्त स्वरों में दे रहे हैं। गो, मीर का जीवन इसी वेदना का पर्याय रहा है लेकिन इस शे'र की अपील बहुत दूर तक है। यह शे'र इस ढंग का जीवन जीनेवाले करोड़ों इनसानों से हमें जोड़ता है।

मीर का प्रेम विषयक दृष्टिकोण मध्यकाल के सूफ़ी कवियों से मेल खाता है। इसमें कवि का आत्मपरक तत्त्व और जुड़ जाता है। साथ ही साथ अठारहवीं सदी की सामाजिक परिस्थिति भी इसमें एक नया रुख़ पैदा करती है। 'ज़िक्र-ए-मीर' में आता है कि मीर अपने ख़ानदान की एक लड़की के प्रेम में पागल हो गए थे। आगरा उनके लिए कू-ए-जानाँ थी। मस्नवी 'जोश-ए-इश्क़' में शायद इसी प्रेम का वर्णन किया गया हो। सम्भव है मीर को वास्तविक जीवन में प्रेम में नाकामियाँ मिली हों लेकिन उनकी रचनाओं में मानवीय प्रेम को जिस रूप में अभिव्यक्ति मिली है, उसे जीवन की महज़ एक-दो घटनाओं में सीमित करके नहीं देखना चाहिए। इसकी पृष्ठभूमि में पिता अली मुत्तक़ी की फ़क़ीराना नसीहतें भी हैं। ''उनका दिल टूटा हुआ था और उनको ऐसे लोगों से ख़ास लगाव था जिनके दिल टूटे हुए हों।'' मीर 'नाज़ुकी उन लबों की क्या कहिए/एक पंखड़ी गुलाब की सी है' जैसे शे'रों में अपने प्रिय का सौन्दर्य निरूपण भी करते हैं, पर यह उनके प्रेम की सीमा नहीं है। उनके प्रेम की एक बड़ी दुनिया है जिसमें टूटे हुए दिल वाले हज़ारहा लोग शामिल हैं। प्रेम में नाकामियों के

अलावा दिलशिकस्तगी के वस्तुगत कारण भी हैं—अभाव, वंचनाएँ, सामाजिक उपेक्षा आदि। मीर के लिए इश्क़ ही वह शै है जो इन जीवनविरोधी हालात में जीने की शक्ति देती है और अमीर-ग़रीब दोनों को एक सतह पर लाकर खड़ा कर सकती है। मानवीय गरिमा से वंचित जीवन के प्रति गहरे लगाव के कारण ही मीर दिल को इतनी अहमियत देते हैं जो कि इश्क़ और ख़ुदा दोनों का घर है। 'दिल का मकान' इस धरती पर सबसे सुन्दर निर्माण है क्योंकि 'क़स्र-ए-जिनाँ' (स्वर्ग का महल) तो हमने देखा नहीं है। इस दिल के कई पहलू हैं, कई सिम्तें हैं। 'शीशा' रदीफ़ में मीर की एक रचना देखिए, जिसमें आता है : 'दिल ही सारे थे पे इक वक़्त में जो करके गुदाज़/शक्ल शीशे की बनाए हैं, कहाँ है शीशा !' इसके अलावा दिल्ली का बार-बार उजड़ना भी उन्हें 'दिल की बर्बादी' लगता है।

मीर के लिए प्रेम आर्थिक व सामाजिक असमानता और सांप्रदायिक विभेद दोनों से परे एक व्यापक मानवीय भाव है। वे मज़हब-ए-इश्क़ इसलिए अख़्तियार करते हैं कि इस दुनिया को गरिमायुक्त जीवन के योग्य बनाया जा सके। इसके लिए उन्हें इस्लाम भी तर्क (छोड़ना) करना पड़े तो कोई फ़िक्र नहीं :

मीर के दीन-ओ-मज़हब को अब पूछते क्या हो उनने तो
कश्का खींचा, दैर में बैठा, कब का तर्क इस्लाम किया

अगर यह क़दम सामाजिक उपेक्षा का कारण बनता है तो वे अपनी 'डेढ़ ईंट की जुदा मस्जिद' बनाने का साहस रखते हैं। प्रेम के जंगल में क़दम रखने का नतीजा उन्हें मालूम है :

क़दम दश्त-ए-मुहब्बत में न रख 'मीर'
कि सर जाता है गाम-ए-अव्वलीं पर

प्रेम के मार्ग पर पहला क़दम रखते ही धड़ से सर को जुदा होना होता है। यहाँ हम कबीर की आवाज़ सुनते हैं—सीस उतारै भुईं धरै तब पैठे घर माहिं।

जीवन की नाशवानता के मूल में भी मीर की सामाजिक सोद्देश्यता है। मृत्यु के एहसास द्वारा वे मनुष्यता की अवमानना करनेवाले लोगों को आगाह करते हैं। यहाँ उनकी भूमिका एक समाज-सुधारक के बजाय कवि की ही रहती है। मीर के कुल्लियात में मृत्यु पर ऐसी नायाब पंक्तियाँ मिलती हैं जिन्हें विश्व की महान् कविताओं के साथ रखा जा सकता है :

मर्ग एक माँदगी का वक़्फ़ा है
यानी आगे चलेंगे दम लेकर

मृत्यु, जीवन का अन्त नहीं है, सिर्फ़ थकान का एक अन्तराल है। इस पड़ाव

पर कुछ सुस्ताने के बाद फिर आगे बढ़ा जा सकता है। इस शे'र को तसव्वुफ़ और वेदान्त की दृष्टि से समझा जाए तो लगभग एक-से आशय निकलेंगे। तसव्वुफ़ मृत्यु को फ़नाफ़िल्लाह अर्थात् परम तत्त्व में विलीन होना मानता है, अन्त नहीं। वेदान्त आत्मा की अमरता का दर्शन है ही। लेकिन हर महान कविता की तरह यह शे'र भी किसी दार्शनिक व्याख्या का मुहताज नहीं है। मृत्यु में जिजीविषा का यह भाव अलग-अलग सन्दर्भों में भिन्न अर्थ पाता रहेगा।

तसव्वुफ़ मीर के लिए विराग को प्रेरित नहीं करता बल्कि दुनिया में राग जगाता है। गो, उनकी निजी दुनिया बहुत छोटी थी, पर इसके बहुत से रंग-रूप थे। सरसरी तौर से देखने पर दुनिया एक-जैसी लगती है। ग़ौर से देखा जाए तो यह दुनिया हर जगह दीगर मिलेगी :

सरसरी तुम जहान से गुज़रे
वरना हर जा जहान-ए-दीगर था

यह शे'र शाइरी के नुक्तों की तरफ़ इशारा भी करता है। पर्यवेक्षण और बोध की गहराई से ही सामाजिक यथार्थ की विविधता को रूपायित किया जा सकता है। कविता की रचना-प्रक्रिया के सन्दर्भ में यह एक बुनियादी बात है। आज बाज़ रचनाकारों को यथार्थ के सतही और यांत्रिक रूप के अलावा कुछ और दिखाई ही नहीं देता।

मीर की शाइरी की व्यापक लोकग्राह्यता के पीछे उनकी भाषा की केन्द्रीय भूमिका है। सहजता उनकी काव्य-भाषा का प्रमुख गुण है। अर्थ-गाम्भीर्य को सुरक्षित रखते हुए सहजता को साध पाना बड़ा कठिन है। वे अपने अनुभव में जितने सहज और पारदर्शी हैं, उतने ही अपनी अभिव्यक्ति में भी। उन्होंने फ़ारसी समासों की मिलावट के विना दिल्ली के मौलिक मुहावरे को काव्य-भाषा का संस्कार दिया। संप्रेष्य और संप्रेषण के माध्यम की अनुरूपता का दुर्लभ विवेक उनके पास था। उनके शे'रों में दिल्ली की क़दीमी ज़बान वही नहीं रह जाती, जैसी कि मूल रूप में थी। इसमें मीर की तबीयत का रंग स्वभावतः शामिल हो जाता है। वह रंग जिसमें भाषा का छल और पाखंड न होकर बातचीत की एक कलात्मक और असर अंदाज़ तर्ज़ है, सरल और छोटे-छोटे शब्दों से उत्पन्न अर्थ का एक जादू है। यह तर्ज़-ए-मीर है।

मीर कहते हैं :

शे'र मेरे हैं गो ख़वास पसंद
पर मुझे गुफ़्तगू अवाम से है

इस शे'र के ज़रिए उनकी भाषा पर भी विचार किया जा सकता है। 'ख़वास' का अर्थ अगर हम उस दौर के अभिजन (शुर्फ़ा) से लेते हैं तो एक समस्या खड़ी हो जाएगी। कारण, मीर ने सामान्यतया जिस भाषा का व्यवहार किया है, वह सिर्फ़

ख़वास के बीच प्रचलित नहीं थी, उसका एक बहुत बड़ा हिस्सा अवाम से सम्बन्ध रखता है। हमारी समझ से 'ख़वास' यहाँ कला और कविता के संस्कार से सम्पन्न समूह के लिए प्रयुक्त हुआ है। जिनकी चेतना का स्तर, उतना समुन्नत नहीं है या कि जिनमें यह संस्कार विकसित नहीं हो सका है; मीर उनसे संवाद करने की इच्छा रखते हैं। अन्ततः कविता को अपनी जगह पर पहुँचना है यानी अवाम के बीच।

मीर की काव्य-भाषा का परिसर बहुत विस्तीर्ण है। हस्बे ज़रूरत उन्होंने खड़ी बोली में घुले-मिले फ़ारसी प्रयोगों से भी लाभ उठाया है। अमूमन उन्होंने अपने उर्दू रचनाकार को अपने फ़ारसी लेखक से दूर ही रखा है और प्रचलित भाषा में रचना की सम्भावनाएँ तलाश की हैं। दरबार से बाज़ार के बीच भाषा के अनगिनत स्तर हैं, जो उनकी ग़ज़लों में नुमायाँ हैं। हर भाषा-स्तर में उनका विशिष्ट कला-कौशल बदस्तूर मौजूद है।

कई जगह मीर ने जनभाषा के क्रियापदों का ऐसा सार्थक प्रयोग किया है कि शे'र का हुस्न निखर आया है। मसलन,

इन सुहबतों में आख़िर जानें ही जातियाँ हैं
ने इश्क़ को है सर्फ़ा ने हुस्न का मुहाबा

क्रियापद का बहुवचन प्रयोग मीर के बाद मुश्किल से कहीं मिलेगा। सानी मिसरे में 'न' की जगह फ़ारसी 'ने' का दो बार प्रयोग साभिप्राय किया गया है। इस प्रयोग से सांगीतिक लय पैदा होती है। इसका शुमार मीर के बेहतरीन शे'रों में है। प्यार की इन मुलाक़ातों में जानें ही जाती हैं। न इसमें इश्क़ (आश्रय) का कुछ ख़र्च होना है और न हुस्न (आलम्बन) का ही कुछ घाटा है। यानी जो बीतनी है, वह प्राणों पर बीतनी है।

इसी तरह 'सीधियाँ सुनाना' (खरी-खरी सुनाना) मुहावरा है। यह मुहावरा भी धीरे-धीरे शाइरी की ज़बान से बाहर हो गया। जातियाँ, सीधियाँ आदि प्रयोग मुल्ला वजही के 'सबरस' और वली की ग़ज़लों में मिलेंगे। मीर 'दीवाना' की जगह 'दिवाना' लिख जाते हैं। लोग आज भी बोलते हैं पर शिष्ट भाषा में यह उच्चारण मान्य नहीं रहा था। 'इधर' के लिए 'ईधर' का प्रयोग भी कई ग़ज़लों में मिलता है। मकान को ढाँपने या आच्छादित करने के लिए 'छौपना' क्रिया पुरानी ज़बान में प्रचलित थी। 'घर' पर लिखी मस्नवी में यह शब्द आया है। संस्कृत मूल के शब्द भी गाहे-बगाहे देखे जा सकते हैं। 'बिस्तार' शब्द दो ग़ज़लों में आया है :

दिल की तह की कहि नहिं ज़ाती नाज़ुक हैं इसरार बहुत
अंछर तो हैं प्रेम के दो ही लेकिन है बिस्तार बहुत

है उसके हर्फ़-ए-ज़ेर-ए-लबी का सभों में ज़िक्र
क्या बात थी कि जिसका ये बिस्तार हो गया

'टुक' (तनिक, ज़रा) शब्द का प्रयोग भी मीर, सौदा और नज़ीर के बाद प्रायः कमयाब है। नज़ीर का 'बंजारानामा' इसी शब्द से शुरू होता है—'टुक हिर्स-ओ-हवा को छोड़ मियाँ मत देस-बिदेस फिरे मारा।' मीर के अनेक शे'रों में दार्शनिक चिन्तन की गहराई से युक्त भाषा के बीच यह देशज प्रयोग एक विशिष्ट कलात्मक सौन्दर्य की सृष्टि करता है :

गोश को होश के टुक खोल के सुन शोर-ए-जहाँ
सबकी आवाज़ के पर्दे में सुख़नसाज़ है एक [1]

ग़रज़ यह कि मीर की ग़ज़लों से ऐसे शब्दों और पदों की लम्बी सूची बनाई जा सकती है जो धीरे-धीरे उर्दू शाइरी से बाहर होते गए। रोज़मर्रा के प्रयोगों को भदेस और बाज़ारी जानकर मत्रूक (छोड़ देना) कर दिया गया।

बाज़ लोगों की राय है कि मीर के वही शे'र श्रेष्ठ कविता के उदाहरण हैं जिनकी ज़बान में फ़ारसी रंग की आमेज़िश है। दरअस्ल सिर्फ़ यही सच नहीं है। सादागोई में भी मीर की कवि-सामर्थ्य उतनी ही अद्वितीयता के साथ मुखर हुई है।

हम जानते हैं कि वली ने रेख़्तागोई की बुनियाद डाली। अठारहवीं सदी की शुरूआत में वली का दीवान दिल्ली पहुँचा और दिल्ली के शाइर रेख़्ता की व्यंजना शक्ति से परिचित हुए। बाद के शाइरों में मीर ने वली से सबसे ज़्यादा असर लिया और अपने कौशल से रेख़्ता में खड़ी बोली का प्रवाह पैदा किया। मीर ने एक शे'र में वली के ऋण को स्वीकार भी किया है। इसके अलावा मीर अमरोहा के एक सज्जन (सआदत अली) का उल्लेख भी करते हैं जिन्होंने मीर को रेख़्तागोई की ओर प्रवृत्त किया। मीर ने अपने दर्द की आँच में तपे और निखरे हुए फ़न के बूते पर रेख़्तागोई को उस ऊँचाई तक पहुँचा दिया कि मिर्ज़ा भी इसके क़ायल हुए :

रेख़्ते के तुम्हीं उस्ताद नहीं हो 'ग़ालिब'
कहते हैं अगले ज़माने में कोई 'मीर' भी था

---

1. यह शे'र विष्णु खरे के बहुचर्चित कविता-संग्रह 'सबकी आवाज़ के पर्दे में' को नाम देता है।

लोककवि नज़ीर अकबराबादी

सब किताबों के खुल गए मा'नी
जब से देखी 'नज़ीर' दिल की किताब

नज़ीर अकबराबादी का जन्म संवत् 1797 (1735 ई.) में दिल्ली में हुआ। उनका नाम वली मुहम्मद रखा गया। वे अपने माता-पिता की बारह सन्तानों में से एकमात्र पुत्र थे। इसलिए उन्हें परिवार में विशेष स्नेह मिला। उनके पिता का नाम मुहम्मद फ़ारूक़ था। माँ क़िलादार आगरा की बेटी थीं। चार वर्ष की अवस्था में नज़ीर की विधिवत् शिक्षा आरम्भ हुई। एक मौलवी साहब की देख-रेख में उन्होंने क़ुरान का अध्ययन किया। तत्पश्चात् उन्होंने स्वाध्याय से फ़ारसी भी पढ़ी। दिल्ली के अशान्त वातावरण के बावजूद उनका शैशव सुख-सुविधाओं में बीता। नज़ीर ने अपने शैशव की सुखद स्मृतियों पर दो नज़्में लिखीं—'तिफ़्ली' (बचपन) और 'इशरते-अय्यामे-तिफ़्ली' (बचपन का आनन्द)। 'इशरते-अय्यामे-तिफ़्ली' नज़्म इन स्मृतियों के साथ शुरू होती है—

क्या वक़्त था वो हम थे जब दूध के चटोरे
हर आन आँचलों के मामूर थे कटोरे

चार-पाँच वर्ष के बालक नज़ीर ने नादिर शाह के हाथों दिल्ली को लुटते देखा। इतनी छोटी अवस्था में वे इस घटना के ऐतिहासिक कारणों को भले न जान पाए हों लेकिन उनके अवचेतन में इस घटना का प्रभाव बाद तक सुरक्षित रहा। अभी नादिर शाह के आतंक की छाया मस्तिष्क से मिटी न थी कि 1747, 1751 और 1756 ई. में अहमद शाह अब्दाली ने दिल्ली पर लगातार तीन आक्रमण किए। इस समय वे इक्कीस-बाईस वर्ष के थे और शाइरी की शुरूआत कर चुके थे। दिल्ली शहर के संगीत की लय का बार-बार भंग होना नज़ीर जैसे संवेदनशील व्यक्ति के लिए बहुत यातनाप्रद था। दिल्ली, जो कि 'आलम में इंतिख़ाब' थी, अब 'उजड़े हुए दयार' में बदलती जा रही थी। फलतः दिल्ली के 'ठाठ' को छोड़कर नज़ीर का 'बनजारा' माँ और नानी के साथ अपनी ननिहाल आगरा चला गया। आगरा आकर उनका परिवार नूरी दरवाज़े पर एक किराए के मकान में रहने लगा। यहीं उनका विवाह तहवरुन्निसा बेगम के

साथ हुआ। तहवरुन्निसा बेगम के पिता मुहम्मद रहमान ख़ाँ मलकों वाली गली मुहल्ला ताजगंज में रहते थे। नज़ीर की दो सन्तानें थीं—पुत्र ख़लीफ़ा गुलज़ार अली और पुत्री इमामी बेगम। इमामी बेगम की सन्तान में एक पुत्री थी जिसका नाम विलायती बेगम था।

लगभग एक शताब्दी तक नज़ीर किंवदन्तियों और संस्मरणों के रूप में चर्चा का विषय बने रहे। उनके जीवन और शाइरी का समग्र और व्यवस्थित ब्यौरा उन्नीसवीं शताब्दी के अन्त तक सामने नहीं आ सका। नज़ीर लोकजीवन के आह्लाद के कवि थे, अतएव लोकमानस में उनकी विभिन्न छवियाँ अमिट रूप में विद्यमान रहीं। नज़ीर की इन छवियों को लिपिबद्ध करने का श्रेय औरंगाबाद के प्रो. अब्दुल ग़फ़ूर 'शहबाज़' को जाता है। प्रो. शहबाज़ ने 1900 ई. में 'ज़िन्दगानी-ए-बेनज़ीर' शीर्षक से नज़ीर का पहला प्रामाणिक जीवन-वृत्त लिखा। संयोग से प्रो. शहबाज़ के शोध-कार्य के दौरान नज़ीर की धेवती, विलायती बेगम, जीवित थीं जिन्होंने नज़ीर को देखा था। 'ज़िन्दगानी-ए-बेनज़ीर' में नज़ीर के व्यक्तित्व, स्वभाव और अभिरुचियों से सम्बन्धित अधिकांश सामग्री का स्रोत विलायती बेगम रही हैं। यह पुस्तक महज़ एक जीवनी नहीं है बल्कि नज़ीर के युग और साहित्यिक परम्पराओं का एक ईमानदार और वस्तुनिष्ठ आकलन है। इस पुस्ताक में पूर्ववर्ती वृत्तान्तकारों की नज़ीर विषयक भ्रामक धारणाओं का भी खंडन किया गया है। विशेष रूप से नवाब मुस्तफ़ा ख़ाँ शेफ़्ता के वृत्तांत 'गुलशन-ए-बेख़ार' में नज़ीर की जो उपेक्षा की गई है, प्रो. शहबाज़ ने उसका तीखा विरोध किया है। नवाब शेफ़्ता लिखित वृत्तांत बहुत पक्षपातपूर्ण कहा जाता है। हालाँकि इसके प्रतिवाद में प्रो. शहबाज़ से पहले नज़ीर के एक शागिर्द क़ुतबुद्दीन 'बातिम' ने 'गुलिस्तान-ए-बेख़िज़ाँ' लिख दिया था, पर यह भी एक अतिवाद के विरुद्ध दूसरा अतिवाद था।

नज़ीर के कवि-संस्कारों का निर्माण निम्न मध्यवर्ग के परिवेश में हुआ। इसमें उनकी स्वच्छन्द-वृत्ति का बड़ा योगदान रहा। 'आटे दाल का भाव' और 'पैसा', 'कौड़ी' की वास्तविकता वे अपने आजीविका के संघर्ष के दौरान जान चुके थे। उन्होंने आगरा की गलियों में घर-घर जाकर बच्चों को पढ़ाकर भरण-पोषण किया। बाद में आगरा के राजा विलास राय के छः पुत्रों के शिक्षक नियुक्त हुए। इनके नाम हैं—हरबख़्श राय, गुरबख़्श राय, मूलचन्द राय, मनसुख, बंसीधर और शंकर दास। लेकिन इसे राजाश्रय के रूप में व्याख्यायित नहीं किया जाना चाहिए। यह विशुद्ध एक व्यवसाय था। नज़ीर को गायन, कसरत और भ्रमण का बहुत शौक़ था। कच्चे घरों की दालानों में बैठने वाले और मेलो-ठेलों व खेल-तमाशों में जीवन के सार-तत्त्व की अनुभूति करनेवाले नज़ीर ने किसी राजाश्रय को स्वीकार नहीं किया। हिन्दी कविता में यह रीतियुग का अन्तिम दौर था जबकि अधिकांश कवि राजाश्रय के मोह में अपनी कवि-चेतना को कुंठित कर चुके थे और दरबार में सुशोभित होने ही होड़ लगी हुई थी। ऐसे में

नज़ीर ने राजा भरतपुर और नवाब सआदत अली ख़ाँ के निमन्त्रण को ठुकराया। वह जीवन का उछाह और फक्कड़पन राजदरबारों में कहाँ नसीब था, जो नज़ीर की कविता का प्राण है।

नज़ीर ने एक नज़्म में अपना आत्मचित्र भी प्रस्तुत किया है। इसमें उन्होंने अपने रूप-रंग, हुलिया, स्वभाव, शिक्षा और शाइरी का परिचय कराया है। इस आत्मचित्र में हम नज़ीर को आईने के सामने पाते हैं। यह नज़्म बताती है कि नज़ीर कितने उन्मुक्त हृदय और विनोदप्रिय थे। आत्मचित्र देखिए—

कहते हैं जिसको नज़ीर सुनिए टुक उसका बयाँ
था वो मुअल्लिम [1] ग़रीब, बुज़्दिलो-तर्सिंदा [2] जाँ
फ़ज़्ल ने अल्लाह के उसको दिया उम्र भर
इज़्ज़तो-हुरमत के साथ पार्चा-ओ-आबो-नाँ [3]
फ़हम [4] न था इल्म से अरबी के कुछ भी उसे
फ़ारसी में हाँ मगर जाने था कुछ ईं-ओ-आँ [5]
फ़र्द-ओ-ग़ज़ल के सिवा शौक़ न था कुछ उसे
अपने इसी शौक़ में रहता था ख़ुश हर ज़माँ
सुस्त रविश, पस्ताक़द, साँवला हिन्दी नज़ाद [6]
तन भी कुछ ऐसा ही था क़द के मुआफ़िक़ मियाँ
माथे पे एक ख़ाल [7] था छोटा-सा मस्से के तौर
था वो पड़ा आँख और अबरूओं के दरम्याँ
वज़ा सुबक उसकी थी तिस पे न रखता था रेश [8]
मूँछें थीं और कानों पर पट्टे भी थे पम्बा साँ [9]
पीरी [10] में थी जिस तरह उसको दिल अफ़सुर्दगी [11]
वैसी ही थी उन दिनों जिन दिनों में था जवाँ
लिखने की ये तर्ज़ थी कुछ जो लिखे था किताब
पुख़्तगी और ख़ामी के उसके ख़त [12] था दरम्याँ।

नज़ीर का यह आत्मचित्र जहाँ उनके व्यक्तित्व के बहुत से पहलू रौशन करता है वहीं इससे शाइरी के प्रति उनकी एकनिष्ठ एकाग्रता का भी पता चलता है। शाइरी ही उनका एकमात्र शौक़ था और वे हर हाल में इसी में ख़ुश रहते थे। नज़ीर के व्यक्तित्व में यह एक विचित्र बात थी कि जो चीज़ यानी शाइरी उनके जीवन की सबसे बड़ी प्राथमिकता थी, उसको सुरक्षित रखने को लेकर वे बहुत हद तक उदासीन रहे।

1. विद्वान, 2. डरनेवाला, 3. रोटी, भोजन, 4. परिचय, 5. फ़ारसी का प्राथमिक ज्ञान, 6 भारतीय वंश का, 7. तिल, 8. घाव का निशान, 9. कानों को ढकनेवाले, 10. वृद्धावस्था, 11. उदासी, 12. लेखन।

नज़ीर ने अपनी नज़्मों को कभी जमा नहीं किया। 'गुलज़ार-ए-नज़ीर' के सम्पादक सलीम जाफ़र ने एस.डब्ल्यू. फ़ालन की 'ए न्यू हिन्दुस्तानी इंगलिश डिक्शनरी' (1879) के हवाले से कहा है कि "नज़ीर इतना बेपरवा था कि अपना कलाम तक जमा नहीं किया। किसे दिमाग़ था कि 'मीर' और 'सौदा' की तरह अपने कलाम पर पुनर्दृष्टि डाले। जो कुछ क़लम से निकल गया, निकल गया। लिखा और फेंक दिया, शागिर्द हो या दोस्त जिसका जी चाहे उठा ले जाए। चाहे लिखित रूप में सुरक्षित रख ले या स्मृति-पटल पर अंकित कर ले।"

पूर्ववर्ती कवियों में यह धुन और बेपरवाई कबीर जैसे संतों में दिखाई देती है। नज़ीर कविता को सँवारने के बजाय उस मनुष्य के जीवन को सँवारने के प्रति अधिक चिन्तित रहते थे जो कि सृजन का एकमात्र लक्ष्य है।

कहा जाता है कि उनके कलाम को उनके शागिर्द और राजा विलास राय के पुत्र एकत्र करते रहे। 1282 हिजरी में नज़ीर का कुल्लियात (समग्र रचनाएँ) छपा। इसकी रचनाएँ इन्हीं शागिर्दों ने उपलब्ध कराई थीं। नज़ीर की शाइरी का पहला दीवान 1820 ई. में देवनागरी में प्रकाशित हुआ बताया जाता है। उसके तीस वर्ष बाद 1850 ई. में उर्दू में पहला दीवान सामने आया। ये दोनों दीवान कई दृष्टियों से दोषपूर्ण थे। 1942 ई. में मिर्ज़ा फ़रहतुल्लाह बेग ने हैदराबाद से 'दीवान-ए-नज़ीर अकबराबादी' प्रकाशित कराया। यह पूर्णतः अदोष और प्रामाणिक दीवान माना जाता है। नज़ीर की सम्पूर्ण कृतियाँ इस प्रकार हैं—उर्दू में एक कुल्लियात और दो दीवान, फ़ारसी में एक दीवान-ए-नज़्म और फ़ारसी की नौ गद्य रचनाएँ, यथा—नज़्मे ग़ज़ीन, क़द्रे मतीन, फ़हमे क़रीन, बज़्मे ऐश, राना-ए-ज़ेबा, हुस्ने बाज़ार, तर्ज़े तकरीर आदि। फ़ारसी की गद्य रचनाएँ अभी तक अप्रकाशित हैं।

युवावस्था में नज़ीर अपने समकालीन घनानन्द की भाँति रसिक और प्रेमी हृदय थे। 'ज़िन्दगानी-ए-बेनज़ीर' में आता है कि नज़ीर एक मोती नाम की नर्तकी पर आसक्त हो गए थे। उनके इस प्रेम-प्रसंग को लेकर कोई ठोस और विस्तृत विवरण नहीं मिलता। अलबत्ता उनकी एक प्रसिद्ध नज़्म है 'मोती' जो कि नज़ीर की प्रणय-भावनाओं को अभिव्यक्ति देती है। इस नज़्म के एक बंद से यह स्पष्ट भी हो जाता है कि मोती किसी युवती का नाम है। इस बंद का भावार्थ यह है कि कवि उससे अपना नाम पूछता है। वह उत्तर में अपना नाम मोती बताती है।

नज़ीर की मिलनसार तबीयत ने उन्हें हिन्दू और मुसलमानों की मिली-जुली विरासत को आत्मसात् करने में सहायता की। उनके भीतर एक धर्मनिरपेक्ष दृष्टिकोण विकसित हुआ जिसकी बिना पर उन्हें सभी धर्मों और वर्गों के लोगों के बीच असाधारण लोकप्रियता मिली। एक प्रकार से वे अपने जीवन में ही अनुश्रुति बन चुके थे। चाहे बलदेव जी का मेला हो या अकबराबाद की ईदगाह दोनों जगह वे एक-सी निष्ठा के साथ मौजूद दिखाई देते थे। वे जिधर भी निकल जाते थे लोग उन्हें सुनने और देखने

के लिए उमड़ पड़ते थे। खेल-तमाशे करनेवाले लोग उनकी नज़्मों को गाकर अपनी आजीविका चलाते थे। नज़ीर ने किसी राजा-नवाब की फ़रमाइश पर नहीं लिखा किंतु अवाम की फ़रमाइश पर अनेक नज़्में लिखीं। उनके पास लोग आते थे और कहते थे, "हमें कुछ लिख दीजिए कि खा-कमा लें।" नज़ीर उनका मन रखने के लिए जो जी चाहा लिख कर हवाले कर देते थे। लोग गली-गली, कूचा-कूचा गा-गाकर अपना पेट पालते थे। 'तिल के लड्डू', 'रीछ का बच्चा' आदि इसी प्रकार की रचनाएँ हैं। (देखिए, गुलज़ार-ए-नज़ीर)

यह बड़ी विडम्बना है कि अवाम के बीच उनकी शाइरी की लोकप्रियता को कुछ विद्वानों ने एक दोष के रूप में देखा है। 'गुलशन-ए-बेख़ार' में नवाब शेफ़्ता ने नज़ीर पर यह आरोप लगाया है कि उनके शे'र बाज़ारियों के ज़बानज़द हैं। ऐसे शे'रों के रहते हुए उसे शाइर नहीं कहा जा सकता है। इस राय से यह साफ़ ज़ाहिर होता है कि नवाब शेफ़्ता जैसे लोग शाइरी को तथाकथित शिष्ट और सम्भ्रान्त वर्ग के विलास की वस्तु समझते हैं। उनके लिए कोई रचना महज़ इसीलिए निकृष्ट हो जाती है कि वह श्रमिक और साधनहीन वर्गों की ज़बान पर चढ़ी हुई है। दरअस्ल यह तो रचना का अपनी सही जगह पहुँचना है। अठारहवीं शताब्दी के सन्दर्भ में जनता के साहित्य की जो परिकल्पना हो सकती थी, नज़ीर की शाइरी वैसी ही थी।

नज़ीर यद्यपि धार्मिक कट्टरतावाद के सदैव विरोधी रहे। फिर भी उनकी शीया सम्प्रदाय के सिद्धान्तों में आस्था थी। वे नस्ल से क़ुरेशी थे। मज़हब से शीया थे। ताज़ियादारी करते थे। नज़ीर के पिता सुन्नी थे। नज़ीर ने धर्म परिवर्तन कब और किन परिस्थितियों में किया, यह ज्ञात नहीं है। कदाचित् अपनी शीया माँ के प्रभाव में आकर उन्होंने मज़हब बदला हो। मौलाना फ़ख़्र देहलवी में उनकी अगाध श्रद्धा थी जो उस समय की दिल्ली के प्रसिद्ध सूफ़ी सन्त थे। लेकिन उन्होंने शाइरी में अपने किसी धर्म का दावा नहीं किया। नज़ीर ने अपनी 'रोटियाँ' नज़्म में कहा है 'भूखे भजन न हो।' जब रोटियाँ मनुष्य का सबसे बड़ा धर्म बन गई हों, ऐसे में नज़ीर किसी धर्म या सम्प्रदाय की सीमाओं में कैसे बँध सकते थे?

नज़ीर बहुभाषाविद् थे। अपने आत्म-चित्र में उनकी स्वीकारोक्ति है कि वे अरबी नहीं जानते थे। उनके अरबी ज्ञान को लेकर विद्वानों में मतभेद है। जैसे जीवनीकार प्रो. शहबाज़ की मान्यता थी कि नज़ीर अरबी नहीं जानते थे। कुछ विद्वानों की राय में नज़ीर आठ भाषाएँ जानते थे—अरबी, फ़ारसी, उर्दू, पंजाबी, ब्रज भाषा, मारवाड़ी, पूरबी और हिन्दी। उनका 'ख़म्सा-ए-हफ़्त ज़बाँ' उनके सात भाषाएँ जानने का प्रमाण है। यह ख़म्सा ही नहीं उनकी अधिकांश नज़्मों में इन सभी भाषाओं की शब्द-सम्पदा मिलती है।

उर्दू विद्वानों के बीच यह बात विवाद का विषय रही है कि नज़ीर को अकबराबादी कहा जाए या देहलवी। इस विवाद का उनकी शाइरी की प्रकृति से कोई तात्त्विक सम्बन्ध

नहीं है। दरअस्ल यह विवाद किसी बड़े शाइर को अपने-अपने नगरों से जोड़ने के आग्रह से उपजा है। 'रूह-ए-नज़ीर' (1922 ई.) के सम्पादक मख़्मूर अकबराबादी नज़ीर को भाषा-व्यवहार की दृष्टि से आगरा का ही मानते हैं। यह आमतौर पर सर्वमान्य राय है। किन्तु सलीम जाफ़र जैसे कुछ विद्वानों का तर्क यह है कि नज़ीर इक्कीस-बाईस वर्ष की आयु में दिल्ली छोड़कर आगरा जाकर बसे। इस अवस्था तक नज़ीर की काव्य-भाषा निर्मित हो चुकी थी जो कि दिल्ली की प्रचलित भाषा थी। दूसरे यह कि उनका जन्म भी दिल्ली में ही हुआ था। यह विवाद नज़ीर के पाठक के लिए विशेष महत्व नहीं रखता। फिर भी यदि इस विवाद को निबटाना ही है तो नज़ीर के मुख से ही सुनिए—

आशिक़ कहो, असीर कहो आगरे का है
मुल्ला कहो, दबीर कहो आगरे का है
मुफ़्लिस कहो, फ़क़ीर कहो आगरे का है
शाइर कहो, नज़ीर कहो आगरे का है

(शहर-ए-आशोब)

नज़ीर को दीर्घ आयु मिली। आयु के अन्तिम दिनों में उन्हें पक्षाघात हो गया था। 26 सफ़र 1246 हिजरी तदनुसार 1 अगस्त, 1830 ई. को आगरा में इस महान शाइर का निधन हुआ। उनके प्रिय शिष्य मुंशी ब्रजलाल ने नज़ीर की मृत्यु पर एक तिथिबन्ध लिखा—'मुख़म्मस बेसरोपा, बेत, बेदिल फ़र्द बेसर शुद।' इससे 1246 हिजरी तारीख़ प्राप्त हुई।

आगरावासियों के लिए नज़ीर की मृत्यु एक परम आत्मीय के चिर विछोह जैसी दुःखद घटना थी। सुन्नियों और शियाओं ने अपनी-अपनी पद्धति से जनाज़े की नमाज़ अदा की। हिन्दू आत्मीयजन जनाज़े की चादर अपने साथ ले गए। नज़ीर के पार्थिव शरीर को ताजमहल के निकट दफ़नाया गया—

देख ले इस चमन-ए-दह्र को दिल भर के 'नज़ीर'
फिर तिरा काहे को इस बाग़ में आना होगा !

नज़ीर जैसे लोक-जीवन के कवि के साथ एक दुःखद स्थिति रही है कि उनकी लोकवादी परम्परा का यथोचित मूल्यांकन नहीं किया जा सका। लोगों का ध्यान दोष-गणना पर ज़्यादा रहा। उर्दू में तो उनके समकालीन आलोचकों ने उन्हें शाइर मानने से इन्कार कर दिया था। बाद की उर्दू आलोचना में नज़ीर की शाइरी के लोकतत्त्व की बराबर उपेक्षा की जाती रही। उन्हें याद भी किया जाता है तो एक ऐसे शाइर के रूप में जिसका अपना कोई रंग नहीं है। उपलब्ध सामग्री के आधार पर कहा जा सकता है कि सिर्फ़ सैयद एहतिशाम हुसैन ने अपने 'इतिहास' और डॉ. मुहम्मद हसन

ने अपने 'नज़ीर अकबराबादी' विनिबन्ध में नज़ीर को उनके सही रूप में देखा है।

इधर हिन्दी में भी आचार्य रामचन्द्र शुक्ल के 'हिन्दी साहित्य का इतिहास' में नज़ीर को वह स्थान नहीं मिल पाया जिसके कि वे अधिकारी थे। शुक्ल जी एक पंक्ति में नज़ीर को मात्र एक मनमौजी सूफ़ी भक्त कवि कहकर आगे बढ़ गए हैं। जबकि गहराई से रचना-विषयों और भाषा-संस्कारों की दृष्टि से देखें तो नज़ीर की नज़्में नवजागरण की हिन्दी कविता की ज़मीन तैयार कर रही थीं। धर्मनिरपेक्षता नवजागरण काल की कविता की अनेक प्राथमिकताओं में से एक है। इसकी प्रेरणा नज़ीर की नज़्मों में छुपी हुई है। अठारहवीं-उन्नीसवीं शताब्दी की कविता को नज़ीर की शाइरी से अलग-थलग करके नहीं पढ़ा जा सकता।

इतने बड़े समयान्तराल के बाद भी नज़ीर के हिन्दी कवि वाले रूप को हिन्दी जगत में ठीक से जाँचा-परखा नहीं गया है। अलबत्ता शमशेर बहादुर सिंह ने 'दो आब' में नज़ीर को पढ़ने की ज़रूरत पर बल दिया है और हिन्दी में नज़ीर की उपेक्षा का कारण सांस्कृतिक भिन्नताजनित एक-दूसरे के प्रति विराग बताया गया है। डॉ. रामविलास शर्मा ने उन्हें आगरे के जीवन के सच्चे चितरे के रूप में पहचाना जो कि एक सच्चाई है।

भाषा की दृष्टि से भी नज़ीर एक भारतीय सोच के हिन्दी कवि हैं। फ़ारसी लिपि में उन्होंने खड़ी बोली को अपनाया। बाद में उनकी शाइरी की पृष्ठभूमि पर ही खड़ी बोली का आन्दोलन विकसित हुआ। रेख़्ता (उर्दू) के प्रयोग को नज़ीर ने एक तरह से ग़ज़लों तक ही सीमित रखा। हालाँकि ग़ज़लों में भी वे आगरा जनपद की बोली का व्यवहार करने से नहीं हिचकते।

संक्षेप में, नज़ीर एक आला दर्जे के उर्दू शाइर के साथ-साथ एक युग प्रवर्तक हिन्दी कवि भी थे। आज ज़रूरत है कि हम इतिहासकारों के पूर्वग्रहों से मुक्त होकर अपनी परम्परा को पहचानें और नज़ीर को हिन्दी कविता के विकास की एक महत्वपूर्ण कड़ी के रूप में देखें।

—'आजकल', अप्रैल, 1992

नज़ीर की कविता में धर्मनिरपेक्ष मूल्य

नज़ीर की शाइरी अपने दौर के सांस्कृतिक मानस का एक समग्र और जीवन्त चित्र प्रस्तुत करती है। उनकी शाइरी से जीवन का जो रूप उभरता है उसके कई रंग हैं। मसलन धार्मिक सहिष्णुता, परस्पर मेल-जोल, फक्कड़पन, मनोरंजन की विविध क्रीड़ाएँ, तीज-त्योहार, खेल-तमाशे, मेले, वनस्पति और पशु-पक्षियों के प्रति आत्मीय लगाव आदि। निःसन्देह जीवन की इन सुखद एवं आह्लादपूर्ण झाँकियों का सम्बन्ध तद्‌युगीन सामन्त वर्ग से न होकर जनसाधारण से था। उस दौर में हिन्दी एवं उर्दू कविता की एक धारा सामन्तीय जीवन-पद्धति को प्रचारित कर रही थी। नज़ीर ने इसके प्रतिवादस्वरूप एक भिन्न जीवन-शैली को प्रतिबिम्बित किया। जिसमें साधनहीनता से उत्पन्न कुंठाओं के लिए कोई जगह नहीं है, न ही धार्मिक मतवाद का कोई हस्तक्षेप है। सामन्तीय व्यवस्था के एक-से दबावों के बीच जी रही आम जनता की आकांक्षाओं को नज़ीर ने आत्मसात् कर लिया था। वे एक धर्मनिरपेक्ष दृष्टिकोण लेकर समाज के बीच गए। उन्होंने अनुभव किया कि धर्म और नस्ल के प्रश्नों का सम्बन्ध व्यापक जन-समुदाय की चेतना से नहीं है। दूसरे, मुस्लिम समाज भी अपनी आस्थाओं के साथ भारतीय जीवन-धारा का अंग बन चुका है। नज़ीर के सामने यह सच्चाई स्पष्ट हो चुकी थी कि आम जनता स्वभावतः धर्मनिरपेक्ष होती है। चाहे वे किसी भी धर्म के पर्व और उत्सव हों, जहाँ से उसे जीवन-रस प्राप्त होता है, वह तमाम सतही विभेद भुलाकर उनसे जुड़ाव पैदा कर लेती है। यह उस दौर का सांस्कृतिक मानस था और नज़ीर अकबराबादी की शाइरी की ज़मीन यही है।

आमतौर पर नज़ीर के समतावादी विचारों का हेतु सूफ़ी मतवाद का प्रभाव माना जाता है। यदि हम सूफ़ी काव्य-परम्परा पर दृष्टिपात करें तो नज़ीर के दृष्टिकोण की मौलिकता और नवीनता का पता चल सकता है। मध्यकाल के क़ुतुबन, मंझन, जायसी, उस्मान, शेख़ नबी और नूर मुहम्मद आदि सूफ़ी कवियों ने अपने-अपने ढंग से हिन्दू-मुसलमान के भेद का खंडन तो किया किन्तु जीवन में प्रेम की महत्ता को दर्शाने के लिए मस्नवी शैली में राजकुमार और राजकुमारियों के सुने-सुनाए आख्यान लिखे। संयोग से इनमें से एक कवि नूर मुहम्मद तो नज़ीर के समकालीनों में से थे। वे मुहम्मद शाह के समय में हुए थे। वे फ़ारसी के अच्छे ज्ञाता थे किन्तु उन्होंने 'इन्द्रावती' हिन्दी

(अवधी) में लिखी। एक समुदाय में इस बात को लेकर विरोध था कि उन्होंने हिन्दी में रचना क्यों की ? इस विरोध को सहने का साहस नूर मुहम्मद में नहीं था। परिणामस्वरूप उन्हें 'अनुराग बाँसुरी' में अपना ही खंडन करना पड़ा।

नज़ीर को अपनी कविता में कहीं भी ऐसे स्पष्टीकरण देने की ज़रूरत महसूस नहीं हुई। वे अपने चुने हुए मार्ग पर अग्रसर होते हुए हिन्दू और मुसलमानों के बीच एक सांस्कृतिक सेतु के निर्माण में तत्पर रहे। पूर्ववर्ती सूफ़ी कवियों की तुलना में नज़ीर की निजता का एक धरातल यह भी है कि उन्होंने न तो राजकुमार-राजकुमारियों पर आख्यानक काव्य लिखे, न ही अपनी नज़्मों में सामन्तों का यशोगान किया। उनके हिन्दू-मुस्लिम एकता सम्बन्धी विचार लोकजीवन में गहरी पैठ से उत्पन्न हैं। इसी सहजता और ईमानदारी के कारण उनके विचारों में दूसरों की चेतना को परिवर्तित करने की शक्ति है। बुनियादी बात है रचना का सच्चा और विश्वसीय प्रतीत होना। इसके बाद ही पाठक रचनाकार के विचारों को अपने व्यवहार में उतारेगा। हर अच्छी रचना व्यक्ति को किसी-न-किसी स्तर पर बदलती है और नज़ीर की शाइरी में यह गुण है। वह व्यक्ति को संकीर्णताओं से मुक्त कर एक व्यापक और मानवीय दृष्टिकोण से लैस करने में सफल होती है।

नज़ीर ने सूफ़ियों के भावात्मक रहस्यवाद और तसव्वुफ़ को अनेक नज़्मों में अभिव्यक्ति दी है। उनकी 'मौत', 'बंजारानामा', 'झोंपड़ा' और 'तौहीद' जैसी कई नज़्में उनके सूफ़ी विचारों का परिचय कराती हैं। इन तमाम नज़्मों का सार यह है कि संसार नाशवान है, भौतिक सुख-समृद्धि में ईश्वर के नाम को विस्मृत नहीं करना चाहिए, दुनिया धोखे की टट्टी है, ऊँच-नीच और भेद-भाव मनुष्य की गढ़ी हुई चीज़ें हैं, ईश्वर के नज़दीक सब एक हैं, आदि। लेकिन नज़ीर जैसे युगचेता रचनाकार की एकमात्र पहचान यही नहीं है। वे तसव्वुफ़ की समस्याओं को सुलझाने में जीवन से विमुख और उदासीन नहीं हो जाते। बल्कि सूफ़ी आदर्शों का उपयोग अपने मूल प्रयोजन—धर्म के मानवीय रूप का साक्षात्कार—के लिए करते हैं। उनके शहर-आशोबों में रोज़ी की मुश्किलात उठानेवाले कारख़ानाज़ात लोगों की पीड़ा है। वे यह नहीं भूलते हैं कि इसी दुनिया में एक वह आदमी है रोटी से जिसका पेट नाक तलक भरा हुआ है ('रोटियाँ') और एक वह आदमी है जो टुकड़े चबा रहा है। ('आदमी') नाशवानता की बात तो वे सिर्फ़ इसलिए करते हैं कि धर्म, जाति और सम्पत्ति के आधार पर विभेद पैदा करनेवाली शक्तियों को यह एहसास हो सके कि उनकी यह व्यवस्था चिरस्थायी नहीं है। इसी तरह सूफ़ीमत के समतावादी विचारों का नज़ीर ने साम्प्रदायिक भावनाओं के विरुद्ध उपयोग किया। ग़रज़ यह है कि नज़ीर प्रेममार्गीय शाखा के कवियों के अर्थों में सूफ़ी भक्तकवि नहीं थे। उनकी अपने समय में प्रसिद्धि और बाद के युगों में प्रासंगिकता का हेतु भी यह नहीं है।

अठारहवीं शताब्दी में धर्मनिरपेक्षता का स्वरूप वह नहीं था जो कि आज है।

मौजूदा दौर में धर्मनिरपेक्षता की जो धारणा बनी है उसके पीछे अंग्रेज़ी उपनिवेशवाद की फूटपरस्ती तदुपरान्त देशी पूँजीवाद, सामन्तवाद के वर्ग-स्वार्थों से उत्पन्न साम्प्रदायिक समस्याओं का लम्बा इतिहास है। आज की परिस्थिति में धर्मनिरपेक्षता का अर्थ है—किसी भी धर्म के आग्रहों से मुक्त होकर मनुष्य की स्थिति पर विचार करना। जैसे-जैसे साम्प्रदायिक प्रश्न उलझते जाएँगे, वैसे-वैसे इस दृष्टिकोण की ज़रूरत बढ़ती जाएगी। नज़ीर के दौर में साम्प्रदायिकता अर्थात् धर्म का मनुष्य के विरुद्ध पाशविकतापूर्ण इस्तेमाल का आभास तक नहीं था। सम्प्रदाय का मत के अर्थ में प्रयोग किया जाता था। यह अलबत्ता है कि उस समय तक लोगों के मन में कमोबेश धर्म की रक्षा के भय ने अवश्य जन्म ले लिया था। इसका कारण एक-दूसरे के धर्म और संस्कृति से नज़दीकी परिचय का अभाव रहा होगा। धार्मिक सहिष्णुता धर्मनिरपेक्षता का पहला सोपान है। धर्मनिरपेक्ष दृष्टिकोण से जुड़ने के लिए दूसरे धर्म के मूलभूत सिद्धान्तों से अभिज्ञता और उनके प्रति आदर भाव ज़रूरी है। अपनी धार्मिक आस्थाओं को प्रचारित किए बिना दूसरे धर्म के प्रति अपने मन को खुला रखने से बड़ी धर्मनिरपेक्षता उस दौर में और क्या हो सकती थी ? नज़ीर इसी अर्थ में एक धर्मनिरपेक्ष कवि हैं। वे उर्दू के पहले शाइर हैं जिन्होंने अपने वर्तमान की अपेक्षाओं को समझा और भविष्य की आहट को सुना। नज़ीर के सोच और व्यवहार के इस धरातल को रेखांकित करते हुए मख़्मूर अकबराबादी ने 'रूह-ए-नज़ीर' में सही कहा है, ''नज़ीर का कलाम देखकर और उनकी धर्मविषयक निष्पक्षता का अन्दाज़ा करते हुए न सिर्फ़ यह मालूम होगा कि अतीत में हिन्दुस्तान की एक क़ौम दूसरी साथ रहनेवाली क़ौम की भावनाओं का यहाँ तक सम्मान करती थी कि शाइर जाने या अनजाने इन्हें अपनी शाइरी में अभिव्यक्ति देना परम कर्तव्य समझते थे, बल्कि यह भी स्पष्ट होगा कि इस पवित्र धरती के बेमतलब बदनाम निवासी उस शिष्ट जीवन-पद्धति से अनभिज्ञ नहीं हैं जिस पर कि हिन्दुस्तान की विभिन्न मज़हबों और क़ौमों की पारस्परिक एकता, मेल-जोल, सहानुभूति और सहनशीलता की बुनियाद रखी जा सकती है। यह शाश्वत भाव नज़ीर की शाइरी का विशिष्ट गुण है।''

इस प्रकार नज़ीर अपनी नज़्मों के माध्मय से उर्दू शाइरी में धर्मनिरपेक्ष विचारों की बुनियाद रखते हैं। अहले इस्लाम होने के कारण वे हम्द (ईश्वर की स्तुति) तथा हज़रत मुहम्मद और हज़रत अली की मन्क़बत (किसी पुण्यात्मा की प्रशंसा) लिखने का हक़ अदा करते हैं। उन्होंने पीर-फ़क़ीरों और सन्तों की स्तुतियाँ भी लिखीं। यदि वे हज़रत सलीम चिश्ती को श्रद्धांजलि अर्पित करते हैं तो गुरु नानक शाह को भी विस्मृत नहीं करते। 'नानक शाह गुरु की तारीफ़' कविता में 'वाह गुरु' का उद्घोष इस तरह करते हैं कि जैसे गुरु नानक की वाणी उनके संस्कारों में रच-बच गई है। रसूल की स्तुति के साथ-साथ गुरु नानक की प्रशंसा निश्चय ही एक क्रान्तिकारी रुझान था और धार्मिक तत्त्ववाद की दृष्टि से यह सहज ही स्वीकार्य स्थिति नहीं है। लेकिन नज़ीर तो दोनों धर्मों के बीच अभेद और अविरोध के भाव के हामी थे। उनके सर्जक

मन पर भी गुरु नानक के चिन्तन का गहरा प्रभाव लक्षित होता है। नानक की भाँति नज़ीर भी धर्म और उपासना के एक ऐसे मार्ग का निर्माण करते हुए दिखाई देते हैं जो हिन्दू और मुसलमान दोनों को स्वीकार हो। यह भले ही आज भी सम्भव न हो पाया हो लेकिन नज़ीर बाद के युगों के लिए एक जीवित विचार दे गए।

आगरा के आस-पड़ोस के प्रसिद्ध धार्मिक समागमों ने नज़ीर को आकृष्ट किया। उन्हें लगा कि इन धार्मिक समागमों और मेलों का एक धर्मनिरपेक्ष चरित्र है। चाहे हज़रत सलीम चिश्ती का उर्स हो या बलदेव जी का मेला इनमें दोनों धर्मों के अनुयायी सोत्साह सम्मिलित होते हैं। लोग श्रद्धा व्यक्त करने जाएँ या मेले का आनन्द उठाने, ये समागम परस्पर मेल-जोल के निमित्त तो थे ही। नज़ीर को इन समागमों का महत्व इसी रूप में था कि ये हिन्दू-मुसलमान के बीच की दूरी कम करने में कारगर साबित हो सकते हैं। दूसरे, नज़ीर की यह मान्यता थी कि संसार में जो भी नैमतें हैं, वे मनुष्य के लिए ही हैं–

ये नैमतें अयाँ हैं जो आलम के वास्ते
हैंगी ये सब मियाँ इसी आदम के वास्ते

फिर लोग मेलों के आनन्द से क्यों वंचित रहें ? नज़ीर ने 'उर्स हज़रत सलीम चिश्ती' और 'बलदेव जी का मेला' नाम से दो नज़्में लिखीं। इन नज़्मों में एक चीज़ ध्यान देने योग्य है कि वे अम्बोह (भीड़) का वर्णन बड़ी तल्लीनता बल्कि अतिशयता के साथ करते दिखाई देते हैं। दोनों नज़्मों के ये अंश, उनकी लोगों को समूह के रूप में देखने की उत्कंठा को प्रतिबिम्बित करते हैं। इन नज़्मों में आपको बादशाह, गदा (भिखारी), अमीरो-वज़ीर, राजा-रानी, जोगी-वैरागी, ज्ञानी-ध्यानी और यहाँ तक कि चोर, नटखट और उचक्के एक साथ मिलेंगे।

एक शाइर के रूप में नज़ीर यह जानते थे कि भारतीय संस्कृति को समग्रता में उभारना है तो हिन्दू और मुसलमानों के तीज-त्योहारों को एक साथ देखना होगा। उनके पास समन्वित संस्कृति की एक स्पष्ट धारणा थी जिसके तहत उन्होंने 'शब बरात', 'ईद', 'ईदुलफ़ित्र', 'ईदगाह अकबराबाद', 'होली', 'सामान दिवाली का' और 'राखी' जैसी नज़्में लिखीं। होली पर तो उनकी दस रचनाएँ हैं। इन तमाम नज़्मों को पढ़ते हुए हमारा ध्यान मुख्य रूप से दो बातों की ओर जाता है। एक, नज़ीर ने इन त्योहारों के सामाजिक पक्ष को उभारने में ज़्यादा रुचि दिखाई है। उन्होंने पूजा या इबादत की पद्धतियों के वर्णन में स्वयं को व्यस्त नहीं किया है। त्योहार के समय जीवन के ठाठें भरते समुद्र पर उनकी दृष्टि केन्द्रित रही है। इन नज़्मों में धर्म की ऊपरी सतह के नीचे एक-सा जीवन प्रवाहित हो रहा है। त्योहार की उमंग में डूबे हुए लोग सिर्फ़ इन्सान लगते हैं। ऐसा प्रतीत होता है कि जो लोग अभी आगरे की ईदगाह में सज्दागुज़ार थे, वे ही अब होली मनाने चले आए हैं। दूसरे, नज़ीर के पास अद्भुत निरीक्षण-क्षमता थी। शब बरात और ईद के

वातावरण की सृष्टि के पीछे तो उनके पारिवारिक विरासत से प्राप्त अनुभव रहे थे किन्तु होली, दीवाली और रक्षाबन्धन के त्योहारों के जो सूक्ष्म ब्यौरे मिलते हैं, वे निश्चय ही श्रवण या अध्ययन से प्राप्त नहीं हैं। वे नज़ीर की गहन लोक-सम्पृक्ति के परिणाम हैं। दीवाली पर जुआ खेलते लोग भी नज़ीर की दृष्टि से नहीं बच पाते। वे जिनके लिए लिख रहे थे, उन्हें भीतर से जानते भी थे।

नज़ीर का सम्बन्ध ब्रजक्षेत्र से था। इसलिए होली की फागें गाने में उनका मन सबसे ज़्यादा रमा। उन्हें होली इसलिए प्रिय है कि इसमें 'रूठे' आपस में मिलते हैं। नज़ीर कहते हैं कि होली में 'कोई तो रंग छिड़कता है कोई गाता है, जो ख़ाली रहता है वो देखने को जाता है।' यहाँ शाइर का संकेत दूसरे समुदाय के लोगों की ओर है। अर्थात् वे भी इसमें शामिल हैं। इसी तरह 'राखी' नज़्म में नज़ीर ही यह बात कह सकते थे–

नज़ीर आया है बाम्हन बन के राखी बाँधने प्यारे।

नज़ीर ने मेलों और त्योहारों को अपनी रचना का विषय क्यों बनाया ? डॉ. मुहम्मद हसन ने अंग्रेज़ी पुस्तक 'नज़ीर अकबराबादी' में इसे उस दौर की ऐतिहासिक परिस्थिति की माँग बताया है। उनके अनुसार नज़ीर के समकालीन शाइर मीर, सौदा और दर्द ने अपने विषादपूर्ण, कटाक्षपूर्ण और रहस्यवादी नज़रिए को तर्क से स्वीकार्य बना लिया था ताकि वे जर्जर और ढहती हुई व्यवस्था का सामना कर सकें। वहीं नज़ीर ने सामन्तवर्ग से स्वयं को अलगाते हुए अवाम के रोज़मर्रा जीवन में आशा, प्रेरणा और आह्लाद के नए स्रोत खोज लिये।

अतएव हम कह सकते हैं कि आह्लादपूर्ण जीवन की खोज नज़ीर को मेलों और तीज-त्योहारों के बीच ले गई और यही खोज उनकी एक धर्मनिरपेक्ष शाइर के रूप में पहचान का बायस बनी।

'तौहीद' (ईश्वर को एक मानना) की बात करनेवाले नज़ीर जब पौराणिक अवतारवाद में विश्वास व्यक्त करते हैं तो उनके धर्मनिरपेक्ष दृष्टिकोण का एक नया आयाम सामने आता है। पुराणों में वर्णित विष्णु के राम, कृष्ण और नृसिंह आदि अवतारों के गुणगान तौहीद के विरुद्ध हैं। यह विरोधाभास नहीं बल्कि शाइर के सोच का विस्तार है। नज़ीर को लगा कि इस धरती से जुड़ाव पैदा करने के लिए भारत के पुराणेतिहास और मिथकशास्त्र की गहराइयों में उतरना आवश्यक है। अपने इन प्रयासों के फलस्वरूप उन्होंने कन्हैया जी का जनम, बालपन बाँसुरी बजैया का, श्रीकृष्ण की बालक्रीड़ाएँ, दशम कथा, श्रीकृष्ण और नरसी मेहता, दुर्गा जी के दर्शन और महादेव जी का विवाह आदि नज़्में लिखीं। इन रचनाओं का महत्व इस बात में नहीं है कि इनमें हिन्दू देवी-देवताओं के चरित्र का बखान है, बल्कि इस बात में है कि नज़ीर यहाँ मज़हब की हदों और उर्दू शाइरी की रिवायतों से बाहर आकर

अपनी एक अलग पहचान के साथ खड़े हैं। ऐसी एक-दो रचनाएँ होती तो उन्हें अपवाद कहा जा सकता था। इतनी बड़ी संख्या में पौराणिक प्रसंगों पर रचनाओं का होना सचमुच में नज़ीर को लोकजीवन का गायक सिद्ध करती हैं। यथार्थ-चित्रण की दृष्टि से उनकी ये नज़्में रोज़मर्रा जीवन पर लिखी नज़्मों की तुलना में कमतर हैं। दरअस्ल ये आकर्षक बन्दिशों में प्रस्तुत आख्यान हैं। शाइरी के तक़ाज़ों के लिहाज़ से इनका महत्व हो न हो, इनका मूल उद्देश्य एक दौर विशेष में धर्मनिरपेक्ष मूल्यों की स्वीकृति का वातावरण तैयार करना था।

नज़ीर की शाइरी से उनका एक ख़ालिस हिन्दुस्तानी शाइर वाला रूप उभरता है। उनकी शाइरी की दुनिया के लोगों की रुचियाँ, आचरण और व्यसन पूरी तरह भारतीय हैं। शाइर चाहे तसव्वुफ़ के गूढ़ रहस्यों की बात करे या लौकिक जीवन के चित्र प्रस्तुत करे, उनका सन्दर्भ भारतीय ही रहता है। उनकी नज़्मों में बाज़ीगर, तैराक, पतंगबाज़, कबूतरबाज़, गाने-नाचनेवाले, जुआरी, कुम्हार, ककड़ी फ़रोश, काग़ज़ी, सेठ-साहूकार, मज़दूर, पीर-फ़क़ीर, योगी-ध्यानी और त्योहार के उल्लास में डूबे हुए लोग सब भारतीय जीवन-शैली में दिखाई देते हैं। यहाँ तक कि ऋतुएँ और जलवायु तक भारत की पहचान कराती हैं। रामबाबू सक्सेना ने 'तारीख़-ए-अदब उर्दू' में नज़ीर की इस विशिष्टता का उल्लेख करते हुए कहा है, "वे दूसरे मज़हब की चीज़ों के साथ परहेज़ नहीं करते और न उनको हिक़ारत के साथ देखते हैं, इससे उनके कलाम में एक मुक़ामी रंग पैदा हो गया है जो अक्सर हमारे उर्दू शाइरों में कमयाब है बल्कि नायाब है। नज़ीर एक ख़ालिस हिन्दुस्तानी शाइर थे क्योंकि उनके ख़यालात, उनकी ज़ुबान और उनके विषय एक मुक़ामी रंग में डूबे हुए थे।" नज़ीर की भाषा पर स्थानीयता की गहरी छाप है। उनके पास भाषा के कई रंग हैं किन्तु ब्रजभाषा युक्त आगरा जनपद की बोली को नज़ीर की काव्य-भाषा कहा जा सकता है। एक तरह से वे ठेठ आगरे की ज़बान के शाइर थे। ग़ज़लों और सूफ़ी नज़्मों में अलबत्ता रेख़्ता का प्रचुर प्रयोग मिलता है। उनकी भाषा में हिन्दी शब्दों की बहुतायत को देखकर उर्दू के कई वृत्तांतकारों और आलोचकों ने उनकी शाइरी को अछूत क़रार दे दिया था। दरअस्ल फ़ारसी लिपि में लिखते हुए हिन्दी खड़ी बोली का चयन नज़ीर की भारतीयता का सूचक है। अतएव, नज़ीर अपने समकालीन शाइरों की तुलना में एक अलग रंग के उर्दू शाइर हैं, इसके साथ-साथ वे एक दूसरी परंपरा के प्रवर्तक भी हैं।

नज़ीर को पढ़ने की कल से ज़्यादा आज ज़रूरत है। इस घोर साम्प्रदायिक वातावरण की चुनौतियों का सामना रचनाकार शब्द के माध्यम से ही कर सकता है। नज़ीर की शाइरी में इन चुनौतियों का जवाब देने की शक्ति है। इसके अतिरिक्त भाषा के धर्मनिरपेक्ष चरित्र को लेकर उनकी नज़्मों से आज भी प्रेरणा ली जा सकती है।

—'विपाशा', जनवरी-फ़रवरी, 1993

ग़ालिब : पर याद आता है

हुई मुद्दत कि 'ग़ालिब' मर गया पर याद आता है। इसे 'ग़ालिब' (1797-1869 ई.) की दर्पोक्ति न समझा जाए। बल्कि यह अपनी रचनाओं के दीर्घजीवी होने की बाबत एक रचनाकार का अदम्य आत्मविश्वास है। 'ग़ालिब' को गए एक मुद्दत हुई फिर भी उनकी शाइरी की लोकप्रियता में किसी प्रकार की कमी नहीं आई है। उनकी प्रासंगिकता के नए से नए स्तर निरन्तर खुलते जा रहे हैं। विशेष रूप से उनकी उर्दू ग़ज़लें हिन्दी जगत् में संस्कृत या हिन्दी के 'क्लासिक' से कम महत्व नहीं रखती हैं। हिन्दी में *दीवाने-ग़ालिब* के विभिन्न लिप्यन्तरण और भाष्यों के प्रकाशन व संस्करण इस बात का प्रमाण हैं। इन संस्करणों का जायज़ा लेने से पहले यह ज़रूरी लगता है कि क्लासिक और समकालीन सृजन को लेकर पाठकीय बोध के अन्तर पर कुछ बात की जाए।

एक क्लासिक से गुज़रने का अनुभव समकालीन रचनाओं के आस्वादन से कुछ भिन्न हुआ करता है। समकालीन रचनाओं में रचनाकार और पाठक के संवेदन में बहुत कम फ़र्क़ होता है। यदि कोई फ़र्क़ है तो वह यह है कि एक ने अपने संवेदनों को शब्दों का जामा पहना दिया है और दूसरे के यहाँ ये संवेदन एहसास तक सीमित हैं। यानी काग़ज़ पर नहीं उतर सके हैं। अपने दौर के सृजन में पाठक की उपस्थिति बराबर बनी रहती है। सक्रिय और संस्कारवान पाठक की सृजन में सहयोगी भूमिका होती है।

समकालीन रचनाशीलता और पाठक के जुड़ाव का आधार है रचना में मौजूद समय से निकटता। यह सच है कि यह निकटता रचना से आत्मीयता स्थापित करने में मदद करती है। किन्तु इसी निकटता के कारण अक्सर अपने दौर की रचनाओं का अर्थ हम पर पूरी तरह से खुल नहीं पाता। हम एक-दो बार पढ़कर ही रचना में मौजूद समय और जीवन के बारे में अपनी राय क़ायम कर लेते हैं। अतएव हमारे पाठकीय बोध को समय की परिधि से बाहर जाने की गुंजाइश नहीं होती। क्लासिक के साथ स्थिति इससे भिन्न रहती है। हमें लगता है कि पाठकीय बोध की परम्परा क्लासिक के अर्थ को पुनर्संस्कारित करती रहती है। बाद का हर दौर उसमें नए अर्थायाम जोड़ देता है। लिखे हुए शब्द अपनी जगह पर क़ायम होते हैं लेकिन उनमें निहित

जीवन बदलता जाता है। कोई क्लासिक हम तक इस अनेक बार बदलते हुए जीवन के साथ पहुँचता है।

क्लासिक में मौजूद समय से दूरी एक तो हमें समकालीन सृजन की बनिस्बत अधिक तटस्थ और वस्तुनिष्ठ बनाती है और दूसरे, हमारे पास उन रचनाओं को अपने समय के फलक पर फैलाकर देखने का मानसिक अवकाश होता है। एक अच्छे क्लासिक की सिफ़त यह है कि हम उसे बार-बार पढ़कर बार-बार अपने भीतर रचते हैं। इस प्रक्रिया में हम रचना के उस गुण की पहचान कर सकते हैं जिसके कारण वह आज भी हमें प्रभावित और आन्दोलित कर सकती है। आज ग़ालिब को पढ़ते हुए हम इसी कैफ़ीयत से गुज़रते हैं।

ग़ालिब की शाइरी में ऐसे बहुत-से नुक्ते हैं जो एक शाइर के रूप में उन्हें चिरप्रासंगिक बनाते हैं। उनमें सबसे महत्वपूर्ण है उनकी जीवन के रहस्यों को जानने की तितीर्षा। दुनिया को बच्चों का खेल *बाज़ीचा-ए-अत्फ़ाल* कहनेवाला शाइर जीवन को भिन्न-भिन्न कोणों से देखते हुए थकता नहीं है। शाम से सहर तक शम्अ जीवन के अनेक रंग और रूप दिखाते हुए जलती है। सामान्यता हमारी आँखें दीपशिखा के एक रंग को ही महसूस कर पाती हैं। ग़ालिब की दृष्टि तमाम रंगों और छायाओं तथा उनके असंख्य मिश्रणों को पल-पल के परिवर्तन के साथ पकड़ने में समर्थ है। वह जीवन के हर क्षण को उसकी तमाम गहराइयों के साथ व्यंजित करने के लिए बेचैन है। यही बेचैनी उन्हें एक चिन्तक कवि का दर्जा देती है।

ग़ालिब के भाव-बोध में तर्क का ज़बरदस्त हस्तक्षेप है। वे प्रत्येक स्थिति, मनःस्थिति को जीवन का अंग नहीं मान लेते हैं। बल्कि उसके आगे प्रश्नचिह्न लगाते हैं, उसे तर्क की कसौटी पर परखते हैं। उसमें जीवन का सार-तत्व कितना है, इस बात की खोज करते हैं। क्या, क्यों, कौन और कहाँ आदि प्रश्नवाचक शब्दों की ज़मीन में ग़ालिब का सिर्फ़ अन्दाज़ेबयाँ नहीं है बल्कि उनकी प्रश्नाकुल मानसिकता का प्रतिबिम्ब है। उनकी ग़ज़लों में जो प्रश्न मौजूद हैं, हम आज भी उनके उत्तरों की तलाश में हैं और आगे भी तलाशे जाते रहेंगे।

ग़ालिब की चेतना की विराटता इस बात से भी ज़ाहिर होती है कि वह काल के तीनों आयामों को छूती है। उनकी चिन्ता का प्रस्थान-बिन्दु वर्तमान है, लेकिन उसमें अतीत और भविष्य के दोनों छोरों का स्पर्श है। कई शे'रों में इसका साक्ष्य मौजूद है। इस बात को समझने में एक शे'र सबसे ज़्यादा मदद करता है—

रौ में है रख़्शे-उम्र कहाँ देखिए थमे
ने हाथ बाग पे है न पा है रकाब में

इस शे'र की अनेक व्याख्याओं में से एक यह हो सकती है कि जीवन रूपी

अश्व तेज़ गति से दौड़ा जा रहा है। इस पर हालत यह है कि सवार का हाथ न घोड़े की लगाम पर है और न पैर रकाब में है। इससे न तो सन्तुलन बनाया जा सकता है और ही इच्छित स्थान पर घोड़े को रोका जा सकता है। शम्सुर्रहमान फ़ारूक़ी ने *तफ़्हीमे-ग़ालिब* में इस शे'र की व्याख्या नए ढंग से की है। उन्होंने उपर्युक्त व्याख्या में कुछ और इज़ाफ़ा किया है जिससे शाइर के काल-बोध की निशानदेही होती है। जीवन रूपी अश्व गति में है—यह वर्तमान है। यहीं भूत का संकेत भी निहित है कि यह अश्व कल गति में नहीं था। फिर 'कहाँ देखिए थमे' में अनिश्चित अनागत का एक प्रश्न के रूप में समावेश कर दिया गया है। दूसरे मिसरे में वर्तमान का चित्र है, यहीं यह संकेत भी है कि बीते हुए कल यह बात नहीं थी ! पहले और दूसरे मिसरों में अतीत और वर्तमान की स्थितियाँ 'कहाँ देखिए थमे' पदबन्ध पर अवलम्बित हैं। इस अभिव्यक्ति में कितने-कितने प्रश्न समाहित हैं, यह महसूस करने की चीज़ है। यह शे'र ग़ालिब के मानसिक क्षितिज के विस्तार की एक बानगी है।

ग़ालिब ने अध्यात्म की समस्याओं *मसायल-ए-तसव्वुफ़* पर गहराई से चिन्तन किया है। वेदान्त में प्रतिपादित 'तत्त्वमसि' के दर्शन की अनुगूँज उनके यहाँ सुनाई देती है। कहीं-कही तो वे उपनिषद की सूक्तियों में बात करने लगते हैं। तसव्वुफ़ के चिन्तन में ग़ालिब का निजी स्पर्श यह है कि वे जीवन की कठोर वास्तविकता की ज़मीन पर खड़े होकर आत्मा, जगत् और ब्रह्म की समस्याओं पर विचार करते हैं। आम तौर पर उर्दू शाइरी को लेकर अनेकार्थता (एंबीगुइटी) की बात उठाई जाती है। ग़ालिब की शाइरी रूढ़ अर्थों में अनेकार्थक नहीं है। यह उनके हालात का संवेदनात्मक रूपान्तरण है। और यह रूपान्तरण इतना सघन और संश्लिष्ट है कि इसमें तसव्वुफ़ (अध्यात्म) का एक रंग अपने आप उभर गया है। वस्तुतः वे जगत को सत्य मानने वाले शाइर हैं। जन्नत की हक़ीक़त जानने वाले शाइर को तसव्वुफ़ तक परिमित करके नहीं देखा जा सकता। उनके आध्यात्मिक चिन्तन की जड़ें इहलौकिकता में तलाश की जानी चाहिए।

ग़ालिब की शाइरी से जो कविता के मान उभरते हैं, वे आज भी उतने ही प्रासंगिक हैं। उन्होंने अपने पत्रों में कविता के मानों की यथावसर चर्चा की है। इसके अलावा कुछ शे'रों में भी शाइरी को लेकर अपने दृष्टिकोण को अभिव्यक्त किया है। उनकी मान्यता है कि शाइरी में ये विशेषताएँ होना चाहिए :

सादगी-ओ-पुरकारी, बेख़ुदी-ओ-हुशियारी

वे एक रचना में सहजता (सादगी) और शिल्प-सौन्दर्य (पुरकारी) तथा अचैत्य (बेख़ुदी) और सावधानी (हुशियारी) दोनों को ज़रूरी मानते हैं। इस विरोधाभास का निर्वाह किसी बड़े कृती के बूते की बात है। इस सोच की द्वन्द्वात्मकता के रहते हुए ही शाइरी प्राणवान हो सकती है। न विशुद्ध अनुभव कविता है, न विशुद्ध विचार।

न मात्र सहजता कविता है, न मात्र शिल्प-सौन्दर्य। आज यह बात सर्जनात्मक साहित्य की तमाम विधाओं पर चरितार्थ होती है।

ग़ालिब प्रथम स्वाधीनता संग्रम के साक्षी रहे थे। यह सोचना बेबुनियाद होगा कि आज़ादी की तरंगों से उनका मन अछूता रहा था। अंग्रेज़ी राज के आतंक की छाया और उससे मुक्ति की छटपटाहट के संकेत उनकी शाइरी में मिलते हैं। उनके मिज़ाज को जान लेने पर उनकी ग़ज़लों से ऐसे शे'र निकाले जा सकते हैं जिनसे आज़ादी की आकांक्षा ज़ाहिर होती है। एक शे'र है—

ऐ अंदलीब ! यक कफ़े-ख़स बहरे-आशियाँ
तूफ़ाने-आमद, आमदे-फ़स्ले-बहार है।

कहते हैं कि ऐ बुलबुल, घोंसला बनाने के लिए मुट्ठी भर तिनके काफ़ी हैं। तूफ़ान का आना, वसन्त के आगमन का सूचक है। पहले और दूसरे मिसरों में अन्तर्विरोधी स्थितियाँ हैं। एक ओर शाइर आशियाँ बनाने के लिए तिनके जुटाने की बात कह रहा है। इसके तुरन्त बाद आशियाँ को तिनका-तिनका कर आसमान में उड़ा देनेवाले तूफ़ान के आगमन की बात करता है। फिर वह खुलासा करता है कि इस तूफ़ान को सिर्फ़ तूफ़ान मत समझ, यह बहार की आमद का स्पष्ट लक्षण है। यानी तूफ़ान के आने से यही होगा कि आशियाँ नेस्तनाबूद हो जाएगा, लेकिन अब बहार का आना सुनिश्चित है। फिर हज़ार आशियाने बना लिए जाएँगे। शे'र में प्रतीकात्मक भाषा के रचाव को ध्यान में रखते हुए यह समझना कोई मुश्किल नहीं है कि शाइर यहाँ 1857 में शुरू हुए तूफ़ान की बात कर रहा है और यह संकेत दे रहा है कि इस तूफ़ान की परिणति बहार अर्थात् आज़ादी में होगी।

कहीं-कहीं वे अंग्रेज़ी राज की क्रूरता को व्यंग्य की भाषा में व्यंजित करते हैं। जैसे—

रहे न जान तो क़ातिल को ख़ूँबहा दीजे
कटे ज़बान तो ख़ंजर को मरहबा कहिए!

कई लोग ग़ालिब की फ़ारसी गद्य-कृति *दस्तंबू* के हवाले से उनकी राजभक्ति की आलोचना करते पाए जाते हैं। प्रसंगवश इसका ज़िक्र भी ज़रूरी लगता है। यह पुस्तक रोज़नामचे के अंदाज़ में लिखी गई। 1858 ई. में आगरा से छपी। इसमें 11 मई, 1857 से 31 जुलाई, 1858 तक के हालात का वर्णन है। इसके आरम्भ में ग़ालिब ने लिखा है, "11 मई को यहाँ (दिल्ली) फ़साद शुरू हुआ। मैंने इस दिन से घर का दरवाज़ा बन्द और बाहर आना-जाना बन्द कर दिया। बेशग़ल ज़िंदगी बसर नहीं होती। अपनी सरगुज़श्त (आपबीती) लिखनी शुरू की।" पाकिस्तान के लेखक मुनीरुर्रहमान ने 'ग़ालिब और इनक़्लाब सत्तावन' नाम से एक पुस्तक लिखी है। डॉ. रहमान ने *दस्तंबू* को लेकर

अनेक सवाल उठाये हैं। उनका विश्लेषण यह है कि 'दस्तंबू' अंग्रेज़ों की ज़बान से लिखी गई है। ग़ालिब ने यह किताब क़िले से अपने सम्बन्धों का दाग़ धोने के लिए लिखी थी। ग़ालिब ने दिल्ली में विद्रोही गतिविधियों का उल्लेख तो किया है, अंग्रेज़ों के दमन पर भी टिप्पणियाँ की हैं लेकिन साथ-साथ ज़ोर देकर वे यह भी कहते गए हैं कि अंग्रेज़ बूढ़ों, बच्चों और औरतों को नहीं सताते। यानी ग़ालिब अंग्रेज़ों की रहमदिली और करुणा को उभारने में पूरी जान लगा देते हैं।

इस सिलसिले में हम दो बातें कहने की इजाज़त चाहेंगे। एक, *दस्तंबू* 1857 का ऐतिहासिक आलेखन नहीं है। स्वयं ग़ालिब ने यह स्वीकार किया है। यह उनकी आपबीती है। आपबीती में आत्मनिष्ठता का होना स्वाभाविक है। इस पुस्तक से इतिहास की तमाम अपेक्षाएँ नहीं की जानी चाहिए। दूसरे यह कि अभी 'ग़ालिब' की पेंशन का मामला सुलझा नहीं था और विद्रोह भड़क उठा। तब दिल्ली में ग़ालिब अर्थाभाव के कारण लहू के आँसू रो रहे थे। ऐसे में अपनी पेंशन को निरापद रूप से पाने के लिए उन्होंने क़िले से अपने सम्बन्ध-विच्छेद की गवाही के रूप में यह आपबीती लिख दी। एक रचनाकार के रूप में 'ग़ालिब' की यह ईमानदारी है कि उन्होंने अपने इस अन्तर्विरोध पर पर्दा नहीं डाला।

अब *दीवाने-ग़ालिब* के उर्दू-हिन्दी संस्करणों का संक्षिप्त परिचय प्रस्तुत है। *'ग़ालिब'* के पहले दीवान को *नुस्ख़ा-ए-हमीदिया* के नाम से जाना जाता है। इसकी किताबत 1821 ई. में हुई थी। इस समय 'ग़ालिब' की आयु 24 वर्ष की थी। इसकी भूमिका में 'ग़ालिब' ने लिखा था कि इसके अलावा जो अस्तरीय और बिखरा हुआ कलाम मिले उसे मेरे नाम से सम्बद्ध न किया जाए। इस नुस्ख़े को सबसे पहले सर सैयद के बड़े भाई ने 1841 ई. में छापा। सत्तावन का विद्रोह शुरू होने के दो-चार दिन पहले 'ग़ालिब' ने अपने हाथ से शुद्ध किए हुए दीवान की पांडुलिपि नवाब रामपुर के पास भेजी। रामपुर में आगज़नी की घटनाओं के कारण वह पांडुलिपि जल गई। फिर 1861 ई. में 'ग़ालिब' द्वारा शुद्ध की गई पांडुलिपि किसी तरह कुतुबख़ाना आसफ़िया, हैदराबाद पहुँची। इसके एक वर्ष बाद 1862 में 'ग़ालिब' द्वारा शुद्ध किया हुआ यह दीवान निज़ामी प्रेस, कानपुर से प्रकाशित हुआ। 1863 ई. में दिल्ली के सेंट स्टीफ़न कॉलेज ने *दीवाने-ग़ालिब* छापने का प्रयास किया। तीन फ़र्मे ही छप सके। किताब रुक गई। इस अधूरे काम को दिल्ली के एक पुस्तक व्यवसायी लाला तेजनरायन ने अहमदी प्रेस से छपवाकर पूरा किया। इसमें 'ग़ालिब' की तमाम उर्दू ग़ज़लें प्रकाशित थीं। 1863 में ही मुफ़ीदे आम प्रेस, आगरा से इसका संस्करण सामने आया। ऊपर जिस *नुस्ख़ा-ए-हमीदिया* का ज़िक्र किया गया है, उसे बाद में 1921 ई. में भोपाल के रियासती कुतुबख़ाने ने भी प्रकाशित किया।

यह ध्यान देने योग्य है कि मिर्ज़ा साहब का दीवान उनके जीवन-काल में पाँच

बार प्रकाशित हो चुका था। पहली बार 1841 में और अन्तिम बार 1863 में।

बाद के दौर में ग़ालिबियात के अधिकारी विद्वान मालिक राम ने इस दिशा में महत्वपूर्ण काम किया। उनके द्वारा सम्पादित 'ग़ालिब' की रचनाएँ *मालिक राम का नुस्ख़ा* नाम से जानी जाती हैं। उन्होंने निज़ामी प्रेस द्वारा 1862 में प्रकाशित नुस्ख़े को आधार बनाया है। दोनों के पाठ में कुछ मामूली-सा फ़र्क़ है। जैसे कानपुर की प्रति में 'मुजे' और 'ओस' शब्द दिए गए हैं। मालिक राम ने 'मुझे' और 'उस' शब्दों का व्यवहार किया है। ग़ालिब के समय में 'मुझे' को 'मुजे' और 'उस' को 'ओस' लिखा जाता था। मालिक राम ने यह संशोधन आज के उच्चारण को ध्यान में रखते हुए किया है। इसके बाद मालिक राम ने ग़ालिब के आरम्भिक कलाम को जिसे *नुस्ख़ा-ए-हमीदिया* के नाम से जाना जाता है, 1970 में प्रकाशित किया। इसका नाम *गुले-राना* है। 1958 में इम्तियाज़ अली अर्शी ने दीवाने-ग़ालिब का सम्पादन किया। यह अलीगढ़ से प्रकाशित हुआ। पाठ की शुद्धता की दृष्टि से इस दीवान को आदर्श माना जाता है। ग़ालिब सदी के दौरान यादगारे-ग़ालिब कमेटी बम्बई और अंजुमन तरक़्क़ी उर्दू-हिन्द तथा अनेक संस्थाओं ने *दीवाने-ग़ालिब* का प्रकाशन किया। इन सब दीवानों में अर्शी और मालिक राम को आधार बनाया गया है। ग़ालिब इंस्टीट्यूट, नई दिल्ली द्वारा प्रकाशित 'दीवान' (1986) भी उल्लेखनीय है। इसकी विशेषता यह है कि इसके आरम्भ में 'ग़ालिब' के ख़ुदनविश्त हालात (आत्मकथ्य) उनकी अपनी हस्तलिपि में दिए गए हैं। इसमें उनका मुतदाविल (प्रचलित) कलाम तो दिया ही गया है, परिशिष्ट के रूप में ग़ैर मुतदाविल (अप्रचलित) कलाम भी प्रकाशित किया गया है। ग़ालिब की एक ग़ज़ल 'कम क्या है, ग़म क्या है' रदीफ़-क़ाफ़िए में है। अन्य प्रतियों में इसके तीन शे'र ही दिए गए हैं। लेकिन प्रस्तुत प्रति में शेष चार भी शामिल कर लिये हैं।

दीवाने-ग़ालिब के विभिन्न उर्दू संस्करणों के साथ कुछ महत्वपूर्ण टीकाओं की चर्चा न की जाए तो बात अधूरी रहेगी। अपने पहले व्याख्याकार ग़ालिब स्वयं हैं। साहित्यिक मित्रों को लिए गए पत्रों में उन्होंने अपने कई शे'रों की व्याख्या की है। उनके पत्र शाइरी को समझने की एक दृष्टि देते हैं। प्रायः सभी टीकाकारों ने ग़ालिब द्वारा बताए गए मतलब को ध्यान में रखा है। टीकाओं के क्रम में हाली की *यादगारे-ग़ालिब* की सबसे पहले याद आती है। यह पुस्तक ग़ालिब के ज़ीवन और युग का प्रामाणिक लेखा-जोखा है। यह 1897 में पहली बार प्रकाशित हुई। इसमें ग़ालिब के कलाम का चयन और रिव्यू भी शामिल है। उनके चुनींदा शे'रों की व्याख्या की गई है। साथ में अन्य शाइरों से भावसाम्य भी दिखाया गया है। 1854 से लेकर ग़ालिब की मृत्यु (1869) तक 'हाली' उनसे जुड़े रहे। ग़ालिब को बहुत अन्तरंग रूप से जान लेने के बाद *यादगारे-ग़ालिब* जैसी यादगार किताब लिखी गई। बाद के सभी भाष्यकारों के लिए

यह पुस्तक आलोक-स्तम्भ बनी रही और आज भी है।

उन्नीसवीं शताब्दी के अन्तिम वर्षों में दुर्गा प्रसाद 'नासिर' के शागिर्द हलम देहलवी ने 'ग़ालिब' का भाष्य किया। यह उर्दू की प्रथम प्रकाशित टीका है। इसके बाद नज़्म तबातबाई की टीका 1900 ई. में हैदराबाद से प्रकाशित हुई। तबातबाई ने एक-एक शे'र का अर्थ-बोध अनेक कोणों से कराने का गम्भीर प्रयास किया है। तब से अब तक दसियों टीकाएँ सामने आ चुकी हैं। सभी टीकाकारों ने तबातबाई के ऋण को स्वीकार किया है।

नई धारा के आलोचकों में ज़ोय अंसारी का एक ख़ास मुक़ाम रहा है। उनकी पुस्तक *ग़ालिब शनासी* काफ़ी चर्चित रही है। *ग़ालिब शनासी के ज़ीने* शीर्षक भूमिका में उन्होंने अस्तित्ववादी दर्शन के परिप्रेक्ष्य में ग़ालिब के कवि-व्यक्तित्व को उन्मीलित करने की कोशिश की है। समग्र भाष्य न होने के बावजूद यह पुस्तक ग़ालिब से परिचय कराने में बहुत सहायक है।

इस कड़ी में सर्वाधिक चर्चित और फ़िलहाल तक अन्तिम नाम शम्सुर्रहमान फ़ारूक़ी का है। उनकी पुस्तक *तफ़्हीमे-ग़ालिब* 1989 में ग़ालिब इंस्टीट्यूट से प्रकाशित हुई थी। इसमें उन्होंने सिर्फ़ 138 शे'रों की व्याख्या की है। ये व्याख्याएँ स्वयं उनके द्वारा सम्पादित *शबख़ून* पत्रिका में क़िस्तवार प्रकाशित हुई थीं। ग़ालिब के शे'रों की इतनी विशद और गहन व्याख्या अब तक नहीं की गई। बाज़ शे'रों को कई-कई पृष्ठों में समझाया गया है। उन्होंने पूर्ववर्ती भाष्यकारों को यथावश्यक उद्धृत किया है। इसमें कुछ शे'रों को लेकर भाष्यकारों की आपत्तियों का जवाब भी दिया गया है। जैसे ग़ालिब का एक शे'र है—

शम्अ बुझती है तो उसमें से धुआँ उठता है
शोलः-ए-इश्क़ सियह पोश हुआ मेरे बाद

इस पर आपत्ति की गई है कि यहाँ 'में' शब्द फ़ालतू है। शम्अ से धुआँ उठता है, न कि शम्अ में से। ग़ालिब 'में' को अलग करके भी यह मिसरा कह सकते थे। मिसाल के तौर पर फ़ारूक़ी ने अपनी ओर से दस मिसरे दिए हैं जिनमें 'में' शब्द नहीं है। ग़ालिब के लिए इस तरह का कोई मिसरा कहना मुश्किल नहीं था। ग़ालिब भाषा के साथ इस तरह की छेड़छाड़ किया करते थे। शाइरी की भाषा को जड़ होने से बचाने के लिए उन्होंने ऐसे प्रयोग जानबूझकर किए। *तफ़्हीम-ए-ग़ालिब* को पढ़ना एक सुखद अनुभव है।

हिन्दी में *दीवाने-ग़ालिब* के सबसे पहले लिप्यन्तरण के विषय में प्रामाणिक जानकारी उपलब्ध नहीं है। इस सिलसिले में हमने बहुभाषाविद् कविवर त्रिलोचन शास्त्री से बातचीत की। उन्होंने बताया कि तीसरे दशक के दौरान *मतवाला* के संस्थापक महादेवप्रसाद

सेठ ने *दीवाने-ग़ालिब* का हिन्दी लिप्यन्तरण कराया था। दीवान की आंशिक टीका भी उन्होंने की थी। यह अप्रकाशित रही। त्रिलोचन शास्त्री द्वारा दी गई जानकारी की पुष्टि कुछ हद तक डॉ. रामविलास शर्मा की पुस्तक *निराला की साहित्य-साधना* (प्रथम खंड) से होती है। शर्मा जी ने बताया है कि महादेवप्रसाद सेठ को उर्दू शाइरी से विशेष प्रेम था। वे बात-बात में शे'र उद्धृत करते थे। जब मिशन स्कूल में पढ़ते थे तब खुद भी 'रज़ा' नाम से शे'र कहते थे...ग़ालिब उनके प्रिय कवि थे। (पृष्ठ 82) उन्होंने मतवाला मंडल के सभी लोगों को ग़ालिबमय कर दिया था। निराला अब तक तुलसीदास और रवीन्द्रनाथ को घोखते रहते थे। उनकी प्रेरणा से निराला ने ग़ालिब को पढ़ना शुरू किया। निराला ने ग़ालिब के कुछ शे'रों को वेदान्त की कसौटी पर परखा और उनकी व्याख्या की। शर्मा जी ने एक उदाहरण दिया है—

न था कुछ तो ख़ुदा था, कुछ न होता तो ख़ुदा होता
डुबोया मुझको होने ने, न होता मैं तो क्या होता

आदि अन्त में ब्रह्म ही है। संसार मिथ्या है। तुलसीदास में भी यही भाव है—

जेहि जाने जग जाय हेराई।

और कबीर ने भी कहा था—

सूर परकास तहं रैन कहं पाइए
रैन परकास नहिं सूर भासै।

—निराला की साहित्य-साधना (प्रथम खंड : पृष्ठ 86)

इस प्रसंग से यह बख़ूबी स्पष्ट हो जाता है कि एक भिन्न परम्परा के कवि होने के बावजूद निराला ने ग़ालिब की महत्ता को स्वीकार किया। दुर्भाग्य से महादेव सेठ और निराला द्वारा की गई ग़ालिब की अन्य व्याख्याएँ सुरक्षित नहीं रह पाईं।

आज 'दीवाने-ग़ालिब' के अनेक नागरी लिप्यन्तरण उपलब्ध हैं। इस क्रम में *ग़ालिब-उग्र* (1966) सर्वप्रथम उल्लेखनीय है। इस पुस्तक में शाइरी का लिप्यन्तरण और भाष्य दोनों हैं। ऐतिहासिक दृष्टि से इस टीका का महत्व असंदिग्ध है। इस टीका ने हिन्दी के बेशुमार पाठकों की ग़ालिब-काव्य में रुचि जाग्रत कर दी। यह आज भी ग़ालिब की अकेली समग्र टीका है। लेकिन इस टीका में एक-दो कठिनाइयाँ भी हैं। एक तो यह कि इसमें प्रायः शे'रों का शब्दानुवाद दिया गया है। जहाँ शे'र के मर्म को उद्घाटित करने की कोशिश है, वहाँ पांडित्यपूर्ण क्लिष्ट हिन्दी आड़े आ गई है। दूसरे, इसमें अनावश्यक रूप से उर्दू उच्चारण का हिन्दीकरण कर दिया है। जैसे 'वो' को 'वह' तथा 'ये' को 'यह' लिखा गया है।

ग़ालिब सदी के दौरान प्रकाश पंडित ने 1968 में *दीवाने-ग़ालिब* का लिप्यन्तरण किया। यह हिन्द पाकेट बुक्स से प्रकाशित हुआ। इसमें पाद-टिप्पणियों में कठिन शब्दों का अर्थ दिया गया है। तब से अब तक इसके अनेक संस्करण प्रकाशित हो चुके हैं। पेपर बैक में कम दाम होने के कारण यह पुस्तक आम पाठकों में ख़ूब लोकप्रिय हुई।

इसी दौरान दिल्ली प्रेस के विश्वनाथ ने एक टीका लिखी। यह विश्वविजय प्रकाशन, दिल्ली से प्रकाशित हुई थी। विश्वनाथ ने सरल और आमफ़हम भाषा में शे'रों की व्याख्या की। इसे उर्दू में उपलब्ध टीकाओं का हिन्दी अनुवाद समझिए। इसमें मौलिक व्याख्या का गुण नहीं है। इसके बावजूद इससे ग़ालिब को समझने में प्रारम्भिक सहायता मिलती है।

ग़ालिब इंस्टीट्यूट द्वारा प्रकाशित 'दीवान' (1989) अब तक प्रकाशित सभी हिन्दी संस्करणों की तुलना में सर्वाधिक शुद्ध है। इसका लिप्यन्तरण नूर नबी अब्बासी ने किया है। इस संस्करण में 235 ग़ज़लें शामिल हैं। इसके बाद ग़ालिब का बाक़ी उर्दू कलाम दिया गया है। फ़ारसी के समस्त पदों को नागरी लिपि में बदलना कठिन काम होता है। यह ख़ूबी इसमें मौजूद है। उच्चारण को लेकर इसमें एक प्रयोग किया गया है। शाइरी में बहर के अनुशासन के आग्रहवश दीर्घ 'ई' की मात्रा को ह्रस्व करके पढ़ लिया जाता है। लेकिन उर्दू में लिखा दीर्घ ही जाता है। अब्बासी ने अपने लिप्यन्तरण में बहर के प्रवाह की दृष्टि से कई जगह 'ई' को ह्रस्व के रूप में लिखा है। 'दीवान' का पहला शे'र लें–

नक़्श फ़रियादी है, किसकी शोख़ि-ए-तहरीर का
काग़ज़ी है पैरहन हर पैकरे-तस्वीर का

शब्द का शुद्ध रूप 'शोख़ी' है। उर्दू में शोख़ी ही लिखा जाता है। लेकिन दीर्घ ई की मात्रा इस बहर के प्रवाह को बाधित करती है। इसलिए हम इसे 'शोख़ि' पढ़ते और बोलते हैं। जैसा हम बोलते हैं, वैसा लिखना चाहिए–इस नियम के अनुसार यह वर्तनी ठीक कही जा सकती है।

पिछले दिनों लखनऊ के नूरुल हसन हाशमी ने ग़ालिब के सौ मशहूर शे'रों का अवधी में काव्यानुवाद किया है। यह पुस्तक *ग़ालिब काव्य का अवधी रूप* शीर्षक से ग़ालिब इंस्टीट्यूट द्वारा प्रकाशित हुई है। हाशमी का यह प्रयास सराहनीय है। यह एक सहज और सरस काव्यानुवाद है। उन्होंने बड़े अधिकार के साथ उर्दू-फ़ारसी मुहावरे को अवधी में रूपान्तरित किया है। एक उदाहरण देखिए–

इश्क़ पर ज़ोर नहीं, है ये वो आतिश 'ग़ालिब'
कि लगाए न लगे और बुझाए न बने

प्रेम अगिन है ऐसी ग़ालिब जहि पर कछु बस चलतै नाहिं
जवन लगावत लागत नाहीं, और बुझावत बनतै नाहिं

अभी-अभी *दीवाने-ग़ालिब* का एक और संस्करण सामने आया है। इसका लिप्यन्तरण व सम्पादन साक़िब सिद्दीक़ी व अनीस अहमद ने किया है। इतनी उत्तम कोटि की छपाई व साज-सज्जा अब तक प्रकाशित किसी हिन्दी संस्करण में देखने को नहीं मिली। इस दीवान में रचनाओं की तरतीब को लेकर कोई विशेष अन्तर नहीं है। उर्दू के सभी दीवान *नक़्श फ़रियादी* ग़ज़ल से आरम्भ होते हैं। प्रस्तुत दीवान में इस ग़ज़ल से पूर्व दो ग़ज़लें व कुछ शे'र और दे दिए गए हैं।

सम्पादकों ने अपने वक्तव्य में कहा है कि, "इस *दीवाने-ग़ालिब* की विशेषता यह है कि देवनागरी लिपि जाननेवाले मित्र इसको शुद्ध उच्चारण के साथ पढ़ सकेंगे तथा कठिन शब्दों के अर्थ जान सकेंगे। यदि उर्दू काव्य को उर्दू उच्चारण से नहीं पढ़ा जाए तो वह अर्थहीन हो जाता है।" जैसे ही हम पुस्तक पढ़ना शुरू करते हैं तो सम्पादकों का यह दावा धीरे-धीरे ग़लत साबित होने लगता है।

पहले तो आप पूरा वक्तव्य ही पढ़ लीजिए। इसमें अशुद्धियाँ गिनते-गिनते आप थक जाएँगे। हिन्दी प्रेस लाइन में 'सब चलता है' का मुहावरा चलता है। यहाँ तक तो ठीक है। इस वक्तव्य में ऐसे अनेक वाक्य मिल जाएँगे जिनका अर्थ निकालना टेढ़ी खीर है।

अब रचनाओं पर दृष्टिपात कीजिए। विभाजक पन्ने पर ग़ज़लों का उर्दू उच्चारण ग़लत दिया हुआ है। 'ग़ज़लें' के नीचे 'कविताएँ' (?) लिखा हुआ है। वह भी अशुद्ध वर्तनी के साथ। दूसरी बात यह भी है कि सम्पादकों के अनुसार ग़ज़लें तो कविताएँ हैं लेकिन शेष क़सीदे, मस्नवी, क़त्ए, नज़्में और रुबाइयाँ—कविताएँ नहीं हैं। पाठ की अशुद्धियों के चन्द उदाहरण देखिए—

पृष्ठ	अशुद्ध रूप	शुद्ध रूप
17	तअमीर	ता'मीर
18	मअलूम	मालूम
22	शेहनशाह	शहनशाह
27	मिज़्शगाँ	मिज़्गाँ
30	शर्मिंदा-अे-मअनी	शर्मिंद-ए-मा'नी
61	मता-अे-बुर्दः	मता-ए-बुर्दः
62	ज़मरूर्द	ज़ुमुर्रद
75	यअनी	या'नी
87	मूशहिदः	मुशाहिदः
92	बनातुन्नअशे-गर्दूं	बितातुन्नाशे-गर्दूं

102	ताअन	ता'न
109	तअनः	ता'नः
109	ज़औफ़	ज़ोफ़

इस लिप्यन्तरण में उर्दू के 'ऐन' अक्षर को 'अ' के रूप में अलग लिखा गया है। वस्तुतः कई जगह 'ऐन' को 'अ' भी लिखा जा सकता है, लेकिन हर जगह नहीं। जैसे शे'र, शो'ला और या'नी शब्दों के बीच में 'ऐन' आता है। इन शब्दों में 'ऐन' ए, ओ और आ की मात्रा में बदल जाता है।

कहीं-कहीं बहुवचन शब्दों को ग़लत रूप में लिखा गया है। एक शे'र में 'शब हाए हिज्र' लिखा हुआ है। जबकि 'शबहा-ए-हिज्र' होना चाहिए। लिखने की व्यवस्था से अर्थ में भी अपूर्णता रह गई है। इसका अर्थ विरह की रात नहीं, विरह की रातें होना चाहिए। फ़ारसी में एकवचन से बहुवचन बनाने का एक नियम यह है कि शब्द के बाद 'हा' जोड़ देने से बहुवचन बन जाता है। जैसे अस्पहा (घोड़े), दस्तहा (कई हाथ), शबहा (रातें)। शबहा-ए-हिज्र होने पर इसका अर्थ विरह की रातें होता। ग़ालिब की मुराद भी यही है।

इसी प्रकार 'अंजुमने-बेशम्अ' का अर्थ बिना चिराग़ की संस्था दिया हुआ है। (पृष्ठ 102) जबकि शे'र में इसका अर्थ बिना चिराग़ की महफ़िल या सभा होना चाहिए।

दरअस्ल उर्दू शब्दों के हिन्दी लिप्यन्तरण का एक मानक रूप अभी तक निश्चित नहीं हो सका है। एक ही शब्द के लिए भिन्न वर्तनियाँ प्रचलित रही हैं। इस दिशा में मुहम्मद मुस्तफ़ा 'मद्दाह' के कोश से काफ़ी सहायता ली जा सकती है। लेकिन शाइरी के लिप्यन्तरण में हर समय 'मद्दाह' का अनुसरण नहीं किया जा सकता, क्योंकि शाइरी का लिप्यन्तरण बहर के प्रवाह को ध्यान में रखकर किया जाता है। कई जगह शब्द का कोशगत उच्चारण बदल जाता है।

उर्दू की श्रेष्ठ रचनाओं के हिन्दी लिप्यन्तरण का एक सबसे बड़ा लाभ यह हुआ कि हिन्दी-उर्दू भाषा के बीच की कृत्रिम दीवार धीरे-धीरे ढहने लगी है। हिन्दी के श्रेष्ठ साहित्य के उर्दू लिप्यन्तरण को भी प्रोत्साहित करने की ज़रूरत है। दोनों भाषाओं की साहित्य-निधि के परस्पर आदान-प्रदान के साथ-साथ लिपि का मसला भी अपने-आप सुलझ जाएगा।

यहाँ उर्दू-हिन्दी में प्रकाशित दीवाने-ग़ालिब के विशिष्ट संस्करणों पर एक विहंगम दृष्टि डाली गई है। इससे ग़ालिब की शाइरी की लोकग्राह्यता का अंदाज़ा आसानी से लगाया जा सकता है। उनके बहुत से शे'र आज कहावत बन चुके हैं। उनकी शाइरी में विद्यमान जीवन-दर्शन हमारी जातीय स्मृति का अंग बन चुका है।

—'आजकल', जुलाई, 1994

दीवान-ए-ग़ालिब : तारीख़ी तरतीब का सवाल

ग़ालिब (1797-1869 ई.) की संवेदना में प्रश्न और जिज्ञासाओं को केन्द्रीय स्थिति प्राप्त है। इस दृष्टि से वे पिछली दो सदियों में हिन्दी-उर्दू के एक विशिष्ट कवि हैं। ग़ालिब के शे'र उनके व्यक्तित्व के आईनादार होने के साथ-साथ जीवानानुभवों की एक सामान्य भूमि अपने भीतर समाहित किए हुए हैं। उन्होंने हर्ष-विषाद, भाव-अभाव, राग-विराग और जीवन-मृत्यु आदि द्वन्द्वों से युक्त अपने एक-एक एहसास को जीवन के ताप और स्पन्दन से लबरेज़ कर दिया है। यही कारण है कि वह एहसास एक विशिष्ट सन्दर्भ से जुड़े होने के बावजूद जीवन के सामान्य धरातल को छूने लगता है। हम अपने जीवन के हर मुक़ाम और मोड़ पर उनके किसी शे'र को रू-ब-रू पाते हैं। यह ग़ालिब के सृजन-बोध की सार्वजनीनता है। हम एक विशेष स्थिति या मनःस्थिति में उनके शे'र का अर्थ-ग्रहण करते हैं, भले शाइर का अभीष्ट निजी सन्दर्भ में कुछ भी रहा हो। हमारे बनाए गए अलग-अलग पाठ रचनाकार के मूल पाठ को विस्थापित करते रहते हैं। ग़ालिब ही नहीं, सभी क्लासिक पर यह बात मौज़ूँ बैठती है।

पाठक द्वारा ग़ालिब के शे'रों का अपने सन्दर्भ में अर्थ-ग्रहण एक बात है और उन शे'रों के माध्यम से ग़ालिब की मनोरचना और रचनात्मक विकास को समझना बिलकुल दूसरी बात। दूसरी स्थिति में हमें एक विशिष्ट इतिहास-बोध की ज़रूरत होती है। हमें यह जाँचना होगा कि उनका कोई शे'र उनकी रचना-यात्रा के किस पड़ाव को लक्षित करता है। अक्सर उनके कुछ शे'रों को काल-सन्दर्भ से काटकर और सामान्यीकृत करके समूची रचनाशीलता पर घटा दिया जाता है। कभी-कभी वर्षों आगे-पीछे कहे गए शे'र को एक घटना विशेष से जोड़ दिया जाता है, जिससे अर्थ-विभ्रम तो पैदा होता ही है, साथ में शाइर के विकास-क्रम का जायज़ा लेना भी मुश्किल हो जाता है। रचनाकाल के प्रति उपेक्षा-भाव के कारण हिन्दी-उर्दू अदब की दुनिया में ग़ालिब को लेकर अनेक भ्रान्तियाँ पैदा हुई हैं। रचनाकाल के पक्ष पर ध्यान न देने का मुख्य कारण यह रहा है कि फ़ारसी की भाँति उर्दू में भी रदीफ़-क़ाफ़िए के हिसाब से तरतीब देने की परम्परा रही है। रदीफ़-क़ाफ़िए के अन्तिम वर्ण के अनुक्रम से दीवान तैयार किया जाता है। इतना ही नहीं, ग़ज़लों के साथ रचना-तिथि भी दर्ज नहीं होती।

बहुत सम्भव है, दीवान में तरतीब दी गई पहली ग़ज़ल शाइर की अन्तिम ग़ज़ल हो और अन्तिम स्थान पर आनेवाली ग़ज़ल पहली हो। इससे शाइर की दृष्टि और कला के विकास की दिशा का अनुमान कर पाना कठिन है।

ग़ालिब के मूल्यांकन में पेश आनेवाली इस कठिनाई की ओर सबसे पहले हाली का ध्यान गया। उन्होंने *यादगारे-ग़ालिब* (1897 ई.) में ग़ालिब के कुछ शे'रों की सन्दर्भ सहित व्याख्या की। ग़ालिब की ज़िन्दगी के बीच से उनके शे'रों के मा'नी खोलने की यह पहली कोशिश थी। हाली के सामने भी पारम्परिक ढंग से तरतीब दिया गया दीवान ही था। इसके बावजूद हाली ने इतिहास-बोध के साथ ग़ालिब के मूल्यांकन के द्वार खोले। एक अरसे बाद मालिक राम ने ग़ालिब के *गुले रा'ना* का सम्पादन किया। हालाँकि इसमें भी रदीफ़-क़ाफ़िए की पद्धति का अनुसरण है, लेकिन इसकी भूमिका में मालिक राम ने ग़ालिब की ग़ज़लों की सामयिक पृष्ठभूमि पर भी प्रकाश डाला है। फिर शम्सुर्रहमान फ़ारूक़ी की किताब *तफ़्हीमे-ग़ालिब* से ग़ालिब के 138 शे'रों की रचना-तिथि मालूम होती है। इन कृतियों से पता चलता है कि ग़ालिब की शाइरी को रचनाकाल के हिसाब से समझने की ज़रूरत महसूस की जाती रही है। इस दिशा में कालीदास गुप्ता 'रज़ा' ने *दीवान-ए-ग़ालिब* को तारीख़ी तरतीब से सम्पादित कर अभूतपूर्व कार्य किया है। यह दीवान 1988 ई. में प्रकाशित हुआ। ग़ालिब की रचनाओं के उपलब्ध नुस्ख़ों (पांडुलिपियों) के आधार पर दीवान तैयार किया गया है। इसके प्रकाशन ने उर्दू और हिन्दी के अनेक आलोचकों की ग़ालिब विषयक स्थापनाओं पर प्रश्नचिह्न लगा दिया। यह कार्य रज़ा साहब के तीन दशकों के अथक परिश्रम का परिणाम है। पहली बार यहाँ हम ग़ालिब की क्रमशः विकसित होती रचनाशीलता और उनकी तबीयत के बदलते रंगों से परिचित होते हैं।

यहाँ रचनाकाल से अनभिज्ञता के कारण ग़ालिब के कुछ शे'रों की दुर्व्याख्या का ज़िक्र बहुत दिलचस्प साबित होगा। 'रज़ा' ने 'कलामे-ग़ालिब की तारीख़ी तरतीब क्यों ?' शीर्षक भूमिका में ऐसे अनेक प्रसंग दर्ज किए हैं, जहाँ लोगों ने एक शे'र को सामने रखकर तरह-तरह के क़िस्से गढ़ लिए हैं। बक़ौल 'रज़ा' ऐसे क़िस्से मुहसिन बिन शब्बीर की किताब *यूसुफ़े हिन्द क़ैदे फ़िरंग में* में बहुत मिलते हैं। फिर ये क़िस्से एक से दूसरे तक पहुँचते हुए आज आम हो गए हैं। ग़ालिब का एक शे'र है–

मय से ग़रज़ निशात है किस रूसियाह को
इक गूना बेख़ुदी मुझे दिन रात चाहिए

इस शे'र से यह भाव लिया जाता है कि अपने गर्दिश के दिनों में ग़ालिब ग़म ग़लत करने के लिए शराब का सहारा लेते थे। वे होश की बजाय बेख़ुदी को ज़्यादा अनुकूल महसूस करते थे। अब देखना यह है कि ग़ालिब की यह दशा उम्र के किस

पड़ाव पर थी ? ज़ाहिर है कि एक-एक करके सात बच्चों की मौत और फिर पेंशन का मामला अटक जाने के बाद ग़ालिब इस मनःस्थिति में पहुँच गए थे कि ग़म ग़लत करने की ज़रूरत महसूस होने लगी थी। लेकिन यह शे'र *नुस्ख़ा-ए-शीरानी* (शीरानी साहब द्वारा संगृहीत ग़ालिब की ग़ज़लें) में मौजूद है जोकि 1826 ई. में तरतीब दिया गया था। इस लिहाज़ से यह शे'र 1826 ई. से पहले का हुआ। उस वक़्त ग़ालिब आसूदगी की हालत में थे और ग़म ग़लत करने जैसी बात उनके सन्दर्भ में निराधार थी। शे'र में युवावस्था के आह्लाद और मस्ती की भावनाओं को अभिव्यक्ति मिली है। सिर्फ़ उनका अंदाज़े-बयाँ कुछ इस तरह का है कि इसमें अर्थ के दूसरे आयाम भी पैदा हो गए हैं। अतः इस शे'र को उनके बुढ़ापे के जीवन से नहीं जोड़ना चाहिए। शराब के विषय पर ही ग़ालिब का एक और मशहूर शे'र है–

क़र्ज़ की पीते थे मय लेकिन समझते थे कि हाँ
रंग लाएगी हमारी फ़ाक़ामस्ती एक दिन

इस शे'र की बाबत यह कहा गया है कि जुए के मामले में मुंशी सदरुद्दीन आज़ुर्दा की अदालत में ग़ालिब की पेशी हुई। उस समय ग़ालिब क़र्ज़ में डूबे हुए थे। क़यास यह है कि क़र्ज़ का बोझ हल्का करने के लिए उन्हें यह क़दम उठाना पड़ा। लिहाज़ा अदालत में पेश होते समय उन्होंने यह शे'र कहा था। किन्तु यह तथ्य नहीं, गल्प है। ध्यान रहे कि जुए का मुक़दमा 1843-44 में चलाया गया था, जबकि उपर्युक्त शे'र *नुस्ख़ा-ए-हमीदिया,* भोपाल (1821 ई.) में है। उस समय ग़ालिब की उम्र 23-24 वर्ष की थी। और मुक़दमे के समय उनकी उम्र 46-47 वर्ष की थी। अतः इस शे'र को बीस वर्ष बाद की घटना से जोड़ने का कोई औचित्य नहीं है। यह सम्भव है कि ग़ालिब ने अपनी फ़ाक़ामस्ती के रंग लाने यानी मुक़दमे की पेशी के मौक़े पर इस शे'र को पढ़ा या दोहराया हो। लेकिन इसकी रचना-तिथि को लेकर भ्रम की गुंजाइश नहीं होनी चाहिए।,

मुक़दमे में सजा काट लेने के बाद की स्थिति से सम्बन्धित एक शे'र भी बहस तलब है। मसलन–

हेफ़ उस चार गिरह कपड़े की क़िस्मत ग़ालिब
जिसकी क़िस्मत में हो आशिक़ का गरेबाँ होना

मुहसिन बिन शब्बीर के अनुसार, ग़ालिब ने सज़ा काटने के बाद जेल से बाहर निकलते हुए क़ैदी की पोशाक फाड़कर यह शे'र कहा था। कालीदास गुप्ता 'रज़ा' ने इस मान्यता के विरुद्ध दो तर्क दिए हैं। एक तो यह कि जेल के कपड़े नियमानुसार वापस किए जाते हैं, फाड़े नहीं जाते। रिहाई के बाद व्यक्ति निजी पोशाक पहनकर बाहर आता है। दूसरे, यह शे'र *नुस्ख़ा-ए-हमीदिया* (1821 ई.) में है और क़ैद 1847

में हुई। दरअस्ल, इस शे'र में ग़ालिब आशिक़ के मर्तबे की बुलन्दी को तरजीह देना चाहते हैं। इस ख़याल का एक व्यापक सन्दर्भ है। कभी यह ख़याल ग़ालिब पर ही सच गुज़र हो गया, यह अलग बात है।

मिर्ज़ा के शे'रों की रचना-तिथि के निर्धारण में एक जगह हाली से भी असावधानी हुई है। *कामिलाने-रामपुर* में एक क़िस्सा दर्ज है। ग़ालिब के मित्र मौलवी अब्दुल क़ादिर रामपुरी ने एक बार ग़ालिब से कहा कि "मिर्ज़ा, आपके एक शे'र का मतलब समझ में नहीं आता।" और शे'र सुना दिया :

पहले तो रोग़ने-गुल भैंस के अंडे से निकाल
फिर दवा जितनी है कुल, भैंस से अंडे से निकाल

ग़ालिब ने कहा कि यह शे'र मेरा नहीं है। मौलवी साहब बोले कि मैंने ख़ुद पढ़ा है। आप कहें तो दीवान खोलकर दिखा दूँ। यह ध्यान देने योग्य है कि ग़ालिब का दीवान पहली बार 1841-ई. में प्रकाशित हुआ जिसे सर सैयद के बड़े भाई ने छापा था। अतः यह वाक़िया 1841 ई. के बाद का होना चाहिए। अन्यथा मौलवी साहब दीवान दिखाने की बात न कहते। ग़ालिब ने घर आकर दीवान उलट-पलटकर देखा, पर शे'र हो तो मिले ! तब मुस्तफ़ा शेफ़्ता ने ग़ालिब को समझाते हुए कहा कि "मौलवी साहब ने आपके शे'रों के साथ ज़राफ़त (हँसी-ठिठोली) की है।"

हाली ने इस प्रसंग में नवाब शेफ़्ता का ज़िक्र तो नहीं किया है लेकिन इस तज़किरे को बयान करने के बाद लिखा है कि मिर्ज़ा ने इस क़िस्म की नुक्ताचीनियों पर अपने उर्दू और फ़ारसी दीवान में गाहे-बगाहे इशारे किए हैं। उर्दू में एक जगह कहते हैं–

न सिताइश की तमन्ना न सिले की परवा
गर नहीं हैं मिरे अश्आर में मा'नी न सही

एक और उर्दू ग़ज़ल का मतूला है–

गर ख़ामुशी से फ़ायदा अख़्फ़ाए-हाल है,
ख़ुश हूँ कि मेरी बात समझनी मुहाल है

यानी हाली ने यह माना है कि मौलवी साहब और अन्य लोगों की नुक्ताचीनियों के बाद ग़ालिब ने उपर्युक्त शे'र 1841 ई. के बाद कहे थे। कालीदास गुप्ता 'रज़ा' की खोज के मुताबिक़ ये दोनों शे'र 1821 ई. की पांडुलिपि में हैं। बीस वर्ष बाद के समय को इनकी रचना-तिथि साबित करना अतार्किक है।

दरअस्ल सच्चाई यह है कि 'भैंस के अंडे' वाला शे'र भले ही ग़ालिब ने न कहा हो लेकिन अपनी विनोदप्रियता के रहते हुए इस तरह की शब्द-क्रीड़ा उन्होंने ख़ूब

की है। 'रज़ा' ने ऐसे और भी कुछ शे'र गिनाए हैं जो हास-परिहास तक ही अपनी अहमियत रखते हैं। वे बात-बात में मौक़े पर कुछ कह दिया करते थे और उस शे'र पर नुक्ताचीनी का बुरा नहीं मानते थे, बल्कि लुत्फ़ लेते थे। दीवान से बाहर रहते हुए भी ऐसे शे'र ग़ालिब की मनोरचना को समझने में मदद करते हैं। 1857 ई. में आरिफ़ के छोटे लड़के हुसैन अली ख़ाँ ने दादा (ग़ालिब) से पैसे माँगे। तब ग़ालिब ने तत्काल यह शे'र कहा—

दिरमो-दाम अपने पास कहाँ
चीन के घोंसले में मास कहाँ !

प्रसंगवश यहाँ गुलज़ार के *मिर्ज़ा ग़ालिब* सीरियल में स्थिति विशेष पर किए गए ग़ज़लों के इस्तेमाल की संक्षिप्त चर्चा अनावश्यक न होगी। इस सीरियल के आधार पर ग़ज़लों की रचना-तिथि तय करना भ्रामक होगा। यहाँ दो स्थितियाँ मिलती हैं। सीरियल में कुछ शे'र ऐसे हैं जो जिस सिचुएशन में इस्तेमाल किए गए हैं, वही उनका रचनाकाल है। दूसरे, अनेक शे'र ऐसे भी हैं जो एक मुद्दत पहले कहे गए थे लेकिन इनका उपयुक्त अवसर पर इस्तेमाल किया गया है। पहले तरह की मिसाल ग़ालिब का यह शे'र है—

हुआ है शह का मुसाहिब फिरे है इतराता
वगरना शहर में ग़ालिब की आबरू क्या है !

इस शे'र की सिचुएशन यह है कि लाल क़िले के उस्ताद शेख़ इब्राहीम 'ज़ौक़' पालकी पर सवार होकर जा रहे हैं। ग़ालिब उन पर फब्ती कसते हुए पास बैठे लोगों से यह शे'र कहते हैं। ग़ालिब 1851 ई. में लाल क़िले से जुड़े। उस समय ज़ौक़ क़िले के उस्ताद थे। 1856 ई. में ज़ौक़ का निधन हुआ। साक्ष्य के आधार पर यह शे'र 1851 में ही कहा गया था।

सीरियल में इस शे'र की रचना-तिथि का तो ठीक-ठीक पता चलता है, लेकिन इसकी सिचुएशन को लेकर सन्देह है। क्योंकि ज़रूरी नहीं, यह शे'र ज़ौक़ को लक्ष्य करके कहा गया हो। आत्मोपहास ग़ालिब की ख़ास आदत थी। यह शे'र भी कुछ इसी नुअय्यत का है। तेजकुमार प्रेस, लखनऊ से मुद्रित दीवान में इस स्थिति से दूसरे शे'र को जोड़ा गया है। शे'र यों है—

रखियो ग़ालिब मुझे इस तल्ख़नवाई में मुआफ़
आज कुछ दर्द मेरे दिल में सिवा होता है

इस शे'र के नीचे फ़ुटनोट में लिखा है : 'ज़ौक़ मरहूम कहीं पालकी में बैठे जा रहे थे कि ग़ालिब की नज़र पड़ी। क्योंकि उनसे समकालीनों जैसी अनबन थी,

उन्होंने यह (दूसरा) मिसरा तत्काल कहकर पढ़ा।'

सीरियल में दूसरी तरह की मिसाल ग़ालिब का यह शे'र है–

आह को चाहिए एक उम्र असर होने तक
कौन जीता है तेरी ज़ुल्फ़ के सर होने तक !

गुलज़ार ने जिस सिचुएशन पर इसका इस्तेमाल किया है, उसे इसका रचनाकाल मानना भूल होगी। सीरियल में ग़ालिब गवर्नमेंट हिन्द के सेक्रेटरी से पेंशन का दिलासा पाकर कलकत्ता से दिल्ली लौटते हैं, उस समय यह शे'र पढ़ते हैं, जो कि उपयुक्त और अवसरोचित है। शे'र प्रतीक्षा के धीरज का अभाव दर्शाता है। अब ज़रा इतिहास की ओर ध्यान दें। ग़ालिब क़रीब चालीस वर्ष की आयु में कलकत्ता गए थे। यानी लगभग 1837 ई. में। जबकि इस शे'र की रचना-तिथि 1821 से पूर्व की है क्योंकि यह *नुस्ख़ा-ए-हमीदिया* (1821 ई.) में मिलता है।

ग़ालिब के कुछ शे'र ऐसे भी हैं जो अलग-अलग सन्दर्भों में उद्धृत किए जाते रहे हैं जिससे उनका रचनाकाल संदिग्ध हो गया है। मूल भावार्थ भी ठीक से नहीं खुल पाया है। ऐसा ही एक शे'र है–

दिया है ख़ल्क़ को भी ता उसे नज़र न लगे
बना है ऐशे–तजम्मुल हसीन ख़ाँ के लिए !

इस शे'र के दूसरे पाठ में सानी मिसरा इस प्रकार है :

बना है ऐश तजम्मुल हुसैन ख़ाँ के लिए

इस शे'र को अक्सर हकीम आग़ा ख़ाँ 'ऐश' और नवाब तजम्मुल हुसैन ख़ाँ से जोड़कर देखा जाता है। क़ाज़ी अब्दुस्सत्तार ने अपने उपन्यास *ग़ालिब* में इसी सन्दर्भ में इस शे'र के सानी मिसरे को उद्धृत किया है। इसकी पृष्ठभूमि यह बताई जाती है कि दिल्ली के गुलाबी बाग़ में मौलाना फ़ज़्ल हक़ ख़ैराबादी की ओर से आयोजित आमों की दावत में हकीम आग़ा ख़ाँ 'ऐश' और नवाब तजम्मुल हुसैन ख़ाँ भी मौजूद थे। आम खाने को लेकर ग़ालिब का जो लतीफ़ा मशहूर है, वह इसी प्रसंग से जुड़ा हुआ है। हकीम 'ऐश' अपने ख़ुशामदी स्वभाव के कारण नवाब तजम्मुल हुसैन ख़ाँ को आम तराश-तराशकर दे रहे थे। उस समय हकीम आग़ा ख़ाँ 'ऐश' पर कटाक्ष करते हुए ग़ालिब ने यह मिसरा पढ़ा–*बना है ऐश तजम्मुल हुसैन ख़ाँ के लिए।*

लेकिन *यादगारे-ग़ालिब* में हाली ने इस शे'र को नवाब फ़र्रुख़ाबाद की तारीफ़ में कहा हुआ शे'र बताया है। यहाँ पाठान्तर भी है–*बना है ऐशे-तजम्मुल हसीन ख़ाँ*

के लिए। नवाब फ़र्रुख़ाबाद का नाम हसीन ख़ाँ था। शे'र से यह भाव व्यक्त होता है कि सौन्दर्य और समृद्धि का सुख-भोग हसीन ख़ाँ के लिए ही बना है। यह पाठ ही प्रामाणिक है। यह देखकर आश्चर्य होता है कि ग़ालिब के नाम पर बनी देश की सर्वोच्च संस्था 'ग़ालिब इंस्टीट्यूट' से प्रकाशित *दीवान-ए-ग़ालिब* (उर्दू और हिन्दी) में 'तजम्मुल हुसैन ख़ाँ' वाला ग़लत पाठ दिया है। उर्दू संस्करण में तो इस नाम को बाक़ायदा रेखांकित भी किया गया है।

ग़रज़ यह कि शे'रों के पाठान्तर और अर्थ-भेद को लेकर उठनेवाली जिज्ञासाओं का समाधान तभी हो सकता है, जब प्रामाणिक रूप से रचनाकाल को जान लें। अगर रचनातिथि के क्रम से *दीवान-ए-ग़ालिब* को देखा जाएगा, तो अनेक शे'रों का अब तक प्रचलित अर्थ बदल जाएगा और एक नया पाठ बनेगा।

ग़ालिब ने मित्रों के नाम लिखे पत्रों में अनेकशः अपने शे'र उद्धृत किए हैं। अनेक जगह उन्होंने अपने शे'रों की व्याख्या भी की है और कभी-कभी जो शे'र उन्हें अपनी मौजूदा हालत के सन्दर्भ में मौज़ूँ लगा है, उसे उद्धृत कर दिया है। इन पत्रों पर अंकित तारीख़ को इन शे'रों की रचना-तिथि नहीं माना जा सकता। तारीख़ से इतनी मदद ज़रूर मिलती है कि ये शे'र इस समय से पहले कहे गए होंगे।

अपने जीवनकाल में ग़ालिब का दीवान पाँच बार प्रकाशित हुआ। पाँचों दीवानों के प्रकाशकों के नाम और प्रकाशन-वर्ष इस प्रकार हैं—1. सैयदुल अख़बार दिल्ली, 1841; 2. दारुल इल्मिया, दिल्ली, 1847; 3. अहमदी प्रेस, दिल्ली, 1861; 4. निज़ामी प्रेस, कानपुर, 1862 और 5. फ़ैज़े आम, आगरा, 1863 ई.।

हर बार के दीवान में कुछ नई ग़ज़लें जुड़ती चली गईं। ये दीवान उनके मित्रों और हमदर्दों के पास जमा संग्रहों से काफ़ी भिन्न हैं। पाँचों संस्करणों की सामग्री का चयन ग़ालिब ने स्वयं किया था। इसलिए मित्रों के पास जमा संग्रहों में से उन्होंने अपनी दृष्टि में श्रेष्ठ ग़ज़लों को ही चुना। वर्तमान में जो दीवान उपलब्ध हैं, उनमें 1863 के संस्करण का ही अनुसरण किया गया है। इन पाँचों दीवानों का एक साथ मुआयना करने पर यह अनुमान किया जा सकता है कि अमुक ग़ज़ल इस समयान्तराल में कही गई थी।

कालीदास गुप्ता 'रज़ा' ने ग़ालिब की शाइरी के समय को ग्यारह दौरों में बाँटकर देखा है। पहला 1807-1812, दूसरा 1813-1816, तीसरा 1817-1821, चौथा 1822-1826, पाँचवाँ 1827-1828, छठा 1828-1833, सातवाँ 1834-1847, आठवाँ 1848-1852, नवाँ 1853-1857, दसवाँ 1857-1862 और ग्यारहवाँ दौर 1863-1866 ई. का है। उन्होंने हर दौर में कहे गए शे'रों की संख्या दर्ज की है और यह भी उल्लेख किया है कि *दीवान-ए-ग़ालिब* में इनमें से कितने शे'र शामिल किए गए हैं। 1807-1867 तक के साठ वर्ष के कविता-काल में ग़ालिब ने कुल 4209 शे'र कहे जिनमें से सिर्फ़ 1802 शे'र दीवान में शामिल किए गए हैं। इससे ग़ालिब के कठोर चयन का पता

चलता है। पहले दौर का कोई शे'र दीवान में नहीं है। बीच के एक-दो दौरों की रचनाओं को भी उन्होंने दीवान के योग्य नहीं समझा है। अन्तिम दौर से भी शायद कोई शे'र नहीं चुना है।

यहाँ हम अलग-अलग दौरों से चन्द शे'र चुन रहे हैं, जिनसे ग़ालिब के बदलते हुए रचना-विवेक और सामाजिक सरोकारों की रूपरेखा बन सके। किसी भी महान् सर्जक की पहली रचना से परिचय प्राप्त करना एक रोमांचक अनुभव होता है। आइए, हम 1807 ई. में पतंगबाज़ी के शौक़ पर लिखी गई मस्नवी के पहले दो शे'र देखें, जहाँ से ग़ालिब की शाइरी का सफ़र खुलता है–

एक दिन मिस्ले-पतंगे-काग़ज़ी
ले के दिल सर रिश्ता-ए-आज़ादगी
ख़ुद-ब-ख़ुद कुछ हमसे कनियाने लगा
इस क़दर बिगड़ा कि सर खाने लगा।

यह मस्नवी असदुल्ला ख़ाँ ने 10-11 वर्ष की उम्र में लिखी थी। यह मीर, आतिश और नासिख़ की शाइरी का उत्कर्षकाल था। रेख़्ता (उर्दू का पुराना नाम) में इस दौर तक काफ़ी लोच पैदा हो चुकी थी। ग़ालिब की पहली रचना में रेख़्ता का मुहावरेदार और निखरा हुआ रूप आश्चर्य में डाल देनेवाला है। यह वह रचना है जिसे बाद में आकर ग़ालिब भूल गए थे। एक हवाले से मालूम होता है कि दिल्ली के एक मित्र ने उनसे कहा था कि "मिर्ज़ा साहब, अपनी वह पतंगबाज़ी के शौक़ वाली मस्नवी तो सुनाइए।" तब उन्होंने ऐसी कोई मस्नवी लिखने से इन्कार किया था। उन मित्र के संग्रह में वह मस्नवी थी। जब उन्होंने वह रचना सुनाई तो मिर्ज़ा बहुत ख़ुश हुए।

उस समय फ़ारसी शाइर 'बेदिल' की तर्ज़ का दबदबा था। 'बेदिल' भारतीय शैली की फ़ारसी के लिए मशहूर थे। ग़ालिब ने 1812 ई. में एक शे'र कहा था जो उनके भाषाचिन्तन का परिचायक है–

तर्ज़े-बेदिल में रेख़्ता कहना
असदुल्लाह ख़ाँ क़यामत है

मौजूदा दीवान के सन्दर्भ में ग़ालिब की शाइरी के दूसरे दौर का विशेष महत्व है क्योंकि उन्होंने मुकम्मल ग़ज़लें इसी दौर में कहना शुरू कीं। इस दौर की एक ग़ज़ल को दीवान में पहला स्थान प्राप्त है–

नक़्श फ़रियादी है किसकी शोख़िए-तहरीर का
काग़ज़ी है पैरहन हर पैकरे-तस्वीर का

यह एक संयोग ही है कि दीवान की पहली ग़ज़ल उनके शुरूआती दौर से सम्बन्ध रखती है। अलिफ़ की रदीफ़ होने के कारण दीवान में इसे पहला स्थान मिलना ही था।

इस ग़ज़ल को आदर्श मानकर ग़ालिब के समग्र भाषा-संस्कार पर टिप्पणी कर दी जाती है। यह स्थापित कर दिया जाता है कि ग़ालिब ने जनभाषा की उपेक्षा कर फ़ारसीनिष्ठ उर्दू का दामन थामा। रचनाकाल के प्रति ध्यान न देने के कारण इस तरह की भ्रान्ति का होना स्वाभाविक है। यहाँ तक कि डॉ. रामविलास शर्मा ने भी इसी ग़ज़ल को ग़ालिब की भाषा का मॉडल मान लिया है। अपनी *भाषा और समाज* पुस्तक में उन्होंने यह बताया है कि फ़ारसी-मिश्रित कठिन उर्दू के कारण हिन्दी और उर्दू का अलगाव हुआ है। यह क्लिष्टता मत्रूकात के सिद्धान्त के कारण पैदा हुई। (मत्रूकात का अर्थ है तद्‌भव शब्दों को शाइरी के लिए निषिद्ध मानना) आगे चलकर इसकी पुष्टि के लिए डॉ. शर्मा ग़ालिब से उदाहरण देते हुए लिखते हैं : 'शोख़िए तहरीर, पैरहन, पैकरे तस्वीर, कावे-कावे सख़्त, जानी हाय तनहाई, जू-ए-शीर, जज़्ब-ए-बेइख़्तियारे शौक़, सीना-ए-शमशीर, आगही, दामे-शनीदन, मुद्दआ (उद्देश्य), अन्क़ा, आलमे तक़रीर, असीरी, आतश ज़ेरे पा, मूए आतश दीदा, हल्कः (कड़ी) इत्यादि। इस तरह की शब्दावली का प्रयोग हिन्दी में नहीं होता और आगे कभी होगा, इसमें सन्देह है।'' (पृ. 297) साथ में उन्होंने यह भी स्वीकार किया है कि ग़ालिब ने सरल उर्दू में भी पंक्तियाँ कही हैं। लेकिन अपने विवेचन में डॉ. शर्मा ने ग़ालिब की काव्य-भाषा के प्रमुख स्तर को 'नक़्श फ़रियादी' ग़ज़ल के सन्दर्भ में ही समझा है। जबकि रचनाकाल के अनुसार उनकी ग़ज़लों को देखने पर ज्ञात होता है कि वे ज़बानो-बयान के सरल से सरल रूपों और रोज़मर्रा मुहावरे को अपनाने की ओर प्रवृत्त रहे हैं। हाली ने भी यह स्वीकार किया है कि मिर्ज़ा के शुरू-शुरू के अशआर में फ़ारसीयत का रंग दिखाई देता है। हाली ने इसका कारण ग़ालिब की फ़ारसी शिक्षा बताया है।

निस्सन्देह ग़ालिब फ़ारसीनिष्ठ उर्दू से दिल्ली की गलियों और बाज़ारों की भाषा की ओर मुड़े। लेकिन इस बाबत कोई सीधी रेखा नहीं खींची जा सकती है। बल्कि उनके यहाँ एक ही साथ अनेक भाषा-प्ररूप (पैटर्न) मिलते हैं। शुरूआती दौर में ग़ालिब 'बेदिल' की तर्ज़ के ख़ुद क़ायल रह चुके हैं। ग़ालिब-साहित्य के अधीती मालिकराम इस स्थापना को भी दुरुस्त नहीं मानते हैं कि ग़ालिब ने पहले 'बेदिल' के असर में मुश्किल ज़बान में शाइरी की और बाद में वे 'मीर' की आसान ज़बान से मुतास्सिर हुए। मालिकराम ने *गुले-रा'ना* की भूमिका में लिखा है, ''न उन्होंने (ग़ालिब) मुश्किल ज़बान बेदिल के ज़ेरे असर लिखी और न आसान ज़बान मीर के ज़ेरे असर। बल्कि हस्बे ज़रूरत और हस्बे मौक़ा मुश्किल और आसान दोनों ज़बानों में लिख सकते थे।''

ग़ालिब की अनेक ऐसी ग़ज़लें हैं जो ऐतिहासिक क्रम में विशेष महत्व रखती

हैं। इस लेख की सीमा में इनकी चर्चा सम्भव नहीं है। फ़क़त यहाँ 1857 ई. में कहे गए एक क़त्ए का ज़िक्र ज़रूरी लगता है जो ग़दर के दौरान ख़ुद ग़ालिब की मनोदशा और दिल्ली शहर के भयाक्रान्त वातावरण का प्रामाणिक चित्र प्रस्तुत करता है–

घर से बाज़ार में निकलते हुए
ज़ुहरा होता है आब इनसाँ का
चौक जिसको कहें वो मक़्तल है
घर बना है नमूना ज़िन्दाँ का !

यह क़त्आ उन्हीं दिनों का है जब ग़ालिब अपनी फ़ारसी किताब *दस्तंबू* लिख रहे थे। *दस्तंबू* में 11 मई, 1857 से 31 जुलाई, 1958 तक के हालात दर्ज हैं लेकिन इस क़त्ए में अंग्रेज़ सरकार के प्रति ग़ालिब का आलोचनात्मक रुख ज़्यादा स्पष्ट हो सका है। यह क़त्आ *उर्दू-ए-मुअल्ला* में 'अलाई' के नाम एक ख़त के साथ बग़ैर किसी नाम के छपा हुआ है।

इस क्रम में ग़ालिब के लगभग अन्तिम मशहूर शे'र को अनदेखा करना वाजिब न होगा। यह शे'र उनकी ज़िंदगी की शाम से कुछ पहले कहा गया था–

ख़ुशी जीने की क्या, मरने का ग़म क्या
हमारी ज़िंदगी क्या, और हम क्या !

ग़ालिब इससे पहले जीवन और मृत्यु के धूपछाँही रंगों की अक्कासी अपने बेशुमार शे'रों में कर चुके हैं। लेकिन पहले के ज़्यादातर शे'रों में वे मृत्यु को हँसी में उड़ाते रहे हैं और अपने जीवन के उपहास में भी रस लेते रहे हैं। पर यह शे'र समय के उस पड़ाव पर कहा गया था जबकि उनके भीतर मुमूर्षा प्रबल हो उठी थी और वे बिस्तर पर पड़े-पड़े अपनी मौत की तारीख़ें निकाला करते थे।

तारीख़ी तरतीब के साथ व्यवस्थित दीवान को देखकर ग़ालिब की दृष्टि और कला के विकास पर फ़ौरी तौर पर टिप्पणी कर देना एक ग़ैर ज़िम्मेदाराना बात होगी। इसके लिए अपेक्षित तैयारी दरकार है। अलबत्ता, एक नज़र में ऐसा ज़रूर लगता है कि उनकी शाइरी में चिन्तन का पक्ष उत्तरोत्तर गहरा होता चला गया है। उसमें अस्तित्व के प्रश्न से जूझने की वृत्ति प्रखर होती गई है। आधुनिक भावबोध को अपनी चेतना में समाहित करने की उनकी बेचैनी में इज़ाफ़ा होता गया है। लेकिन स्वच्छन्दता और बेराहरवी उनके बोध में शुरू से आख़िर तक बनी रही है।

ग़ालिब के मूल्यांकन को लेकर एक बात की तरफ़ और ध्यान जाता है। अक्सर उनकी शाइरी पर बात करते हुए उनके 'ग़ैर मुतदाविल कलाम' (अप्रचलित शाइरी) को बरतरफ़ कर दिया जाता है। चूँकि ग़ालिब ने ख़ुद कहा था कि इस कलाम को आयंदा मेरे नाम से मंसूब (सम्बद्ध) न किया जाए। इसलिए उसे अगम्भीर जानकर

छोड़ दिया जाता है। एक महान् रचनाकार के सन्दर्भ में रचनाओं को लेकर यह विभेद अनुचित है। दीवान के परिशिष्ट भाग में दिए गए या उससे भी बाहर छूटे हुए अपेक्षाकृत सामान्य प्रतीत होने वाले शे'र ग़ालिब के सर्जनात्मक मन के अनदेखे पहलुओं को उजागर करने में मददगार हो सकते हैं। छेड़छाड़ वाले और अगम्भीर शे'रों में भी उनके क़लम की सरसराहट (सरीरे-ख़ामा) सुनाई देती है। एक भरे-पूरे ग़ालिब से रू-ब-रू होने के लिए उनके ग़ैर मुतदाविल कलाम से गुज़रना भी ज़रूरी है।

—'आजकल', दिसम्बर, 1997

अंग्रेज़ी में ग़ालिब

होगा कोई ऐसा भी कि 'ग़ालिब' को न जाने
शाइर तो वो अच्छा है पे बदनाम बहुत है

It is possible that someone should not know Ghalib?
A good poet–though of bad reputation.
–Annemarie Schimmel

ग़ालिब के इस आत्मकथन के पीछे अपनी सर्जनात्मक तेजस्विता का भरोसा है। यह भरोसा मनुष्यता की उच्चतम भूमि को पाने की कोशिश से पैदा होता है। देश और काल की सीमाओं को लाँघता हुआ कवि का यह भरोसा स्वयं का न रहकर सब का हो जाता है, बल्कि हमारी जीवन-आस्था का रूप ले लेता है। कला के सार्वजनीन होने की प्रक्रिया यही है। आज ग़ालिब की कला की सार्वजनीनता का आलम यह है कि पश्चिम के देशों में अन्य भारतीय क्लासिकों की तरह ग़ालिब को पढ़ने और समझने का रुझान भी तेज़ी के साथ बढ़ा है। उनकी शाइरी पर गवेषणात्मक कार्य और उसके अनुवाद हो रहे हैं। ख़ास तौर से अंग्रेज़ी भाषा में यह काम तेज़ी के साथ हो रहा है।

यूरोपीय विद्वानों में सबसे ज़्यादा एकनिष्ठता और समर्पण के साथ ग़ालिब पर काम करनेवालों में राल्फ़ रसेल अग्रणी हैं। उन्होंने ग़ालिब की मीमांसा को बहुत-से कामों के साथ एक और काम की तरह नहीं लिया है बल्कि इसकी हैसियत उनके लिए एक मिशन की तरह है। उनके द्वारा सम्पादित किताब 'ग़ाबिल : द पोएट एंड हिज़ एज' (1972) आज भी अपना कोई सानी नहीं रखती। इसमें पर्सीवल स्पियर (Percival Spear), पी. हार्डी और ए. बौसानी (A. Bausani) के लेख भी शामिल हैं। हम यह जान लें कि प्रो. बौसानी, ग़ालिब पर गम्भीर समीक्षा करनेवाले पहले यूरोपीय विद्वान हैं। उन्होंने 'The Position of Ghalib in the History of urdu and Indo-Persian Poetry' (1959) लेख लिखा था जो कि किसी भी यूरोपीय विद्वान् द्वारा ग़ालिब पर लिखा गया पहला लेख है।

इस किताब में ग़ालिब के आत्मचित्र और उनकी शाइरी से सम्बन्धित अध्याय

स्वयं रसेल ने लिखे हैं। 'आत्मचित्र' में रसेल ने ग़ालिब की उर्दू और फ़ारसी के अन्तर को बताते हुए कहा है कि आम तौर पर ग़ालिब की उर्दू बोलचाल के क़रीब है। दूसरी ओर उनकी फ़ारसी अपेक्षाकृत ज़्यादा परिनिष्ठित और शैलीकृत है जिसके प्रति उन्होंने उर्दू से कहीं ज़्यादा तवज्जो दी है।

रसेल ने ग़ालिब के काव्य-विषयों पर लिखते हुए गहरी विवेक-दृष्टि का परिचय दिया है। इसमें दो राय नहीं कि ग़ालिब ने फ़ारसी शाइरी के पारम्परिक काव्य-विषयों पर शे'र कहे हैं। लेकिन उनकी रचना-भूमि परम्परा से कुछ भिन्न रही है। मसलन उन्होंने लौकिक प्रेम (earthly love) के ज़रिए जीवन के अनछुए पहलुओं को उद्घाटित किया। विषय के रूप में यह ग़ालिब की नवीनता नहीं है। ग़ालिब का परम्परा से भिन्न प्रस्थान और वैशिष्ट्य यह है कि वे प्रेम के साथ अपने सम्बन्धों को नए ढंग से परिभाषित करते हैं। इस प्रेम में ग़ालिब की जिजीविषा, स्वच्छन्दता और संघर्षधर्मिता के भाव भी शामिल हैं। बक़ौल रसेल वे अपने प्रेम के लिए कोई भी मुसीबत और बड़ी से बड़ी सज़ा, यहाँ तक कि आत्मबलिदान के लिए भी तैयार हैं। मध्यकाल में प्रेम का यह रूप धार्मिक धरातल तक सीमित था। इसमें यथार्थ की आँच नहीं थी।

रसेल ने ग़ालिब के सन्दर्भ में ग़ज़ल के फ़ार्म पर कुछ मौलिक बातें कही हैं। ग़ालिब का एक शे'र है—

बक़द्रे-शौक़ नहीं ज़र्फ़-ए-तंगनाए-ग़ज़ल
कुछ और चाहिए वुसअत मिरे बयाँ के लिए

इस शे'र की बाबत कई आलोचकों की मान्यता है कि ग़ालिब को ग़ज़ल की ज़मीन तंग महसूस होती थी और वे किसी दूसरे व्यापक माध्यम में लिखने के लिए बेचैन थे। उनके पत्रों ने इस कमी को कुछ हद तक पूरा किया। दरअस्ल यह सच है कि ग़ालिब ने पत्र को एक साहित्य-रूप की हैसियत दे दी और यहाँ वे अपने समय और समाज पर ज़्यादा मुखर होकर टिप्पणी कर सके हैं। लेकिन यह एक भ्रान्त धारणा है कि ग़ालिब ग़ज़ल के काव्य-रूप को अपने लिए अपर्याप्त समझते थे। बात कुछ और है। रसेल के मुताबिक़ ग़ालिब उस ग़ज़ल को अपर्याप्त तस्लीम करते थे जोकि अपनी सतहियत के कारण ज़्यादा प्रशंसित और स्वीकार्य हो रही थी। इसलिए चली आ रही ग़ज़ल को उन्होंने 'तंग' कहा। दूसरे शब्दों में उन्होंने लोगों की काव्याभिरुचि को भी संकीर्ण कहा। यह शे'र विशेष रूप से तजम्मुल हुसैन ख़ाँ को लक्ष्य करके कहा गया था। हमें इस शे'र का सन्दर्भ ज़ेहन में रखना चाहिए।

ग़ालिब सदी के दौरान अनविन ब्रदर्स लिमिटेड, लन्दन ने राल्फ़ रसेल और ख़ुर्शीदुल इस्लाम द्वारा सम्पादित 'ग़ालिब : लाइफ़ एंड लैटर्स' किताब प्रकाशित की। इसका पहला खंड ग़ालिब के व्यक्तित्व और दूसरा खंड शाइरी के अंग्रेज़ी अनुवाद के लिए समर्पित है। पहले खंड में पत्रों के बीच से ग़ालिब के व्यक्तित्व को मूर्त

करने का प्रयास सराहनीय है। इसकी आधार-सामग्री हालीकृत 'यादगार-ए-ग़ालिब' से ली गई है।

इस किताब से यह भी मालूम होता है कि कलकत्ता के सफ़र के बाद ग़ालिब का अख़बार पढ़ने का शौक़ बराबर बना रहा। उनके फ़ारसी ख़तों में इस बात का ज़िक्र आता है। राजा राममोहन राय द्वारा प्रकाशित फ़ारसी अख़बार 'मीरातुल अख़बार' ग़ालिब पढ़ा करते थे जोकि आधुनिकतम जानकारी देनेवाला उस समय का एक महत्वपूर्ण अख़बार था।

रसेल की ही एक अन्य किताब है 'Hidden in the lute : An Anthology of two centuries of urdu literature'। इस किताब में वीणा के तारों में छुपे स्वरों की झनकार सुनी जा सकती है। इसमें पिछली दो सदियों के दौरान विभिन्न विधाओं में रचे गए उर्दू अदब की बानगी है और साथ में ग़ालिब की ग्यारह ग़ज़लों के काव्यानुवाद शामिल हैं। कुछ शे'रों का अनुवाद तो बाक़ायदा अंग्रेज़ी में भी रदीफ़-क़ाफ़िए का पालन करते हुए किया गया है।

ग़ालिब के सर्जनात्मक मन के रचाव को समझने की दृष्टि से एनीमेरी शिमेल (Annemarie Schimmel) की किताब 'ए डांस ऑफ़ स्पार्क्स : इमेजरी आफ़ फ़ायर इन ग़ालिब्स पोएट्री' (1979) काफ़ी महत्वपूर्ण है। शिमेल ने इस ओर ठीक संकेत किया है कि संयोग से ग़ालिब का जीवन मुस्लिम उच्चवर्ग के बिखराव और पतन के साथ जुड़ गया है। लिहाज़ा इसकी टूटन उनके यहाँ अनेक रूपों में व्यक्त हुई है।

शिमेल के विश्लेषण के अनुसार ग़ालिब के यहाँ आग से सम्बन्धित बिम्ब सकारात्मक अर्थों की प्रतीति कराते हैं। आग उनके यहाँ भस्म ही नहीं करती, कुछ नया अंकुरित भी करती है। आग के इस रचनात्मक धर्म की मिसाल इन दो शे'रों में देखिए—

रौनक़-ए-हस्ती है इश्क़-ए-ख़ानावीराँ साज़ से
अंजुमन बेशम्अ है, गर बर्क़ ख़िरमन में नहीं

ग़म नहीं होता है आज़ादों को बेश अज़ यक नफ़स
बर्क़ से करते हैं रौशन, शम्मे-मातमख़ाना हम

शिमेल ने जीवन और आग के रिश्तों को लेकर ग़ालिब और नीत्शे के विचारों में समानता दिखाई है। उन्होंने नीत्शे की Frohliche Wissenschaft की भूमिका का हवाला दिया है। दोनों के विचारों की समानता को Phoenix-effect अर्थात् स्वयं को आग के लिए समर्पित कर जीवन को सार्थक बनाने या अमरत्व प्रदान करने की धारणा के आधार पर समझा जा सकता है। दरअस्ल बाहर की आग से सम्बन्धित बिम्ब ग़ालिब की भीतरी आग की निशानदेही कराते हैं। फ़ारसी के हाफ़िज़, उर्फ़ी और

रूमी जैसे महान् शाइरों के यहाँ भी आग के विभिन्न रूप ध्वंस के बजाय निर्माण के अर्थों में व्यवहृत हुए हैं।

ग़ालिब के अध्येताओं में एक महत्वपूर्ण नाम यान मैरेक (Jan Marek) का है। मैरेक प्राग की चेकोस्लोवाक एकेडमी आफ़ साइंसेज़ के भारतीय अध्ययन केन्द्र में रिसर्च वर्कर हैं। ग़ालिब पर उनके दो लेख देखने में आए। एक लेख ऐवान-ए-ग़ालिब की ओर से ग़ालिब के जन्म की द्विशताब्दी के अवसर पर प्रकाशित स्मारिका में शामिल है। इसमें ग़ालिब की फ़ारसी शाइरी का आकलन किया गया है। साथ ही साथ उर्दू शाइरी पर भी राय दी गई है। मैरेक के अनुसार ग़ालिब ने अपने दार्शनिक, रहस्यवादी और मानवतावादी विचारों को उर्दू और फ़ारसी दोनों भाषाओं में उजागर किया। लेकिन कुछ विचार ऐसे हैं जो सिर्फ़ फ़ारसी में ही व्यक्त किए जा सके हैं। मसलन ग़ालिब ने अपने देशभक्ति और राष्ट्रीयतावादी विचारों की अभिव्यक्ति के लिए फ़ारसी ज़बान को ही उपयुक्त समझा।

मैरेक ने अपना दूसरा पर्चा साहित्य अकादेमी, नई दिल्ली के तत्त्वावधान में आयोजित अन्तर्राष्ट्रीय सेमीनार (13-15 दिसम्बर, 1998) में पेश किया था। 'मिर्ज़ा ग़ालिब : ए लवर एंड एडमाइरर आफ़ इंडिया' शीर्षक इस पर्चे में मैरेक ने कलकत्ते के सफ़र को ग़ालिब के जीवन में एक परिवर्तन-बिन्दु की तरह माना है। इस सफ़र से उनके दृष्टिकोण में बदलाव आया। उन्हें उत्तर भारत के जन-जीवन को गहराई से देखने-समझने का अवसर मिला। अपने देश के अवाम के प्रेम ने उन्हें मानवीय अस्तित्व के सार के प्रति जागरूक बनाया।

प्रसंगवश, साहित्य अकादेमी के इसी सेमिनार में अशोक वाजपेयी द्वारा पढ़े गए अंग्रेज़ी पर्चे (ग़ालिब-200 : लुकिंग आस्केंस एट बीइंग) का ज़िक्र भी ज़रूरी लगता है। 'जनसत्ता' अख़बार के 'कभी-कभार' स्तम्भ के अन्तर्गत अशोक जी ने ग़ालिब पर बेलौस टिप्पणियाँ की हैं। हमें याद होगा कि उन्होंने ग़ालिब के अपेक्षाकृत कम मशहूर और अल्पचर्चित शे'रों की ओर ध्यान खींचा है। जहाँ तक उपर्युक्त पर्चे की बात है, इसमें अस्तित्व के प्रति ग़ालिब के सन्देह भरे नज़रिए से बहस की गई है। यक़ीनन यह ग़ालिब को अस्तित्ववाद के फ्रेम में जड़ने का दुराग्रह नहीं है बल्कि 'होने' को 'तमाशा' तस्लीम करनेवाली उनकी प्रश्नाकुल मानसिकता को समझने की एक कोशिश है। प्रश्न और सन्देह ग़ालिब को पहले भारतीय आधुनिक कवि का दर्जा देते हैं। जैसा कि अशोक जी मानते हैं, इस आधुनिकता का पश्चिम की आधुनिकता से कोई लेना-देना नहीं है बल्कि यह भारत की सांस्कृतिक प्रक्रियाओं की उपज है। बजा तौर पर यह कहा जा सकता है कि ग़ालिब ने भारतीय कविता को रेडिकलाइज़ किया है। अशोक जी ने काव्यगत रणनीति के स्तर पर ग़ालिब और एमिली डिकिंसन (Emily Dickinson) के बीच समानता की खोज की है। गो, ग़ालिब इस अमेरिकी कवयित्री से सर्वथा अपरिचित थे लेकिन वे उसी की तरह अमूर्त को अपने इतने पास ले आते हैं कि

वह मूर्त प्रतीत होने लगता है और मूर्त को इतने दूर धकेल देते हैं कि वह अमूर्त जैसा लगने लगता है।

मालूम हो कि एमिली डिकिंसन (1830-86 ई.) ग़ालिब की युवतर समकालीन रही हैं। उनके काव्यविषय सीमित हैं—मृत्यु, प्रेम, अवसाद, आत्म-प्राश्निकता, एकाकीपन—और बार-बार दोहराए जाते हैं लेकिन निजी ईमानदारी के कारण ये विषय हर बार एक नई अर्थ-छवि के साथ मिलते हैं। उनकी कुल 1775 रचनाओं में से सिर्फ़ सात रचनाएँ उनके जीवन-काल में प्रकाशित हो सकीं। ग़ालिब और एमिली के जीवन में कुछ भी समान नहीं है, दोनों भिन्न परिवेशों की उपज हैं लेकिन कविता में कई जगह शरीक नज़र आते हैं।

इस सिलसिले में लाहौर के प्रो. मुहम्मद सादिक़ द्वारा लिखित 'A History of Urdu literature' का ज़िक्र ज़रूरी लगता है। यह इतिहास ऑक्सफ़ोर्ड यूनिवर्सिटी प्रेस, लन्दन से 1964 में प्रकाशित हुआ है। अनेक दृष्टियों से यह उर्दू के अब तक के साहित्येतिहासों में सबसे ज़्यादा सम्पन्न और समावेशी है। इसके ग़ालिब सम्बन्धी विवेचन में काफ़ी नवीनता है। प्रो. सादिक़ ने ग़ालिब के व्यक्तित्व के कमज़ोर और सशक्त हर पहलू पर बेबाक टिप्पणी की है। यानी ग़ालिब एक कुशल दरबारी (accomplished Courtier) थे और इस वर्ग के विशिष्ट गुण-दोष उनके व्यक्तित्व में पूरी तरह विद्यमान थे। ग़ालिब ने अपना कोई जीवन-दर्शन पेश करने की चेष्टा नहीं की। उन्होंने जीवन को Theorize करने के बजाय जीने पर ज़्यादा ज़ोर दिया। यह अलबत्ता है कि उनकी रचनाओं के बीच से जो जीवन-दर्शन उभरता है, उसमें नास्तिक होने की हद तक स्वच्छन्दता का समावेश है। लेखक ने इसके लिए Pagan शब्द का इस्तेमाल किया है और मैथ्यू अर्नाल्ड द्वारा दिए गए Pagan शब्द के अर्थ को उद्धृत भी किया है, यानी आदर्श, प्रसन्न और ऐन्द्रिक जीवन। इसमें नई बात यह है कि लेखक ने ग़ालिब के जीवन-दर्शन की तुलना जर्मन कवि हाइने (Heine) से की है।

ग़ालिब पर पवन के. वर्मा की किताब 'ग़ालिब : द मैन, द टाइम्स' भी काफ़ी चर्चित रही है। लेखक ने ग़ालिब के इस आत्मविश्वास के आधार को स्पष्ट करने की कोशिश की है कि 'लिखता हूँ असद सोज़िश-ए-दिल से सुख़न-ए-गर्म/ता रख न सके कोई मिरे हर्फ़ पर अंगुश्त'—

From the burning of my heart
Are my couplets alight;
None can place a finger
On a word of what I write.

लेखक ने अपने इतिहास के अध्ययन का लाभ उठाते हुए ग़ालिब के समय

और रचनात्मकता के द्वन्द्व पर रौशनी डाली है। इस वस्तुपरक विश्लेषण से हम उस समय-सन्दर्भ को भी समझ पाते हैं जिसने ग़ालिब को एक कालजयी कवि बनाया। इसमें गाहे-बगाहे शे'रों के काव्यानुवाद भी दर्ज हैं।

ग़ालिब सदी के दौरान के.एन. सूद की किताब 'इटर्नल फ़्लेम' (आस्पेक्ट्स ऑफ़ ग़ालिब्स लाइफ़ एंड वर्ड्स) आयी थी। यह किताब परिचयात्मक ढंग की है। इसमें मौलिक विवेचन का अभाव है।

इसी सिलसिले में 'दीवान-ए-ग़ालिब' के अंग्रेज़ी में उपलब्ध कतिपय पूर्ण और आंशिक अनुवादों का संक्षिप्त परिचय यहाँ प्रस्तुत है। इससे अंग्रेज़ी में ग़ालिब की पठनीयता का अंदाज़ा लगाया जा सकता है।

सूफ़िया सादुल्लाह की 'सिलेक्टेड वर्सेज़ आफ़ मिर्ज़ा ग़ालिब' ग़ालिब के अंग्रेज़ी अनुवाद की पुरानी किताबों में से एक है। यह किताब डार्वेन फ़िनले सन, लन्दन ने 1956 में प्रकाशित की थी। इसमें ग़ालिब की मशहूर ग़ज़लों के अनुवाद हैं। 1957 में जे.एन. कौल की 'इंटरप्रिटेशन आफ़ ग़ालिब' किताब सामने आई। इसकी भूमिका मौलाना आज़ाद ने लिखी थी। इसमें ग़ालिब के चुनीन्दा शे'रों की व्याख्या की गई है। पी.एल. लखनपाल ने 'ग़ालिब : मैन एंड हिज़ वर्स (1960) में चुनी हुई ग़ज़लों का काव्यानुवाद किया है। एच.सी. सारस्वत की 'सिलेक्शंस आफ़ ग़ालिब' किताब मिलती है। किताब की विशेषता यह है कि इसमें उर्दू लिपि में 112 शे'र दिए गए हैं और प्रत्येक शे'र के नीचे उसका अंग्रेज़ी काव्यानुवाद दर्ज है। नेशनल बुक ट्रस्ट ने 'मिर्ज़ा ग़ालिब' (1966) शीर्षक से ग़ालिबियात के अधिकारी विद्वान मालिकराम की एक किताब छापी है। इसमें भी कुछ चुने हुए शे'रों की अंग्रेज़ी टीका है। इसके एक वर्ष बाद अहमद अली की 'ग़ालिब : सिलेक्टेड पोयम्स ट्रांसलेटेड विद एन इंट्रोडक्शन' किताब 1969 में रोम से प्रकाशित हुई। इसकी भूमिका ग़ालिब की कवि-दृष्टि से जुड़ाव क़ायम करने में मदद करती है। इसमें दिए गए अनुवाद बहुत सहज और प्रवाहपूर्ण है। प्रणव बन्धोपाध्याय ने 'हंड्रेड ग़ज़ल्स आफ़ ग़ालिब' (कलकत्ता, 1975) किताब में सौ ग़ज़लों का अनुवाद किया है। बी.एन. रैना ने अपनी किताब 'रैनाज़ ग़ालिब' (1984) में बहुत गहरे में उतर कर ग़ालिब को अंग्रेज़ी में ढाला है। के.सी. कांडा की किताब 'मास्टरपीसेज़ आफ़ उर्दू ग़ज़ल' (1990) भी उल्लेखनीय है। इसमें ग़ालिब सहित नौ शाइरों की 108 ग़ज़लों के अनुवाद हैं। यहाँ वली दकनी से लेकर फ़ैज़ तक की परम्परा के बीच ग़ालिब की विशिष्टता से अंग्रेज़ी पाठक परिचित हो सकते हैं। अंग्रेज़ी पाठकों के लिए उमेश जोशी द्वारा सम्पादित किताब '786 अशआर आफ़ ग़ालिब एंड 25 मास्टर्स' (रूपा, 1995) भी उपयोगी है। शे'रों की संख्या 786 शायद इसलिए रखी गई है कि ये अंक इस्लाम के अनुसार पवित्र माने जाते हैं।

ग़ालिब की कला की सार्वभौमिक अपील में लगातार इज़ाफ़ा होता रहा है, इस बात का सबूत देनेवाली एक किताब है 'दि एन्लाइटेंड हार्ट : एन एंथॉलॉजी आफ़ सेकरिड

पोयट्री'। स्टीफ़ेन मिशेल (Stephen Mitchell) द्वारा सम्पादित यह किताब 'हार्पर', लन्दन से 1993 में प्रकाशित हुई थी। इस संचयन में अन्य भारतीय कवियों की रचनाओं के साथ-साथ ग़ालिब की पाँच ग़ज़लों के काव्यानुवाद शामिल हैं।

उपर्युक्त परिचय अंग्रेज़ी में ग़ालिब की सम्पूर्ण जानकारी नहीं है। निश्चय ही ग़ालिब की शाइरी के अंग्रेज़ी अनुवाद को समर्पित और भी कई महत्वपूर्ण किताबें होंगी। अभी द्विशताब्दी के दौरान अख़बारों से ज्ञात हुआ कि अनेक भारतीय और विदेशी अनुवादक इस पर कार्य भी कर रहे हैं। कवि-आलोचक विष्णु खरे से जानकारी मिली कि अमेरिकी कवि रॉबर्ट ब्लाई (Robert Bly) ग़ालिब की ग़ज़लों का अंग्रेज़ी अनुवाद कर रहे हैं। ब्लाई ने फ़ारसी शाइर 'हाफ़िज़' पर भी काम किया है।

इन विभिन्न अनुवादकों ने ग़ालिब की शाइरी को अपनी-अपनी सौन्दर्याभिरुचि के अनुसार समझा है और अपने विशिष्ट भाषिक मुहावरे में पुनस्सृजित किया है। इस संक्षिप्त टिप्पणी में हर अनुवाद की गुणवत्ता से परिचित करा पाना मुमकिन न होगा। फ़क़त ग़ालिब के कुछ शे'रों के दो अलग-अलग अनुवादकों के अनुवाद यहाँ दिए जा रहे हैं। उम्मीद है कि यह बानगी दिलचस्प साबित होगी–

बाज़ीचा-ए-अत्फ़ाल है दुनिया मिरे आगे
होता है शब-ओ-रोज़ तमाशा मिरे आगे

इक खेल है औरंग-ए-सुलेमाँ मिरे नज़दीक
इक बात है ऐजाज़-ए-मसीहा मिरे आगे

The world is but a game that children play before my eyes
A spectacle that passes night and day before my eyes.

The Throne of Sulema is but a toy in my esteem
The miracle that Isa worked, a trifle in my eyes.

–Ralph Russell

The world is as children's playful fun to me;
Night and day this show is performed before me.

The Throne of Solomon is but a pastime for me;
The Miracle of the Messiah is a valueless trifle before me.

–ऐवान-ए-ग़ालिब, स्मारिका 1997

दिल ही तो है न संग-ओ-ख़िश्त दर्द से भर न आए क्यूँ
रोएँगे हम हज़ार बार, कोई हमें सताए क्यूँ ?

It's after all a heart, nor brick or stone
Why should'nt it fill with pain and smart?

A thousand times shall I weep, why anyone
Should so torture me and my poor heart.

—पी.एल. लखनपाल

What is to keep the heart, no stone,
from belling up with pain?
O, I shall weep a thousand times,
If you must tease again.

—बी.एन. रैना

ग़ालिब-ए-ख़स्ता के बग़ैर कौन-से काम बंद हैं
रोइए ज़ार-ज़ार क्या, कीजिए हाय हाय क्यूँ ?

What work has stopped
Without Ghalib the distressful?
No need to cry so much
Or raise voices lamentful.

—पवन के. वर्मा

Sans the helpless Ghalib, what wheels of life are stopped?
So shed torrents of tears why, or why bewail him so?

—उमेश जोशी

मोमिन : घर और मज़ार

पुरानी दिल्ली का मुहल्ला कूचा चेलान। कहा जाता है कि इसका पुराना नाम कूचा चहल अमीरान था, यानी चालीस अमीरों का मुहल्ला। इसी मुहल्ले में सन् 1800 ई. में उर्दू के महान् शाइर मोमिन ख़ाँ 'मोमिन' का जन्म हुआ।

'मोमिन' जहाँ जन्मे और आजीवन रहे, आज उस हवेली के ठीक बग़ल में एक पुरानी मस्जिद है। मस्जिद की ऊपरी मंज़िल पर एक दीनी मदरसा चलता है। दीवार से लगकर एक छोटा-सा निर्माण है, जो आज मस्जिद की ही सम्पत्ति है। यहाँ अब एक गोदाम है। ऊपरी मंज़िल पर आफ़सेट की प्लेटें बनती हैं। यह गली मदरसा शाह अब्दुल अज़ीज़ के नाम से जानी जाती है। मस्जिद की ओर जोनवाली गली को गली मोमिन कहते हैं। सिरे पर मोमिन का घर है यानी बंद गली का आख़िरी मकान।

तब से अब तक समय कितनी ही करवटें बदल चुका है। तब्दीलियाँ आई हैं। पर आज भी इन गलियों में मकान ऐसे गुँथे हुए हैं, जैसे घने जंगल में पेड़। इन मकानों की मौजूदा सूरत के सहारे हमारी कल्पना मोमिन के युग में लौट सकती है।

मोमिन के मकान के पीछे कटरा मेहर परवर है। यहाँ सौ साल के एक बुज़ुर्ग रहते हैं। आपका नाम मुहम्मद सईद है। आप गली मोमिन कूचा चेलान की मस्जिद के मुतवल्ली (अधिष्ठाता) हैं। आपसे बातचीत के बाद मालूम हुआ कि यह तो तय है कि मोमिन मस्जिद के बग़ल में ही रहते थे। पहले यहाँ एक बड़ी हवेली थी। उस हवेली को किसी ने देखा हो, ऐसा कोई व्यक्ति जीवित नहीं है। हवेली में छोटे-छोटे मकान बना दिए हैं। लेकिन जगह यही है। सौ साल से इसका रूप ऐसा ही है। हवेली लगता है, कई बार बिकी होगी। आख़िर में यह जगह रिसाला 'मौलवी' के सम्पादक मुंशी अब्दुल हमीद के पास रही। 1947 में उनके बच्चे पाकिस्तान चले गए। वे अकेले यहाँ रहते रहे। फिर उनका इन्तक़ाल हो गया। अब छोटे-छोटे मकानों में बँटी यह हवेली कई लोगों के क़ब्ज़े में है। हवेली के कोने पर एक कुआँ था। इसे आरज़ी तौर पर ढक दिया गया है और कमरे की शक्ल देकर गोदाम बना दिया गया है। अब यह मस्जिद के पास है।

मिर्ज़ा फ़रहतुल्लाह बेग ने अपनी मशहूर किताब 'आख़िरी यादगार मुशाइरा' में लिखा है—हकीम आग़ा ख़ाँ के छत्ते के सामने ख़ाँ साहब (मोमिन ख़ाँ) का मकान था।

बड़ा दरवाज़ा है, भीतर बहुत बड़ा सहन है और इसके चारों तरफ़ इमारत है। दो तरफ़ दो सहनियाँ हैं और सामने बड़े-बड़े दालान पर दालान। पहले दालान के ऊपर कमरा है। सामने के दालान की छत पर कमरे का सहन कर दिया गया है। लेकिन मुँडेर बहुत छोटी है। दालान में चाँदनी का फ़र्श है। अन्दर के दालान में बीचोंबीच क़ालीन बिछा हुआ है। क़ालीन पर गाव-तकिए से लगे हकीम साहब (मोमिन) बैठे हैं।

मुहम्मद हुसैन 'आज़ाद' की किताब 'आबे-हयात' (1910) के ज़रिए भी मोमिन के मकान के सम्बन्ध में यही जानकारी मिलती है। उन्होंने कूचा चेलान के स्थान पर 'चेलों का कूचा' लिखा है, अर्थ एक ही है।

मोमिन ही नहीं दिल्ली के दूसरे शाइरों और अदीबों के बारे में हमारी जानकारी नहीं के बराबर है। हमारे विश्वविद्यालयों में शुद्ध अकादमिक शोध का रिवाज है। लेखक के जीवन से जुड़ी हुई अन्य ज़रूरी सूचनाओं को एकत्र करने की ओर कम ध्यान दिया गया है। यदि पुराने वृत्तान्तकारों ने तज़किरे न लिखे होते तो हम इतना भी नहीं जान पाते।

अब हम मोमिन की जीवन-यात्रा के अन्तिम पड़ाव पर आते हैं। दिल्ली विश्वविद्यालय में उर्दू विभाग के पूर्व अध्यक्ष डॉ. ज़हीर अहमद सिद्दीक़ी ने मोमिन के जीवन और कृतित्व पर महत्वपूर्ण शोध-कार्य किया है। मोमिन की मृत्यु के बारे में उन्होंने बताया है कि सन 1851 ई. की बात है, किसी दिन मोमिन के मकान की मरम्मत चल रही थी। निगरानी के लिए ख़ुद भी छत पर चले गए। छत को खोला गया था। नीचे से मज़दूर ऊपर कड़ियाँ दे रहे थे। मोमिन कोने पर मुँडेर से लगे खड़े थे। मुँडेर की ऊँचाई कम थी। देखभाल के लिए नीचे झुके तो सन्तुलन बिगड़ गया। अचानक ठोकर खाकर फ़र्श पर आ गिरे। हाथ और बाज़ू में गम्भीर चोट आई। बहुत देर तक होश नहीं आया। ख़ुद हकीम थे और नजूमी भी, लिहाज़ा अपने बारे में बता दिया कि अब और जीना नहीं होगा। इसी समय एक शे'र कहा, जिसमें 'शिकस्त दस्तो-बाज़ू' शब्दबन्ध आता है। इन अक्षरों की अंकगणना से जो तारीख़ निकलती है, वही मोमिन की मृत्यु-तिथि बन गई।

मोमिन के पार्थिव शरीर को उनकी वसीयत के मुताबिक़ दिल्ली दरवाज़े के बाहर क़ब्रिस्तान मेंहदियान में दफ़्न किया गया। वर्तमान में मीर दर्द रोड से लगे इस क़ब्रिस्तान के आसपास चार प्रमुख इमारतें हैं। पूर्व में मौलाना आज़ाद मेडिकल कालेज, पश्चिम में ऐवाने ग़ालिब, उत्तर में लोकनायक अस्पताल और दक्षिण में बालभवन। दिल्ली के आई.टी.ओ. जैसे व्यस्ततम चौराहे के पास खड़े होकर यह अन्दाज़ा लगाना मुश्किल है कि पास ही नई इमारतों और पुराने पेड़ों की ओट में एक वीराने का फैलाव है, जहाँ मोमिन सोए हुए हैं।

मेंहदियान का भी अपना एक इतिहास है। इसे पहले शेख़ नरवर का छत्ता भी कहते थे। मेहंदी की घनी झाड़ियों के कारण मेंहदियान नाम पड़ गया। अठारहवीं

सदी में दिल्ली में हज़रत शाह वली उल्लाह नामी आध्यात्मिक व्यक्तित्व और तत्त्वज्ञानी हुए हैं। उनके पिता शेख़ अब्दुल रहीम ने पहले एक मदरसा शुरू किया था। बाद में जिसकी देखरेख शाह वली उल्लाह ने की। मदरसे के समीप शाह साहब के सभी परिवारजन दफ़्न हैं। शाह वली उल्लाह के प्रति मोमिन की श्रद्धा को देखते हुए उन्हें शाह साहब की दरगाह से लगकर पश्चिम की ओर दफ़नाया गया।

आज भी यह मदरसा रहीमिया मेंहदियान में मौजूद है। यहाँ क़ुरान और हदीस की शिक्षा दी जाती है। इसके मुतवल्ली जनाब अली मुहम्मद शेरे मेवात हैं। उन्होंने दरगाह पर उर्दू में एक पुस्तिका प्रकाशित की है जिसमें उल्लेख मिलता है कि यह मदरसा 1857 से 1947 तक अंग्रेज़ों की ज़्यादती के कारण उजड़ा रहा। 1947 में शेरे मेवात इस दरगाह से जुड़े। जामिया रहीमिया मदरसा उन्होंने दुबारा शुरू किया। मोमिन के बारे में जानकारी देते हुए उन्होंने बताया कि कूचा चेलान में मस्जिद के बराबर वाला मकान उनका था। पुराने लोगों को यक़ीन है कि वहीं मुँडेर से गिरकर उनकी मृत्यु हुई थी।

मोमिन के मज़ार का पुनर्निर्माण कैसे हुआ ? इस विषय में हमारी जानकारी के दो स्रोत हैं—एक डॉ. ज़हीर अहमद सिद्दीक़ी का शोध-कार्य और दूसरे मेंहदियान के मुतवल्ली शेरे मेवात। डॉ. सिद्दीक़ी ने लिखा है कि लम्बे अरसे तक मोमिन की क़ब्र बेनामो-निशाँ रही, लेकिन यह जानकारी आम थी कि उन्हें शाह वली उल्लाह के मक़बरे की पश्चिमी दिशा में दफ़नाया गया था। सन 1943 में फ़ारसी के विद्वान् प्रोफ़ेसर ज़िया अहमद बदायूनी ने गहरी खोजबीन के बाद ज़मीन में मिली हुई क़ब्र की पहचान कराई। तदुपरान्त प्रो. सैयद अहमद देहवली ने इस क़ब्र को पुख़्ता कराया। बीच में एक बार यहाँ बाढ़ का पानी भर गया था। क़ब्र फिर से बेनामो-निशाँ होनेवाली थी। तब मौलाना आज़ाद मेमोरियल सोसायटी ने इसे नए सिरे से पुख़्ता कराया और इसके आसपास अहाता बनवा दिया। लेकिन अब जामिया रहीमिया ने इसे संगमरमर से पुख़्ता कराकर उस अहाते में ले लिया है जहाँ शाह वली उल्लाह के ख़ानदान के मज़ार हैं।

मोमिन के प्रति सम्मान व्यक्त करते हुए इस अहाते का नाम रखा है 'बाब-ए-मोमिन' अर्थात् मोमिन खंड।

मस्जिद गली मोमिन के बुज़ुर्ग मुतवल्ली से मालूम हुआ कि मोमिन की क़ब्र के पास एक नीम का पेड़ था। इसके पत्ते कड़वे नहीं थे। अभी भी कुछ पुराने लोग बचे हैं, जिन्होंने इस नीम के पत्ते चखे हैं। एक मुद्दत पहले इसे कटवा दिया गया है।

मोमिन की क़ब्र पर एक बड़ी संगमरमर की पट्टी पर परिचयात्मक लेख खुदा हुआ है। यह कत्बे से अलग है। इसका हिन्दी रूपान्तर निम्नांकित है—

1215 हिजरी तदनुसार 1800 ई. को कूचा चेलान देहली में पैदा हुए। हज़रत मौलाना शाह अब्दुल अज़ीज़ मुहद्दस देहलवी ने मुहम्मद मोमिन ख़ाँ नाम रखा। दाहिने

कान में अज़ान और बाएँ कान में तकबीर कही। इब्तिदाई तालीम घर पर हासिल की। बाद में हज़रत मौलाना शाह अब्दुल क़ादिर मुहद्दस देहलवी से अरबी-फ़ारसी की तालीम हासिल की। हकीम मुहम्मद मोमिन ख़ाँ 'मोमिन' अपने मज़हबी विश्वासों में बहुत पुख़्ता थे। उनकी मज़हबी शिक्षा हज़रत शाह वली उल्लाह मुहद्दस देहलवी के घराने में हुई। हज़रत मौलाना शाह अब्दुल अज़ीज़ के सोहबत याफ़्ता और शाह अब्दुल क़ादिर मुहद्दस देहलवी के शागिर्द थे और मौलाना सैयद अहमद शुहेद बरेलवी के मुरीद थे।

लो ऐ बुतो सुनो कि वो 'मोमिन' ख़ुदा परस्त
मस्जिद में आज जाके मुसलमान हो गया

हकीम मुहम्मद मोमिन ख़ाँ 'मोमिन' उर्दू के उन चंद बाकमाल शाइरों में शुमार किए जाते हैं, जिनकी बदौलत उर्दू शाइरी को इज़्ज़त व शोहरत नसीब हुई और मोमिन ने इस विधा को इतनी ऊँचाई पर पहुँचा दिया और अपने ऐसे उस्तादाना जौहर दिखाए कि कोई भी उनकी बराबरी न कर सका।

ग़ज़ल मोमिन के जीवन की पूँजी है, जिसने उनको उर्दू शाइरों की पहली पंक्ति में जगह दी और विशिष्ट सम्मान दिलाया।

दाग़े-दिल निकलेंगे तुरबत से मेरी जूँ लाला
ये वो अख़गर नहीं जो ख़ाक में पिनहाँ होंगे

मृत्यु-तिथि 15 ज़ी उल हिज्जा 1268 हिजरी तदनुसार 1851 ई.

कुफ़्र पर जबकि है इस्लाम अज़ल से ग़ालिब
आप मिट जाएँगे 'मोमिन' के मिटानेवाले

कत्बा लगानेवाले का नाम—अली मुहम्मद शेरे मेवात मुतवल्ली दरगाह।

मोमिन की क़ब्र पर लगे कत्बे की इबारत

मर्क़द
हकीम मुहम्मद मोमिन ख़ाँ 'मोमिन' देहलवी
1215-1268 हिजरी
नस्बकर्दा : फ़क़ीर अली मुहम्मद अफ़ी अता
मुतवल्ली दरगाह हाजा दर 1363 हिजरी
तारीख़-ए-वफ़ात मोमिन फ़र्मूदा ख़ुद
दस्तो-बाज़ू बशिकस्त

पृष्ठभाग पर खुदी हुई इबारत (हिन्दी रूपान्तर)

मुद्दत से नाम सुनते थे मोमिन का बारे आज
देखा भी हमने उस शुअरा के इमाम को

हज़रत हकीम सैयद मुहम्मद मोमिन ख़ाँ 'मोमिन' देहलवी
आत्मज
हकीम सैयद ग़ुलाम नबी ख़ाँ मरहूम

मोमिन को सच है दौलते-दुनिया-ओ-दीं नसीब
शब बुतकदे में गुज़री है दिन ख़ानक़ाह में

—नवभारत टाइम्स, नई दिल्ली, 23 मार्च, 1996

मोमिन का रंग-ए-शाइरी

मोमिन, ग़ालिब और ज़ौक़ को मिलाकर उन्नीसवीं सदी की ग़ज़ल की तस्वीर पूरी होती है। तीनों शाइरों ने तसव्वुफ़ के पारम्परिक विषयों को शे'रों में बाँधा है और ज़माने द्वारा अपनी नाक़द्री की शिकायतें भी शाइरी में ख़ूब की हैं। लेकिन यह सतही समानता तीनों रचनाकारों को इतना क़रीब नहीं ला पाती क्योंकि तीनों का भावलोक और मानसिक रचाव बहुत भिन्नता लिये हुए है। मोमिन एक हकीम थे और ज्योतिषी भी। शाइरी उनकी आजीविका का ज़रिया नहीं थी। अपनी विशिष्ट जीवन-चर्या के सन्दर्भ में शब्द के महत्व को उन्होंने अपने ढंग से समझा।

अपने अन्य समकालीनों की तरह मोमिन ने उर्दू-फ़ारसी शाइरी की रिवायतों से अपना रिश्ता बनाए रखा है। मुआमलाबंदी उन रिवायतों में से एक है। मुआमलाबंदी से तात्पर्य उस शाइरी से है जिसमें हसीनों से लगावट, छेड़छाड़ और नोंक-झोंक के साथ-साथ अपने प्रेम के प्रतिद्वन्द्वी (रक़ीब) से खुले संवाद मिलते हैं। दूसरे शाइरों की तुलना में मोमिन की शाइरी में यह प्रवृत्ति एक प्रभावी हैसियत रखती है। बाज़ वक़्त उन्हें महज़ मुआमलाबंदी का शाइर समझ लिया जाता है और हम उनकी शाइरी का आकलन करते हुए ग़लत निष्कर्ष पर पहुँचते हैं। हम इस पर कम ध्यान देते हैं कि मोमिन महज़ शाइरी की रूढ़ि का निर्वाह करने के लिए मुआमलाबंदी नहीं करते बल्कि वे प्रेमी से अपने सम्बन्धों को ज़्यादा मूर्त और स्पष्ट रूप में व्यक्त करने की कोशिश में मुआमलाबंदी की हदों को छू लेते हैं। इस मुआमलाबंदी में वायवीयता और रहस्यात्मकता नहीं है। यह प्रवृत्ति यहाँ एक नया संस्कार पाती है। मोमिन अपने प्रेम को दुनिया—अच्छी-बुरी जैसी भी है—के बीच प्रतिष्ठित करते हैं। प्रेम में किसी क़िस्म की पारलौकिकता का भ्रम पैदा नहीं होने देते। मनुष्य के प्रति प्रेम में दुराव-छुपाव कैसा ? अतएव उनके यहाँ मुआमलाबंदी में बेबाकी और खुलापन है। यहाँ तक कि वे प्रेमी को अपने आत्मीय मिलन के क्षणों की याद दिलाते हुए संकोच नहीं करते और आज की सूरते-हाल को भी बयान करते जाते हैं। उनकी यह मशहूर ग़ज़ल मुआमलाबंदी की बेहतरीन मिसाल है—

वो जो हम में तुम में क़रार था, तुम्हें याद हो कि न याद हो
वही यानी वादा निबाह का, तुम्हें याद हो कि न याद हो

वो नए गिले, वो शिकायतें, वो मज़े-मज़े की हिकायतें
वो हरेक बात पे रूठना, तुम्हें याद हो कि न याद हो

इन शे'रों से हम मोमिन के विशिष्ट रंग को बख़ूबी समझ सकते हैं। यानी यह वही मुआमलाबंदी नहीं है जो अब से पहले की शाइरी में मिलती है। मोमिन के अलग सर्जनात्मक सरोकारों के कारण ऐसे शे'र तमाम काव्य-रूढ़ियों के तिलिस्म को तोड़ते हुए व्यापक मानवीय संवेदनाओं का हिस्सा बन जाते हैं। यहाँ तक कि 'तुम्हें याद हो कि न याद हो' जैसा पदबन्ध आज हमारी भाषा-स्मृति का हिस्सा बन चुका है।

मोमिन ही क्या ग़ज़ल में मौजूद तमाम उर्दू शाइरी से प्रेम की उपस्थिति को नकार कर जुड़ाव क़ायम नहीं किया जा सकता। रूमान को अपशब्द माननेवाले लोगों के लिए शाइरी के मानवीय सरोकारों से परिचित होना मुश्किल है। विशेष रूप से जब हम शाइरी और उसके समय के बीच एक तुरन्त क़ायम होनेवाला रिश्ता खोजने के आदी हों, तब और भी मुश्किल। ऐसे में मोमिन जैसे शाइर का क्या हो जिसकी कुल अनुभव-पूँजी ही प्रेम हो ? मोमिन का कहना तो यह है कि बहुत-से 'ग़ज़ालचश्म' उनकी राह में आए पर वे गिरफ़्तार कम हुए। दरअस्ल शाइर के निजी प्रेम-प्रसंगों की तथ्यात्मकता की परख एक चीज़ है और शाइरी में व्यक्त मानवीय भावों का आस्वादन दूसरी चीज़। मोमिन प्रेम में गिरफ़्तार हुए या नहीं, इससे उनके शब्दों के अर्थ को नहीं आँका जा सकता। उनके शे'र बताते हैं कि वे गिरफ़्तार हुए और ऐसे कि रिहाई को मृत्यु समझते थे।

जिस शाइर की सारी उम्र 'इश्क़-ए-बुताँ' में कटी हो, वह समाज को प्रेम के अलावा और क्या दे पाएगा ? जिन लोगों को इश्क़-ए-बुताँ की पवित्रता पर सन्देह है, मोमिन का शाइर उन नैतिकतावादियों पर व्यंग्य करने से भी नहीं चूकता। कहते हैं—

'मोमिन' तुम और इश्क़-ए-बुताँ, ऐ पीर-ओ-मुर्शिद ख़ैर है
ये ज़िक्र और मुँह आपका, साहब ख़ुदा का नाम लो

यह प्रेम उन्हें संवेदना की व्यापक ज़मीन पर ले जाता है, जहाँ समाज के स्थूल विभेद अपनी सत्ता खो देते हैं। धर्म की संकीर्णतावादी धारणाएँ तुच्छ प्रतीत होने लगती हैं। यह शाइर के रूमान का सामाजिक पक्ष है। निम्नांकित शे'र शाइर के निजी प्रेम के सामाजिक आयाम की निशानदेही करते हैं—

उम्र सारी तो कटी इश्क़-ए-बुताँ में 'मोमिन'
आख़िरी वक़्त में क्या ख़ाक मुसलमाँ होंगे

अल्लाह रे गुमरही बुत-ओ-बुतख़ाना छोड़कर
'मोमिन' चला है काबे को एक पारसा के साथ

'मोमिन' को सच है दौलत-ए-दुनिया-ओ-दीं अज़ीज़
शब बुतकदे में गुज़री है, दिन ख़ानक़ाह में

इसमें सन्देह नहीं कि मोमिन की कवि-प्रतिभा शाइरी की परम्परा और अपने समकालीनों से भिन्न रास्ता निकालने की सामर्थ्य रखती है। इस समूची परम्परा में उनकी जगह को लेकर बात हो सकती है लेकिन उनकी अद्वितीयता का कोई बदल नहीं है। ख़ुद मोमिन ने हकीम अहसन उल्लाह के नाम एक ख़त में लिखा है : "मैं दूसरों के मज़्मून को मुस्तआर (उधार) लेना ऐब जानता हूँ और शीरीं लबों के पिस्तादहन से तशबीह (उपमा) के तौर भी पिस्ता लेना पसन्द नहीं करता। ऐसी हालत में क्या करूँ और किसकी फ़रमाइश की तामील क्योंकर करूँ ?"

मोमिन के यहाँ समय की क्रूरता का तीव्र बोध भी मौजूद है। लेकिन इसे भाषा के गहरे अर्थ-संकेतों में अभिव्यक्ति मिली है। यह 'बद बख़्त' (दुर्भाग्य) शाइर का नहीं, अपने समय की समूची मनुष्यता का है–

बख़्त-ए-बद ने ये डराया है कि काँप उठता हूँ
तू कभी लुत्फ़ की बातें भी अगर करता है

और यह नाउम्मीदी भी समय का अक्स ही है–

बेकारिए-उमीद से फ़ुरसत है रात-दिन
वो कारोबार-ए-हसरत-ओ-हिरमाँ नहीं रहा

मोमिन के यहाँ ऐसे बेशुमार शे'र मिल जाएँगे जो इश्क़ मजाज़ी और इश्क़ हक़ीक़ी जैसे विषयों से बहुत आगे के हैं। इनमें समसामयिक जीवन-बोध की व्याप्ति है। सिर्फ़ बयान का नया ढंग ही नहीं है बल्कि अनुभव का विराट फलक भी है। एक उन्मुक्त और स्वच्छन्द जीवन की चाह है। मसलन यह शे'र देखिए–

फिर बहार आई, वही दश्तनवर्दी होगी
फिर वही पाँव, वही ख़ार-ए-मुग़ीलाँ होंगे

बहार में दश्तनवर्दी (जंगल-जंगल भटकना) की बात प्रचलित नहीं है। बहार के साथ आनन्द और उल्लास को जोड़ने का रिवाज है। ख़ाक छानने का नहीं। इसी

तरह ख़ार-ए-मुग़ीलाँ (बबूल के काँटे) से लहूलुहान पैरों की संगति भी रिवाज के मुताबिक़ बहार के साथ नहीं बैठती। लेकिन मोमिन बहार के प्रतीक को रूढ़ प्रयोगों से अलग आयामों पर अपनाते हैं। यह अलग क़िस्म का जीवन है जिसका सामन्तीय भोग-विलास से लेना-देना नहीं है। यहाँ यह संकेत भी निहित है कि बहार के आगमन पर हमारे हिस्से में जो आया है, वह है जंगल-जंगल भटकना और बबूल के काँटों से अपने पैरों को लहूलुहान करना।

यह उन्मुक्तता और स्वच्छन्दता तमाम नाज़ुकमिज़ाजी के बावजूद उनके व्यक्तित्व में भी थी। उन्हें अपनी सर्जनात्मकता पर गर्व था और बहरसूरत क़लम को मनसब से बड़ा समझते थे। एक वाक़ेआ याद आया। किसी की महिमा का बोझ उठाना उनके लिए मुश्किल था। हुआ यह कि वज़ीर शाह नामक अमीर को बादशाहे-वक़्त की ओर से मनसब अता की गई। इस जश्न में मोमिन भी शरीक थे। मनसब मिलने पर वज़ीर शाह को मोमिन का मुबारकवाद देने का अंदाज़ देखिए—

मोमिन आया है बज़्म में तेरी
सुहबत-ए-आदमी मुबारक हो !

यह अंदाज़ मोमिन की काव्य-भाषा की मुख्य पहचान है। रोज़मर्रा मुहावरे को एक प्रगल्भ और सार्थक अभिव्यक्ति में तब्दील करने में उनका कोई सानी नहीं है।

अक्सर आलोचक मोमिन पर फ़ारसीगज़ीदा उर्दू के इस्तेमाल का आरोप लगाते हैं। उन्हें मुश्किलपसन्द शाइर भी कह दिया जाता है। यह सच है कि जहाँ उन्होंने 'नासिख़' के प्रभाव में शे'र कहे हैं, वहाँ उनकी भाषा क्लिष्ट और नीरस हो गई है। उसमें आलंकारिकता का अतिरेक पैदा हो गया है। शाइर शाइरी के बजाय भाषा की पहेलियाँ बुझाने लगता है। यों, ग़ालिब के यहाँ भी अनेक शे'रों में फ़ारसीनिष्ठ भाषा है। उनके दीवान की पहली ग़ज़ल 'नक़्श फ़रियादी है किसकी शोख़िए-तहरीर का' ही इसकी मिसाल है। पर इसमें अर्थसम्पन्नता और व्यंजकता है। मोमिन के इस ढंग के शे'रों में ग़ालिब की-सी तासीर पैदा नहीं हो पाती। लेकिन याद रहे कि यह आपत्ति मोमिन की तमाम शाइरी पर चस्पाँ नहीं की जा सकती। एक मोमिन वह भी है जिसने दिल्ली के गली-कूचों की ज़बान को शाइरी का रूप दिया। जिसने बतकही और काना-फूँसी के लहजे को काव्य-भाषा में समाहित कर लिया। भाषा की दृष्टि से मोमिन अगर मुश्किलपसन्द शाइर हैं तो उसी मुश्किलपसन्द शाइर ने ऐसे शे'र भी कहे हैं जो आज करीब दो सौ साल बाद भी हमें अभिभूत और विस्मित किए हुए हैं—

तुम मिरे पास होते हो गोया
जब कोई दूसरा नहीं होता

ये साधारण-सी दो पंक्तियाँ आज हम सबके ज़बानज़द हैं। इस शे'र में प्रिय की अनुपस्थिति में उसकी उपस्थिति के एहसास को बयान किया गया है। यह ख़याल उर्दू शाइरी में अनेक रूपों में अभिव्यक्ति पाता रहा है। इस ख़याल को शे'र से अलग करके देखा जाए तो इसमें नवीनता नहीं मिलेगी। ज़बान और बयान के अन्दाज़ ने इस पुराने ख़याल में नई सम्भावना पैदा कर दी है। भाषा के बूते पर कवि शे'र में जीवन की उपस्थिति को सम्भव बना पाया है। न इस भाषा में फ़ारसी की तरकीबें (समास) हैं, न शिल्प का कौशल। एक आयासरहित कथन है जो पहले मिसरे के शुरूआती पाँच शब्दों में सीमित है। 'गोया' (फ़र्ज़ करो, मानो) का प्रयोग करके कवि सानी मिसरे में इसका अनुवाद करता है या खुलासा करता है। एक अकेला शब्द 'गोया' पूरे शे'र की नुअय्यत बदल देता है। 'जब कोई दूसरा नहीं होता' अर्थात् एकान्त। प्रिय की स्मृति से यह एकान्त फिर एकान्त नहीं रह जाता। यह एक ऐसी मनोदशा है जिसमें स्मृति और एकान्त का द्वन्द्व जारी है। आम बोलचाल की भाषा में निहित अर्थ की शक्तियों का ऐसा अनूठा उपयोग अपनी मिसाल खुद आप है।

मशहूर है कि ग़ालिब ने इस शे'र की मुक्तकंठ से प्रशंसा की थी। यह शे'र सुनकर ग़ालिब ने कहा था, "काश ! मोमिन ख़ाँ मेरा सारा दीवान ले लेता और सिर्फ़ यह शे'र मुझको दे देता।"

वाजिद अली शाह का शाहकार : 'परीख़ाना'

नवाब वाजिद अली शाह (1822-1887 ई.) पहलूदार शख़्सियत के धनी थे। शाइरी में 'अख़्तर' तख़ल्लुस रखते थे। हिन्दी रचनाओं में 'जान आलम पिया' उपनाम अपनाते थे। शे 'रो-सुख़न के दिलदादा होने के साथ-साथ संगीतविद् भी थे। एक ओर तो उन्होंने लोकभाषा में ठुमरियाँ और दादरे लिखे तो दूसरी ओर नई राग-रागनियाँ भी ईजाद कीं। प्रो. एहतिशाम हुसैन ने गद्य और पद्य में उनकी किताबों की संख्या सौ के लगभग बताई है। यह बात कही जानी चाहिए कि एक शासक के रूप में उनका कविता-प्रेम सराहनीय है लेकिन अवध के उनके पूर्ववर्ती शाइरों (आतिश, नासिख़ और मुसहफ़ी आदि) की श्रेष्ठ सर्जनात्मकता को देखते हुए उनकी शाइरी हल्की मालूम पड़ती है।

'परीख़ाना' वाजिद अली शाह का अधूरा आत्मकथ्य है। अधूरा इस अर्थ में कि इसमें लेखक ने अपने जीवन के एक विशिष्ट पहलू को बाक़ी चीज़ों के ऊपर तरजीह दी है, वह पहलू है—कलाप्रवीण और सुन्दर स्त्रियों के प्रति आसक्ति। वाजिद अली शाह की यह सौन्दर्य-लिप्सा श्लाघनीय है या निन्दनीय, इस बिन्दु पर निर्णय देने के लिए तत्कालीन ऐतिहासिक परिस्थिति के विशद विवेचन की दरकार है। अलबत्ता यह बात यक़ीनी है कि अधिकांश शासकों ने लोकापवाद के भय से अपने निजी कारनामों की पर्दापोशी की और वाजिद अली शाह ने इस सच को कहने का साहस जुटाया। यह साफ़गोई आश्चर्य में डाल देनेवाली है। हालाँकि इस किताब में दर्ज ब्यौरे वाजिद अली शाह के मिथक की पुष्टि ही करते हैं लेकिन साथ-साथ इस आत्मकथ्य की रचना के पीछे मौजूद यथार्थ के दबावों को समझने में भी मदद करते हैं।

यह एक रोचक तथ्य है कि अठारहवीं सदी के एक उर्दू-फ़ारसी शाइर और इतिहासकार आनन्द राम 'मुख़लिस' (निधन 1751 ई.) ने भी फ़ारसी में 'परीख़ाना' नाम से एक किताब लिखी थी। इसकी हस्तलिखित पांडुलिपि अन्जुमन तरक़्क़ी उर्दू, अलीगढ़ में सुरक्षित है। मध्यकालीन इतिहास के विद्वान डॉ. मुहम्मद उमर ने अपनी उर्दू किताब 'हिन्दुस्तानी तहज़ीब का मुसलमानों पर असर' में 'मुख़लिस' की 'परीख़ाना' का उल्लेख किया है।

'परीख़ाना' में शुरू से अख़ीर तक वाजिद अली शाह के मानसिक द्वन्द्व को महसूस किया जा सकता है—निजी अभिरुचियों और राजनीति का द्वन्द्व। यहाँ मज़हब

भी राजनीति का एक अंग ही है। हर स्त्री से अपने सम्बन्ध और उसे 'महल' का ख़िताब अता फ़रमाने के पीछे वह दोतरफ़ा खिंचाव महसूस करता है। वह एक शाइर, कलाप्रेमी और विलासीवृत्ति का व्यक्ति होने के साथ-साथ एक हाकिम भी है। इसलिए उसके किसी भी निर्णय के पीछे संकल्प की दृढ़ता का होना मुश्किल था। वह हर वक़्त 'काबा मिरे पीछे है कलीसा मिरे आगे' की स्थिति में बना रहा। संगीत-कला के नाम पर अपनी वासना को तुष्ट करना भी उसके लिए लाज़िम था और शासन-व्यवस्था के पेशेनज़र अपने पिता माजिद अली शाह को ख़ुश रखना भी उसकी एक कार्यनीतिगत ज़रूरत थी। ब्यौरों में आता है कि कई स्त्रियों को अपने पिता की उसूल परस्ती के कारण उनके घर वापस भेज दिया गया। वहीं अपने पिता की स्वीकृति लिये बग़ैर वह एक मेला अयोजित करता है जिसमें वह मेले का सारा सामान और उन बर्तनों को जिनमें वह सामान रखा हुआ है, दस गुना दाम देकर ख़रीद लेता है। इस पर उसे पिता की नीम नाराज़गी सहनी पड़ती है।

'परीख़ाना' में सामन्त वर्ग के धर्म विषयक अन्तर्विरोधों का झरोखा भी पेश किया गया है। वाजिद अली शाह के यहाँ मज़हब की अपने पक्ष में जानेवाली सुविधाजनक व्याख्या मिलती है। वैसे वह 'शरअ' (इस्लाम धर्म के बुनियादी नियम) का पाबन्द है। एक ओर अपनी बीमारी के दौरान उसे नमाज़ न पढ़ पाने का अफ़सोस है। दूसरी ओर अपने द्वारा आयोजित मेले में शरीयत के ख़िलाफ़ किए जानेवाले कामों (जुआ, शराब और अफ़ीम नोशी आदि) को देखकर वह आनन्द विभोर हो उठता है। स्त्री की आज़ादी को लेकर भी वह दोहरा मानदंड अपनाता है। वह जिन स्त्रियों को 'महल' के ख़िताब से नवाज़ देता था, उन पर पर्दे का क़ानून आयद हो जाता था और बाक़ी परियाँ उसके लिए भोग-विलास का सामान थीं। एक ओर स्त्रियों के लिए बाहर की दुनिया खुली हुई थी, तो दूसरी ओर बंद। किताब में ऐसे स्थलों पर लेखक की अभिव्यक्ति बहुत मार्मिक हो उठी है। लगता है जैसे हम कोई पुरानी दास्तान पढ़ रहे हों। वाजिद अली शाह अपने जीवन में आई वास्तविक स्त्री को एक चरित्र की तरह गढ़ने लगते हैं। यही वे मुक़ाम हैं जो उनकी निजता को एक सामाजिक आयाम देते हैं। मिसाल के तौर पर 'बादशाह बाग़ और सरफ़राज़ महल' का वाक़ेआ देखा जा सकता है। सल्तनत महल साहिबा और सरफ़राज़ महल साहिबा पर्दे की क़ैद से बाहर जब शर्म की नक़ाब उतार देती हैं, तब वे कितनी उन्मुक्त महसूस करती हैं।

किताब से यह भी मालूम होता है कि उस दौर में मुसलमानों के बीच शीया और सुन्नी का विभेद कुछ कम नहीं था। मसलन वाजिद अली शाह शीया थे। सुन्नी सम्प्रदाय के जो पात्र उनके जीवन में आए, नवाब ने उनका मज़हब बदलना चाहा। यह बात ग़ौर तलब है कि वासना-तृप्ति ही उनका उद्देश्य होता तो वे मज़हब बदलने का आग्रह नहीं करते। यहाँ कहीं-न-कहीं अपने मज़हबी अक़ीदों पर सख़्ती से पाबन्दी की बात भी है। इमामन नामक स्त्री और उसके रिश्तेदारों को मुसाहिब बनने के लिए

सुन्नी से शीया मज़हब अपनाना पड़ा। किताब का यह पहलू समाजशास्त्रीय दृष्टि से बहुत महत्व रखता है।

परीख़ाने की आरास्तगी (सजावट) वाजिद अली शाह के जीवन का एक महत्वपूर्ण मोड़ है। यह बात यक़ीनी है कि वे परीख़ाने के ज़रिये नृत्य और संगीत कला के उत्कर्ष की आकांक्षा रखते थे। वे इन कलाओं में परियों की तालीम और तरबीयत करना चाहते थे। उन्होंने अपने कार्य का औचित्य सिद्ध करने के लिए बादशाहे दिल्ली मुहम्मद शाह और सुलताने-बीजापुर इब्राहीम आदिल शाह के उदाहरण दिए हैं। (पृष्ठ 116) यह उनका एक राजनीतिक तर्क है। यही परीख़ाना बाद को उनकी ऐश परस्ती का ज़रिया भी बन गया। उसकी आरास्तगी के दौरान प्राप्त तल्ख़ अनुभवों को इस किताब में क़लमबन्द कर दिया गया। अन्तिम अनुभव बहुत की कारुणिक और हृदयविदारक है। अपनी जानलेवा बीमारी के दौरान बेगमात का उपेक्षापूर्ण व्यवहार उन्हें मानवीय सम्बन्धों के यथार्थ का एहसास करा देता है। 'मुग़ल साहिबा ने जब मुझे हाथ लगाया तो ख़ुदा की क़सम मैंने अपनी आँखों से देखा कि उन्होंने आटे और बेसन से अपने हाथ धोए।' (पृष्ठ 149) यह कथन परीख़ाने की त्रासद परिणति को उजागर कर देता है। और तभी इस 'परीख़ाना' किताब को तरतीब दी जाती है। स्त्री को लेकर लेखक जिन निष्कर्षों पर पहुँचता है, इसके पीछे उसकी आत्मपीड़ा रही है। वह यहाँ तक कह उठता है, "अगर कोई औरत मर जाती तो मैं यही कहता कि क़ब्र में यह कोई फ़रेब करने गई होगी।" (पृष्ठ 146) यह कथन त्रियाचरित्र विषयक पारम्परिक भारतीय धारणा का ही अनुवाद है। अन्त में जाकर हम पाते हैं कि 'परीख़ाना' शब्द अपने-आप में व्यंग्य हो उठता है। इस शब्द से भोग-विलास के मिथ्यात्व का अर्थ खुलने लगता है।

वाजिद अली शाह बीच-बीच में तसव्वुफ़ (अध्यात्म) पर भी तब्सिरे करते दिखाई देते हैं। जहाँ वे स्वयं को किसी दुविधा की स्थिति में पाते हैं, वहाँ चिन्तक की मुद्रा में उतर आते हैं। 18वीं-19वीं सदी की उर्दू शाइरी में तसव्वुफ़ से ख़ूब बहसें की गई हैं। यह उस दौर के अदबी रुझानों का असर ही लगता है। दूसरे, इन प्रसंगों से उनके मानस के एक विशिष्ट स्तर का पता भी चलता है। यहाँ लेखक जीवन को 'पानी का एक बुलबुला और चलती-फिरती छाया' कहता है (कबीर को याद कीजिए) और अपनी मौत को हमेशा याद रखने की नसीहत करता है। (पृष्ठ 69) कभी वह कहता है, "हक़ीक़त में दुनिया के चमत्कार वक़्ती होते हैं। कोई भी अपनी मर्ज़ी के मुताबिक़ काम नहीं कर सकता।" (पृष्ठ 103) लेकिन विडम्बना यह है कि वह दुनिया के इन वक़्ती चमत्कारों में ही अपने जीवन का अर्थ खोजने की लालसा रखता है।

'परीख़ाना' उर्दू गद्य के विकास के एक विशेष सोपान का पता देती है। वाजिद अली शाह से एक अर्से पहले फ़ोर्ट विलियम कॉलेज, कलकत्ता की योजना के तहत मीर अम्मन की 'बाग़ो-बहार' व 'गंजे-ख़ूबी' और हैदर बख़्श हैदरी की 'तारीख़े-नादरी'

व 'तोता-कहानी' (1801 ई.), निहाल चन्द लाहौरी की गुलबकाबली का उर्दू अनुवाद (1803 ई.) जैसी महत्वपूर्ण किताबें उर्दू गद्य में लिखी जा चुकी थीं। लेकिन लखनऊ स्कूल के उर्दू गद्य की अपनी एक अलग सिफ़त है। इसमें ठेठ हिन्दुस्तानी के चलताऊ प्रयोगों की बजाय भाषा के लालित्य पर ज़्यादा ज़ोर दिया गया है। यहाँ गद्य में शाइरी का दख़ल है। वाजिद अली शाह के दौर में उर्दू गद्य ने काफ़ी तरक़्क़ी की। उनके दरबारी शाइर मिर्ज़ा रजब अली बेग 'सुरूर' ने गद्य में 'फ़िसाने अजायब' लिखा। इसके अलावा फ़क़ीर मुहम्मद ख़ाँ 'गोया' ने फ़ारसी की मशहूर किताब 'अनवारे-सुहेली' का 'बुस्ताने-हिक्मत' नाम से उर्दू अनुवाद किया। 'परीख़ाना' में गद्य की इसी परम्परा का विकास है। रामबाबू सक्सेना ने 'तारीख़े-अदब उर्दू' में वाजिद अली शाह की भाषा-शैली के बारे में लिखा है कि वे 'रियायते-लफ़्ज़ी' (शब्दौचित्य) का ख़याल रखते थे। किताब में यह ख़ूबी साफ़ झलकती है। इसके साथ-साथ वाजिद अली शाह ने एक ऐसी गद्य-भाषा को रिवाज दिया जिसमें फ़ारसी की चाशनी भी है और हिन्दी प्रयोगों के प्रति खुलापन भी। 'परीख़ाना' में हिन्दी कहावतों का गाहे-ब-गाहे इस्तेमाल देखा जा सकता है।

'परीख़ाना' के अनुवाद के बारे में चन्द बातें।

शकील सिद्दीक़ी बधाई के पात्र हैं कि उन्होंने वाजिद अली शाह के शाहकार से हिन्दी दुनिया को परिचित कराया। अनुवाद-कर्म के प्रति उनकी निष्ठा सन्देह से परे है। अलबत्ता यह शिकायत बरक़रार रहेगी कि यह रचना जितनी मेहनत और सावधानी की माँग करती है, वैसा अनुवादक निभा नहीं सके हैं। अनुवाद में उर्दू शब्दों के हिज्जे और शब्दार्थ की बेशुमार ग़लतियाँ हैं। उर्दू से हिन्दी और हिन्दी से उर्दू अनुवाद की विशिष्ट समस्याएँ है। अपनी तमाम भिन्नताओं के बावजूद दोनों भाषाएँ वाक्य-रचना की दृष्टि से समान हैं। दोनों भाषाओं की अपनी-अपनी परम्पराएँ हैं लेकिन शब्द-सम्पदा में इनकी साझेदारी से इनकार नहीं किया जा सकता। आमतौर पर हिन्दी के लोग उर्दू शब्दों के सही हिज्जे को ध्यान में रखे बग़ैर बोलते पाए जाते हैं। फिर जैसा बोलते हैं, वैसा ही लिखते हैं। इस तरह भाषा की ग़लतियाँ धीरे-धीरे आम होती जाती हैं। उर्दू से हिन्दी अनुवाद करनेवाले को यह सावधानी बरतनी लाज़िम है कि वह शब्द को मूल उच्चारण के साथ लिप्यन्तरित करे। अन्यथा वह शब्द ग़लत उच्चारण के साथ हज़ारों हिन्दी पाठकों में आम हो जाएगा। 'परीख़ाना' के अनुवादक ने इस ओर बहुत कम ध्यान दिया है। मसलन किताब के पहले वाक्य में ही एक शब्द अशुद्ध रूप में लिखा हुआ है, जोकि प्रूफ़ की ग़लती नहीं है। शुद्ध उच्चारण 'नश्वो-नमा' है 'नशोनुमा' नहीं, जिसका अर्थ है विकास, उदय, फलना-फूलना। 'मुसाहिबाने-ख़ुर्द' शब्द और उसके दिए गए अर्थ में विसंगति है। अनुवादक ने 'ख़ुर्द' का अर्थ 'स्वर्ग' दिया है जबकि इसका अर्थ 'सूक्ष्म' होता है। फिर 'सूक्ष्म के साथी' का क्या मतलब निकला ? यहाँ भारी गड़बड़ी है। दरअस्ल यहाँ 'ख़ुर्द' की जगह 'ख़िरद' बामा'नी अक़्ल या बुद्धि होना चाहिए। पूरे पद का अर्थ होगा—बुद्धि या विवेक का साथी। उर्दू में

'ख़ुर्द' और 'ख़िरद' एक ही तरह से लिखे जाते हैं, इस बात का ध्यान नहीं रखा गया। अनुवादक द्वारा दिए गए अर्थ के हिसाब से इस शब्द को 'मुसाहिबाने ख़ुल्द' (स्वर्ग के साथी) होना चाहिए। यहाँ अनुवादक ने पाठक के सामने भारी समस्या खड़ी कर दी है। इसी तरह मूल शब्द 'वरक़' है, 'वर्क़' नहीं। (पृष्ठ 72) 'क़ुतुब' की जगह 'क़ुतब' होना चाहिए। (पृष्ठ 46) सही शब्द 'रहसधारी' है 'रहस्यधारी' नहीं। (पृष्ठ 110) वाजिद अली शाह के ज़माने में नाचनेवालों के एक गिरोह के लिए 'रहसधारी' कहा जाता था। उर्दू में 'रहस' का प्रयोग 'रास' के अर्थ में किया जाता है। वाजिद अली शाह ख़ुद रहस में हिस्सा लेते थे। अनुवाद में कुछ शब्द इतने अशुद्ध रूप में मौजूद हैं कि उन्हें ठीक ही नहीं किया जा सकता। मसलन 'मुर्ईलबरदार' शब्द का कोई सिरा ही नहीं मिलता। (पृष्ठ 34) इसका शब्दार्थ भी नहीं दिया गया है ताकि उसके सहारे इसे सही रूप में जाना जा सकता। ग़लत हिज्जे के साथ लिखे शब्दों को अगर तलाश किया जाए तो यह सूची बहुत लम्बी हो जाएगी।

किताब के शुरू में वाजिद अली शाह का परिचय देते हुए अनुवादक ने उनका मशहूर शे'र उद्धृत किया है–

दरो-दीवार पे हसरत से नज़र करते हैं
ख़ुश रहो अहले वतन हम तो सफ़र करते हैं

इस शे'र के सानी मिसरे में 'ख़ुश रहो' की जगह 'रुख़्सत ऐ' होना चाहिए–'रुख़्सत ऐ अहले वतन हम तो सफ़र करते हैं। मूल पाठ यही है।

'परीख़ाना' में अनेक जगह फ़ारसी के शे'र और मिसरों का इस्तेमाल भी मिलता है। अनुवादक ने किसी एक जगह भी इन पंक्तियों को शुद्ध रूप मे नहीं दिया है। जबकि शुद्ध रूप तो दिया ही जाना चाहिए था, साथ-साथ फ़ारसी का हिन्दी में भावार्थ भी देना ज़रूरी था। कारण, वाजिद अली शाह ने अपने विचारों की पुष्टि के लिए या बात को ज़्यादा पुरअसर बनाने के लिए बरमहल फ़ारसी पंक्तियों का इस्तेमाल किया है। अगर हिन्दी पाठक इनका मतलब नहीं समझता है तो किताब में उस स्थल विशेष से जुड़ पाना सम्भव नहीं है। नमूने के तौर पर यहाँ मैं एक फ़ारसी शे'र का भावार्थ प्रो. तनवीर अलवी की मदद से दे रहा हूँ–

बहिश्त आँ जा कि आज़ारे न बाशद
कसे रा बाकसे कारे न बाशद

अर्थात् बहिश्त (जन्नत) वह जगह है जहाँ आदमी को कोई तकलीफ़ न हो। किसी से किसी को कोई वास्ता न हो, काम न हो।

किताब में 'बाशिद' दिया गया है जबकि मूल क्रिया 'बाशद' है। इसी तरह 'शूद' नहीं 'शवद' अथवा 'शुद' होना चाहिए। जोकि 'शुदन' (होना या जाना) क्रिया

का एक रूप है। (पृष्ठ 38) एक तो पाठक के सामने फ़ारसी की पंक्तियों का भावार्थ नहीं है, उतने पर पाठ भी अशुद्ध है। इन पंक्तियों का लेखक भी फ़ारसी में 'आँ' 'ई' के अलावा कुछ नहीं जानता। जो ग़लतियाँ स्पष्ट रूप से दिखाई दे रही थीं, महज़ उनका उल्लेख कर दिया गया है।

उर्दू से हिन्दी अनुवाद की यह ख़ूबी होनी चाहिए कि पाठक को किसी उर्दू-फ़ारसी दाँ व्यक्ति या शब्दकोश का आश्रित न होना पड़े। यथासम्भव इस बात का ध्यान रखा जाना चाहिए। फिर भी ऐसा हो सकता है कि अनुवादक ने कुछ शब्दों का अर्थ पाठक के ज़िम्मे छोड़ दिया हो। यह कोई भूल नहीं कहलाती। लेकिन पाठ का दुरुस्त न होना अनुवादक के पक्ष पर एक बड़ी भूल है। ग़लतियाँ अनुवाद की हों या प्रूफ़ की; हानि तो मूल रचना की ही होती है।

—'कथादेश', अप्रैल, 1999

हिन्दी नवजागरण और उर्दू शे'र-ओ-अदब

हिन्दी नवजागरण से आशय हिन्दी पट्टी के अवाम में उपनिवेशवादी व्यवस्था और अन्ध धार्मिक रूढ़िवाद के विरुद्ध जनवाद और आधुनिकता की चेतना के उन्मेष से है। यह बात अब तक बहुत साफ़ हो चुकी है कि हिन्दी पट्टी से इतर क्षेत्रों के नवजागरण से हिन्दी नवजागरण की आत्मा भिन्न है। इस भिन्नता का सबसे प्रमुख और प्रभावी कारण इस इलाक़े की जनता के विशिष्ट आर्थिक और सामाजिक सम्बन्ध तथा हिन्दी भाषा की बुनियाद पर एकजुटता है। मध्यप्रदेश, उत्तरप्रदेश, बिहार, राजस्थान और हरियाणा (कुछ भाग) को ज़ेहन में रखकर इस क्षेत्र की पहचान की जा सकती है। यह महज़ संयोग ही नहीं है कि नवजागरण के दूसरे और तीसरे चरण के सबसे समर्थ रचनाकार मौलाना अल्ताफ़ हुसैन हाली का सम्बन्ध मूलतः हरियाणा से है। हम जिस दौर यानी भारतेन्दु-युग से लेकर द्विवेदी-युग के अवसान की बात कर रहे हैं, इस नई चेतना के उन्मेष में इस दौरान के उर्दू साहित्य की भूमिका को हिन्दी के अटूट रिश्तों में तथा अलग से रेखांकित करने की ज़रूरत है। हमें इसके संकेत बहुत पहले मुख्यतः नज़ीर और सौदा तथा अंशतः मीर की लोकवादी शाइरी में मिलने लगते हैं। हमारा यह दुराग्रह नहीं है कि इन प्रदेशों में जनता के एक हिस्से की भाषा उर्दू भी रही है तो नए-पुराने मूल्यों के संघर्ष की इस प्रक्रिया को उर्दू नवजागरण कहा जाए। यह महज़ भाषाई झमेला होगा क्योंकि इस क्षेत्र की सांस्कृतिक पहचान अन्तिम रूप से हिन्दी क्षेत्र के रूप में की जा सकती है। हमारा प्रस्ताव केवल यह है कि इस नवजागरण में उर्दू की भी कारगर हिस्सेदारी रही है।

इसकी सबसे पहली मिसाल जुलाई 1857 ई. में अवध में जारी किया गया इश्तिहार है जिसका शीर्षक है 'फ़तहे इस्लाम'। यह इश्तिहार उर्दू ज़बान में था। डॉ. रामविलास शर्मा की किताब 'भारतेन्दु हरिश्चन्द्र और हिन्दी नवजागरण की समस्याएँ' (पृ. 13-14) से मालूम होता है कि इसका अंग्रेज़ी अनुवाद 'Freedom Struggle in Uttar Pradesh' के दूसरे खंड में प्रकाशित है। डॉ. शर्मा द्वारा उद्धृत अंशों के अनुसार इस इश्तिहार में भारत के हिन्दू और मुसलमानों को 'नालायक़ क़ौम' (अंग्रेज़) पर हमला करने के लिए प्रेरित किया गया है। 1857 से बाद के उर्दू अदब में साम्राज्यवाद विरोधी नवजागरण की यह झलक जाबजा मिलती है।

जब हम यह मानकर चलते हैं, जोकि है भी, कि भारतेन्दु, महावीरप्रसाद द्विवेदी, मैथिलीशरण गुप्त और निराला व इस दौरान के अन्यान्य रचनाकारों ने नवजागरण की इस अनेकायामी चेतना को फ़रोग़ देने में अहम भूमिका निभाई, तो यह न मानने का कोई कारण नहीं है कि हाली, शिबली, अकबर इलाहाबादी और इक़बाल की शाइरी, रतननाथ सरशार, नज़ीर अहमद, शरर और रुस्वा के उपन्यास और मौलाना अबुल कलाम आज़ाद के अलावा अन्य पत्रकारों की पत्रकारिता की समानान्तर रूप से अहम भूमिका रही है।

हिन्दी पट्टी के भीतर राजनीतिक और सांस्कृतिक चेतना का स्तर एक जैसा नहीं रहा है। किसी अंचल विशेष में रूढ़िवादी और पुनरुत्थानवादी विचार ज़्यादा हावी रहे हैं और किसी अंचल में जन-आन्दोलनों के कारण इसका असर इतना नहीं रहा। अलग-अलग अंचलों के हिन्दी और उर्दू रचनाकारों में इस भिन्नता के प्रमाण मिल जाते हैं।

डॉ. रामविलास शर्मा ने 'महावीरप्रसाद द्विवेदी और हिन्दी नवजागरण' किताब में नवजागरण के दौरान उर्दू के अन्तर्विरोध की बात उठाई है। यहाँ द्विवेदी जी का विशेष सन्दर्भ है। लेकिन द्विवेदी जी के विचारों की व्याख्या करते हुए डॉ. शर्मा ने कुछ मौलिक स्थापनाएँ भी दी हैं। उन्होंने यह स्वीकार किया है कि "हिन्दी और उर्दू का जातीय क्षेत्र एक है। ये दो जातियों की या दो सम्प्रदायों की या दो भिन्न जातीय प्रदेशों की भाषाएँ नहीं हैं।..." (पृ. 223) अतएव यह निष्कर्ष ग़लत न होगा कि दोनों भाषाओं के जातीय क्षेत्र एक होने के कारण उर्दू पढ़ने और बोलनेवाले लोग हिन्दी के जाग्रतिमूलक साहित्य से प्रभावित हुए होंगे और यही बात हिन्दी पढ़ने और बोलने वालों को लेकर उर्दू शे'रो-अदब के सन्दर्भ में कही जा सकती है। इसी किताब में द्विवेदी जी के 'सरस्वती' पत्रिका में प्रकाशित लेखों के हवालों से मालूम होता है कि द्विवेदी जी जनजागरण में उर्दू अदब की भूमिका को उचित सम्मान देते थे। उर्दू-हिन्दी विवाद अपनी जगह पर था लेकिन यहाँ के अवाम साम्राज्यवाद के ख़िलाफ़ संघर्ष की शक्ति दोनों भाषाओं और हिन्दी की बोलियों में रचे जा रहे साहित्य से लेते थे। द्विवेदी जी द्वारा उर्दू के महाकोश 'फ़र्हंग-ए-आसिफ़िया' की प्रशंसा और 'सरस्वती' में उर्दू रचनाओं का प्रकाशन इस बात की गवाही देता है कि वे उर्दू में हो रहे रचनात्मक कार्य को साम्राज्यवादविरोधी चेतना के विकास में सहायक मानते थे। डॉ. शर्मा ने 'सरस्वती' (नवम्बर, 1913) में प्रकाशित 'एक बुलबुल की फ़रियाद—पिंजड़े में' कविता उद्धृत की है। यहाँ हम इस कविता की बाबत कुछ कहने की इजाज़त चाहेंगे। यह कविता उस दौर में पंजाब के मदरसों में लगी उर्दू की एक पाठ्यपुस्तक से ली गई थी। कविता की पहली दो पंक्तियाँ हैं—

आता है याद मुझको गुज़रा हुआ ज़माना
वह झाड़ियाँ चमन की वह मेरा आशियाना

यह रचना दरअस्ल इक़बाल की मशहूर नज़्म 'परिंदे की फ़रियाद' है। शेख़ अब्दुल क़ादिर द्वारा सम्पादित 'कुल्लियात-ए-इक़बाल' (पृ. 41-42) में यह नज़्म संकलित है। नज़्म यों शुरू होती है—

आता है याद मुझको गुज़रा हुआ ज़माना
वो बाग़ की बहारें वो सबका चहचहाना

केवल इतना पाठान्तर है कि सानी मिसरा बदला हुआ है। 'सरस्वती' में प्रकाशित अन्तिम शे'र भी वही है जोकि कुल्लियात में दिया हुआ है। डॉ. शर्मा ने रचनाकार का नाम नहीं दिया है लेकिन प्रामाणिक रूप से यह इक़बाल की रचना है। इसका रचना-काल 1905 ई. से पूर्व का है। इसमें गुलामी की पीड़ा और मुक्ति-आकांक्षा को मार्मिक अभिव्यक्ति मिली है। इस नज़्म का एक शे'र हमें उलझन में डाल देता है—

क्या बदनसीब हूँ मैं घर को तरस रहा हूँ
साथी तो हैं वतन में, मैं क़ैद में पड़ा हूँ

यहाँ क़ैद परिंदे को अगर भारतीय अवाम का प्रतीक मान लिया जाए तो 'साथी तो हैं वतन में' पद का भावार्थ निकालने में मुश्किल पेश आएगी। अर्थात् साथी किस वतन में हैं और परिंदा किस क़ैद में ? इस स्थिति में हमें परिंदे को प्रतीक के बजाय सिर्फ़ परिंदे के रूप में ही लेना होगा। यहाँ 'वतन' अलबत्ता 'घोंसले' को प्रतीकित करता है। इक़बाल इस शे'र में गुलामी और आज़ादी के द्वन्द्व को उभारना चाहते हैं। लगता है कि बाद को जाकर यह नज़्म 'फ़िराक़' के इस मशहूर शे'र की प्रेरणा बनी—

कुछ क़फ़स की तीलियों से छन रहा है नूर-सा
कुछ फ़ज़ा कुछ हसरत-ए-पर्वाज़ की बातें करो

आगे इस प्रसंग में डॉ. शर्मा ने मैथिलीशरण गुप्त की 'पंजरबद्ध कीर' कविता की चर्चा की है जो अंग्रेज़ी हुकूमत के भय से यथासमय प्रकाशित नहीं हुई थी। गुप्त जी की इस कविता का रचनाकाल 1905 ई. से बाद का ही होना चाहिए क्योंकि इक़बाल की इस रचना से द्विवेदी जी का परिचय पंजाब की उर्दू पाठ्यपुस्तक के ज़रिए हुआ। तभी गुप्त जी की इस कविता के प्रकाशन पर विचार किया गया। इक़बाल की नज़्म पाठ्यपुस्तक में आने के 7-8 साल पहले लिखी गई थी। इससे इतना तो सिद्ध होता ही है कि उस दौर में हिन्दी और उर्दू के रचनाकारों की मूलभूत चिन्ताएँ एक-सी थीं। बहरहाल।

हिन्दी पट्टी के उर्दूभाषी समुदाय में राष्ट्रीयतावादी और प्रगतिशील विचारों को उद्बुद्ध करने में सबसे पहले हाली का नाम आता है। हाली 1856-57 में पानीपत से दिल्ली आए और बाद को ग़ालिब के शागिर्द हुए। ग़ालिब ने अपने जीवन में अगर किसी को शाइरी करने की सलाह दी तो वह हाली हैं। उन्होंने अपने आत्मकथ्य (हाली की कहानी : हाली की ज़बानी) में ग़ालिब के उस कथन को उद्धृत किया है। ग़ालिब ने कहा था, "वैसे मैं फ़िक्रे-शे'र की सलाह किसी को नहीं देता लेकिन तुम अगर शे'र नहीं कहोगे तो अपनी तबीयत पर ज़ुल्म करोगे।" हाली उर्दू की राष्ट्रीयतावादी धारा के पहले आधुनिक आलोचक और जीवनीकार भी हैं। उनकी 'मुक़दमा-ए-शे'र-ओ-शाइरी' और 'हयात-ए-जावेद' क्रमशः इसके उदाहरण हैं। कवि के रूप में हाली भी मैथिलीशरण गुप्त की तरह यह मानते हैं कि कविता में 'उचित उपदेश का मर्म' होना चाहिए।

'मुसद्दस' के पहले भाग 'मद-ओ-जुज़्र इस्लाम' की रचना 1879 ई. में हुई। छः वर्ष बाद हाली ने कुछ और बंद लिखे। उन्हें ज़मीमे (परिशिष्ट) के रूप में 'मुसद्दस' में जोड़ा गया। पहले भाग में नाउम्मीदी थी और ज़मीमे में उम्मीद की झलक दिखाई गई है। ज़मीमे के पहले शे'र से यह अन्तर बख़ूबी स्पष्ट हो जाता है। नवीन वृद्धि के औचित्य को बताने के लिए हाली को दूसरी भूमिका लिखनी पड़ी।

हाली को 'मुसद्दस' की प्रेरणा सर सैयद से मिली। हाली कहते हैं कि "सर सैयद मरहूम ने तरग़ीब दिलाई कि मुसलमानों की मौजूदा पस्ती व तनज़्ज़ुली की हालत अगर नज़्म में बयान की जाए तो मुफ़ीद होगी।" मुसद्दस पढ़ने पर पता चलता है कि मुसलमानों की अवनति का वर्णन करते हुए उनकी कर्मशीलता को जाग्रत करना और नए युग की अपेक्षाओं के अनुरूप अपने-आपको ढालने की प्रेरणा इस रचना की केन्द्रीय भावभूमि है। इसका दूसरा और महत्वपूर्ण आयाम नवजागरण की आर्थिक, राजनीतिक और सांस्कृतिक चिन्ताओं से जुड़ा हुआ है। शाइर की चेतना पर अंग्रेज़ी राज के दबाव जगह-जगह झाँकते नज़र आते हैं। जहाँ ये दबाव हैं, वहाँ दुगुने वेग से उनकी राष्ट्रीय भावनाओं की उच्छल तरंगें उभरने लगती हैं। तब 'मुसद्दस' मुसलमानों का एक उपदेश-संग्रह बनकर नहीं रह जाता बल्कि सभी देशवासियों के मानस का एक बहुरंगी अलबम बन जाता है।

भारतेन्दु की भाँति हाली के मुसद्दस में भी राजभक्ति और विरोध के स्वर एक-साथ सुनाई देते हैं। हाली एक ओर यदि अंग्रेज़ी राज द्वारा पैदा की गई बदहाली की बात करते हैं तो दूसरी ओर उनके द्वारा दी गई 'आज़ादियों' की प्रशंसा भी करते हैं। यह हाली के समय का अन्तर्विरोध है। मुसद्दस में इन दोनों के बीच हुब्बे वतन या देशभक्ति की उद्दाम भावना अन्तर्धारा के रूप में विद्यमान है। उनकी 'हुब्बे वतन' नज़्म को 'मुसद्दस' के साथ जोड़कर पढ़ने की ज़रूरत है।

हाली एक उदार और व्यापक धार्मिक दृष्टिकोण के हामी थे। वे मिल्लत (मुस्लिम समुदाय) की बात करते हैं लेकिन क़ौम (नेशन या राष्ट्र) को नहीं भूलते। वे 'अपने

हमसाया से मुहब्बत रखना' इस्लामियों की 'अलामत' मानते हैं। और तास्सुब (धार्मिक पक्षपात) से दूर रहने की ताकीद करते हैं।

'मुसद्दस' हाली की इतिहासदृष्टि का पता भी देती है। वे अतीत का प्रत्यवलोकन और वर्तमान की समीक्षा एक साथ करते हैं। इसी प्रक्रिया के बीच से भविष्य के राष्ट्रीय जीवन के चिह्न उभरते दिखाई देते हैं। 'मुसद्दस' की भूमिका में लिखते हैं, "क़ौम के लिए अपने बेहुनर हाथों से एक आईनाख़ाना बनाया है जिसमें वो अपने ख़तो-ख़ाल देख सकते हैं और समझ सकते हैं कि हम कौन थे और क्या हो गए ?" इन्हीं सवालों की बुनियाद पर गुप्त जी ने 'भारत-भारती' (1913) की रचना की। 'हम कौन थे, क्या हो गए हैं और क्या होंगे अभी।'

कुछ तथ्यों को सामने रखकर हिन्दी क्षेत्र में 'मुसद्दस' की लोकप्रियता का अन्दाज़ा लगाया जा सकता है। 1886 ई. तक सात साल में इसके आठ संस्करण उत्तर-पश्चिमी ज़िलों से प्रकाशित हो चुके थे। इसके अंश पाठ्यक्रमों में शामिल किए जाने लगे थे। यहाँ तक कि मौलूद शरीफ़ की मजलिसों में इसके बंद गाए जाते थे। इस दौरान में इस कविता का क़ौमी नाटक के रूप में कई बार मंचन भी किया गया। भारतेन्दु के नाटकों के अलावा हिन्दी-उर्दू की ऐसी बहुत कम रचनाएँ होंगी जिन्हें भारतेन्दु से लेकर द्विवेदी युग के दौरान व्यापक जनसमुदाय का इतना प्रेम मिला होगा। ज़ाहिर है कि मंचन के दौरान दर्शकों में उर्दू के साथ-साथ हिन्दी लिखने, पढ़नेवाले लोग भी शामिल रहते होंगे और उन्होंने अपने पतन के कारणों को लेकर 'मुसद्दस' से सबक़ लिया होगा।

'मुसद्दस' की असाधारण लोकप्रियता के सिलसिले में मौलवी अब्दुल हक़ के एक संस्मरण का ज़िक्र ज़रूरी लगता है। मौलवी साहब ने 'मुसद्दस' के सदी एडीशन (1935 ई.) की भूमिका लिखी है। इस भूमिका से पता चलता है कि इस समय से पचास वर्ष पहले यानी 1885 ई. के आसपास 'मुसद्दस' लोगों के दिलो-दिमाग़ पर इतनी छा चुकी थी कि इसे तवायफ़ें तक गाने लगी थीं। ऐसे ही एक जश्न का ज़िक्र मौलवी साहब ने किया है। बक़ौल उनके "इस मजमे की कैफ़ीयत यह थी कि उजड्ड और गँवार समझे जाने लोगों की आँखें तक डबडबा गई थीं।" यह था 'मुसद्दस' की भाव-चेतना का साधारणीकरण और उसकी भाषा का जादू।

हाली की 'मुनाजात-ए-बेवा' (विधवा की प्रार्थना) नज़्म भी इसी ढंग की है। यह उस दौर के स्त्री-उद्धार सम्बन्धी आन्दोलनों का प्रतिबिम्ब है। यह सिर्फ़ मुस्लिम विधवा नहीं भारत की विधवा की व्यथा-कथा है। इसके कई साल बाद निराला की 'भारत की विधवा' कविता सामने आई। यहाँ भी हम देखते हैं कि अंग्रेज़ों की हिन्दी-उर्दू की राजनीति एक तरफ़ है लेकिन साहित्य में यह विभाजन नहीं है। जनता से जीवन्त सम्पर्क दोनों की एकता की बुनियाद है।

इसी ज़माने में मौलाना शिबली नौमानी (1857-1914 ई.) के व्यक्तित्व एवं कृतित्व का हिन्दी क्षेत्र के जनसमुदाय पर व्यापक प्रभाव रहा। पश्चिमी उत्तरप्रदेश यानी अलीगढ़

से लेकर नदवा के बीच का अंचल उनकी सरगर्मियों का केन्द्र रहा। शिबली एक शाइर, इतिहासकार और शास्त्रीय समीक्षक के साथ-साथ एक सामाजिक कार्यकर्ता के रूप में सक्रिय बने रहे। वे उर्दू के पहले अदीब हैं जिन्होंने साहित्य के अलावा सामाजिक आन्दोलनों के मोर्चे पर भी उल्लेखनीय कार्य किया। शुरू में वे सर सैयद की अलीगढ़ तहरीक से प्रभावित रहे। लेकिन जनता के बीच जाने के बाद उन्हें एहसास हुआ कि सर सैयद की कांग्रेस-विरोधी नीतियाँ समय के अनुकूल नहीं हैं। हालाँकि अब तक वे सर सैयद की प्रशंसा में क़सीदे भी लिख चुके थे पर बाद को असहमति में उन्हें एक नज़्म लिखनी पड़ी जिसमें वे यह कहने पर मजबूर हुए—

उनकी दुकान की वो हवा अब बिगड़ चली
जिनके घरों में जिंसे-वफ़ा का वफ़ूर था

फिर शिबली ने अपना दूसरा रास्ता अख़्तियार किया और नदवतुलउल्मा की नींव डाली। हाली ने जो काम 'मुसद्दस' लिखकर किया, वही एक शिक्षाविद् के रूप में शिबली ने नदवतुलउल्मा के मंच से आगे बढ़ाया। शिबली ने इस मंच से दीनी मदरसों में आधुनिक शिक्षा के हिसाब से पाठ्यक्रम तैयार कराए। 'अल्नदवा' नाम से एक जर्नल भी प्रकाशित किया। यह एक ऐसा काम था जिससे मुस्लिम समुदाय के सामने शिक्षा के मा'नी बदल दिए। मौलाना शिबली कांग्रेस की तुलना में मुस्लिम लीग को संदिग्ध समझते थे। आगे चलकर मौलाना आज़ाद के मानसिक रचाव में शिबली की शिक्षाओं ने पृष्ठभूमि का काम किया।

हाली ने 'मुसद्दस' के शुरू में जिस तरह से मुसलमानों के अतीत की झाँकी पेश की है उसी तरह शिबली ने अपनी गद्यकृति 'मुसलमानों की गुज़िश्ता तालीम' में इस विषय का विशद विवेचन किया है। उर्दू अदीबों में मौलाना शिबली शायद पहले व्यक्ति हैं जिन्होंने अक़ली दलायल (बौद्धिक तर्क) और मज़हबी अक़ायद (धार्मिक विश्वास) के सम्बन्धों पर गहराई से विचार किया। इस विषय को इल्मे-कलाम कहते हैं। इस शीर्षक से उनकी एक किताब भी है।

शिबली ने अपनी शाइरी में जगह-जगह अंग्रेज़ी हुकूमत की पाबन्दियों को लेकर प्रतिरोध जताया है। उन्होंने कविता और जीवन दोनों में अभिव्यक्ति की आज़ादी की लड़ाई लड़ी है। यहाँ वे सिर्फ़ मुस्लिम नहीं समूचे भारतीय अवाम के प्रवक्ता बनकर आते हैं। अपनी 'यूनिवर्सिटी डेपुटेशन' नज़्म में कहते हैं—

अब न वो तर्ज़-ए-सुख़न था न वो आज़ादीए-राय
न वो हंगामातराज़ी थी, न वो जोश-ओ-ख़रोश

हालाँकि ये शे'र एक व्यक्ति को लक्ष्य करके कहा गया है लेकिन इसमें शिबली की निजी भावनाएँ भी अभिव्यक्ति पा गई हैं। शिबली चूँकि राजनीति से परहेज़ नहीं

करते थे इसलिए अंग्रेज़ी हुकूमत की विभेदकारी नीतियों के नकारात्मक प्रभाव से भलीभाँति परिचित थे। उन्होंने अपनी रचनाओं के अलावा सार्वजनिक मंचों से हिन्दू-मुस्लिम एकता का आह्वान किया। इस सिलसिले में उनका लखनऊ का एक भाषण विशेष रूप से उल्लेखनीय है। इस भाषण में उन्होंने साहित्य-संस्कृति के क्षेत्र में हिन्दू और मुसलमानों की अन्तर्निर्भरता की मिसालें दी हैं। कहते हैं, "जो लोग फ़ारसी ज़बान के माहिर और कामिल होना चाहते थे, वो 'बहारे-अज्म' जो टेक चन्द 'बहार' की तस्नीफ़ है और 'मुस्तलहातुश्शुअरा' की तरफ़ ध्यान देते थे जो एक हिन्दू की तस्नीफ़ है और कभी लोगों ने नहीं कहा कि ये हिन्दू मुसन्निफ़ हैं या दूसरी क़ौम के लोग हैं। इस क़िस्म का इत्तिहाद लिटरेचर में था, समाज में था और तमाम बातों में था। अगर किसी वजह से भेदभाव पैदा हो भी गया हो तो दूसरे विषय और क्षेत्रों में हम एक होकर काम क्यों न करें ?"

इसी दौर में हमें अकबर इलाहाबादी की तीरो-नश्तर की तरह असर करती हुई आवाज़ सुनाई देती है। अकबर की कवि-दृष्टि उस दौर के एक अहम अन्तर्विरोध का पता देती है। यह पश्चिमीकरण और भारतीय मूल्यों का अन्तर्विरोध है। ऐसा लगता है कि अकबर अंग्रेज़ों की आर्थिक लूटमार और सांस्कृतिक हमले के कारण पश्चिम से आए हुए आधुनिक ज्ञान-विज्ञान के विरोधी हो गए। यक़ीनी तौर पर वे पुरातनतावाद के हिमायती नहीं थे लेकिन उन्हें आशंका थी कि भारतीय अवाम कहीं अपनी मौलिक पहचान न खो दें। इसलिए वे नई नैतिकता और संस्कृति पर व्यंग्यबाण छोड़ते रहते थे। अकबर को पश्चिमी ज्ञान-विज्ञान का अन्धविरोधी तस्लीम कर लेना एक भूल है। दरअस्ल अकबर इस बात को जानते थे कि अंग्रेज़ नए ज्ञान के प्रसार के नाम पर जो काम कर रहे हैं, वह केवल अपनी हुकूमत को मज़बूत करने के लिए ही है ताकि भारतीय अवाम स्वराज की ज़रूरत ही महसूस न करें। उनके हास्य-व्यंग्य का गम्भीर निहितार्थ है। अंग्रेज़ों की नक़्क़ाली से क़ौम को बाज़ रखना, उन्हें नए हुनर सीखने के लिए प्रेरित करना और उनकी हीनभावना दूर करके आत्मस्वाभिमान जाग्रत करना अकबर की काव्य-रचना का प्रयोजन रहा है। उन्हें आधुनिक शिक्षा के उस पहलू से घृणा थी जो लोगों के भारतीय मन को बदल रही थी—

तोप खिसकी, प्रोफ़ेसर पहुँचे
जब बसूला हटा तो रंदा है

अकबर के पास भावी समाज का एक स्पष्ट चित्र है जिसमें अंग्रेज़ों की परनिर्भरता से मुक्त होकर भारतीय अवाम एक गरिमामय जीवन जी सकेंगे। उनके ज्ञान-विज्ञान विरोधी होने के पक्ष में यह तर्क दिया जाता है कि उन्होंने स्पेंसर, मिल, हक्सले आदि के विचारों का गाहे-बगाहे खंडन किया है। दरअस्ल अकबर ने इन विचारकों पर नुक्ताचीनी तो की है लेकिन यह भावुकता या उपहास नहीं है। उन्होंने इन विचारकों

का गम्भीर अध्ययन किया है और हस्बे-मामूल इन पर तीखी टिप्पणी भी कर गए हैं—

ग़ज़ाली-ओ-रूमी की भला कौन सुनेगा
महफ़िल में छिड़ा नग़मा-ए-स्पेंसर-ओ-मिल

जहाँ मौक़ा मिला है उन्होंने प्राचीन मूल्य-पद्धति को भी नहीं बख़्शा है। उनकी दृष्टि में अतीत का सब कुछ ग्राह्य नहीं था। शाइरी की रिवायत को देखते हुए अकबर की व्यंग्य-रचनाएँ एक नए मोड़ को लक्षित करती हैं, जहाँ शाइरी में समाज-सुधार के बजाय नए समाज के निर्माण की पेशकश की जाने लगती है। इस अर्थ में वे हाली से आगे के शाइर हैं। पाकिस्तान के कर्नल गुलाम सरवर ने टोरन्टो से प्रकाशित 'उर्दू इंटरनेशनल' पत्रिका (अगस्त-अक्तूबर, 1982) में अकबर की इन विशेषताओं को उजागर किया है और ठीक ही कहा है, ''अकबर की शाइरी महज़ अतीत का शोक नहीं है, वर्तमान के निषेध और खंडन तक महदूद नहीं है, वह भविष्य का अहाता किए हुए है।''

उर्दू में सौदा के बाद अकबर तात्कालिकता के दूसरे बड़े कवि हैं। जो समय में घटित हो रहा है, वह उनके शे'रों में दर्ज है। हिन्दी में इसकी मिसाल ढूँढ़ते हुए नागार्जुन ज़ेहन में आते हैं।

इस लेख के शुरू में आचार्य महावीरप्रसाद द्विवेदी के प्रसंग में इक़बाल की एक रचना का ज़िक्र हुआ है। यहाँ उनके कवि-कर्म पर अलग से चर्चा दरकार है। इक़बाल नवजागरण के तीसरे दौर के ही नहीं बीसवीं सदी के सबसे जटिल और चिन्तनशील शाइर हैं। दर्शन के अधीती होने के कारण जनजागरण और राष्ट्रभक्ति जैसी अवधारणाओं को लेकर उनके मौलिक विचार थे। उनकी कविता किसी भी क़िस्म के राजनीतिक मतवाद की पकड़ से बाहर रहती है। वे लगभग उन्नीसवीं सदी के अन्त के साथ शुरूआत करनेवाले उन शाइरों में से हैं जिन्होंने प्रगतिशील लेखक संघ की स्थापना भी अपनी आँखों से देखी। सज्जाद ज़हीर की किताब 'रौशनाई' से पता चलता है कि वे प्रगतिशीलता के विचार (कम्युनिस्टों की दृष्टि में) से असहमत नहीं थे। उन्होंने इच्छा व्यक्त की थी कि अगर मार्क्सिज़्म पर उन्हें प्रामाणिक लिटरेचर मिल जाए तो तरक़्क़ीपसंद अदीबों की तहरीक के बारे में विचार करेंगे। दुर्भाग्य से वे बीमार पड़ गए और कुछ ही समय बाद 1938 ई. में उनका निधन हो गया।

इक़बाल ने विचारों के पिष्टपेषण के बजाय एक बौद्धिक विमर्श की ज़रूरत महसूस की और स्वाधीनता आन्दोलन के मूलभूत लक्ष्य को मद्देनज़र रखते हुए एक नए मनुष्य की परिकल्पना पेश की, ख़ुदी का जज़्बा जिसकी मुख्य पहचान है। उनके यहाँ 'ख़ुदी' बाह्य जीवन-व्यापार से विच्छिन्न निजता नहीं है बल्कि एक ऐसी विराट चेतना है जिसमें अखिल सृष्टि समाहित है। यह 'ख़ुदी' एक भरा-पूरा मनुष्य होने

का बोध है। उनके 'बाँग-ए-दरा', 'बाल-ए-जिब्रील' और 'ज़र्ब-ए-कलीम' संग्रह पढ़ जाने के बाद इस सच्चाई से रू-ब-रू हुआ जा सकता है। इस ख़ुदी के ज़रिए वे मनुष्य के मन की निस्सीमता और कल्पना की विराटता को पहचानना चाहते थे। जिस समाज में मानवीय गरिमा की पहचान नहीं है वह एक ह्रासशील समाज है क्योंकि समाज का उत्कर्ष सीधे-सीधे मानवीय उत्कर्ष से जुड़ा हुआ है। 'इनसान' नज़्म में कहते हैं–

चाहे तो बदल डाले हैयत चमनिस्ताँ की
ये हस्ती-ए-दाना है, बीना है, तवाना है

इक़बाल ने मनुष्य की श्रेष्ठता का गान करने के माध्यम से राष्ट्र के आत्मगौरव को जगाया। उन्होंने हताश और पराजित मन में प्रबल जिजीविषा पैदा करने की चेष्टा की। मनुष्य को अपने भाग्य का नियन्ता बताया और उसके भीतर दृढ़ विश्वास का संचार किया। ऐसा दृढ़ विश्वास जिसके रहते 'ख़ुदा बंदे से ख़ुद पूछे, बता तेरी रज़ा क्या है ?'

इक़बाल की दृष्टि में मानवीय जीवन की सार्थकता अपने परम लक्ष्य की प्राप्ति हेतु स्वयं को मिटा देने में ही है। उनके लिए यह परम लक्ष्य 'सत्य' या 'ईश्वर' भी है और स्वतन्त्रता भी। अतएव स्व को परम सत्य में विलीन होने दिया जाए। इसे बचा-बचाकर रखने में जीवन की पूर्णता नहीं है। कहते हैं–

न बचा-बचा के तू रख इसे तेरा आईना है वो आईना
कि शिकस्ता हो तो अज़ीज़तर है निगाहे-आईनासाज़ में

छायावाद की राष्ट्रीयतावादी धारा की भाँति इक़बाल की शाइरी में इस देश के पर्वत, नदियों और वनस्पति के प्रति आत्मिक लगाव विद्यमान है। वे देश की धरती के कण-कण में सांस्कृतिक एकत्व का उदात्त संगीत सुनते हैं। इसलिए अपने 'क़ौमी तराना' में हिमालय और नदियों की पवित्रता और श्रेष्ठता का गान करते हैं। एक दूसरी नज़्म 'हिमाला' में वे हिमालय को भारतीयता के जीवन्त प्रतीक के रूप प्रस्तुत करते हैं–

ऐ हिमाला ऐ फ़सील-ए-किश्वर-ए-हिन्दोस्ताँ
चूमता है तेरी पेशानी को झुककर आस्माँ

भारतीय चिन्तनधारा और हिन्दी की जातीय परम्परा की सापेक्षता में इक़बाल की शाइरी के स्रोतों को खोजने की ज़रूरत है। 'शिकवा' और 'जवाब-ए-शिकवा' लिखनेवाले इक़बाल 'राम' शीर्षक नज़्म भी लिखते हैं। वे सिर्फ़ विषय का निर्वाह करने के लिए लिखनेवाले कवि नहीं है, बल्कि उनके लिखने का एक अर्थ होता है। दूसरे,

यह सिर्फ़ संयोग नहीं हो सकता कि उन्होंने भर्तृहरि के निम्नलिखित श्लोक का काव्यानुवाद किया–

व्यालं बालमृणालतन्तुभिरसौ रोद्धुं समुज्जृम्भते
छेत्तुं वज्रमणिं शिरीषकुसुमप्रान्तेन सन्नह्यते
माधुर्यं मधुविन्दुना रचयितुं क्षाराम्बुधेरीहते
नेतुं वांछति यः खलान्पथि सतां सूक्तैः सुधास्यंदिभिः।

–नीतिशतकम्, 7

फूल की पत्ती से कट सकता है हीरे का जिगर
मर्द-ए-नादाँ पर कलाम-ए-नर्म-ओ-नाज़ुक बेअसर

यहाँ इक़बालियात के बारीक नुक्तों पर बहुत ज़्यादा मुबाहिसे की गुंजाइश नहीं है। हमने उस निविड़ रचनाशीलता की ओर संकेत भर किया है जिसने हिन्दी जाति के मानस में उद्वेलन पैदा किया।

इक़बाल के समकालीनों में लखनऊ के पंडित ब्रज नारायन चकबस्त की रचनाएँ देशभक्ति एवं साम्प्रदायिक सद्भाव की दृष्टि से महत्वपूर्ण हैं। उनका एक शे'र मुलाहिज़ा कीजिए–

नाज़ हो जिसको बहारे-मिस्र-ओ-शाम-ओ-रोम पर
सर ज़मीन-ए-हिन्द में देखे फ़ज़ा बरसात की

चकबस्त की शाइरी बीसवीं सदी के पहले और दूसरे दशक के स्वाधीनता आन्दोलन के साथ-साथ चलती है। उनके यहाँ इस दौर के राजनीतिक सन्दर्भ बाक़ायदा मिलते हैं। उनका कांग्रेस की सक्रिय राजनीति से क़रीबी जुड़ाव रहा और वे अंग्रेज़ी हुकूमत के कुछ कामों को अच्छा समझते थे। वे एनी बेसेंट से बहुत प्रभावित थे। इसलिए उन्होंने होमरूल लीग की तारीफ़ में अनेक नज़्में लिखीं। मिसेज़ बेसेंट ने 1916 ई. में भारत में होमरूल लीग की स्थापना की। इसका उद्देश्य अंग्रेज़ी राज के तहत स्वतन्त्र राष्ट्रों की कामनवेल्थ के अंग के रूप में भारत को स्वतन्त्र राष्ट्र का दर्जा देना था। इसमें साम्राज्य के बरक़रार रहते हुए स्वतन्त्रता की धारणा छुपी हुई थी। 1920 ई. कांग्रेस ने जब गाँधी जी के असहयोग आन्दोलन के प्रस्ताव को मंजूर कर लिया तो होमरूल का प्रभाव समाप्त हो गया। इस बीच चकबस्त ने 'आवाज़ा-ए-क़ौम', 'हम होंगे ऐश होगा', 'हमारा वतन' और 'वतन हमको मुबारक' जैसी नज़्में होमरूल की बढ़ाई में लिखीं जो 'वतन के राग' में संकलित हैं। लेकिन यह चकबस्त की सीमा नहीं है। जब कांग्रेसी लीडरों को नज़रबन्द किया गया तो इस पर उन्होंने अपनी कविता में विरोध जताया–

हमारे वास्ते ज़ंजीर-ओ-तोक़ गहना है
वफ़ा के शौक़ में गांधी ने जिसको पहना है

उनकी 'क़ौमी मुसद्दस' नज़्म देशभक्ति का महाराग है। इसमें कांग्रेस की सामयिक राजनीति की पैरवी की गई है। यह नज़्म 3 दिसम्बर, 1911 को लखनऊ यूनिवर्सिटी के एक जलसे में सुनाई गई थी जिसमें पंडित मदनमोहन मालवीय भी उपस्थित थे। इस नज़्म का अनेक मंचों से पाठ करने से उन्हें जो आमदनी हुई थी, वह बनारस हिन्दू विश्वविद्यालय की स्थापना के लिए दानस्वरूप दे दी गई थी। उनके 'सुबहे-वतन' संग्रह को बहुत लोकप्रियता मिली।

चकबस्त ने नज़्म के फ़ार्म में 'रामायन का एक सीन' भी लिखा। इस सीन के बंद उर्दू पढ़नेवाले लोगों की ज़बान पर रहते हैं। उस दौर में 'राम' शीर्षक इक़बाल की नज़्म और 'रामायन का एक सीन' को एक साथ पढ़ने पर हम सहज ही यह अनुमान कर सकते हैं कि उर्दू शाइर और अदीब धार्मिक सहिष्णुता को पोषित करने के साथ-साथ एक ऐसे काव्य-संस्कार को जगाने की कोशिश कर रहे थे कि धर्म की सतह से ऊपर उठकर कविता का आस्वाद किया जा सके। चकबस्त ने इस सीन में वनगमन के लिए राम के माँ से विदा होने के क्षणों को अभिव्यक्ति दी है। सीन यों शुरू होता है–

रुख़्सत हुआ वो बाप से लेकर ख़ुदा का नाम
राह-ए-वफ़ा की मंज़िल-ए-अव्वल हुई तमाम

बीसवीं सदी के पहले दो दशकों का ज़माना हाली, शिबली, अकबर इलाहाबादी, इक़बाल और चकबस्त का दौर रहा है। 1920-21 ई. के आसपास थोड़े आगे-पीछे शाइरों की नई पीढ़ी उभर आती है। काव्य-विषयों की दृष्टि से शाइरी में व्यापकता और विविधता नज़र आने लगती है। जनजागरण के साथ व्यक्ति-चेतना का स्वर और इसमें मिल जाता है। मुख्य परिप्रेक्ष्य के रूप में स्वाधीनता प्राप्ति की इच्छा विद्यमान रहती है। 'जोश' की 'शिकस्त-ए-ज़िन्दाँ का ख़्वाब' जैसी नज़्म इसकी मिसाल है। शाइरी के इस नए मोड़ की निशानदेही शाद अज़ीमाबादी, ज्वाला प्रसाद 'बर्क़', मिर्ज़ा ज़ाकिर हुसैन 'साक़िब', फ़ानी बदायूनी, सीमाब अकबराबादी, हसरत मोहानी, तिलोकचन्द 'महरूम', जिगर मुरादाबादी और 'फ़िराक़' की आरम्भिक दौर की रचनाओं से की जा सकती है। इन शाइरों का कृतित्व स्वतन्त्र चर्चा का विषय है।

यहाँ हमने हिन्दी नवजागरण के दूसरे और तीसरे चरण के दौरान की शाइरी के राष्ट्रीय और सामाजिक सरोकारों की एक नातमाम झलक पेश की है। इस समयान्तराल में उर्दू शाइर और अदीबों की सर्जनात्मक सक्रियता और उद्बोधनकारी भूमिका को समझने के लिए शायद इतना काफ़ी होगा।

भारतेन्दु और हाली की कविता : नवजागरण का परिप्रेक्ष्य

भारतेन्दु हरिश्चन्द्र (1850-1886 ई.) और ख़्वाजा अल्ताफ़ हुसैन 'हाली' (1837-1914 ई.) नवजागरण काल के दो युग-प्रवर्तक साहित्यकार हैं। दोनों की विचार-दृष्टि की जड़ें नवजागरण के बहुआयामी परिदृश्य में हैं। संस्कृति, भाषा और काव्यादर्शों की भिन्नता के बावजूद राष्ट्रीय चेतना की समान अन्तर्भूमि दोनों को एक धरातल पर खड़ा करती है। डॉ. रामविलास शर्मा नवजागरण का श्रेय हिन्दी क्षेत्र को देते हैं। यदि हम उनकी स्थापना के अनुसार देखें तो भारतेन्दु और हाली दोनों का सम्बन्ध हिन्दी नवजागरण से है। हाली पानीपत के मूल निवासी थे। कुछ समय हिसार और लाहौर में व्यतीत हुआ। 1856 ई. के आसपास उनका दिल्ली आगमन हुआ और सर सैयद अहमद के सम्पर्क से उनकी वैचारिकता को एक नई दिशा मिली।

नवजागरण देश की जनता की सांस्कृतिक चेतना के विकास की सतत प्रक्रिया का परिणाम है। उपनिवेशवादी सामाजिक ढाँचे के दबाववश यह बहुआयामी सांस्कृतिक चेतना अनेक सामाजिक, राजनैतिक और आर्थिक स्तरों पर बड़ी तीव्रता के साथ मुखरित हुई। 1857 ई. के प्रथम स्वाधीनता संग्राम ने इस चेतना को एक ठोस आधार प्रदान किया और स्वाधीनता प्राप्ति के मूल लक्ष्य से जोड़ा। यद्यपि इस संग्राम में भारतीय जनता संगठित रूप से शामिल नहीं थी फिर भी यह महज़ सैनिक विद्रोह नहीं था। इसके मूल में भारतीयों के जातीय स्वाभिमान की अनुगूँज थी। साथ ही राष्ट्रीय एकता की आवश्यकता, साम्प्रदायिकताविरोधी माहौल का निर्माण और अंग्रेज़ी उपनिवेशवाद को अपदस्थ करने की तीव्र आकांक्षा निहित थी। इस प्रकार हम 1857 के स्वाधीनता संग्राम को नवजागरण का पहला उद्घोष कह सकते हैं।

नवजागरण मूलतः एक बहुआयामी सांस्कृतिक आन्दोलन था। देश के विभिन्न भागों में सक्रिय समाज-सुधार और धार्मिक सुधार के आन्दोलनों से इसकी समग्र छवि उभरती है। बंगाल में समाज-सुधार के ये प्रयत्न राजा राममोहन राय के नेतृत्व में चल रहे थे, जहाँ सामन्ती रूढ़ियों से नारी की मुक्ति का स्वर गूँज रहा था। बंगाल नवजागरण में ईश्वरचन्द्र विद्यासागर, केशवचन्द्र सेन और बकिमचन्द्र की महत्वपूर्ण भूमिका रही। महाराष्ट्र में बाल गंगाधर तिलक और उनके सहधर्मी चिन्तक अपने साहित्य और पत्रकारिता के माध्यम से नई चेतना का प्रसार कर रहे थे। हिन्दी क्षेत्र में यह नवजागरण

गुजरात के दयानन्द सरस्वती के कारण बल पकड़ रहा था। इन सभी सुधार-आन्दोलनों की अलग-अलग प्राथमिकताएँ थीं क्योंकि समूचे देश की जनता की सांस्कृतिक चेतना का स्तर एक जैसा नहीं था। तथापि इन सुधारवादी संस्थाओं के उद्देश्यों की मूल अन्तर्वस्तु में इतना अधिक अन्तर नहीं है कि इन्हें एक दूसरे से निरपेक्ष और निष्प्रभावित मान लिया जाए। वह मूल अन्तर्वस्तु है—सामन्तवादी रूढ़ियों और उपनिवेशवादी शोषण का प्रतिरोध करते हुए जातीय स्वाभिमान को जाग्रत करना।

मुस्लिम समाज में धार्मिक और सामाजिक सुधार के बीज बहावी आन्दोलन में बोए जा चुके थे। हाली की शाइरी के आरम्भिक दौर में यह धार्मिक आन्दोलन समूचे देश में फैल चुका था। बहावी मुसलमान इस्लामी राज्य स्थापित करने हेतु अंग्रेज़ी साम्राज्यवाद के विरुद्ध संघर्ष कर रहे थे। बहावियों की गतिविधियों का प्रमुख केन्द्र पटना था। इस जिहाद के लिए आन्दोलनकर्ताओं को कठोर दमन का सामना करना पड़ा। इस आन्दोलन ने मुसलमानों की धार्मिक आस्था को जो भी लाभ पहुँचाया हो किन्तु इसका हानिकारक पक्ष यह रहा कि मुस्लिम समाज नई शिक्षा से वंचित रहने लगा। इसी दौर में सर सैयद अहमद ख़ाँ के रूप में एक ऐसा भारतीय मुसलमान आया जिसने मुस्लिम रूढ़िवाद को समाप्त करने का संकल्प किया। सर सैयद यद्यपि अंग्रेज़ों के प्रति निष्ठावान थे किन्तु मुस्लिम समाज को नई परिस्थितियों के अनुरूप ढालने के लिए उन्होंने अथक प्रयास किए। यह कार्य उन्होंने अपनी पत्रिका 'तहज़ीब-अल्-अख़लाक़' के माध्यम से किया। सर सैयद मुसलमानों की प्रगति को लेकर चिन्तित रहते हुए भी भारतीय राष्ट्रीयता के हामी थे। उन्हें इस बात का आभास था कि हिन्दू-मुस्लिम एकता ही इस राष्ट्रीयता के जज़्बे को मज़बूत कर सकती है। उन्होंने अपने एक भाषण में कहा था : "यह याद रखिए कि हिन्दू और मुसलमान दो धार्मिक शब्द हैं। अन्यथा हिन्दू, मुसलमान और ईसाई एक राष्ट्र के अंग हैं। अब वह समय बीत चुका है जब धर्म के भेद से देश के वासियों को दो विभिन्न राष्ट्रों में विभक्त किया जाए।" हाली पर इन धर्मनिरपेक्ष संस्कारों का गहरा प्रभाव पड़ा। उनकी साहित्यिक मनोभूमि की प्रेरणा सर सैयद अहमद के चिन्तन में निहित है।

इस दृष्टि से भारतेन्दु और हाली की ऐतिहासिक परिस्थितियाँ एक-सी ही थीं। दोनों कवियों की विचार-दृष्टि में असाधारण समानता है। उनकी साहित्यिक परम्पराओं में अवश्य अन्तर हो सकता है। भारतेन्दु ने रीतिकालीन दरबारी कविता के अवशेषों से युक्त हिन्दी काव्यधारा को युगीन सामाजिक चुनौतियों से जोड़ने की पहल की। ब्रजभाषा में रचना करते हुए भी उसके स्थान पर एक जनभाषा के रूप में खड़ी बोली की ज़रूरत पर बल दिया। इसी तरह हाली ने सामन्तीय ढाँचे के टूटने की पीड़ा को व्यंजित करनेवाली उर्दू काव्यधारा में राष्ट्रीय चेतना का समावेश किया और साहित्य के परम्परावादी-कलावादी रुझानों से बचते हुए नवीन काव्यादर्शों और मानदंडों की स्थापना की। उनकी कृति 'मुक़द्दमा-ए-शे'रो-शाइरी' इसका अद्वितीय उदाहरण है। वे

शाइरी को 'शौक़-ए-फ़ज़ल समझने के बजाय क़ौमी और तहज़ीबी शऊर को सँवारने-निखारने का आला' समझते थे।

हालाँकि हाली और भारतेन्दु के काव्य में विचारों की नवीनता का सम्बन्ध बदलते सामाजिक परिदृश्य में सांस्कृतिक मूल्यों के विकास से है। यह भी सच है कि उनके पीछे दो भिन्न संस्कृतियों की प्रेरणा रही है। इसके बावजूद उनकी रचनाओं में राजनीतिक जागरूकता के स्पष्ट संकेत मिलते हैं। उस दौर में उपनिवेशवादविरोधी राजनीति एक संगठित जनाधार से लैस नहीं थी। लेकिन उपनिवेशवाद के आर्थिक दबाव भारतीय जन-मानस में राजनीतिक प्रतिरोध को भी जन्म दे रहे थे। नवजागरण एक बहुआयामी और संश्लिष्ट प्रक्रिया थी और इसलिए इसे राजनीति से एकदम मुक्त नहीं कहा जा सकता।

पश्चिम के सांस्कृतिक हमले की चिन्ता दोनों कवियों को उद्वेलित करती है। हाली एक ओर नए विचारों से जुड़ने का आह्वान करते हैं, दूसरी ओर अपनी सांस्कृतिक जड़ों से कट जाने को लेकर चिन्ता व्यक्त करते हैं। इस्लाम की एक मान्यता है कि जब क़यामत आएगी तो सूर्य पश्चिम दिशा से निकलेगा। हाली ने अपनी 'जदीद तरक़्क़ियात' कविता में इस विचार का बहुत ही प्रभावशाली ढंग से प्रतीकात्मक उपयोग किया है। पश्चिम से उदित होता सूर्य पौर्वात्य संस्कृति पर आए आसन्न संकट की ओर भी संकेत करता है। वे आगाह करते हैं–

कहते हैं मग़रिब से होगा जब बरामद आफ़ताब
अर्सा-ए-आफ़ाक़ में होगी क़यामत जलवागर
दोस्तो शायद वो नाज़ुक वक़्त आ पहुँचा क़रीब
आ रही है रौशनी मग़रिब से इक उठती नज़र

(जदीद तरक़्क़ियात)

इसी तरह भारतेन्दु पाश्चात्य विचारों और वस्तुओं दोनों को भारतीयों के सांस्कृतिक आधार के लिए एक चुनौती मानते हैं। परदेसी की बुद्धि और वस्तुओं के प्रति जब तक आश्रितता का भाव है तब तक अपनी स्वाभिमानपूर्ण उन्नति के बारे में सोचा ही नहीं जा सकता–

परदेसी की बुद्धि और वस्तुन की करि आस
परबस ह्वै कब लौं कहो रहि हौ तुम ह्वै दास

(भारतेन्दु ग्रन्थावली, भाग-2, पृ. 738)

हाली से आगे भारतेन्दु यहाँ 'परदेसी वस्तु' कहकर उस दौर के आर्थिक ढाँचे की ओर भी संकेत कर देते हैं। वह आर्थिक ढाँचा जिसमें स्वदेशी उत्पादन के लिए कम से कम गुंजाइश रह गई थी।

भारतेन्दु और हाली के अन्तर्विरोधों में भी बहुत कुछ समानता लक्षित होती है। कहीं-कहीं दोनों ही कवियों में अंग्रेज़ी राज की प्रशंसा का क्षीण संकेत मिलता है। किन्तु इसे उस दौर की एक विवशता ही समझना चाहिए। दृष्टव्य है—

अंग्रेज राज सुख साज सजे सब भारी
पै धन बिदेस चलि जात इहै अति ख्वारी

—भारतेन्दु

और—

हुकूमत ने आज़ादियाँ तुमको दी हैं
तरक़्क़ी की राहें सरासर खुली हैं
सदाएँ ये हर सिम्त से आ रही हैं
कि राजा से परजा तलक सब सुखी हैं
नहीं बंद रस्ता किसी कारवाँ का

—हाली

किन्तु उनकी कविता का मुख्य स्वर नवजागरण की मूल अन्तर्वस्तु से भिन्न नहीं है। वह मुख्य स्वर है—स्वाधीनता प्राप्ति की आकांक्षा। भारतेन्दु ने कहा है—'स्वत्व निज भारत गहै।' उन्होंने एक शे'र में भी इस बेचैनी को व्यक्त किया है—

रिहा करता नहीं सैयाद हमको मौसमे-गुल में
क़फ़स में दम जो घबराता है सर दे दे पटकते हैं

इसी तरह हाली भी क़फ़स (पिंजरा) से मुक्त होने की छटपटापट व्यक्त करते हैं—

क़फ़स में जी नहीं लगता किसी तरह
लगा दो आग कोई आशियाँ में

हाली की 'हुब्बे वतन' कविता राष्ट्रप्रेम और स्वाधीनता प्राप्ति की दुर्दमनीय आकांक्षा को अपनी अन्तर्वस्तु में समेटे हुए है। उनकी सर्वाधिक महत्वपूर्ण रचना 'मुसद्दस-ए-हाली' (1879 ई.) है। 'मुसद्दस' की रचना का मुख्य उद्देश्य मुस्लिम समुदाय को सामाजिक परिवर्तन की मुख्य धारा से जोड़ना है। रचना का वैचारिक फलक बहुत व्यापक है। यह रचना न केवल मुसलमानों बल्कि सभी भारतीयों के जातीय स्वाभिमान को जाग्रत करती है और अपनी समस्याओं को समझने की दृष्टि प्रदान करती है। इसके कई बंद 'भारत-दुर्दशा' (1876 ई.) नाटक में प्रयुक्त कविताओं से मेल खाते हैं।

भारतेन्दु और हाली की कविताएँ नवजागरण के साम्प्रदायिकताविरोधी और

धर्मनिरपेक्ष स्वरूप की पहचान कराती हैं। एक ऐसे शत्रु के सामने 'जिन भय सिर न हिलाई सकत कहुँ भारतवासी' विभिन्न समुदायों का समान लक्ष्य की प्राप्ति हेतु एकजुट होना स्वाभाविक था। राष्ट्रीयता की उद्दाम तरंगें साम्प्रदायिक वैमनस्य को उभरने का अवकाश ही नहीं देती थीं। नवजागरण के प्रभाव से उत्पन्न राष्ट्रीय चेतना दोनों कवियों की निजी विशिष्टता के साथ उनके काव्य में समान रूप से मुखरित हुई है। यहाँ तक कि भारतेन्दु को आर्य समाज का धार्मिक संकीर्णतावाद भी स्वीकार नहीं था। उन्होंने आर्य समाज की सीमाएँ बताने के लिए 'दूषण मालिका' लिखी। उसका पहला प्रश्न ही है : 'आपने जो पुस्तक (सत्यार्थ प्रकाश) छपवाई है उसमें वेद के मन्त्र हैं। सो वेद के मन्त्र शूद्रों और म्लेच्छादिकों के हाथ में देने से आपको दोष हुआ कि नहीं (भारतेन्दु ग्रन्थावली, भाग 1, पृ. 693)

भारतेन्दु निज भाषा की उन्नति के लिए कृतसंकल्प थे। अरबी-फ़ारसीनिष्ठ उर्दू के वे क़ायल नहीं थे। वे उर्दू के विरोधी भी नहीं थे। इसीलिए उन्होंने 'उर्दू का स्यापा' शीर्षक से एक विनोदपूर्ण मर्सिया लिखा। इसके साथ ही यह बात ग़ौरतलब है कि स्वयं भारतेन्दु 'रसा' उपनाम से ग़ज़लें कहते थे। ये ग़ज़लें भारतेन्दु ग्रन्थावली के तीसरे खंड में संकलित हैं। भाषा और संवेदना के स्तर पर ये ग़ज़लें हाली की शाइरी के बहुत समीप प्रतीत होती हैं। मसलन,

हिला देंगे अभी ऐ संगे-दिल तेरे कलेजे को
हमारी आह आतिशबार से पत्थर पिघलते हैं

नवजागरण के दौर में साहित्य के क्षेत्र में एक नई चेतना का उन्मेष हो रहा था। उर्दू के सुप्रसिद्ध आलोचक प्रो. एहतिशाम हुसैन ने लिखा है : "इस नई चेतना का सबसे स्पष्ट विकास हिन्दी में भारतेन्दु और उर्दू में आज़ाद से होता है। उर्दू में यह लहर तेज़ हुई तो 'हाली' के सहयोग से इसने नए युग का प्रवर्तन किया।" (उर्दू साहित्य का आलोचनात्मक इतिहास, पृ. 172) इस प्रकार भारतेन्दु और हाली क्रमशः हिन्दी और उर्दू साहित्य के एक नए युग का सूत्रपात करते हैं। साहित्य को समाज सुधार और इससे भी आगे सामाजिक परिवर्तन में कारगर भूमिका अदा करने की शक्ति से सम्पन्न करते हैं। भारतेन्दु और हाली के साथ हिन्दी और उर्दू साहित्य में अपने-अपने ढंग से एक यथार्थवादी रुझान का विकास होता है। भारतेन्दु और हाली दोनों ने ही सृजन के धरातल पर इस प्रश्न का उत्तर ढूँढ़ने की कोशिश की है कि 'भारतवर्ष की उन्नति कैसे हो सकती है ?'

भारतेन्दु और हाली से पूर्व हिन्दी और उर्दू कविता में मध्यवर्ग की जीवन-स्थितियों को उभारने की प्रवृत्ति नहीं मिलती है। वस्तुतः इससे पूर्व सामन्तवादी ढाँचे की अन्तिम साँसों और पूँजीवाद के उदय के आरम्भिक दौर में मध्यवर्ग की स्पष्ट पहचान भी क़ायम नहीं हुई थी। नवजागरण तथा उपनिवेशवादी मूल्य-व्यवस्था की

द्वन्द्वात्मकता में मध्यवर्ग की भूमिका भी उजागर हुई। अंग्रेज़ी राज की प्रशंसा और विरोध का मिश्रित स्वर बहुत कुछ मध्यवर्गीय संस्कारों का ही प्रतिबिम्ब है। वरिष्ठ प्रगतिशील कवि शमशेर बहादुर सिंह के शब्दों में : "मध्यवर्ग की साामजिक शक्ति का वह उठता हुआ युवाकाल था। हाली और भारतेन्दु की रचनाओं में उसे पहले-पहल अपने अस्तित्व का बोध और अनुभव हुआ।" (दो आब, पृ. 19)

भारतेन्दु और हाली के काव्य के तुलनात्मक अध्ययन से नवजागरण की एक समग्र तस्वीर उभर सकेगी। हिन्दी में अब तक नवजागरण काल के इन महान सर्जकों के तुलनात्मक अध्ययन के व्यवस्थित प्रयास नहीं किए गए हैं। इस संक्षिप्त आलेख में दोनों कवियों की तुलना के कुछ आधारों को सूत्रबद्ध करने की कोशिश की गई है। सर्वप्रथम शमशेर बहादुर सिंह ने 'नया साहित्य' अंक 4-5 (1946) में प्रकाशित अपने लेख 'मुसद्दस और भारत-भारती की सांस्कृतिक भूमिका' में भारतेन्दु और हाली की तुलना की ओर ध्यान आकृष्ट किया। शमशेर जी ने मुख्यतः इस लेख में 'मुसद्दस' और 'भारत-भारती' के सांस्कृतिक पहलुओं की चर्चा की है।

आज के दौर में जबकि पूँजीवादी और उपनिवेशवादी नीतियों से प्रेरित साम्प्रदायिक और पृथकतावादी शक्तियाँ एक निराशा का माहौल तैयार कर रही हैं; नवजागरण की महान् विरासत के रूप में प्राप्त साम्प्रदायिकताविरोधी, धर्मनिरपेक्ष और जनवादी मूल्यों से जुड़ने की बेहद आवश्यकता है। ऐतिहासिक विकास के क्रम में इन देशव्यापी समस्याओं तथा इनसे संघर्ष के तरीक़ों में हुए बदलाव को समझने के लिए नवजागरण के परिदृश्य का पुनरावलोकन समय की एक माँग है। इसके साथ ही हिन्दी और उर्दू की साझा विरासत के वस्तुपरक मूल्यांकन से हमें राष्ट्रीय एकता के सही परिप्रेक्ष्य की समझ भी मिलती है।

कविता का उच्चतम लक्ष्य बेहतर मनुष्य का निर्माण करना है। कविता हमेशा उन शक्तियों को एक कारगर जवाब रही है जो मनुष्य को उसकी मूल्यवान और सम्भावनामय विरासत से काटकर और अपनी सामाजिक चुनौतियों से विमुख कर सिर्फ़ अपने अहं की परिधि में क़ैद रहने के लिए अभिशप्त करती हैं। यह कुंठाजनित अहं उसे फ़रिश्ता भले बना दे किन्तु उसका मनुष्य बने रह पाना मुमकिन नहीं है। मनुष्यता के सार्थक अस्तित्व के सम्मुख जो चुनौतियाँ कल थीं, वे बदले हुए तथा अपेक्षाकृत ज़्यादा गम्भीर रूप में आज भी अपनी हज़ार-हज़ार आकृतियों के साथ हमारे सामने मौजूद हैं। इसीलिए हाली फ़रिश्ते पर इन्सान को तरजीह देते हैं। मानवीय अस्तित्व की चिन्ता से युक्त हाली की कविता आज भी कितनी प्रासंगिक है—

फ़रिश्ते से इन्सान बनना है बेहतर
मगर इसमें पड़ती है मुश्किल ज़ियादः

—'मधुमती', अप्रैल, 1988

फ़िराक़ की सृजनात्मक निजता

उर्दू के अन्य क्लासिकों की तरह फ़िराक़ की शाइरी आज हमारी साझा स्मृति का हिस्सा बन चुकी है। हिन्दी में उनका पाठक वर्ग बहुत तेज़ी के साथ बढ़ा है। विशेष रूप से संस्कारवान पाठकों के बीच उनकी शाइरी को काफ़ी पसन्द की नज़र से देखा जाता है। आज फ़िराक़ को पढ़ते हुए लगता है कि इस सदी के एक शाइर ने शे'रगोई के रिवायती रवैयों से अलग राह निकालने का जोखिम उठाया है। उनकी यह सिसृक्षा आज के पाठकों और रचनाकारों के बीच उन्हें प्रासंगिक बनाती है।

फ़िराक़ पाँचवें दशक में हिन्दी-उर्दू की बहस के केन्द्र में रहे हैं। इसकी एक बानगी डॉ. रामविलास शर्मा की किताब 'परम्परा का मूल्याकंन' के 'हिन्दी भाषा, साहित्य और फ़िराक़' लेख में देखी जा सकती है। दरअस्ल फ़िराक़ ने आधुनिक हिन्दी कविता की उस धारा पर आपत्तियाँ की हैं जिसमें खड़ी बोली का सहज प्रवाह नहीं है। यह एक कवि का दृष्टिकोण था, भाषाशास्त्री का नहीं। हम यह भी न भूलें कि वे निराला को 'खुद से बेहतर मनुष्य' मानते थे। महादेवी वर्मा की कविता को उन्होंने 'मौन का चित्र' कहा था। वहीं अनेक मुक़ामों पर उन्होंने उर्दू शाइरी के प्रति असन्तोष भी जताया है। वे उर्दू शाइरी से संस्कृत के भावगत उत्कर्ष की माँग करते हैं। अपने अंग्रेज़ी के एक इंटरव्यू में फ़िराक़ ने उर्दू शाइरों की बचपन के प्रति उपेक्षा पर सख़्त ऐतिराज़ किया है।

फ़िराक़ की ग़ज़लें और नज़्में पाँचवें-छठे दशक से ही देवनागरी में आने लगी थीं। इसके अलावा 'नज़ीर की बानी' और 'उर्दू कविता' जैसी किताबें भी उसी दौर में सामने आई थीं। अब इन दोनों किताबों के नए संस्करण आ गए हैं। उनकी शाइरी के तीन संग्रह 'रम्ज़-ओ-किनायात', 'रूह-ए-कायनात' और 'शबनमिस्ताँ' भी देवनागरी में प्रकाशित हुए हैं। इस सिलसिले में फ़िराक़ के साथ तीस वर्ष रहे रमेशचन्द्र द्विवेदी की 'मैंने फ़िराक़ को देखा है' किताब का प्रकाशन भी महत्वपूर्ण है। इसमें फ़िराक़ के व्यक्ति और रचनाकार के कुछ अछूते पहलुओं पर रौशनी डाली गई है। इन किताबों के बहाने फ़िराक़ के कवि-कर्म पर बातचीत की जा सकती है।

फ़िराक़ की सतत रचनाशीलता का दौर इस सदी की दूसरी दहाई से लेकर आठवीं दहाई के बीच फैला हुआ है। उनके रचना-संस्कारों का निर्माण उस दौर में हुआ जबकि

हिन्दी में छायावादी काव्य-चेतना का उन्मेष हो रहा था और उर्दू में इक़बाल, सीमाब अकबराबादी, फ़ानी बदायूनी और हसरत मोहानी जैसे शाइर शे'रो-अदब की एक नई दुनिया बना रहे थे। मंचों पर क्लासिकी ढंग की रूमानी शाइरी का बोलबाला था। तभी फ़िराक़ के 1920 ई. के आसपास के शुरूआती कलाम में एक नई आवाज़ सुनाई देती है–

मैंने इस आवाज़ को मर-मर के पाला है 'फ़िराक़'
आज जिसकी नर्म लौ है शम्मे-मेहराबे-हयात

फ़िराक़ शाइरी की रिवायत से तकरार भी करते हैं और एक नई रिवायत की बुनियाद भी डालते हैं। उन्होंने अपने शे'रों में सौदा, मीर, मुसहफ़ी, ग़ालिब और मोमिन के प्रभाव और ऋण को स्वीकार किया है। इस स्वीकारोक्ति के बावजूद वे रिवायती शाइरी की ऊँचाई को बरक़रार रखते हुए उसे नए यथार्थ के अनुरूप ढालने की पेशकश करते हैं। लिहाज़ा उन्होंने रिवायती शाइरी के शब्द-भंडार और डिक्शन से लाभ उठाते हुए नए भाव और विषयों को ग़ज़ल की दुनिया में जगह दी। आम तौर पर हमारी रिवायती शाइरी निजी राग-विराग और निजबद्ध अनुभवों की हामिल रही है। उसमें बड़े-से बड़ा विचार निजता की भूमि से ही अंकुरित हुआ है। अगरचे नज़ीर के शहर-आशोब और 'आदमीनामा' जैसी नज़्मों, सौदा की हज्वों (व्यंग्य-रचनाओं) और हाली के 'मुसद्दस' जैसी रचनाओं की दुनिया बहुत व्यापक है; साथ ही समूची रिवायती ग़ज़ल को भी सौ फ़ीसदी व्यक्ति केन्द्रित नहीं कहा जा सकता वरना हमें मीर और ग़ालिब के यहाँ सामाजिक अन्तर्वस्तु से सम्पन्न शे'र न मिलते। ग़रज़ यह कि फ़िराक़ ने रिवायती शाइरी की दाख़िलीयत या अन्तर्मुखता से बचाव करते हुए और सामाजिक सोद्देश्यता से रिश्ता क़ायम करते हुए एक ऐसा तर्ज़े-सुख़न ईजाद किया जिसमें दृष्टि और कला के स्तर पर परम्परा और सामाजिक बोध का द्वन्द्व बज़ाहिर दिखाई देता है। वे एक ऐसे सौन्दर्यात्मक परिप्रेक्ष्य को हासिल करने की जद्दोजहद में रहे हैं जहाँ कि ग़ज़ल 'सुनाई दे ख़बर होकर, दिखाई दे नज़र होकर'।

फ़िराक़ के संग्रहों में ग़ज़लों के साथ उच्चकोटि की नज़्में भी हैं। लेकिन कहा जा सकता है कि उनका अस्ल मैदान ग़ज़ल का ही है। हमें याद होगा कि हाली ने अपने 'मुक़द्दमे' में नज़्म को ग़ज़ल के ऊपर तरजीह दी है। इस बात पर बहस हो सकती है कि ग़ज़ल की बनिस्बत नज़्म ज़्यादा यथार्थवादी काव्य-रूप है। तरक़्क़ीपसंद तहरीक के दौरान कुछ नक़्क़ादों ने ग़ज़ल को सामन्तीय फ़ार्म घोषित कर दिया था। जोश मलीहाबादी ने ग़ज़ल को 'शाइराना ख़ुर्दाफ़रोशी' (फुटकर चीज़ें बेचना) कहा था। ग़ौर से देखें तो फ़िराक़ की ग़ज़लें इन रायों को झुठला देती हैं। ग़ज़ल की विशिष्ट प्रकृति और रचनानुशासन की पाबंदी के कारण उसमें घटनाओं को दर्ज करने के बजाय उनके प्रभावों को ही सांकेतिक रूप में व्यक्त किया जा सकता है। इसी प्रक्रिया में

उसका अन्तर्बाह्य सौन्दर्य बना रह सकता है। ग़ज़ल के शाब्दिक अर्थ (औरत के साथ बातचीत) को छोड़ें। फ़ारसी और उर्दू में ग़ज़ल की परम्परा पर दृष्टिपात करें तो मालूम होगा कि यह वैविध्यपूर्ण प्रेम-काव्य है। शम्सुर्रहमान फ़ारूक़ी ने कुछ भारतीय और ईरानी फ़ारसी शाइरों के चुनींदा शे'रों का संग्रह 'The shadow of a bird in flight' नाम से अंग्रेज़ी अनुवाद के साथ सम्पादित किया है। फ़ारूक़ी साहब ने ग़ज़ल की बाबत लिखा है कि "ग़ज़ल बुनियादी तौर पर एक प्रेम-कविता है और एक ही साथ वह इससे भी ज़्यादा बहुत कुछ है। या कि एकदम उससे भिन्न है, जिस अर्थ में आज का पाश्चात्य पाठक प्रेम-कविता को समझता है।" इस दृष्टि से देखें तो फ़िराक़ की ग़ज़लों की उच्चावच भूमि से हम काफ़ी हद तक जुड़ाव पैदा कर सकते हैं। फ़िराक़ की ग़ज़लें यह साबित कर देती हैं कि ग़ज़ल प्रेम-कविता के अलावा और भी बहुत कुछ है। क्योंकि फ़िराक़ के यहाँ प्रेम और सौन्दर्य की लालसा अपने समय के अन्तर्विरोधों में झाँकने का बाइस बन जाती है। यह मनुष्य की दुनिया को सुन्दर बनाने की जद्दोजहद से भिन्न नहीं है। उनके शाइर के लिए धरती पर प्रेम की विद्यमानता मनुष्य के बचे रहने की अलामत है। प्रेम और सौन्दर्य का ऐसा विराट वैभव उर्दू ग़ज़ल में अपना कोई बदल नहीं रखता।

ग़ज़ल की रूपगत सीमाओं के कारण फ़िराक़ 'रम्ज़-ओ-किनायात' यानी सूक्ष्म भाषा-संकेतों में अपनी बात कहते हैं। यह उनके एक संग्रह का नाम भी है। कई बार उनके यहाँ ख़ामोशी ज़्यादा बोलती है। अपनी इसी सिफ़त के रहते हुए वे नर्म और संगलाख़ ज़मीनों में एक साथ शे'र कह सकते हैं। ज़बान और बयान की नई सूरतें ईजाद करते हैं और बीसवीं सदी के सफ़े-अव्वल के ग़ज़लगो शाइर के रूप में अपनी पहचान बनाते हैं। 'फ़ैज़' ने 'जोश' से तुलना करते हुए फ़िराक़ की ग़ज़लगोई की बाबत लिखा है कि "जोश साहब ने क़सीदानुमा नज़्मों को अपनी तबीयत के मुआफ़िक़ समझा। इसलिए वे बड़े कैनवास पर मोटे ब्रश से आइल पेंट करते थे। वहीं फ़िराक़ जज़्बात और एहसासात के इदराक में, बारीकबीनी में अपने बयान में क़सीदाकारी के मुश्ताक़ थे। इसलिए ग़ज़ल उनके शाइर के लिए ज़्यादा मुआफ़िक़ सिन्फ़े-सुख़न (विधा) थी। बहुत हद तक उनकी तुलना सौदा और मीर से की जा सकती है।" ख़ुद फ़िराक़ के बक़ौल—

सदक़े 'फ़िराक़' ऐजाज़े-सुख़न के, कैसे उड़ा ली ये आवाज़
इन ग़ज़लों के पर्दे में तो 'मीर' की ग़ज़लें बोले हैं

फ़िराक़ के शे'रों में नवा-ए-मीर की गूँज जगह-जगह सुनाई देती है। यानी मानवीय वेदना के एहसास की विविधता से उनके शे'रों की दुनिया आबाद है। 'दिले-सोज़ाँ की तीराबख़्ती' ने उनके ख़यालों की कायनात को रौशन किया है। यह विरोधाभास फ़िराक़ की शाइरी का एक बड़ा सच है। उनकी सृजनात्मकता के विकास

के सोपानों पर नज़र डालें तो यह वेदना, भावुकता से बौद्धिकता की ओर अग्रसर दिखाई देती है। मुमकिन है यह निष्कर्ष ग़लत साबित हो। लेकिन फ़िराक़ की तबीयत के बदलते हुए रंगों से रू-ब-रू होकर लगता है कि 1930 ई. के आसपास उनके यहाँ यह वेदना किसी को न पा सकने की कचोट के रूप में मिलती है। इसमें रूमान और भावतरलता की व्याप्ति है। धीरे-धीरे उनके यहाँ वेदना के बौद्धिकीकरण की प्रक्रिया तेज़ होने लगती है। अब वे दाग़ देहलवी और अमीर मीनाई के प्रभाव से मुक्त होने लगते हैं। मिलन-विछोह की सतह और सीमाओं से ऊपर उठकर वेदना व दुःख की अवधारणा से वे एक बौद्धिक की तरह जूझने लगते हैं। यहाँ उनकी शाइरी में अपेक्षाकृत ज़्यादा गहराई और जटिलता का समावेश हो जाता है और उनके क़लम से ऐसे शे'र निकलने लगते हैं—

ऐ फ़िराक़ आफ़ाक़ है कोई तिलिस्म-अंदर-तिलिस्म
है हरेक ख़्वाब इक हक़ीक़त हर हक़ीक़त एक ख़्वाब

और—

एक आलम पर नहीं रहती हैं कैफ़ीयाते-इश्क़
गाह रेगिस्ताँ भी दरिया गाह दरिया भी सराब

दरिया व रेगिस्तान और ख़्वाब व हक़ीक़त की दूरी ख़त्म करके फ़िराक़ वेदना को तर्क से जोड़ते हैं और मानव-मन के उलझावों में झाँकने की कोशिश करते हैं। यह बौद्धिक जटिलता फ़िराक़ की समग्र पहचान में एक अहम हैसियत रखती है।

अब हम वेदना के तीसरे आयाम पर आते हैं जहाँ शाइर की चेतना पर अपने समय के दबाव ज़्यादा सक्रिय हैं। उसका ध्यान मनुष्य के दुःख के बाह्य कारणों की ओर जाता है। इस वेदना में भावतरलता या बौद्धिकता के बजाय वस्तुगत यथार्थ का सीधा हस्तक्षेप है। यहाँ वेदना को एक ठोस सामाजिक आधार मिल जाता है और शाइर कह उठता है—

जब-जब उसे सोचा है दिल थाम लिया मैंने
इनसान के हाथों से इनसान पे जो गुज़री

कहने का अभिप्राय यह है कि उर्दू शाइरी में दर्द के विषय ने धीरे-धीरे एक रीति का रूप ले लिया था। (अच्छे अपवाद हर जगह होते हैं।) लेकिन फ़िराक़ के लिए दर्द एक रीति न होकर आत्मविस्तार का एक प्रेरक भाव है। वह दिल की ऐसी वारदात है जिसके होने से समूची कायनात एक नई ज़िंदगी से लबरेज़ हो जाती है।

फ़िराक़ के यहाँ यास, अफ़सुर्दगी और दिलशिकस्तगी की आवाज़ लगातार सुनाई देती है। बड़े रचनाकारों के यहाँ निराशा जीवन के उन कोनों-अन्तरों में ले जाती है

जहाँ अकेलेपन और वहशत का स्थायी पड़ाव है। आख़िरकार आदमी को अकेले टूटते हुए देखने का ख़याल अपने भीतर कहीं न कहीं इस नियति को बदलने की उकताहट भी लिए रहता है। सच्चाई तो यह है कि निराशा को व्यापक धरातल पर जीते हुए सर्जनात्मक अनुभवों में बदलना एक रचनाकार के लिए ज़्यादा मुश्किल और तकलीफ़देह काम है। फ़िराक़ निराशा और उदासी की मंज़रकशी करते हुए आशा और आस्था के भावों का उद्रेक करते हैं। उनकी सामयिक घटनाओं पर लिखी नज़्मों और ग़ज़ल के चंद शे'रों के अलावा बाक़ी शाइरी में मानवीय आस्था और आशावाद का यही रूप मौजूद है। जो बज़ाहिर पस्ती और निराशाबोध की तरह लगता है, पर ऐसा है नहीं। अगर फ़िराक़ यह कहते हैं–

ज़िंदगी इश्क़ की क्या पूछते हो क्या है 'फ़िराक़'
मौत ही मौत हरेक सिम्त नज़र आती है

तो वे हरेक सिम्त ज़िंदगी की ही बात करते हैं। इसके अलावा 'क़फ़स की तीलियों से छनते हुए नूर' की अनुभूति से बड़ा आशावाद और क्या होगा ? यह बात रेखांकित करने योग्य है कि फ़िराक़ के यहाँ रात के मौज़ू पर सबसे ज़्यादा शे'र मिलते हैं जो निराशा की अलामत है। वे उदास रात का ज़िक्र करते हैं तो उसमें 'सुख़न की शम्मः' जलाने की पेशकश भी करते हैं। लिहाज़ा फ़िराक़ की शाइरी में यास-ओ-आस या आशा-निराशा का मसला बहुत पेचीदा है। एक शे'र है–

रंज-ओ-राहत, वस्ल-ओ-फ़ुर्क़त, होश-ओ-वहशत क्या नहीं
कौन कहता है कि रहने की जगह दुनिया नहीं ?

यह शे'र फ़िराक़ के जीवन-दर्शन का आईनादार है। इस भाव से सम्पन्न शे'र उनकी ग़ज़लों में बिखरे पड़े हैं। इस शे'र में रंज-ओ-राहत, वस्ल-ओ-फ़ुर्क़त और होश-ओ-वहशत युग्म न होकर द्वन्द्व हैं। इन द्वन्द्वों की मौजूदगी जीवन की एकरसता और जड़ता को तोड़कर इसमें बहुत-से रंगों की समाहिति करती है। इस नुअय्यत के शे'र उर्दू शाइरी में एक नए प्रस्थान को लक्षित करते हैं। मुख्यतः तीसरे-चौथे दशक के दौरान पारलौकिकता के प्रति आकर्षण छायावादी कविता की एक प्रवृत्ति रही थी जिसे रहस्यवाद कहा गया। लेकिन यह रहस्यवाद उर्दू शाइरी में कहीं ज़्यादा गहरी जड़ें जमाए हुए था। इस दुनिया के बजाय परलोक की चर्चा ज़ोरों पर थी। फ़िराक़ ने इस दुनिया के विरोधाभास और विविधतापूर्ण आकर्षणों की चर्चा करके यथार्थवादी सोच का मार्ग प्रशस्त किया।

फ़िराक़ की ब्रह्मांडीय दृष्टि (कॉस्मिक विज़न) और भावलोक की व्यापकता का पता इस बात से चलता है कि उसमें एक कोंपल के हल्के-से कम्पन से लेकर समूची कायनात की रगों की थरथराहट का एहसास समाया हुआ है। यहाँ मनुष्य सृष्टि के

विविध रंग-रूपों में विस्तार पाता हुआ दिखाई देता है। फ़िराक़ का सर्जनात्मक मन 'देशकाल के शर से बिंधकर' ऊपर उठने की क्षमता रखता है। इसलिए उनके शे'र जितने आज के हैं, उससे भी ज़्यादा आनेवाले कल के हैं। उनके शे'रों के दरवाज़े मा'नी पर बंद नहीं हुए हैं। उनमें निरन्तर नए-नए मा'नियों के खुलते जाने की सम्भावनाएँ निहित हैं। अगर फ़िराक़ इस दौर में ख़ुद को 'अक़्लीम-ए-सुख़न का शहनशाह' कहते हैं तो यह महज़ दर्पोक्ति नहीं है, बल्कि इसके पीछे वह संवेदनशील मन है, वह गुदाज़े-दिल है जिसे पत्थर में भी दुखती हुई रगें मिलती हैं—

न हो एहसास तो सारा जहाँ है बेहिस-ओ-मुर्दा
गुदाज़-ए-दिल हो तो दुखती रगें पत्थर में मिलती हैं

तरक़्क़ीपसंद तहरीक की वाबस्तगी में फ़िराक़ की शाइरी पर नज़र डालें तो मालूम होगा कि उनके क़लम की एक अलग शिनाख़्त बरक़रार है। तहरीक के शुरूआती दौर में तरक़्क़ीपसंद शाइरी की तीन धाराएँ एक साथ बहती नज़र आती हैं। पहली धारा में जोश और मजाज़, दूसरी धारा में सरदार जाफ़री और कैफ़ी आज़मी तथा तीसरी धारा में मख़्दूम और फ़ैज़ आते हैं। जोश और मजाज़ के यहाँ मौजूदा हालात को लेकर तड़प और बेचैनी है, सरदार जाफ़री और कैफ़ी आज़मी के यहाँ वर्ग-संघर्ष की स्थितियों का प्रत्यक्ष प्रतिबिम्बन ज़्यादा मिलता है, वहीं फ़ैज़ और मख़्दूम ने रूमान में संघर्षशील चेतना का इज़ाफ़ा करके एक नया रुझान पैदा किया। फ़िराक़ बराहेरास्त तीनों धाराओं में कहीं नहीं अँटते। वह अपने सूक्ष्म भावबोध और मानवीय सराकारों तथा साथ ही साथ अभिव्यक्ति के जटिल रूपों की बिना पर तरक़्क़ीपसंद शाइरी का एक नया रुख़ सामने लाते हैं। फ़िराक़ के फ़िक्रो-फ़न की यह निजी विशिष्टता है कि वे प्रकृति के रमणीय दृश्य-विधान के बीच से ज़िंदगी की तल्ख़ सच्चाइयों को इशारतन बयान करते हुए आगे बढ़ जाते हैं। इस मुक़ाम पर उनकी नज़्मों में कुछ ऐसी क़ैफ़ीयत होती है जैसे सोए हुए शान्त जल में अचानक एक अग्नितरंग दौड़ गई हो। 'आधी रात' नज़्म इसकी बेहतरीन मिसाल है। शाइर नदी के बीच कुमुदनी के फूल खिल उठने, झींगुर की झाँय-झाँय और रात की देवी की लटों की सरसराहट का मनोहारी दृश्य खींचता है और इस दृश्य के बीच एक जलता-दहकता हुआ मिसरा समूची फ़ज़ा को एक नया अर्थ दे देता है। वह मिसरा है—'न मुफ़लिसी हो तो कितनी हसीन है दुनिया !'

यह मिसरा दिल के कितने पर्दों को चीर कर निकला होगा, इसका अन्दाज़ा किया जा सकता है। यह मनुष्य के अभावों और दुनिया के सौन्दर्य के द्वन्द्वात्मक सम्बन्धों की मार्मिक अभिव्यक्ति है। अपनी अर्थवत्ता में यह अकेली पंक्ति अभावग्रस्त जीवन का महाकाव्य है।

इस सिलसिले में 'हिंडोला' और 'धरती की करवट' नज़्में विशेष रूप से उल्लेखनीय हैं। 'हिंडोला' नज़्म ऐतिहासिक क्रम में भारत की रंगारंग झाँकी पेश करते

हुए मौजूदा चतुर्दिक् पतन पर ख़त्म होती है। नज़्म पढ़ने पर लगता है कि शाइर इन्क़िलाब के ख़तरों से ख़ूब वाक़िफ़ है लेकिन वह यह ख़तरा मोल लेने को भी तैयार है—'कि बच्चे क़ौम की सबसे बड़ी अमानत हैं।' इसी तरह 'धरती की करवट' भी एहतिजाज (प्रतिरोध) की नज़्म है। इसमें शाइर एक नई दुनिया की तामीर का ख़्वाब देखता है। यहाँ भी फ़िराक़ ने शाइरी को निर्जीव तथ्यात्मकता से बचाए रखा है। 'रूह-ए-कायनात' में ऐसी बहुत-सी नज़्में संकलित हैं।

नज़्मों के अलावा फ़िराक़ के अवामदोस्त क़लम ने ऐसे बेशुमार शे'र निकाले हैं जो शाइर की वैचारिकता का स्पष्ट परिचय देते हैं और तरक़्क़ीपसंद उर्दू शाइरी को समृद्ध करते हैं। वे तरक़्क़ीपसंद शाइरी में मानवीय सम्बन्धों की पवित्रता और सुन्दरता को जगह देते हैं जिसके अभाव में किसी बुनियादी परिवर्तन की बात करना बेमहल है। उनके यहाँ 'याद-ए-रफ़्तगाँ' (विगत की स्मृति) वर्तमान की समस्याओं से जूझने की शक्ति बन जाती है। जब तक मनुष्य के प्रति यह आत्मिक लगाव न होगा तब तक आप उसके लिए नई दुनिया क्या बनाएँगे—'अब याद-ए-रफ़्तगाँ की भी हिम्मत नहीं रही/यारों ने कितनी दूर बसाई हैं बस्तियाँ'। फ़िराक़ की प्रगतिशीलता को समझने की ज़मीन यही मानवीय सम्बन्ध हैं।

प्रगतिशील लेखक संघ की स्थापना के सिलसिले में सज्जाद ज़हीर को प्रेमचन्द से मिलानेवाले फ़िराक़ ही थे। एक अर्से तक उनका संगठन की गतिविधियों से जुड़ाव भी रहा। लेकिन ऐसा नहीं लगता कि संगठन ने उनकी शाइरी के मूल स्वभाव को बदल दिया हो या कि वे संगठन के उद्देश्यों को सामने रखकर शे'र कहने लगे हों। दरअस्ल शुरू से ही उनकी शाइरी में व्यक्ति की निजता में अन्तर्निहित सामाजिक सम्भावनाओं को उभारने को बेचैनी मिलती है। सृजन की प्रयोजनीयता उनके लिए कोई नई चीज़ नहीं थी।

फ़िराक़ की शाइरी सूक्ष्म इन्द्रियबोध, भावों की सघनता और बौद्धिक संस्पर्श के कारण अपेक्षाकृत एक ज़्यादा संस्कारशील पाठक के लिए ग्राह्य हो सकती है। इसलिए अदबी हल्क़ों में यह बहस होती रही है कि उनकी शाइरी अवाम की शाइरी के दायरे में आती है या नहीं ? अवाम की शाइरी या जन-कविता के रूढ़ अर्थ में फ़िराक़ ही नहीं ग़ालिब और इक़बाल की शाइरी का एक बड़ा हिस्सा इस परिभाषा से बाहर छूट जाएगा। मीर को तो अपनी सफ़ाई में यह कहना ही पड़ा था—'गो मिरे शे'र हैं ख़्वास पसंद/पर मुझे गुफ़्तगू अवाम से है'। अवाम से सीधे जुड़ाव रखनेवाली शाइरी में नज़ीर समग्र, सौदा की व्यंग्य-रचनाएँ, हाली की समाज-सुधार विषयक नज़्में, इक़बाल का आंशिक कृतित्व और जोश-मजाज़-फ़ैज़-सरदार-मख़्दूम की कुछ आन्दोलनधर्मी नज़्मों को रखा जा सकता है। पर क्या इस दायरे से बाहर छूटे हुए उर्दू शाइरी के बेबहा सरमाए को अवाम के सुख-दुःख, आशा-आकांक्षाओं और सपनों से ख़ारिज मान लिया जाए ? अलबत्ता, हमारे जिन शाइरों ने अवाम की ज़िंदगी को उन्हीं की बोली-बानी

में ढालकर पेश किया है, इस बात की हमें क़द्र करनी चाहिए। लेकिन प्रगतिशीलता के पहले उभार के दौरान आलोचकों ने अवाम की शाइरी के जो प्रतिमान बनाए (और कुछ लोग आज भी बज़िद हैं), उन पर आपत्ति की जा सकती है। दरअस्ल सरल-सपाट और इकहरी अभिव्यक्ति को अवाम की शाइरी की एकमात्र पहचान क़रार नहीं दिया जा सकता। इसके अलावा हमें यह भी सोचना होगा कि हम अवाम के भीतर आधारभूत वर्गों के साथ-साथ मध्यवर्ग के स्तरों को शामिल करके चलते हैं या नहीं ? प्रगतिशील आन्दोलन के दौरान उठे हुए इन्हीं सवालों को ध्यान में रखते हुए मुक्तिबोध ने 'जनता का साहित्य किसे कहते हैं' निबन्ध में लिखा था : ''जनता का साहित्य का अर्थ जनता को तुरन्त ही समझ में आनेवाले साहित्य से हरगिज़ नहीं। अगर ऐसा होता तो क़िस्सा तोता-मैना और नौटंकी ही साहित्य के प्रधान रूप होते।'' मुक्तिबोध की राय के पेशेनज़र देखें तो फ़िराक़ जनता के कवि हैं, उस जनता के जो शिक्षा और संस्कृति द्वारा कुछ स्टैंडर्ड प्राप्त कर चुकी है।

—समकालीन भारतीय साहित्य, नवंबर-दिसंबर, 1999

मजाज़ : एक मज़दूरो-दहक़ाँ शाइर

मजाज़ की रचना-यात्रा की शुरूआत चौथे दशक के साथ होती है। यह वह दौर था जब उर्दू अदब में तरक़्क़ीपसंद तहरीक की ज़मीन तैयार हो रही थी। भविष्य की उम्मीदों से लबरेज़ एक नई रचनाशीलता की बुनियाद पड़ रही थी। इसी दौरान एक अलग आवाज़ सुनाई देती है—मजाज़ की आवाज़। शुरू में यह आवाज़ उर्दू की क्लासिकल शाइरी के बहुत समीप मालूम होती थी। लेकिन इसमें अंग्रेज़ी उपनिवेशवाद और देसी सरमायेदारी से मुक्ति की राह खोजते मनुष्य की पीड़ा भी शामिल थी। यही वह विशेषता है जो मजाज़ के विकल शब्दों को एक व्यापक मानवीय अर्थ देती है।

मजाज़ की शाइरी का पहला संग्रह 'आहंग' 1938 में प्रकाशित हुआ। फिर यही संग्रह कुछ नई नज़्मों के साथ 'शबताब' नाम से छपा। 'आहंग' के दूसरे संस्करण की भूमिका फ़ैज़ ने लिखी। इसमें मजाज़ की शाइरी के तमाम स्वरों का प्रतिनिधित्व है। यह संग्रह उर्दू शाइरी के एक विशिष्ट रुझान को लक्षित करता है।

'आहंग' में ग़ज़ल और नज़्म दोनों काव्यरूपों में रचनाएँ मिलती हैं। लेकिन मजाज़ का अस्ल मैदान नज़्म का है। 'हाली' और इक़बाल के बाद उन्होंने नज़्म को अपने समय की आवाज़ बनने की सामर्थ्य प्रदान की। उनकी नज़्मों में जो बयान की बेबाकी और ज़बान की तेज़ रवानी है, उर्दू शाइरी में उसका कोई सानी नहीं है। उनकी नज़्में सुस्तगाम नहीं हैं, उनमें एक उकताहट और बेचैनी है, जो सामाजिक अन्याय के हालात से विचलित शाइर की उद्विग्न मनःस्थिति का द्योतक है।

रूमान और हक़ीक़तनिगारी जहाँ विलोमार्थक युग्म न होकर जीवन के अलग-अलग पहलुओं को उजागर करनेवाली समग्र दृष्टि का रूप ले लेते हैं, वहाँ से मजाज़ की शाइरी की हदें शुरू होती हैं। रागतत्व, सौन्दर्य-लालसा, उद्दाम प्रेम भावना और इनके बरअक्स मनुष्य की नियति से जुड़े हालात मिलकर एक ऐसी जटिल और संश्लिष्ट दुनिया को रचते हैं जो सिर्फ़ मजाज़ की शाइरी की दुनिया ही हो सकती है। 'यह मेरी दुनिया यह मेरी हस्ती/नग़मा तराज़ी सहबापरस्ती'। गीत गाने और शराब की उपासना करने की यह दुनिया जितनी छोटी लगती है, उतनी है नहीं। देखना यह चाहिए कि इन गीतों की प्रकृति क्या है ? हम यह पाएँगे कि मजाज़ प्रेम के राग और मज़दूरों के क्रान्तिगीत जाबजा एक साथ गाते

हैं। एक-दूसरे के आर-पार जाती हुई भावुकता और तर्कशीलता उनकी दृष्टि का अन्तर्विरोध नहीं है बल्कि जीवन को एकाधिक कोणों से देखने की उत्कट इच्छा है जो अलग-अलग रंग अख़्तियार कर लेती है। मजाज़ के ज़ेहन की यह पेचीदगी ही उनकी निजता या ख़ास रंग है।

मजाज़ को लेकर यह राय ठीक नहीं जँचती कि पहले वे रूमानी थे, बाद में प्रगतिशील हुए। किसी रचनाकार की विचार-दृष्टि में घटित परिवर्तन को जितने सहज रूप में ले लिया जाता है, वस्तुतः वैसा होता नहीं है। सृजन के मामले में किसी अप्रत्याशित और त्वरित शिफ़्ट की कल्पना बेमानी है। इसलिए मजाज़ की रचनाशीलता के विकास को इतने सपाट ढंग से नहीं समझा जाना चाहिए। उनके भीतर शुरू से ही अपने रूमानी भावबोध से मुक्त होने का आत्मसंघर्ष देखा जा सकता है। लखनऊ, अलीगढ़ और दिल्ली के बीच की भटकन, तरक़्क़ीपसंद तहरीक से सक्रिय जुड़ाव और इसके साथ ही साथ सरदार जाफ़री के सहकार में 'नया अदब' साहित्यिक पत्र के सम्पादन जैसी घटनाओं ने उनके आत्मसंघर्ष को और अधिक तीव्र किया। सज्जाद ज़हीर ने 'रौशनाई' (प्रगतिवादी आन्दोलन के दस्तावेज़) में मजाज़ की सक्रियता का उल्लेख किया है। शुरूआती दौर में ही वे अपनी शाइरी के मुक़ाम की पहचान कर चुके थे। 1932 की ग़ज़ल का एक शे'र है—

बईं रिंदी 'मजाज़' इक शाइरे-मज़्दूरो-दहक़ाँ है
अगर शहरों में वो बदनाम है, बदनाम रहने दो

'नज़्रे-दिल', 'किससे मुहब्बत है' और 'एक ग़मगीन याद' जैसी नज़्मों को मजाज़ की रूमानी तबीयत के उदाहरण के रूप में पेश किया जाता है। इनमें शाइर अपने निजी एहसासों की सतह से चीज़ों को देखता है। आत्मग्रस्तता और भावों की अतिरंजना का दूसरा नाम ही रूमान है। लेकिन मजाज़ के यहाँ आत्मग्रस्तता के बजाय आत्मविस्तार का स्वर अधिक प्रभावी हो उठा है। उनका शाइर अभावों और वंचनाओं के बीच इच्छाओं और सपनों को बचाए रखना चाहता है जोकि जीवन की सबसे बड़ी पूँजी हैं। इस प्रकार मजाज़ अपनी प्रेम विषयक नज़्मों में अपने सुख-दुःख से आविष्ट होकर दुनिया के कारोबार को विस्मृत नहीं कर देते, बल्कि उसके भीतर ही अपने प्रेम की जगह तलाश करते हैं। उनका प्रिय भी इसी दुनिया के गुण-दोषों से युक्त मनुष्य है, कोई काल्पनिक आदर्श नहीं। बक़ौल शाइर, "मैं जिस दुनिया में रहता हूँ, वह उस दुनिया की औरत है।"

मजाज़ की नज़्मों का एक विशिष्ट सामाजिक और राजनीतिक सन्दर्भ है। उनका सरोकार चौथे दशक के किसान-मज़दूर आन्दोलन औद दूसरे विश्वयुद्ध के दौरान की परिस्थिति से रहा है। मजाज़ जैसे चेतनासम्पन्न रचनाकार का इन परिस्थितियों को अनदेखा करके शे'र कहना मुश्किल था। इसलिए उनकी कुछ नज़्में

प्रगतिवादी नारों का अनुवाद-सा लगती हैं। कहीं-कहीं भावनामूलक क्रान्तिकारिता का स्वर भी काफ़ी मुखर हो उठा है। लेकिन हमें इस तथ्य को नहीं भुला देना चाहिए कि ये नज़्में एक ऐतिहासिक विचारधारात्मक संघर्ष की गवाही देती हैं। 'मज़दूरों का गीत', 'आहंगे-नो', 'बोल अरी ओ धरती बोल' और 'नौजवान ख़ातून से' इसी प्रवृत्ति की नज़्में हैं। 'मज़दूरों का गीत' एक आन्दोलनधर्मी रचना है और अपने उद्देश्य में कामयाब है। 'बोल अरी ओ धरती बोल/राज सिंहासन डाँवाडोल' पंक्तियों की उस ज़माने में धूम मची हुई थी। इन नज़्मों में निहित ओज और औद्धत्य व्यापक जनाकांक्षाओं का प्रतिबिम्बन है। ऐसी रचनाएँ अभिजन वर्ग में इसलिए समादृत नहीं हुईं कि इनमें जड़ सौन्दर्यबोध के विरुद्ध एक नए मानवीय सौन्दर्य को मूर्त किया गया है। इनमें एक नए बनते हुए इनसान की पहचान की गई है। श्रम और संघर्ष के अनगढ़ सौन्दर्य को उभारकर सामने लाया गया है। 'नौजवान ख़ातून से' नज़्म का वह मशहूर शे'र देखिए—

तेरे माथे पे ये आँचल बहुत ही ख़ूब है लेकिन
तू इस आँचल से इक परचम बना लेती तो अच्छा था

'इनक़िलाब' (1933) नज़्म मजाज़ के ज़ेहन की पेचीदगी को समझने में बड़ी मदद करती है। नज़्म के शुरूआती बंद प्रेम और सौन्दर्य की भावनाओं से आपूरित हैं। शाइर एक गायक के गीत और संगीत की तारीफ़ का समाँ बाँधता है। इसके बाद नाटक की तकनीक का सहारा लेते हुए शाइर नज़्म को यथार्थ की भूमि पर ले जाता है। वह रबाब को फेंककर शोरे-इनक़िलाब सुनने की बात करता है। नज़्म में यह उठान, यह मोड़ देखने लायक़ है। जब शाइर गायक से कहता है, "बज़्मे-हस्ती का मगर क्या रंग है, यह भी देख' तब जैसे हमें मख़मली घास के बाद यकायक अंगारों पर चलने की-सी कैफ़ीयत महसूस होने लगती है। शाइर एक-एक बंद में उन भयानक हालात को मूर्त करता चलता है जिन्हें कि बदला जाना है। एकबारगी हमें लगता है कि यह संघर्ष से प्राप्त निराशाओं की नज़्म बनकर रह जाएगी। लेकिन यहीं फिर दूसरा मोड़ आता है और एक दुर्दम्य आशावाद की झलक के साथ नज़्म ख़त्म होती है। अगर शुरू में प्रेम और सौन्दर्यपरक दृश्य न होते तो बाद के यथार्थपरक चित्रांकन में यह प्रभावक्षमता पैदा न होती। यह मजाज़ का अपना ख़ास फ़न है।

मजाज़ की नज़्में एक ऐसे व्यक्ति के चरित्र को उभारती हैं जिसके मन में भविष्य के सपनों और आकांक्षाओं का ज्वार है। वह व्यक्ति निश्चित ही चौथे पाँचवें दशक के युवामानस को प्रतिबिम्बित करता है। वह एक नए समाज की रचना के लिए आकुल है लेकिन उसे अपनी विवशताओं का एहसास है। वह किंकर्तव्यविमूढ़ हरगिज़ नहीं है। विवशता और किंकर्तव्यविमूढ़ता दो अलग चीज़ें हैं। वह अपने सोच और संकल्प

में बहुत स्पष्ट है। लेकिन इसके अमली पहलू की पेचीदियों का भी उसे इल्म है। अगर हम इन नज़्मों के सामाजिक स्रोतों तक पहुँचें तो इसके कारणों को आसानी से जाना जा सकता है। यह कहना सरलीकरण होगा कि मजाज़ क्रान्ति के मार्ग की बाधाओं को छन्दोबद्ध कर रहे हैं। वस्तुतः वे व्यक्ति की आकांक्षा और वस्तुस्थिति के द्वन्द्व को उभारना चाहते हैं। विवशताएँ इसी द्वन्द्व का अवश्यंभावी परिणाम हैं। वे ऐसे अकेले शाइर हैं जिनके यहाँ प्रेम से लेकर क्रान्ति तक की विवशताओं का इतना मार्मिक चित्रण मिलता है। 'मजबूरियाँ' नज़्म में कहते हैं–

यह मजबूरी-सी मजबूरी यह लाचारी-सी लाचारी
कि उसके गीत भी जी खोलकर मैं गा नहीं सकता

इस सिलसिले में उनकी मशहूर नज़्म 'आवारा' ध्यान देने योग्य है। यह नज़्म सिर्फ़ क्रान्ति के सन्देश के कारण अपील नहीं करती बल्कि इसकी शक्ति इस बात में है कि यह मानवीय जीवन को उसकी तमाम दुर्बलताओं के साथ रूपायित करती है। उसकी नियति पर अनेक कोणों से रौशनी डालती है। हर तीन मिसरों के बाद शाइर इस टेक को दोहराता है–'ऐ ग़मे-दिल क्या करूँ, ऐ वशहते-दिल क्या करूँ?' तीन मिसरों में वह अपनी आकांक्षा व्यक्त करता है, जीवन-यथार्थ के एक-एक पक्ष को उभारता है और अन्तिम मिसरे में जीवन-यथार्थ के एक दूसरे रुख़ को सामने लाता है। इस तरह की नज़्मों को ध्यान में रखते हुए सैयद एहतिशाम हुसैन ने ठीक ही कहा है, "मजाज़ को भारतवर्ष के जागते हुए नवयुवकों की आशाओं, कल्पनाओं और व्याकुल उमंगों का कवि कहा जा सकता है।" (उर्दू साहित्य का इतिहास, पृ. 313) 'आवारा' नज़्म से अच्छी मिसाल इसकी क्या होगी–

जी में आता है ये मुर्दा चाँद-तारे नोंच लूँ
इस किनारे नोच लूँ और उस किनारे नोंच लूँ
एक-दो का ज़िक्र क्या सारे के सारे नोंच लूँ
ऐ ग़मे-दिल क्या करूँ, ऐ वहशते-दिल क्या करूँ

मजाज़ की कवि-दृष्टि मामूली-से लगनेवाले विषय को भी नए अर्थ से भर देती है। प्रायः उनकी उन्हीं नज़्मों पर बात की जाती है जो अपनी वैचारिक पहचान के लिए चर्चित हैं। लेकिन मजाज़ ने 'रात और रेल' जैसी रचना भी लिखी है। जहाँ शाइर रात में चलती हुई रेल के अन्दर से बाहर की दृश्य-छवियाँ उभारता है, लेकिन यहाँ भी वह अपने मानवीय सरोकारों को व्यक्त करने की राह ढूँढ़ लेता है। वह उस मनुष्य को नहीं भूलता जो कि उसके सृजन का लक्ष्य है। मजाज़ अँधेरे में दौड़ती हुई रेल की उपमा यों देते हैं–

एक मुजरिम की तरह सहमी हुई, सिमटी हुई
एक मुफ़लिस की तरह सर्दी में थर्राती हुई

मजाज़ की शाइरी के बारे में फ़ैज़ का यह कथन बहुत मौज़ूँ है कि "मजाज़ इनक़िलाब का ढिंढोरची नहीं, इनक़िलाब का मुतरिब है। उसके नग़मे में बरसात के दिन की-सी सुकूनबख़्श ख़ुनकी है और बहार की रात की-सी गर्मजोश तास्सुर आफ़रानी।"

—जनसत्ता, 16 मार्च, 1997

इस्मत चुग़ताई की आपबीती

इस्मत चुग़ताई (1912-92 ई.) एक बाग़ी क़लम का दूसरा नाम है। अलीगढ़ के जिस परिवेश में वे पलीं-बढ़ीं, हर ओर उनके चंगेज़ी वंश के ख़ानदान का शुहरा था। ढहते हुए सामन्तवाद के चिह्न इस ख़ानदान की आनबान में देखे जा सकते थे। लेकिन ऐतिहासिक परिस्थिति के दबाववश एक नई चेतना का उन्मेष भी हो रहा था जिसे आम मुस्लिम समुदाय स्वीकार करने को तैयार नहीं था। किन्तु चुग़ताई ख़ानदान के दरवाज़े इस नई चेतना के लिए खुले थे। रूढ़िवाद और आधुनिक संवेदना के बीच एक अजब कशमकश थी। विशेष रूप से स्त्री-शिक्षा। के पक्ष में मुसलमान अपना मन नहीं बना रहे थे। हाली की *मुसद्दस* की हिदायतों पर ठीक से अमल नहीं हो पा रहा था। तब अलीगढ़ में अब्दुल्ला ख़ानदान ने स्त्री-शिक्षा का बीज उगाया। इस्मत के पिता ने, जो कि पेशे से जज थे, भी इस मुहिम का समर्थन किया। उस समय तक अलीगढ़ कॉलेज में लड़कियों के लिए एफ.ए. तक की शिक्षा का प्रबन्ध था। दस भाई-बहनों के बीच इस्मत ने अलीगढ़ कॉलेज में बोर्डिंग में रहकर एफ.ए. किया। फिर लखनऊ के आई.टी. कॉलेज से बी.ए. की परीक्षा पास की।

अलीगढ़ कॉलेज में अन्तिम दिनों में एक महत्वपूर्ण साहित्यिक घटना घटी। सज्जाद ज़हीर के सम्पादन में लखनऊ से उर्दू के बहुचर्चित कहानी-संग्रह *अंगारे* (1935 ई.) का प्रकाशन हुआ। इसमें शेख़ अब्दुल्ला की बेटी रशीद जहाँ की भी दो कहानियाँ शामिल थीं। अलीगढ़ में वाबेला मच गया। इस्मत चुग़ताई के शब्दों में, "*अंगारे* और वह भी मुसलमानों की जागीरी ज़ुबान में।" धार्मिक कट्टरवादियों ने, जो उर्दू को मुसलमानों की भाषा समझते थे, इस संग्रह की मज़म्मत करते हुए एक अख़बार निकाला। इसमें इन कहानियों के प्रशंसकों के बारे में भी भला-बुरा लिखा गया। इसके विरुद्ध सही सोच के लोगों का एक मोर्चा बन गया। इस्मत इस मोर्चे की बाक़ायदा अगुआ रहीं। अब तक उनके भीतर लिखने के संस्कार जाग चुके थे।

इस्मत की पहली कहानी 'बचपन' से उनके सोच की दिशा का अनुमान हो जाता है। यह बचपन की एक घटना पर आधारित है। इसमें बचपन में क़ुरान के पाठ का अभ्यास करानेवाले मौलवी साहब का ख़ाका खींचा गया है। कहानी *तहज़ीब-ए-निस्वाँ* पत्रिका में छपने भेजी गयी। सम्पादक ने इस आपत्ति के साथ लौटा

दी कि क़ुरान की पाठ-विधि का उपहास करते हुए लेखिका ने अधार्मिकता और गुनहगारी का परिचय दिया है।

इस्मत चुग़ताई के लेखन की प्रेरणा अर्द्धसामन्ती मूल्य-व्यवस्था के कठोर विधि-निषेधों में बीज रूप में मौजूद है। उन्होंने बाल्यकाल से ही स्त्रियों के उपेक्षापूर्ण जीवन की वेदना को महसूस किया। संकीर्ण नैतिकता और तथाकथित लोक-मर्यादा की शिला के नीचे दम तोड़ती स्त्री की कराह को सुना। उन्हें लगा कि स्त्री से भाषा छिनती जा रही है और उसके हिस्से में सिर्फ़ मौन रह गया है। इस स्त्री को आवाज़ देने का संकल्प उनके मन में जागा। विद्यार्थी जीवन में अपनी ज़बानदराज़ी और बातूनीपन के कारण उनकी माँ उनसे नाखुश रहती थीं। एक सुघड़ गृहणी बनने की बात इस्मत के मन में कभी नहीं आती थी। उनके अनुसार यह सुघड़ापा औरत के पैर की बेड़ी है और उनकी हर कहानी इस बेड़ी को काटने की एक कोशिश है।

पश्चिम में नारीवाद का आन्दोलन बहुत बाद में परवान चढ़ा। इस्मत दशकों पहले स्त्री के पक्ष में अपनी आवाज़ बुलंद कर चुकी थीं। यद्यपि उन्होंने कभी अपने फ़ेमिनिस्ट होने की घोषणा नहीं की, इसके बावजूद वे उर्दू की पहली फ़ेमिनिस्ट लेखिका हैं। वे स्त्री-जीवन के कारुणिक चित्र नहीं उभारतीं, बल्कि हमारे समाज की वर्गीय संरचना के नतीजे के रूप में स्त्री की नियति को देखती-परखती हैं। उनका यह दृष्टिकोण प्रगतिशील आन्दोलन की देन था।

उनकी कहानियों के बीच से एक नई और आज़ाद स्त्री आकार लेती है। उन्होंने बड़े उपन्यास नहीं लिखे। *ज़िद्दी* (1941), *टेढ़ी लकीर* (1943) और *जंगली कबूतर* (1967) को लघु उपन्यास या लम्बी कहानियाँ कह सकते हैं। कुछ कहानियाँ *एक बात* (1942) और *दो हाथ* (1955) में संगृहीत हैं। इन संग्रहों से बाहर भी अनेक कहानियाँ हैं। इन तमाम कथा-रचनाओं में पूर्ण और मुक्त जीवन की तलाश में चारदीवारी के भीतर घुटती हुई युवा स्त्रियों के चित्र मिलेंगे। *टेढ़ी-लकीर* सामाजिक निषेधों से बग़ावत करती हुई लड़की की कथा है। इस कहानी में शम्शाद के जरिए लेखिका ने पुरानी मूल्य-मान्यताओं के अन्तर्विरोध दिखाए हैं। शम्शाद उर्दू कहानी की एक यादगार किरदार है।

इस्मत चुग़ताई की कहानियों में सेक्स एक सामाजिक निषेध (टैबू) के रूप में मिलता है। उन्होंने सेक्स को लेकर मूल्यहीन उन्मुक्तता की पैरवी नहीं की, बल्कि उनकी नीयत यह रही है कि सेक्स के निषेध से पैदा हुई स्त्री-जीवन की विसंगतियों पर खुलकर बात होनी चाहिए। इसके लिए निर्भीकता और साहस की दरकार है। इस कथ्य पर उनकी सर्वाधिक चर्चित कहानी *लिहाफ़* है। कतिपय आलोचकों ने इसे 'पोर्नोग्राफ़ी' और प्रदर्शनवाद का नमूना बताया है। दरअस्ल यह कहानी धार्मिक रूढ़िवाद और सामाजिक पाखंड पर तीखा व्यंग्य है। दूसरे, *लिहाफ़* एक परित्यक्ता स्त्री की कहानी

भी है जिसे एक बच्चे की आँख से 'नैरेट' किया गया है। उर्दू के जाने-माने आलोचक अली जव्वाद ज़ैदी की भी यही राय है। इस कहानी पर 1944-45 में लाहौर की अदालत में मुक़दमा भी चला। इस्मत की *लिहाफ़* और मंटो की *बू* पर एक साथ मुक़दमे चले। दोनों कहानियों पर फ़हाशी या अश्लीलता का आरोप था। अपने निर्णय में अदालत ने *लिहाफ़* को फ़हश नहीं माना। *लिहाफ़* की इतनी चर्चा हुई कि इसके सिवा उनका तमाम कृतित्व उपेक्षित-सा हो गया। बक़ौल उनके, *लिहाफ़* एक तरह से उनकी चिढ़ बन गई। कुछ लोगों ने उन्हें फ़हशनिगार मान लिया और अधिकांश पत्रिकाओं के सम्पादक उनसे वैसी ही कहानी की माँग करने लगे। इस कहानी के बाद उन्होनें *टेढ़ी लकीर* लिखी। यह कहानी शाहिद अमहद देहलवी को छपने के लिए भेजी गई। उन्होंने राय दी कि इस कहानी की नायिका को लिहाफ़ज़दा कर दें, तो अच्छा रहे। उन्होंने नाराज़ होकर कहानी वापस मँगा ली और बाद में कहानी लाहौर से छपी।

हिन्दी के चेतनासम्पन्न पाठक जानते हैं कि यशपाल की *फूलो का कुर्ता* कहानी अश्लील नहीं है। यह हर दृष्टि से एक यथार्थवादी कहानी है। इस कहानी के प्रभाव को ज़ेहन में रखकर हम इस्मत चुग़ताई की कहानियों पर की गई आपत्तियों की वास्तविकता समझ सकते हैं।

एक कथाकार के रूप में इस्मत चुग़ताई की विशिष्टता यह है कि वे अपनी रचना को दस्तावेज़ी नहीं बनने देतीं। उनके यहाँ तात्कालिकता का दबाव नहीं मिलता। समय की व्याख्या करने के लिए उन्होंने समय में जीते हुए लोगों के झुलसते हुए सपनों और बुझती हुई उम्मीदों की वेदना को कहानी की ज़मीन बनाया। यही कारण है कि उन्होंने स्त्री-जीवन पर समस्याप्रधान कहानियाँ नहीं लिखीं।

यदि प्रेमचन्द की तरह लिखना उनकी विरासत की शर्त नहीं है--जो कि नहीं है--तो इस्मत चुग़ताई इस विरासत को नई और अछूती सतहों पर विकसित करनेवाली एक विशिष्ट कथाकार हैं।

काग़ज़ी है पैरहन इस्मत चुग़ताई की आपबीती है। यह आत्मकथा प्रकाशन विभाग की पत्रिका *आजकल* (उर्दू) में मार्च, 1979 से मई, 1980 तक क़िस्तवार छपी थी। चौहद क़िस्तों के बाद वे इस आत्मकथा को पूरा करने का समय नहीं निकल पाईं। हर अध्याय को एक अलग शीर्षक दिया गया। केवल दूसरे अध्याय पर शीर्षक नहीं है। बल्कि बाक्स में समर्पण है—'उन अनब्याहताओं के नाम जिनके बदन बेमुहब्बत रियाकार सेजों पे सज-सज के उकता गए हैं—फ़ैज़ अहमद फ़ैज़।'

दूसरे अध्याय के अन्त में बाक्स में निम्नलिखित सामग्री दी गई है—

"दूसरा अध्याय भेज रही हूँ। मैं अपनी याददाश्त और ख़ानदान के लोगों की ज़बानी सुनी-सुनाई बातों को, जिन्होंने मुझे प्रभावित किया और हर एक तबक़े की उलझनों, नए सवालों और उनके हल की समस्याएँ अजीब उलझी हुई-सी चीज़ है।

जो चीज़ जब भी तैयार हो जाएगी, भेजती रहूँगी। इसे विभिन्न शीर्षकों से छपने दीजिए। तारतम्य एडिट करते वक़्त बाद में क़ायम कर लिया जाएगा।''

उपर्युक्त नोट से इस आत्मकथ्य की योजना का पता चल जाता है। इससे यह भी स्पष्ट हो जाता है कि इन अध्यायों में समय और घटनाओं का क्रम नहीं है। वे आत्मकथा पूरी करने के बाद इसे सम्पादित करने का इरादा रखती थीं। किन्तु यह सम्भव न हो सका।

पुस्तक के आरम्भ में दिया गया *गुबार-ए-कारवाँ* शीर्षक अंश क़िस्तवार प्रकाशित आत्मकथ्य में शामिल नहीं था। यह स्वतन्त्र रूप में एक सम्पूर्ण आत्मकथ्य है। यह भी *आजकल* (उर्दू) में ही प्रकाशित हुआ था। जैसा कि शीर्षक से स्पष्ट है, समय के गुबार के उस पार मौजूद भूले-बिसरे क्षणों को याद करने की बेचैनी यहाँ मिलती है। विशेष रूप से 'गुबार-ए-कारवाँ' को पढ़कर हम यह आसानी से जान लेते हैं कि इस्मत के विद्रोही व्यक्तित्व का निर्माण किन परिस्थितियों में हुआ था।

गुबार-ए-कारवाँ का थीम मुख्य रूप से बचपन है। इसमें उन्होंने बचपन की अविस्मरणीय घटनाओं को याद किया है। पड़ोसी हिन्दू परिवार में जन्माष्टमी की पूजा के दिन उन्हें पहली बार हिन्दू और मुसलमान का अन्तर समझाया गया, जो कि उनकी समझ में कभी नहीं आया। उनकी स्वीकारोक्ति देखिए, ''मैं मुसलमान हूँ। बुतपरस्ती शिर्क है। मगर देवमाला मेरे वतन का विरसा है। इसमें सदियों का 'कल्चर' है और फ़लसफ़ा समोया हुआ है। ईमान अलहदा है, वतन की तहज़ीब अलहदा है।''

काग़ज़ी है पैरहन के आरम्भ में उर्दू के जाने-माने कथा-आलोचक वारिस अल्वी की भूमिका है। यह भूमिका इस्मत की कहानियों पर बेबाक टिप्पणी तो है ही, इसके साथ उनकी आत्मकथा के बिखरे हुए पाठ में एक क्रम और व्यवस्था क़ायम करने का भी सफल प्रयास है। इस भूमिका की मदद से हम आत्मकथा में विद्यमान समय के अन्तराल को भर सकते हैं और घटनाओं में पूर्वापर सम्बन्ध स्थापित कर सकते हैं।

आत्मकथा की अन्तिम क़िस्त 1980 में लिखी गई थी और इस्मत चुग़ताई का निधन 1992 में हुआ। लेकिन इसमें 1980 तक के पूरे हालात का ज़िक्र नहीं है। इसमें क़रीब दो दशक तक की यादें मिलती हैं। उन्होंने तिथियों में बँधकर आत्मकथा नहीं लिखी है। इसलिए इसके हर अंश में एक बेहतरीन कहानी जैसी अपील है। इस्मत अपने जीवन की महत्वपूर्ण घटनाओं के प्रति संवेदनात्मक प्रतिक्रिया में पाठकों को शामिल करने में सफल हो जाती हैं।

इसमें प्रगतिशील आन्दोलन और फ़िल्मी दुनिया की झलकियाँ भी उतनी नहीं मिलतीं। जब कि इस्मत दोनों से बदस्तूर जुड़ी रहीं। शायद इसका यह कारण रहा है कि इस पद्धति से लिखने पर यह आपबीती एक इतिहास-ग्रन्थ जैसी बोझिल और

उबाऊ हो सकती थी। पाठक की दृष्टि का केन्द्र बदल जाता, दूसरे-दूसरे सन्दर्भ लेखिका के निजी उद्‌गारों की जगह ले लेते। वारिस अल्वी ने भूमिका में ठीक ही कहा है कि, ''प्रगतिशील आन्दोलन, रूस-चीन की यात्राएँ और फ़िल्मी दुनिया के हवालों से आपबीती की दस्तावेज़ी अहमियत तो बढ़ जाती लेकिन इसमें पत्रकारिता जैसी भर्ती की सामग्री बहुत समा जाती और यह इतना दिलचस्प न बन पाती।''

यह दिलचस्प है कि *काग़ज़ी है पैरहन* को *आजकल* (उर्दू) की पाँचवीं और बाद की एक दो क़िस्तों में धारावाहिक उपन्यास नाम दिया गया है। लेकिन इसे आत्मकथात्मक उपन्यास कहना ठीक न होगा। क्योंकि इस स्थिति में कथानक में तारतम्य होना ज़रूरी है। लेखिका स्वयं इस बात के प्रति सचेत थीं कि वे कोई उपन्यास नहीं लिख रही हैं, बल्कि अपने अतीत का प्रत्यवलोकन कर रही हैं। आत्मकथा के रूढ़ 'फ़ार्म' में भी यह पुस्तक नहीं अँटती। यह अपनी पुरानी स्मृतियों के सहारे किया गया आत्मसाक्षात्कार है। लगता है जैसे वे अपने बीते हुए समय के बारे में स्वयं से पूछ रही हों—''तुम्हें याद हो कि न याद हो।'' वारिस अल्वी का यह निष्कर्ष उचित है कि *काग़ज़ी है पैरहन* इस्मत चुग़ताई की यादों की बारात है।

आत्मकथा उनके विद्यार्थी जीवन की एक याद के साथ समाप्त होती है। अब वे आई.टी. कालेज, लखनऊ से बी.ए. कर चुकी हैं। विदाई का दृश्य है। सीनियर लड़कियाँ जूनियरों को जलती हुई क़न्दीलें सौंपती हैं, इस आशा के साथ कि ये क़न्दीलें बुझने न पाएँ। अन्तिम वाक्य ही बहुत मार्मिक और भावपूर्ण है—''उन क़न्दीलों की रौशनी आज तक दिमाग़ में महफ़ूज़ है।''

इस आत्मकथा के कुछ चरित्रों को हम भुला नहीं पाते। जैसे चुग़ताई परिवार के सदस्य, उनके अनगिनत नौकर, स्कूल-कॉलेज के छात्र और अध्यापक, अलीगढ़, बरेली, सूजत और जोधपुर के बहुत से लोगों से हमारा परिचय होता है। कुछ चरित्र विशेष रूप से प्रभावित करते हैं। इस्मत के पिता मिर्ज़ा क़सीम बेग चुग़ताई एक सामन्त के रूप में चित्रित किए गए हैं। बच्छो फूफी का चरित्र अपने भीतर एक ज्वालामुखी समाहित किए हुए है। यह उनकी सगी फूफी थीं। इस पर उन्होंने 'बच्छो फूफी' नामक कहानी भी लिखी है। 'अधूरी औरत' शीर्षक अध्याय में बच्छो फूफी को ख़ूब याद किया गया है। उनके बचपन का मित्र जुगनू भी एक प्राणवान चरित्र है। अज़ीम बेग के चरित्र के साथ एक महत्वपूर्ण सामाजिक घटना जुड़ी हुई है जो कि इस्मत के जीवन में भी विशेष अहमियत रखती है। अज़ीम बेग वह व्यक्ति हैं जो धार्मिक कट्टरवादियों के ख़िलाफ़ लड़ाई में आगे-आगे रहे। उन्होंने डिप्टी नज़ीर अहमद की *उम्मत की माएँ* पुस्तक का विरोध करनेवालों का खुलकर सामना किया।

काग़ज़ी है पैरहन में अलीगढ़, लखनऊ, बरेली और राजस्थान के सांस्कृतिक जीवन की महक समाई हुई है। विशेष रूप से राजस्थान के रस्मो-रिवाज का सूक्ष्म और समीपी

निरीक्षण बहुत प्रभावित करता है। बम्बई जाने से पहले वे जोधपुर के गर्ल्स कॉलेज में प्रिंसिपल रही थीं। राजस्थान के सूजत में उनके पिता कुछ समय तक जज रहे। वहाँ की बाल विधवाओं के शापमय जीवन ने उन्हें उद्वेलित कर दिया था। राजस्थान की स्मृतियों के बहाने सामन्तीय जीवन-पद्धति पर तीखी चोट की गई है। 'सोने का उगालदान' इसकी मिसाल है। यह अध्याय आभिजात्य के पाखंड को लेकर इस्मत की तीव्र घृणा को व्यक्त करता है।

कटाक्ष और विनोदप्रियता का इस्मत के व्यक्तित्व में केन्द्रीय स्थान है। उनके एक शीर्षक का इस्तेमाल करते हुए कहा जा सकता है कि उन्हें सरल की बजाय टेढ़ी लकीर ज़्यादा पसंद थी। उक्ति की यह वक्रता उनके भाषा-संस्कारों में रची-बसी है। वे ख़ाका खींचने में महारत रखती हैं। उनमें ऐसी गहराई और उन्मुक्तता है कि वे स्वयं पर भी हँस सकती हैं। परिवार के सदस्यों, स्कूल-कॉलेज के सहपाठियों व अध्यापकों के बीच उन्होंने अपना उपहास भी किया है। 'अलीगढ़ और ताले' जैसे अध्यायों में ऐसे सन्दर्भ बिखरे पड़े हैं। यहाँ स्वयं को गौरवान्वित करने जैसी तृष्णा की गन्ध तक नहीं है।

यह आपबीती जिस रूप में भी हमारे सामने है, इस्मत के व्यक्ति और कथाकार दोनों रूपों से अन्तरंग परिचय करा देती है। तारतम्य के अभाव के बावजूद हम उनके रचनात्मक विकास के क्रमिक सोपानों का एक ग्राफ़ बना सकते हैं। दूसरे यह आपबीती इसलिए भी महत्वपूर्ण है कि इसकी रौशनी में इस्मत के कृतित्व पर एक नए ढंग से पुनर्विचार करने की रुचि भी पैदा हो सकेगी।

अन्त में बानगी के बतौर इस आपबीती के एक अंश का हिन्दी रूपान्तर प्रस्तुत है। इससे इस्मत की कहानी-कला के कई ख़ास और अहम पहलू भी उजागर हो सकेंगे—

"रोने और गला फाड़कर चिल्लाने में हम सब बहन-भाइयों को ख़ासी महारत हासिल थी। हमारी माँ बौखलाकर हमारा कहना मानने को विवश हो जातीं। हमें अपनी इस ताक़त का शिद्दत से एहसास था। बच्चे रो-पीटकर ही अपनी नापसन्दगी व्यक्त कर सकते हैं।

एक दिन एक मजलिस में पहली बार मर्सियों और नौहों का मतलब समझ में आया। और जब अली असग़र के हलक़ में तीर पैबस्त होने का ज़िक्र आया तो ड़र से मेरी घिग्गी बँध गई। मैंने बुरी तरह दहाड़ें मारकर रोना शुरू कर दिया। मातम करनेवाली बीबियाँ एकदम चुप हो गईं और बड़ी हैरत से मुझे देखने लगीं। समझीं, शायद तबर्रुक (प्रसाद) की प्रतीक्षा का धैर्य टूट गया है या कहीं चोट-चपेट आ गई या किसी कीड़े-मकौड़े ने डस लिया।

"क्यों मारा ? हलक़ में तीर क्यों मारा ?" मैंने आदत के मुताबिक़ मचल-मचलकर पूछा। किसी ने मेरे सवालों का जवाब न दिया। मुझे पागल और ज़िद्दी

समझकर मजलिस से भगा दिया गया। फिर वापस आकर तुरन्त भाइयों ने मेरी शिकायत की कि मैंने मजलिस में विघ्न डाला, अशिष्टता की और सबको लज्जित कराया।

घोर अवमानना के साथ निकाली गई।

"तीर क्यों मारा ? हाथ में मारा दिया होता। बिचारे के हलक़ में क्यों मारा ?" मैं अपनी बात पर अड़ी रही।

"अच्छा बस, बकबक बन्द करो और सो जाओ !" डाँट पड़ी।

मगर मेरे हिस्से की नींद कहाँ ? जैसे ही आँख बन्द करती, सामने बच्चे के मुँह में चुभा तीर दिखाई देता। मैं चीख़ें मारने लगती।

"अब ग़ारत हो बदनसीब ! सो जा चुड़ैल, नहीं तो गला घोंट दूँगी।" बारी-बारी से घर के सब बुज़ुर्गों ने क़त्ल करके मुझसे निजात पाने की धमकियाँ दीं। मगर मेरी सिसकियाँ न रुकीं। तब डर के मारे मैं शेख़ानी बुआ के पास घुस गई क्योंकि अकेले पलंग पर मुझे डर लग रहा था।

"क्यों मारा तीर ?" मैंने शेख़ानी बुआ की बग़ल में सिसककर पूछा।

"ऊ, अजीद हरामी रहे।" उन्होंने समझाया।

"तो उसके पास बच्चे को क्यों ले गए ?"

"बच्चा प्यासा रहे।"

"तो उसे दूध दिया होता।"

"दूध माँ का ख़ुश्क हुई गवा रहे।"

"तो पानी ही दे दिया होता।"

"पानी कहाँ रहे ? नहर पे तवाद की फ़ौज का पहरा रहे।"

"क्यों ?"

"अब ई हम का जानें ? रहे कुछ गड़बड़।"

"फिर ?"

"बच्चा का पानी पियाए ख़ातिर नहर पे ले के गए तो मार दिहिस तीर।"

"हलक़ में ?"

"हाँ।'

और मेरे हलक़ में बड़े-बड़े काँटेदार गोले फँसने लगे।

"तीर की बच्ची न सोती है, न सोने देती है।" मेरी माँ ने ऐसे कस-कस कर थप्पड़ और घूँसे लगाए कि सचमुच मेरी कर्बला कर दी।

बरसों घर में मेरा इस घटना पर मज़ाक़ उड़ता रहा। जब कोई मेहमान घर में आता तो भाई मुझे नीचा दिखाने के लिए, कहते, "ये मजलिस में भौं-भौं रोई थी। निकाली गई। फिर अम्मां ने इसकी ख़ूब ठुकाई की।"

मैं शर्म से पानी-पानी हो जाती। यह मेरी ज़िन्दगी की पहली अहम ट्रेजेडी थी और बरसों इसका असर रहा। मजलिसों में जाते मेरा दम निकलता था। फिर गले

में तीर मारने का ज़िक्र होगा और काँटेदार गोले मेरे गले में उकसेंगे। मजलिस की शान्ति भंग होगी।

अभी कुछ साल हुए, हिटलर के कारनामों के बारे में एक फ़िल्म देखी। लाखों गली-सड़ी लाशों को देखकर मेरे अन्तःकरण में अली असग़र के हलक़ में अटका हुआ तीर खटकने लगा। वियतनाम में बारह साल से ख़ून की होली खेली जा रही है। सब कहाँ हैं ? कोई रोकता क्यों नहीं ? इन्सानियत यों ही कब तक बेबस तमाशा देखती रहेगी ? इन्सान ने इन्सान का बज़ाहिर गोश्त खाना बंद कर दिया है लेकिन उसकी सलाजीत बनाकर अब भी हज़्म कर रहा है। मुझे ऐसी दुनिया से प्यार नहीं। इसके उसूलों से घिन आती है।

एक और घटना मेरे बचपन की है जिसने मुझे प्रभावित किया था। वालिद काफ़ी खुले विचारों के थे। बहुत-से हिन्दू परिवारों से मेलजोल था। यानी एक ख़ास वर्ग के हिन्दू-मुसलमान बहुत सलीक़े से घुले-मिले रहते थे। एक-दूसरे की भावनाओं का ध्यान रखते थे। हम काफ़ी छोटे थे जब ही एहसास होने लगा था कि हिन्दू और मुसलमान एक-दूसरे से कुछ-न-कुछ भिन्न ज़रूर हैं। ज़बानी भाईचारे के प्रचार के साथ-साथ एक तरह की सावधानी का एहसास होता था। अगर कोई हिन्दू आए तो गोश्त-वोश्त का नाम न लिया जाए। साथ बैठकर एक मेज़ पर खाते समय भी ध्यान रखा जाए कि कोई चीज़ छू न जाए। सारा खाना दूसरे नौकर लगाएँ। उनका खाना पड़ोस का महाराज लगाए। बर्तन भी वहीं से मँगा दिए जाएँ। अजब घुटन-सी छा जाती थी। एक से एक ऊँची विचारसम्पन्नता की बातें हो रही हैं। एक-दूसरे के प्रेम और बलिदान के क़िस्से दोहराए जा रहे हैं। अंग्रेज़ों को मुजरिम ठहराया जा रहा है। साथ-साथ बुज़ुर्ग काँप रहे हैं कि कहीं बच्चे कि छुट्टे बैल हैं, कोई ऐसी हरकत न कर बैठें जिससे कि धर्म भ्रष्ट हो जाए।

"क्या हिन्दू आ रहे हैं ?" पाबन्दियाँ लगते देखकर हम लोग बोर होकर पूछते।

"ख़बरदार, चाचा जी और चाची जी आ रहे हैं। बदतमीज़ी की तो खाल खींचकर भूसा भर दिया जाएगा।"

और हम तुरन्त समझ जाते कि चाचाजान और चचीजान नहीं आ रहे हैं जब वे आते हैं, तो सीख़ कबाब और मुर्ग़ मुसल्लम पकता है। लौकी का रायता और दही-बड़े नहीं बनते। यह पकने और बनने का फ़र्क़ भी बड़ा दिलचस्प है।"

('गुबार-ए-कारवाँ' अध्याय से उद्धृत)

—'आजकल', दिसम्बर, 1995

क़ुर्रतुल-ऐन हैदर के उपन्यास

क़ुर्रतुल-ऐन हैदर (1927 ई.) ऐतिहासिक परिस्थितियों की सापेक्षता में बदलते हुए मानवीय सम्बन्धों और विभिन्न समुदाय के लोगों की पारस्परिक अन्तर्क्रियाओं को अभिव्यक्ति देनेवाली एक अद्वितीय उर्दू कथाकार हैं। उनके उपन्यास और कहानियाँ न सिर्फ़ आज़ादी के बाद मध्यवर्गीय जीवन की विसंगतियों का बयान करते हैं बल्कि इतिहास की निरन्तरता में बदलते हुए सांस्कृतिक मानस को भी प्रतिबिम्बित करते हैं। उनके वरिष्ठ समकालीनों में जहाँ सआदत हसन मंटो (1914-1955) ने निम्नवर्ग के लोगों के उपेक्षित और गर्हित जीवन को रचना का विषय बनाया तथा इस्मत चुग़ताई (1912-1992) ने अपने आस-पास के परिचित परिवेश के बीच से यथार्थ को रूपान्तरित किया; वहीं क़ुर्रतुल-ऐन हैदर ने अपने समय के तीक्ष्ण अन्तर्विरोधों को अपनी कथा-रचनाओं के केन्द्र में स्थान दिया। इस्मत की तुलना में उनमें भावुकता का अंश कम है। उनकी कथाकृतियों में विचार-तत्त्व अधिक प्रभावी है।

क़ुर्रतुल-ऐन हैदर का पहला उपन्यास *मेरे भी सनमख़ाने* 1949 में प्रकाशित हुआ। इसमें स्वतन्त्रता आन्दोलन के अन्तिम दौर से लेकर भारत-विभाजन के तुरन्त बाद तक की घटना-स्थितियों का निरूपण है। एक घटना पर अविकल रूप से रचना करने के कुछ ख़तरे होते हैं। यानी लेखक के मन पर तात्कालिकता का दबाव अधिक रहता है। वह बीती परिस्थिति पर तटस्थ होकर और दूर हटकर कुछ नहीं सोच पाता। इसलिए इस उपन्यास में इतिवृत्त बहुत है। फिर भी यह उपन्यास लेखिका की सामाजिक जागरूकता का पता देता है। इसमें मज़दूर चरित्र नहीं हैं। यह उच्च मध्यवर्ग की दास्तान है। फिर 1954 में उनका *सफ़ीना-ए-ग़मे-दिल* उपन्यास आया। इसमें 1946 से 1948 तक के हालात मिलते हैं। यह उपन्यास नई पीढ़ी के मोहभंग की कहानी कहता है। फ़ैज़ ने आज़ादी की बाबत कहा था—*वो इंतिज़ार था जिसका ये वो सहर तो नहीं*। यह मोहभंग है। क़ुर्रतुल-ऐन हैदर इस उपन्यास में कहती हैं : "इन्क़िलाब एक ख़्वाब था, हम किस मौत से बचे, अब कौन-सी मौत हमारे सामने है?"

आग का दरिया (1959) से क़ुर्रतुल-ऐन हैदर ने विशेष ख्याति अर्जित की। यह उर्दू कथा-साहित्य में क्लासिक की श्रेणी में आता है। इतिहास-बोध और मौजूदा यथार्थ की सह-स्थिति के कारण यह उपन्यास अद्वितीय है। लेखिका ने समय के व्यापक

फलक पर यथार्थ के चित्र उभारे हैं। यह उपन्यास हमें अपने समय से तो परिचित कराता ही है, साथ-साथ भारतीय संस्कृति की आत्मा से भी हमें जोड़ता है। देखा जाए तो यह उपन्यास भी अपने समय से हताश पीढ़ी की ही व्यथा-कथा है। यद्यपि लेखिका आशावादी दृष्टिकोण लेकर चली है, लेकिन *आग का दरिया* पार करती हुई नई पीढ़ी इस आशावाद के सहारे कहाँ तक जी सकती है ? उपन्यास में दो प्रमुख चरित्र हैं। नायक गौतम नीलाम्बर बुद्धकाल की सामाजिक स्थिति के प्रतीक रूप में उभरा है। गौतम शुरू में दर्शन का एक विद्यार्थी है और अन्त में जाकर एक सरकारी मुलाज़िम हो जाता है। दूसरा, अबुल मन्सूर कलामुद्दीन मध्यकाल के प्रतीक के रूप में प्रस्तुत किया गया है। जाने-माने कथाकार शौकत सिद्दीक़ी का उपन्यास *खुदा की बस्ती* भी इसी विषय पर आधारित है।

यहाँ हम क़ुर्रतुल-ऐन हैदर के एक जिल्द में प्रकाशित तीन उपन्यासों पर चर्चा कर रहे हैं–*अगले जनम मोहे बिटिया न कीजो, दिलरुबा* और *एक लड़की की ज़िन्दगी*। उपन्यासों के एक जिल्द में प्रकाशित होने का भी एक औचित्य है, क्योंकि ये तीनों उपन्यास आज़ादी के बाद के समाज में स्त्री की स्थिति पर रौशनी डालते हैं।

अगले जनम मोहे बिटिया न कीजो उपन्यास एक ही साथ हमारे मन में करुणा और आक्रोश के भाव जगाता है। कमरुन और जमीलुन जैसी स्त्रियों के प्रति करुणा और इस व्यवस्था के प्रति आक्रोश। क़ुर्रतुल-ऐन हैदर स्त्री के जीवन का मर्सिया नहीं पढ़तीं। उनके स्त्री-पात्रों की त्रासदी सिर्फ़ हमारी आँखें नम करके नहीं रह जाती। वे इस गलदश्रु भावुकता से परे जाकर स्त्री के जीवन से जुड़े हुए लाल और गर्म लोहे की भाँति प्रश्नों को नंगी उँगलियों से छूने के लिए उकसाती हैं। हम एक पाठक के रूप में न सिर्फ़ कमरुन और जमीलुन (दो बहनें) और मोती के एक के बाद एक उजड़ते संसार से द्रवित हो उठते हैं बल्कि इस विराट त्रासदी के कारणों को भी साथ ही साथ जान लेते हैं।

इस उपन्यास की सम्पूर्ण अन्विति में 'अगले जनम मोहे बिटिया न कीजो' लोकगीत की अनुगूँज व्याप्त है। इस लोकगीत के सहारे लेखिका लोकजीवन की व्यापक दुनिया में प्रवेश करती है। उपन्यास में कमरुन, जमीलुन और मोती जब-जब आभिजात्य के पाखंड का शिकार होती हैं, तब-तब लोकगीत के ध्रुवक की आवृत्ति सुनाई देती है। उपन्यास की कथाभूमि लोकजीवन के एक बिम्ब से तैयार की गई है, जो विकसित होते-होते एक विशद दृश्य में बदल जाती है। लोकजीवन में उर्सों और मेलों का बड़ा महत्व है। हंडेशाह के मज़ार पर सालाना उर्स चल रहा है। जीवन से निराश लोगों को पीर-फ़क़ीरों के मज़ारों की ज़ियारतें बड़ी सान्त्वना देती हैं। क़व्वालियाँ हो रही हैं। लोगों को हाल आ रहे हैं। लोग मूर्च्छित हो रहे हैं। उनमें घर-घर जाकर चक्की पीसनेवाली औरत शरीफ़न भी शामिल है, जिसकी जवान मासूम बेटी को ससुराल वालों ने गंडासे

से क़त्ल कर दिया है। शरीफ़न की स्थिति उपन्यास में घटित होनेवाली एक त्रासदी का एक तरह से 'कर्टेन रेज़र' है।

लेखिका ने स्त्री की पीड़ा को ख़ानगियों की ज़िंदगी के माध्यम से अभिव्यक्ति दी है। ख़ानगी उस स्त्री को कहते हैं, जो बिना विवाह के पत्नी की भाँति घर में रख ली जाती है। गाना-बजाना इनका मुख्य पेशा है। एक अर्द्ध-सामन्ती मुस्लिम समाज में ख़ानगी स्त्रियों की क्या नियति होती है, यह उपन्यास हमें बख़ूबी बता देता है। कमरुन और जमीलुन—दो बहनें भटकती हुई लखनऊ आ बसती हैं। यहीं से लेखिका वर्गीय अन्तर्विरोधों की रौशनी में स्त्री-पुरुष सम्बन्धों को उभारने के लिए ताना-बाना बुनना शुरू कर देती है। डिप्टी साहब और उनके बेटे फ़रहाद मियाँ के व्यवहार के ज़रिए वे इस यथार्थ को उजागर कर देती हैं कि अर्द्ध-सामन्ती मूल्यों की बुनियाद पर टिका हुआ समाज स्त्री को सीमित स्वतन्त्रता की भी अनुमति नहीं देता। यह समाज तरस तो खा सकता है लेकिन स्त्री की प्रतिष्ठा को स्वीकार करने के लिए तैयार नहीं। यहाँ लेखिका कुछ विशिष्ट समस्याओं को छूती चलती है, जिनका सम्बन्ध विशेष रूप से मुस्लिम समाज से है।

मुताअ एक ऐसी ही प्रथा है। मुताअ सीमित अवधि के विवाह को कहते हैं। लेखिका कहना चाहती है कि सम्पन्न वर्ग ग़रीब स्त्रियों के ख़िलाफ़ इस प्रथा का इस्तेमाल करते हैं। डिप्टी साहब भी यही करना चाहते हैं। उनके मन में नौजवान कमरुन से मुताअ करने की इच्छा जाग्रत होती है। उनकी पत्नी डिप्टाइन इसका विरोध करती है। लेकिन उनका बेटा फ़रहाद बाद में कमरुन के साथ यही सलूक करता है।

पुरुष, स्त्री के साथ अपने सम्बन्धों को लेकर कोई बन्धन या दायित्व स्वीकार करने से बचता है। जहाँ पुरुष के आचरण में सामन्ती बू-बास हो वहाँ इस प्रवृत्ति की शिद्दत बढ़ जाती है। फ़रहाद का आचरण इसका सबूत है। कमरुन बिना विवाह के तीन सन्तानों की माँ बनती है। एक लड़का आग़ा फ़रहाद से, दूसरा पंजाब से आए एक आर्टिस्ट से और तीसरा एक ईरानी से, जो लखनऊ छोड़कर कराची चला जाता है। लेकिन तीनों में से कोई भी उसके साथ निकाह नहीं करता। सब मुताअ तक सीमित रहते हैं। आग़ा फ़रहाद तो यहाँ तक कह देता है, "इस तबक़े की छोकरियों के पास ब्लैकमेल का यह सहल नुस्ख़ा है। किसी आए-गए की औलाद किसी मालदार परिचित के सिर मढ़ दी।" (पृ. 55)

कहानी में पत्रकार नरेन्द्र कुमार के प्रवेश के साथ एक नया आयाम खुलता है। कुछ समय के लिए ऐसा लगता है कि कमरुन और जमीलुन के दिन फिरने वाले हैं। यहाँ लेखिका एक ऐसे वर्ग को बेनक़ाब करती है जो शोषित-पीड़ित वर्ग की स्त्रियों में महत्वाकांक्षाओं के बीज बोता है और उजालों का प्रलोभन देकर उन्हें अँधेरी बन्द गलियों में भटकता छोड़ देता है। यहाँ संस्कृति की जुगाली करती संस्थाओं और मीडिया को भी एक्सपोज़ किया गया है। वर्मा द्वारा स्थापित 'स्विंग बर्ड्स' एक ऐसी ही संस्था

है। वर्मा के साथ एक मोती नामक लड़की पहले से ही जुड़ी हुई है। अब कमरुन को रश्के क़मर, जमीलुन को जलबाला लहरी और मोती को सदफ़ आरा कहा जाने लगा है। कमरुन उर्फ़ रश्के क़मर को शाइरा के रूप में पेश किया जाने लगा किन्तु जल्द ही उसे मुशाइरों से बाहर कर दिया गया। यहाँ एक छद्म पर से आवरण हट जाता है।

सदफ़ आरा के रूप में एक ऐसी स्त्री-पात्र की सृष्टि की गई है, जो पुरुष की लम्पटता पर खुलकर टिप्पणी कर सकती है। कमरुन और जमीलुन सिर्फ़ सहती हैं, एक नियति के हवाले ख़ुद को करती जाती हैं। मोती उर्फ़ सदफ़ आरा स्थितियों में हस्तक्षेप करती है। पत्रकार वर्मा नारी-मुक्ति की ऊँची-ऊँची बातें करता है किसी अन्य से। सदफ़ आरा का यह कथन वर्मा जैसे चरित्रों के खोखलेपन को उजागर कर देता है, "अरे तुम मर्द लोग हो बड़े हरामी। हम तो तब जानते जब फ़रहाद डंके की चोट पर रश्के क़मर से दो बोल पढ़वा लेते।" (पृ. 30)

जमीलुन लेखिका की मुख-पात्र प्रतीत होती है। वह एक पैर से अपाहिज है। लेकिन फ़रहाद या किसी अन्य से आर्थिक सहायता स्वीकार नहीं करती। जमीलुन के ज़रिए लेखिका यह संकेत कर देना चाहती है कि गाने-बजाने वाली ख़ानगियों का सम्बन्ध अन्ततः मज़दूर वर्ग से है। यश और अर्थ की मरीचिका में भटकने के बाद मज़दूरी ही अस्तित्वरक्षा का साधन बच रहती है। जमीलुन में इस यथार्थ का सामना करने का साहस है। वह चिकन के कुर्तों पर कढ़ाई करके भरण-पोषण करती है किन्तु अपने स्वत्व को नहीं खोती। मर जाती है, किन्तु टूटती नहीं। तमाम भटकाव के बाद जमीलुन का सत्य ही कमरुन का सत्य होता है।

उपन्यास में नारी की स्थिति से जुड़े एक अन्य गम्भीर संकट को भी उभारा गया है। यह विज्ञापनतन्त्र और माडलिंग का संकट है। यह नवधनाढ्य वर्ग का शग़ल है किन्तु इसका सबसे ज़्यादा शिकार होता है निम्न मध्यवर्ग। कमरुन अपनी बेटी माहपारा के साथ अपने पति (?) को ढूँढ़ने कराची जाती है। वहाँ वह अपसंस्कृति के सौदागरों के हाथ पड़ जाती है। अपनी तस्वीरों को विदेशी मैगज़ीनों में छपवाने का ग्लैमर उसकी बेटी को मौत के मुँह में धकेल देता है। इस तरह लेखिका लोक-अंचल के छोटे से सन्दर्भ को वैश्विक फलक पर विस्तार दे देती है।

इस जनम के अभाव, अपमान और वंचनाओं से भरे जीवन से उकताकर *अगले जनम मोहे बिटिया न कीजो* का अहसास जागता है। इस जीवन की बाबत लेखिका की यह व्यंग्योक्ति कितनी साभिप्राय और सार्थक है, "ख़ुदा अपनी जन्नत में है और दुनिया में हर तरह से ख़ैरियत !" (पृ. 29)

दिलरुबा उपन्यास में नारी अस्मिता के प्रश्न को एक भिन्न कोण से देखा गया है। आज का यथार्थ जितना जटिल है, व्यक्ति की मनोरचना भी उतनी ही जटिल होती

जा रही है। सिर्फ़ अभाव ही व्यक्ति से उसकी पहचान नहीं छीनते, पैसे का बहाव या आधिक्य भी उसके भीतर के मानवीय तत्त्व को दिन-ब-दिन क्षीण करता जाता है। प्रस्तुत उपन्यास यथार्थ की इसी जटिलता को रेखांकित करता है। उपन्यास के घटनाक्रम को लेखिका जिस बिन्दु पर ले जाकर टिकाती है, उसे सतह से देखने पर लगता है कि अब गुलनार बाई नौटंकी वाली के दिन फिर गए। वस्तुतः यह बताना लेखिका का अभीष्ट नहीं है। बल्कि अन्य सन्दर्भों के साथ-साथ उपन्यास में इस बात पर विशेष बल दिया गया है कि फ़िल्म और मीडिया का चामत्कारिक परिवेश लोक-कलाकारों को किस तरह अपनी ओर खींच रहा है ? रातोंरात यशस्वी और धनवान बन जाने की मिथ्या चेतना किस क़दर निम्न मध्यवर्ग के मन पर क़ाबिज़ होती जा रही है ? उसके आत्मगत और वस्तुगत दोनों कारण हैं।

क़ुर्रतुल-ऐन हैदर अपने उपन्यासों में काल-सन्दर्भ के प्रति विशेष सचेत रहती हैं। प्रस्तुत उपन्यास में बीसवीं सदी के आरम्भ से लेकर आठवें दशक के आसपास की समय-सीमा में सम्पूर्ण घटनाक्रम को नियोजित किया गया है। बीच-बीच में विशिष्ट राष्ट्रीय एवं अन्तर्राष्ट्रीय घटनाओं के सन्दर्भ आए हैं। लेखिका ने काल-सन्दर्भ को विशिष्ट तिथियों द्वारा रेखांकित किया है। एक समय में घटित घटनाएँ न सिर्फ़ उनके पात्रों की स्थिति को प्रभावित करती हैं, बल्कि उनके व्यवहार में परिवर्तन भी लाती हैं। मसलन उपन्यास में 1919 और 1939 की तिथियों का विशेष उल्लेख मिलता है। इन तिथियों का सम्बन्ध दो विश्वयुद्धों से है। इसका एक आशय यह निकलता है कि उधर विश्वयुद्ध चल रहा है और इधर लुटे-पिटे नवाबों की रंगरलियाँ और ऐयाशियाँ चल रही हैं। यद्यपि ऐसा कोई कथन लेखिका की ओर से उपन्यास में नहीं आया है। लेकिन यह विडम्बनापूर्ण अन्तर्विरोध पात्रों के इस दौरान के व्यवहार से उभरकर सामने आ जाता है। इसी प्रकार 1965 के भारत-पाक युद्ध का सन्दर्भ आता है। यह युद्ध भी सैयद रिफ़ाक़त हुसैन के परिवार के सामने भावनात्मक संकट खड़ा कर देता है। लाहौर के एक लड़के से अपनी पोती हमीदा का रिश्ता वे इसीलिए टाल देते हैं।

उपन्यास में दो प्रकार की व्यवहार-पद्धतियों के टकराव के ज़रिए यथार्थ को मूर्त किया गया है। एक प्रकार की व्यवहार-पद्धति की जड़ें ढहते हुए सामन्तवाद में हैं। दूसरी व्यवहार-पद्धति पश्चिम के अन्धानुकरण से उपजी है। इन दो विपरीत व्यवहारों के कारण उपन्यास की फ़ज़ा में निरन्तर तनाव की स्थिति रहती है। प्रथमतः हम पहले प्रकार की व्यवहार-पद्धति पर दृष्टिपात करेंगे। यहाँ वर्तमान के यथार्थ पर स्मृति अधिक हावी है। पुराने सामन्तीय रख-रखाव की यह स्मृति अवध के मौजूदा तथाकथित नवाबों और ताल्लुक़ेदारों को विलासिता के लिए उकसाती है। आँख खोलते ही लखनऊ के रईसों के बच्चे राग-रंग की महफ़िलों के व्यसन में डूब जाते हैं। पहले विश्वयुद्ध के आसपास की लखनऊ के इस परिवेश को उपन्यास के आरम्भ में ही चित्रित कर दिया गया है। इस चित्रण में बड़ी नाटकीयता है। चार किशोर रईसज़ादे

गुलनार बाई की महफ़िल में बुर्क़ा ओढ़कर चुपचाप आ बैठते हैं। ये चार लड़के हैं—ब्रजबिहारी लाल उर्फ़ बब्बू, घनश्याम दास रस्तोगी उर्फ़ लल्लू, नन्हे और सैयद शुजाअत हुसैन उर्फ़ शज्जू। शज्जू की इनमें विशिष्ट हैसियत है। वह अपने मामा सैयद रिफ़ाक़त हुसैन के पास रहता है। सामन्तीय मानसिकता का अनुमान इस बात से लगाया जा सकता है कि शज्जू को गुलनार बाई के सामने अपने घरेलू नाम द्वारा परिचय अच्छा नहीं लगता। वह सैयद शुजाअत हुसैन ताल्लुक़ेदार, करीमपुर, ज़िला हरदोई कहलाना पसंद करता है। मीर हुक़्क़ा और मीर गुड़गुड़ी जैसे दो सहायक हमेशा उसके साथ रहते हैं। गुलज़ार बाई और उसकी बेटी गुलनार बाई जैसी गानेवालियों की आशा का केन्द्र यही वर्ग है। जब गुलज़ार बाई का परिवार शज्जू के आग्रह पर सैयद रिफ़ाक़त हुसैन की कोठी में मुन्तक़िल हो जाता है तो गुलज़ार बाई को लगता है कि उन्हें अब सही क़द्रदान मिल गए हैं। 'फ़्यूडल ऐशपरस्ती की यादगार' गुलज़ार बाई ने सोचा कि, 'लखनऊ में दूसरी ही रात एक नवाबी ख़ानदान से गुल्लू (गुलनार) की मुलाक़ात नेक शगुन है।'

लेखिका इस स्थिति को फ़ोकस करना चाहती है कि फ़्यूडल ऐशपरस्ती की स्मृति न तो तथाकथित नवाबों का पीछा छोड़ती है और न उसके साए में पलनेवाली गानेवालियों का। पुरानी अदाकारा गुलज़ार बाई को जब यह लगता है कि रिफ़ाक़त हुसैन के कर्मचारियों ने उनका अपमान किया है, तब वह अपनी स्मृतियों को सहेजकर बिफर उठती है, "बड़े-बड़े राजा-नवाबों ने हम पर ख़ज़ाने लुटा दिए...मियाँ तुम्हारी औक़ात ही क्या है ? दो टके के वकील..." (पृष्ठ 89)

अब हम उपन्यास में विद्यमान दूसरे प्रकार की व्यवहार-पद्धति पर आते हैं। इसमें व्यक्ति अपनी जड़ों से कटकर पश्चिमी समाज के स्वप्नलोक में जीता है। रिफ़ाक़त हुसैन का बेटा शफ़ाअत हुसैन उर्फ़ शफ़्फ़ू इस व्यवहार-पद्धति का प्रतिनिधित्व करता है। शफ़्फ़ू उन लोगों में से है जिसे इस मुल्क और इस शहर की हर चीज़ दक़ियानूसी और फ़रसूदा (सड़ी-गली) लगती है। जड़ों से कटे हुए उसके व्यवहार को समझ लेने के लिए उपन्यास के सिर्फ़ एक स्थल का उल्लेख कर देना पर्याप्त होगा। शफ़्फ़ू लंदन से लखनऊ आता है। शफ़्फ़ू का ख़ालाज़ाद भाई अज्जू उसे गुलनार बाई की महफ़िल में ले जाता है। गुलनार की बेटी गुलरू दादरा शुरू करती है—अटारी पर गिरा कबूतर आधी रात। शफ़्फ़ू दादरे के बोल सुनकर यह जताना चाहता है कि उसे अवधी बोली नहीं आती है। यह मूल से विच्छिन्न लोगों की मानसिकता का एक्सपोज़र है। अज्जू अनुवाद करके बताता है—"पीजन फ़ैल एट मिडनाइट।" इसके बाद लेखिका ने इस व्यवहार की धज उड़ाने में कमाल कर दिया है। गुलरू की नाक की नथ देखकर शफ़्फ़ू अपने कज़िन से पूछता है, "ये बेचारी लड़की जो गा रही थी, इसने नाक में इतनी बड़ी रिंग क्यों पहन रखी थी ? इस रिंग समेत इसने गाना तो गा लिया मगर खाना कैसे खाती होगी ?" (पृष्ठ 98) यह प्रश्न हमारे भीतर उभरते हुए एक सांस्कृतिक

शून्य की ओर संकेत कर देता है।

उपन्यास में लोक गायिकाओं की तीन पीढ़ियों की दास्तान है। गुलज़ार बाई, उसकी बेटी गुलनार बाई और उसकी बेटी गुलरू। गुलज़ार बाई आग़ा हश्र कश्मीरी के नाटकों की पुरानी नायिका है। गुलनार के समय तक सिनेमा आ जाता है। एक नया आयाम खुलता है। गुलरू के दौर में सिनेमा का ग्लैमर चरम स्थिति पर है। वह बाक़ायदा एक फ़िल्म कम्पनी खोल लेती है। अतः धीरे-धीरे इनकी दुनिया ही बदल जाती है।

उपन्यास में मिथ्या सामन्ती दम्भ में जीने वाले वर्ग की विडम्बना को भी उभारा गया है। यहाँ यशपाल की *पर्दा* कहानी याद आती है, जिसमें चौधरी पीरबख़्श अपनी झूठी आन-बान को बरक़रार रखने के लिए घर में पर्दा टाँग लेता है और उसके पीछे नंगे-भूखे बीवी-बच्चे हैं। यहाँ शफ़्फ़ू के साथ कुछ ऐसी ही स्थिति है। विलायत से लौटने के बाद वह अंग्रेज़ियत और नवाबी के मिले-जुले रौब में जीना चाहता है। 'ज़ाहिरी टीप-टाप बनाए रखने की फ़िक्र' उसे भीतर से तोड़ देती है। परिवार बिखर जाता है। नतीजा यह होता है कि उसकी बेटी हमीदा कश्मीर टूर पर जाती है और वहीं से गुलरू पिक्चर्स में बतौर हीरोइन का काम करने लगती है।

हमीदा उर्फ़ दिलरुबा के इस विद्रोह की व्याख्या करते हुए कहा जा सकता है कि सामन्ती छद्म के घुटन भरे माहौल से नई पीढ़ी निजात पाना चाहती है। यह एक सच है। दूसरा सच यह भी है कि यह पीढ़ी ग्लैमर के आगे मानवीय रिश्तों को भी ताक़ पर रख देती है। मसलन दिलरुबा अपने बाप और दादा की बीमारी का समाचार सुनकर भी नहीं जाती। 'आर्ट की ख़ातिर वह बड़ी-से-बड़ी क़ुर्बानी देने के लिए तैयार है।'

कला और संस्कृति के नाम पर यह विसंस्कृतीकरण नहीं तो और क्या है ?

एक लड़की की ज़िंदगी उपन्यास में क़ुर्रतुल-ऐन हैदर ने स्वातन्त्र्योत्तर भारत में हिन्दू-मुस्लिम सम्बन्धों के सन्दर्भ में स्त्री की हालत पर रौशनी डाली है। इस उपन्यास के अन्त में किसी शे'र के मिसरे को अनेक बार दोहराया गया है—*तमाम उम्र रहा गम्ज़ः-ओ-अदा का शिकार।* यानी मैं जीवन भर तुम्हारे नाज़-नख़रों और मनमानी का शिकार रहा हूँ। इस काव्य-पंक्ति में उपन्यास की नायिका सीता का जीवन समाहित है। वह अन्त तक इस निर्णय तक नहीं पहुँच पाती कि वह सीता मीरचन्दानी, सीता जमील या सीता इरफ़ान में से क्या है ? सीता के माध्यम से लेखिका इस विडम्बना को उभारना चाहती है कि पुरुष की छाया में ही स्त्री की अस्मिता बहाल रह सकती है। यह मनोवृत्ति समाज की मूल्यगत जड़ता से उपजी है। हमने एक ऐसे समाज का रूप ले लिया है जिसमें सतह पर चीज़ें बहुत तेज़ी के साथ बदल रहीं हैं किन्तु आधार में वही ठहराव है। स्त्री-स्वातन्त्र्य की ऊँची बातें हास्यास्पद लगने लगी हैं।

हम व्यवहार और मानसिकता के स्तर पर बदलने को तैयार नहीं हैं। लेखिका के शब्दों में, "हम सब हर वक़्त उसी तख़लीक़ (सृष्टि) से पहले की तारीकी में क़ैद हैं और समझते हैं बड़ा इवोल्यूशन हो गया। स्याह ! स्याह ! स्याह ! रात।" (पृ. 207) वही स्याह रात आज भी स्त्री का मुक़द्दर है। इस प्रकार यह उपन्यास स्याह रात के बीच उजाले की किरण की तलाश में भटकती हुई एक लड़की की दुःख भरी कहानी है।

इस उपन्यास के कथ्य की पृष्ठभूमि के रूप में भारत-विभाजन की घटना है। कहानी शरणार्थियों के आवागमन के साथ शुरू होती है। सीता मीरचन्दानी का परिवार हैदराबाद सिन्ध से आकर दिल्ली बसता है। यहाँ नए सिरे से सम्बन्धों की शुरूआत होती है। सिन्ध में हिन्दू-मुस्लिम सम्बन्धों का रूप कुछ और था, यहाँ कुछ और। वहाँ सूफ़ीवाद के प्रभाव के कारण हिन्दू और मुसलमानों के बीच वह दूरी नहीं थी जो कि यहाँ है। सीता मीरचन्दानी की दास्तान के पीछे इन बदलते हुए सम्बन्धों की व्यापक पृष्ठभूमि है।

क़ुर्रतुल-ऐन हैदर की भारतीय मिथकशास्त्र में गहरी पैठ है। उनका उपन्यास *आग का दरिया* तो इस बात के लिए मशहूर है ही, प्रस्तुत उपन्यास में भी उन्होंने मिथकों का आश्रय लिया है। इसके साथ-साथ भारतीय धर्म, दर्शन और संस्कृति के वर्तमान जीवन से सम्बन्धित सूत्रों का पृष्ठभूमि के रूप में उपयोग किया है। उपन्यास में राम और बुद्ध के जीवन से सम्बन्धित प्रसंग और सूत्र अनेकशः बिखरे पड़े हैं। उपेक्षिता सीता की स्थिति यशोधरा की भाँति ही है। यहाँ सीता और जमील के बेटे का नाम भी राहुल है। बुद्ध के जीवन के रूपक को लेखिका ने सीता की नियति से जोड़ा है। यत्र-तत्र *रामायण* के प्रसंगों से भी सीता की व्यथा को मूर्त करने में सहायता ली गई है। मिथक के साथ-साथ इतिहास से सम्पृक्ति भी क़ुर्रतुल-ऐन हैदर की उपन्यास-कला का एक महत्वपूर्ण तत्त्व है। एक पाठक के रूप में हमें यह लगता है कि सीता और इरफ़ान तथा सीता और रामास्वामी की बहसों के माध्यम से इतिहास पर टिप्पणियाँ शायद इसलिए की गई हैं कि इन बहसों से सीता के मानसिक तनाव में कुछ शिथिलता आती है। वह कुछ क्षणों के लिए 'सब्लीमेटेड' महसूस करती है। यदि यह कारण न हो तो सीता के जीवन से इतिहास की चर्चा का कोई सीधा सम्बन्ध नहीं है। यहाँ पाकिस्तान से आए हुए शरणार्थियों की नास्टैल्जिक भावनाओं को व्यक्त करने की कोशिश की गई है। सीता जब अपनी ननद क़ैसर की शादी में पाकिस्तान जाती है तो इसी नास्टैल्जिया में खो जाती है। वह इरफ़ान से कह उठती है, "क्या आपको एहसास नहीं कि यह मेरा देश है ? मेरे खेत, मेरे गाँव···मेरे पीरों के मज़ार।" (पृष्ठ 140)

लेखिका ने हिन्दू शावेनिज़्म पर भी गाहे-बगाहे चोट का है। सीता जब अपनी सहेली हिमा की माँ से आदाब अर्ज़ करती है तो वह कहती है कि "नाम तो तुम्हारा

सीता है और जय रामजी के बजाय आदाब अर्ज़ करती हो ?" यहाँ सीता का उत्तर ध्यान देने योग्य है, "मैं जय रामजी क्यों कहूँ ? आई एम नाट ए सिली हिन्दू !" (पृष्ठ 115)। सीता को बद्धमूल संस्कारों के ख़िलाफ़ जूझना पड़ता है। लेखिका उस मनोवृत्ति का पर्दाफ़ाश करती है जो अपने रूढ़ संस्कारों के घोंघों में क़ैद रहना चाहती है। सीता की माँ बड़ी रामभक्त थी। सीता ने अपनी माँ को बताया था कि वह जिस लड़के से शादी करने जा रही है, उसका गाँव राम की अयोध्या से पाँच मील की दूरी पर है। जमील फ़ैज़ाबाद का निवासी है। इसी प्रकार वह अपने आर्य समाजी नाते-रिश्तेदारों को यह बताती है कि उसने जमील नहीं जयमल नामी हिन्दू लड़के से शादी की है। सीता की उलझन यह है कि वह जिस जमील को लेकर सामाजिक लड़ाई लड़ती है, वह पाश्चात्य मूल्यों के बहाव में सीता के समर्पण की क़ीमत ही नहीं समझता।

जमील, आर्टिस्ट प्रोजेश बाबू और इरफ़ान के बीच सीता की स्थिति मन्नू भंडारी की *यही सच है* कहानी से काफ़ी मेल खाती है। *यही सच है* कि नायिका की भाँति वह कभी जमील, कभी प्रोजेश बाबू और कभी इरफ़ान को सच समझती है। यह सच स्थितिसापेक्ष है। स्थिति के बदलते ही वह झूठ में तब्दील हो जाता है। जमील से उसने अन्तर्जातीय विवाह किया किन्तु वह उसके बेटे राहुल को लेकर विदेश चला गया। कराची जाने पर सीता के सम्पर्क में इरफ़ान आता है। कराची और कोलम्बो के संसर्ग के बाद उनमें हार्दिकता स्थापित हो जाती है। बात यहाँ तक बढ़ जाती है कि जमील की ओर से तलाक़ मिल जाने पर वे विवाह को तैयार हैं। अब इरफ़ान कराची में कुछ समय ठहरकर पेरिस चला जाता है। इस बीच अकेली सीता को प्रोजेश बाबू ढाढ़स बँधाते हैं। फिर कुछ दिन बाद जमील की ओर से तलाक़ आ जाता है। सीता इस तलाक़नामे को लेकर प्रफुल्लित भाव से इरफ़ान के पास पेरिस चली जाती है। इरफ़ान के फ़्लैट में जाने पर जो स्त्री उसे मिलती है, वह अपना परिचय मादाम इरफ़ान के रूप में कराती है। इरफ़ान भी सीता के लिए 'सच' साबित नहीं हो सका।

संक्षेप में इन तीनों उपन्यासों को एक साथ पढ़ने का अनुभव विषादमय और करुण संगीत को सुनने की भाँति है, रूह में समाते हुए जिसके मन्द स्वर हमारी चेतना को झकझोर देते हैं।

क़ुर्रतुल-ऐन हैदर अपनी तकनीक में अवकाश से बहुत काम लेती हैं। क्रिया-व्यापार के बीच अवकाश के प्रयोग से वे अनावश्यक विस्तार से बच जाती हैं। कथानक में कहीं शिथिलता और झोल पैदा नहीं हो पाती। दो स्थितियों के बीच इस अन्तराल के कारण एक नाटक के दृश्य-परिवर्तन जैसा एहसास होता है। उनकी उपन्यास-कला से हम यह सीख सकते हैं कि क्या नहीं लिखना चाहिए ?

— *'आजकल', अप्रैल, 1998*

उर्दू कहानी की प्रगतिशील परम्परा

सआदत हसन मंटो, कृश्न चन्दर, राजिन्दर सिंह बेदी, अहमद नदीम क़ासमी, इस्मत चुग़ताई और क़ुर्रतुल-ऐन हैदर की कहानियों में प्रेमचन्द की यथार्थवादी परम्परा की अगली कड़ियाँ देखी जा सकती हैं। गो इन कथाकारों में से हरेक का अपना एक निजी रंग है और यथार्थ को रूपान्तरित करने की एक विशिष्ट शैली है। इसके बावजूद ये कथाकार यथार्थ के सूक्ष्म निरीक्षण और जन-जीवन से आत्मीय जुड़ाव की प्रेरणा प्रेमचन्द से ही लेते प्रतीत होते हैं। प्रेमचन्द के सामने ही उर्दू कहानी में नए प्रस्थान के चिह्न दिखाई देने लगे थे। जिसका सबसे बड़ा सबूत सज्जाद ज़हीर के सम्पादन में प्रकाशित *अंगारे* (1935 ई.) कहानी-संग्रह है। इसमें सज्जाद ज़हीर, अहमद अली, रशीद जहाँ और मेहमूदुज़्ज़फ़र की दस कहानियाँ संगृहीत हैं। इस संग्रह ने उर्दू कहानी को समाज की आलोचना का एक नया नज़रिया दिया। यहाँ मंटो, बेदी, कृश्नचन्दर, नदीम क़ासमी, इस्मत चुग़ताई और क़ुर्रतुल-ऐन हैदर की चुनींदा कहानियों के हिन्दी में प्रकाशित संग्रह हमारे सामने हैं। इनका सम्पादन नन्द किशोर विक्रम ने किया है।

सआदत हसन मंटो ने अपनी कहानियों के लिए ज़िंदगी के सर्द अँधेरों के बीच जगह तलाश की। उन्होंने उर्दू कहानी को एक स्वच्छन्द और तल्ख़ मुहावरा दिया। एक मामूली से वाक़ेआ को एक जानदार कहानी में तब्दील करने का हुनर मंटों के ही पास है। अपनी सिर्फ़ 43 साल की उम्र में यथार्थ की विद्रूपताओं को मूर्त करने की कला के बूते पर मंटो ज़िदा जावेद बन गया। मंटो की शुरूआती दौर की कहानियाँ *आतिश पारे* नामक कहानी-संग्रह में शामिल हैं। वे एक औघट और अराजक क़िस्म का जीवन बिताते हुए एक बेहतर मनुष्य की तलाश में मशग़ूल दिखाई देते हैं। शुरू में उन्होंने 'ख़ूनी थूक', 'नया क़ानून' और '1919 की एक बात' जैसी राजनीतिक कहानियाँ भी लिखीं। 'नया क़ानून' में मंगू कोचवान के माध्यम से अंग्रेज़ों के तथाकथित कल्याणकारी नए क़ानून के झूठ को उघाड़ कर रख दिया जाता है। मंगू को लगता है कि इस क़ानून के बाद उसकी दुनिया बदल जाएगी। लेकिन जब वह देखता है कि सब कुछ यथावत् है तो वह अंग्रेज़ों के प्रति आक्रामक हो उठता है। तब एक पात्र के ज़रिए मंटो यथार्थ से परिचय कराते हैं, "नया क़ानून, नया क़ानून क्या बक रहे हो—क़ानून वही है पुराना !"

मंटो की 'टोबा टेक सिंह' विभाजन के विषय पर हिन्दी और उर्दू में लिखी गई चन्द बेहतरीन कहानियों में से है। अपनी धरती से विक्षिप्तता की हद तक अनुराग इस कहानी की केन्द्रीय वस्तु है। मंटो ने मुख्य पात्र बिशन सिंह उर्फ़ टोबा टेक सिंह में भावों की इतनी ऊर्जा भर दी है कि वह एक यादगार चरित्र बन गया है। उसका गाँव टोबा टेक सिंह उसके नाम की जगह ले लेता है। हिन्दुस्तान और पाकिस्तान की सीमाएँ उसके लिए एक अबूझ पहेली हैं। उसकी जिज्ञासा है कि उसका गाँव टोबा टेक सिंह इन दोनों में से कहाँ है ? अपनी जिज्ञासा का उचित समाधान न होने की दशा में वह ज़मीन के उस टुकड़े पर गिर पड़ता है जिसका कोई नाम नहीं था। यह कहानी बहुत गहरे में जाकर अस्मिता के संकट को भी संकेतित करती है।

मंटो की 'काली शलवार', 'बू', 'ठंडा गोश्त', 'खोल दो' व 'ऊपर-नीचे और दरम्यान' जैसी कहानियों को लेकर मुक़दमे भी चले। लेकिन साहित्य की उत्कृष्टता के फ़ैसले मुक़दमों से नहीं होते बल्कि उसमें मौजूद जीवन के स्पन्दन से होते हैं। बहरसूरत मंटो एक फ़हशनिगार नहीं हैं बल्कि वे एक उच्च कोटि के कलाकार होने के नाते पाशविकता के भीतर भी मनुष्यत्व की प्रतिष्ठा करने की कोशिश करते हैं। यह उनका दुर्दम्य आशावाद है कि वे एक निकृष्ट व्यक्ति में मानवीय तत्त्व की उम्मीद रखते हैं। उनकी इन कहानियों में बीभत्स और जुगुप्सामूलक स्थितियाँ भी श्रेष्ठ कला का दर्जा प्राप्त कर लेती हैं। श्रेष्ठ कला में बीभत्स भी सुन्दर हो उठता है। मसलन 'काली शलवार' में सुलताना की एक इच्छा है कि मुहर्रम पर उसे काली शलवार चाहिए। उसकी इस सहज मानवीय इच्छा के आगे दीगर बातें गौण हो जाती हैं।

'हतक' में एक वेश्या के अहं की अवमानना को अभिव्यक्ति दी गई है। एक स्त्री के अकेलेपन पर ऐसी जानदार कहानी नायाब है। एक ग्राहक सौगन्धी के चेहरे को कार की रौशनी में देखकर 'ऊँह' करके आगे बढ़ जाता है। यह 'ऊँह' एक प्रकार से उसके अस्तित्व का अस्वीकार है। 'खोल दो' कहानी इसके विलक्षण अन्त को लेकर बहुत चर्चित है। यह विभाजन के दौरान के दंगों की कहानी है। ख़ून-ख़राबे के दौरान सिराजुद्दीन की बेटी सकीना बिछड़ जाती है। बाद को वह मरणासन्न हालत में मिलती है। नब्ज़ पर हाथ रखने से डॉक्टर को लगा कि सकीना जीवित है। वह कहता है, "खिड़की खोल दो।" यह सुनकर उसके 'मुर्दा जिस्म में जुम्बिश हुई···बेजान हाथों ने इज़ारबन्द खोला···और शलवार नीचे सरका दी।' इस क़िस्म की कहानियों के पाठ से गुज़रने के बाद हम इस नतीजे पर पहुँचेंगे कि मंटो के यहाँ देह का महत्व है लेकिन यक़ीनी तौर पर यह फ़हशनिगारी नहीं है।

कृश्न चन्दर (1914-1977) ने अपने आत्मकथ्य में कहा है कि "मेरी हर कहानी उस सफ़ेद हत्थेवाले चाक़ू को हासिल करने की कोशिश है जोकि बचपन में एक जागीरदार के बेटे ने मुझसे छीना था।" उनके इस कथन की सच्चाई उनकी प्रायः हर कहानी से खुलती है। कृश्न चन्दर ने उर्दू कहानी को किसान-मज़दूर आन्दोलन से वाबस्ता

किया और उसमें जनसंघर्षों को अभिव्यक्ति देने की सामर्थ्य पैदा की। अपने बयान की सादगी और आधुनिक कहानी में दास्तानगोई की परम्परा के योग के कारण वे प्रगतिशीलों के बीच भी एक अलग शिनाख़्त रखते हैं। संघर्षरत अवाम के जीवन से अन्तरंगता और अवाम की भाषा के मुहावरे पर गिरफ़्त ने उनकी कहानियों में एक नया रुख़ पैदा कर दिया है। वे 'अन्नदाता' लिखने के बाद ही एक बड़े तरक़्क़ीपसंद अफ़सानानिगार के रूप में स्वीकार किए जा चुके थे। सैयद एहतिशाम हुसैन ने लिखा है कि "कभी-कभी उनका उद्देश्य उनकी कला पर छा जाता है।" पर इसके बिना कृश्न चन्दर की कहानी बन भी नहीं सकती।

इस संग्रह में शामिल कहानियों में उनकी दृष्टि के इस विशिष्ट रंग को नुमायाँ तौर देखा जा सकता है। 'कालू भंगी' कहानी में इस पात्र के बारे में कुछ न कहते हुए कहानीकार ने इस वर्ग के जीवन को मूर्त कर दिया है। वह कालू भंगी पर कहानी नहीं लिखना चाहता लेकिन कहानी लिखी जाती है। कहानी में 'विट' की ज़बरदस्त व्याप्ति है। मसलन कालू भंगी की ज़िंदगी में ऐसा कुछ भी नहीं है कि वह कहानी का किरदार बन सके लेकिन वह कहानीकार के ज़ेहन के दरवाज़े पर झाड़ू लिये खड़ा रहता है और पूरी कहानी उसकी अपनी हो जाती है। 'जामुन का पेड़' एक व्यंग्य-कथा है। यह व्यवस्था की संवेदनशून्यता का तीखा एक्सपोज़र है। जामुन के गिरे हुए पेड़ के नीचे दबे शाइर को साहित्य एकेडमी के सम्मान का न्योता तो मिल जाता है लेकिन पेड़ के नीचे से निकालकर उसकी जान बचाने को कोई तैयार नहीं है। यहाँ तक कि यदि वह मर जाए तो उसकी पत्नी को वज़ीफ़ा देने की घोषणा कर दी जाती है। मनुष्य के प्रति निर्मम व्यवस्था का छद्म साहित्य-संस्कृति प्रेम आज का एक बड़ा सच है।

'पेशावर एक्सप्रेस' में भारत-विभाजन की घटना को एक नए कोण से देखने की पेशकश की गई है। इस कहानी में लकड़ी की बेजान गाड़ी को पात्र बनाया गया है। कहानी पढ़ते हुए लगता है कि इसकी वाचक एक स्त्री है जो पेशावर से बम्बई तक की यात्रा के भयानक अनुभव बयान कर रही है। अन्तिम पंक्तियों में वाचक का रहस्य खुलता है और हम पाते हैं कि यह निर्जीव गाड़ी मानवीय संवेदनाओं का जीवन्त प्रतीक बन जाती है। उसकी प्रतिज्ञा है, "मैं इस भयानक यात्रा पर फिर से नहीं जाना चाहती। अब मैं उस वक़्त जाऊँगी जब मेरी यात्रा पर दोनों तरफ़ सुनहरे गेहूँ के खलिहान होंगे।"

'पूरे चाँद की रात' कृश्न चन्दर की एक शाहकार कहानी है। कहानी प्रेम और रूमान की ज़मीन पर बुनी गई है। लेकिन यह रूमान जीवन की ऊष्मा से लबरेज़ है। कहानीकार ने एक प्रेमी-युगल के लगभग पचास वर्ष के समय को कुछ पलों की अवधि में समेट लिया है। कहानी समय के फैलाव को घनीभूत स्मृतियों के सहारे जीवन्त बना देती है। एक मुद्दत पुरानी पूरे चाँद की रात का सुखद एहसास वाचक के मन में आज भी वही स्फूर्ति जगा देती है। गोकि अब वह उम्र के अन्तिम सोपान

पर है। इस कहानी के कुछ संवाद क्लासिक हैं जिनका कोई सानी नहीं है—

मैंने कहा, "मैं तुम्हें चूम लूँ ?"

वह बोली, "हुश ! नाव डूब जाएगी।"

"तो फिर क्या करें ?" मैंने पूछा।

वह बोली, "डूब जाने दो !"

राजिन्दर सिंह बेदी (1915-1984) की पहचान स्त्री-पुरुष सम्बन्धों के मनोवैज्ञानिक पहलुओं और मानवीय भावों के सूक्ष्म स्तरों को चित्रित करनेवाले सिद्धहस्त कथाकार के रूप में है। वे प्रायः राजनीतिक विषयों को उठाने से बचाव करते हैं और वर्ग-संघर्ष की स्थितियों का सीधे-सीधे बयान नहीं करते। इसके बावजूद उनकी कहानियों में पंजाब के किसान अवाम का दुःख-दर्द और पंजाब से प्रव्रजन कर देश के दूसरे भागों में जाकर बसे हुए लोगों की पीड़ा महसूस की जा सकती है। उर्दू कथासाहित्य में पंजाबी राष्ट्रीयता की अवधारणा बेदी और बलवन्त सिंह जैसे कथाकारों के ज़रिए ही सामने आती है। बेदी की पहली कहानी 'महारानी का तोहफ़ा' 1936 में 'अदबी दुनिया' पत्रिका के वार्षिक अंक में प्रकाशित हुई थी। इसके तीन साल बाद उनका पहला कहानी-संग्रह 'दाना-ओ-दाम' सामने आया जिसने उन्हें उर्दू के तरक़्क़ीपसंदों के बीच चर्चा के केन्द्र में ला दिया। दाना-ओ-दाम प्रतीक हमारी व्यवस्था के सच को खोल देता है। चिड़िया को दाना दिखाई देता है लेकिन उसके आसपास का दाम (जाल) नहीं।

पंजाब के उस पीढ़ी के अन्य कहानीकारों की भाँति बेदी के यहाँ भी विभाजन की टीस मौजूद है। पर उनके बयान का एक अलग अन्दाज़ है। यानी वे कहानी से मानवीय संवेदनाओं को उभारने के अलावा अतिरिक्त अपेक्षा नहीं करते। उनकी कहानियों की बुनियाद प्रेम और सौन्दर्य की छोटी-सी दुनिया पर है जो बड़ा अर्थ रखती है। इस संग्रह की 'कल्याणी' और 'लाजवन्ती' कहानियाँ इसकी मिसाल हैं। 'कल्याणी' एक ऐसी वेश्या की कहानी है जो अपने पेशे के प्रति अत्यन्त सावधान है लेकिन महीपत के प्रति उसका सोच अपने पेशे की आचार-संहिता से कुछ अलग है। महीपत की आत्मग्लानि के ज़रिए कहानीकार कल्याणी के मातृत्व को अभिव्यक्ति देना चाहता है। इस सच्चाई को भी जता देता है कि गाहक सिर्फ़ गाहक रहना चाहता है, वेश्या की सन्तान का पिता होना उसे गवारा नहीं।

विभाजन की पृष्ठभूमि पर आधारित 'लाजवन्ती' कहानी भी स्त्री की पीड़ा को आवाज़ देती है। यह कहानी इसलिए महत्वपूर्ण नहीं है कि इसमें विभाजन की विभीषिका का हृदयविदारक चित्रण है, बल्कि इसलिए है कि यह समाज में स्त्री की जगह के मुद्दे को लेकर हमारे सोच को झकझोरती है। सुन्दरलाल की अपहृत पत्नी लाजवन्ती भारत और पाकिस्तान के बीच औरतों के तबादले में वापस तो आ जाती है लेकिन वह सुन्दरलाल के लिए वही पुरानी लाजो नहीं रह जाती 'जो गाजर से लड़ पड़ती

और मूली से मान जाती थी।' विडम्बना यह है कि सुन्दरलाल अपहृत औरतों को 'दिल में बसाओ' प्रोग्राम का सेक्रेटरी है लेकिन ऐसा वह ख़ुद नहीं कर पाता। इस कहानी में एक पंजाबी लोकगीत 'हथलायाँ कुम्हलानी लाजवन्ती दे बूटे' की अनुगूँज निरन्तर सुनाई देती है। 'जनाज़ा कहाँ है' कहानी के केन्द्र में भी एक स्त्री ही है। यह पंजाब से विस्थापित होकर बम्बई में बसे हुए व्यक्ति की कहानी है जिसके साथ भगोड़े होने का अभिशाप जुड़ा हुआ है। महानगर के संवेदनशून्य परिवेश में कहानी का वाचक पंजाब के एक गाँव में रह रही अपनी-पत्नी की स्मृतियों के सहारे जी रहा है। और ख़ुद उसकी संवेदनाएँ इतनी शेष हो चुकी हैं कि मिल के मज़दूरों की क़तार उसे जनाज़े की तरह लगती है।

अहमद नदीम क़ासमी (जन्म 1916) एक कहानीकार के साथ-साथ मशहूर शाइर भी हैं। प्रगतिशील साहित्यान्दोलन से उनका नज़दीकी सम्बन्ध रहा है। भारत-विभाजन के बाद पाकिस्तान में प्रगतिशील लेखकों को संगठित करने में उनकी महत्वपूर्ण भूमिका रही है। इस सिलसिले में उन्होंने 1948 में लाहौर से 'नुक़ूश' नामक उर्दू रिसाले का सम्पादन शुरू किया जो नई धारा के लेखकों का सक्रिय मंच बना। नदीम की पहली कहानी 1938 के आसपास अख़्तर शीरानी द्वारा सम्पादित 'रूमान' पत्रिका में प्रकाशित हुई। फिर 'हुमायूँ' और 'अदबी दुनिया' में उनकी कहानियाँ निरन्तर प्रकाशित होती रहीं और वे एक तरक़्क़ीपसंद अफ़सानानिगार के रूप में जाने गए। मुहाजिरों की अपने नए वतन में जो दुर्गति हुई, उसे विषय बनाकर क़ासमी ने उस ज़माने में अनेक सशक्त कहानियाँ लिखीं।

क़ासमी की कहानियों में एक स्पष्ट वैचारिक सन्देश निहित होता है। वे यथार्थ की किसी भी तरह की पर्दापोशी को स्वीकार नहीं करते बल्कि यथार्थ के हर मुमकिन पहलू को वैज्ञानिक चेतना के परिप्रेक्ष्य में उभारने की कोशिश करते हैं। उनकी बेशतर कहानियाँ विभाजन के बाद इस उपमहाद्वीप की समाजार्थिक परिस्थितियों का वस्तुनिष्ठ आकलन पेश करती हैं। साथ-ही-साथ एक वर्गविभक्त समाज में मानवनियति से जुड़े सवाल उठाती हैं। मसलन 'अलहम्द-लिल्लाह' कहानी में कथाकार धार्मिक आस्था और वस्तुगत यथार्थ के द्वन्द्व को बहुत ही पुरअसर अंदाज़ में बयान कर देता है। व्यक्ति धार्मिक आस्थाओं के वशीभूत होकर यथार्थ के जिन रूपों को नज़रअंदाज़ कर जाता है, कथाकार उन्हें उभारकर सतह पर लाता है। 'अलहम्द-लिल्लाह' एक मस्जिद के मुफ़लिस इमाम की कहानी है। जितने नमाज़ी आते हैं, उतनी उसकी आमदनी होती है। लेकिन 'जब नमाज़ियों को भी ज़माने की हवा लग गई' तो उनकी तादाद घटने लगी। धीरे-धीरे सात बेटियों के बाप मौलवी अब्दुल फ़ाक़ों पर आ जाते हैं। यहीं कथाकार एक मार्मिक घटना के ज़रिए मौलवी और उसके वर्ग के तमाम लोगों की त्रासदी को उभार देता है। मौलवी के दो ही सहारे हैं—अल्लाह पाक और चौधरी फ़तेहदाद। मस्जिद में लोगों की कम होती हुई उपस्थिति से अल्लाह का भरम टूटने लगता है। वहीं चौधरी

फ़तेहदाद के निधन से यह दूसरा सहारा भी जाता रहा। कहानी का अन्त विलक्षण है। मौलवी, चौधरी फ़तेहदाद के निधन की ख़बर पाकर उसके जनाज़े से होनेवाली आमदनी का हिसाब लगाने लगता है। 'अलहम्द-लिल्लाह' अपने ढंग की एक बेमिसाल यथार्थवादी कहानी है।

'गंडासा' में क़ासमी ने मौला के रूप में एक उद्धत और क्रूर चरित्र का अंकन किया है। जिस ढंग से कथाकार ने इस चरित्र को उभारा है, वह एक रचनात्मक चुनौती है। बज़ाहिर यह ग्रामीण लोगों के बीच प्रतिशोध और हिंसा को तरजीह देनेवाली कहानी लगती है। लेकिन अपनी परिणति में यह एक प्रेम कहानी बन जाती है। विशेष बात यह है कि किसी ब्यौरे से रोमांस की आहट तक नहीं सुनाई देती। लेकिन राजो (अपने बाप के हत्यारे के बेटे की मंगेतर) को देखकर मौला की मनःस्थिति में आए बदलाव से कहानी का अर्थ ही बदल जाता है।

'हिरोशिमा के पहले और बाद' कहानी युद्धविरोध पर लिखी गई एक उल्लेखनीय रचना है। इसकी पृष्ठभूमि में दूसरे विश्वयुद्ध के हालात हैं। यह कहानी महज़ रस्मी तौर पर युद्ध का विरोध और शान्ति की हिमायत नहीं करती बल्कि युद्धोन्मादी शक्तियों को बेनक़ाब करती हुई अवाम की ज़िन्दगी से वाबस्ता बुनियादी सवाल उठाती है। संक्षेप में यह एक बूढ़े बाप शमशेर ख़ान की कहानी है जो महाजन का क़र्ज़ उतारने के लालच में अपने इकलौते बेटे को मोर्चे पर भेज देता है। पटवारी कहानीकार का मुख-पात्र है जो हमें जंग की हक़ीक़त से अवगत कराता है। पटवारी के इस कथन में कहानी की केन्द्रीय समस्या मौजूद है–"भूख भी तो जंग होती है, ग़ुलामी की भी जंग होती है, इंतिज़ार की भी एक जंग होती है, जंग हर जगह हो रही है, रंगून में भी हो रही है, हमारे गाँव में भी हो रही है, यह नित्य और अनादिकालीन जंग।" इस तरह यह कहानी हिरोशिमा से पहले और बाद के हालात को एक परिवार की विडम्बना के ज़रिए बड़े प्रभावपूर्ण ढंग से तरजीह दे देती है। इस कहानी को पढ़ते हुए दूसरे विश्वयुद्ध पर लिखी हुई साहिर लुधियानवी की 'परछाइयाँ' नज़्म बेसाख़्ता याद आती है।

इस्मत चुग़ताई (1912-1992) की आत्मकथा पढ़ने के बाद मालूम होता है कि उनके परिवार के अर्द्धसामन्तीय परिवेश और रख-रखाव ने उनके ज़ेहन में सृजन के बीज बोए। इस्मत ने महसूस किया कि इस माहौल में विशेष रूप से एक स्त्री के लिए स्वाधीन और उन्मुक्त जीवन बिताना दिवास्वप्न की भाँति है। यहीं से उनके भीतर एक बाग़ियाना सोच के कथाकार ने जन्म लेना शुरू किया। अलीगढ़ और बरेली के बाद राजस्थान में स्त्री-जीवन की कुछ भिन्न समस्याओं से उनका परिचय हुआ। यहाँ उन्होंने बाल विधवाओं की दुर्दशा देखी। उन्होंने स्त्री के इन विविध रूपों को अपनी कथा-रचनाओं में चित्रित किया। उनकी कहानियों के बीच से एक विद्रोही और उद्धत स्त्री का बिम्ब उभरता है जो उसकी निजी सत्ता को नष्ट कर देनेवाले जड़ सामन्तीय

मूल्यों की पाबन्द नहीं है। यह महज़ नारीवाद का शगूफ़ा नहीं है जिसने आज एक ढर्रे का रूप ले लिया है। चालीस के दशक में न केवल उर्दू में बल्कि विश्वसाहित्य में नारीवाद जैसा रुझान मौजूद नहीं था। इस दौर में इस्मत ने स्त्री के दूसरे दर्जे की नागरिक होने के ख़िलाफ़ आवाज़ बुलंद की और इसके समाजार्थिक कारणों में झाँकने की पेशकश की। विशेष बात यह है कि इस प्रक्रिया में वे स्त्री के साथ-साथ दूसरे उत्पीड़ित वर्गों की ज़िंदगी को भी उभारती गई हैं। उनके अंदाज़ेबयाँ में हास्य-व्यंग्य के छींटे हैं, एक दिलचस्प शरारत और बातूनीपन है।

इस्मत को अपने इर्द-गिर्द के लोगों का ख़ाका (व्यक्ति-चित्र) खींचने में महारत हासिल है। इस संकलन की 'दोज़ख़ी' और 'बच्छो फूफी' कहानियाँ इसकी बेहतरीन मिसालें हैं। 'दोज़ख़ी' के नायक अज़ीम भाई और 'बच्छो फूफी' का ज़िक्र उनकी आत्मकथा में भी आता है। दोनों ही कहानियों में आत्मकथात्मक तत्त्व से इनकार नहीं किया जा सकता। ये आत्मकथा के अंश हरगिज़ नहीं हैं बल्कि कलात्मक कहानियाँ हैं। इस्मत ने अपनी निजी ज़िंदगी में आए किरदारों के ज़रिए मानवीय संवेदनों के जटिल रूपों को अभिव्यक्ति दी है। जैसाकि 'दोज़खी' कहानी में आता है, वे 'क़स्रे सहरा' (रेगिस्तान का महल) बनाने के ख़िलाफ़ हैं, बल्कि यथार्थवादी हैं। दुनियादारी में निपुण लेकिन लेखक के रूप में असफल अज़ीम भाई के निधन के बाद इस्मत कहानी को एक भिन्न आयाम पर पहुँचा देती हैं। अपने कारनामों से अज़ीम भाई दोज़ख़ में गए होंगे, तब कहानी के अन्त में एक वाक्य आता है—"फ़र्क़ ही क्या है, एक दोज़ख़ से दूसरी दोज़ख़ में ?" इसी तरह 'बच्छो फूफी' भी एक बेहतरीन व्यक्ति-चित्र है। बच्छो फूफी के चारित्रिक बदलाव को बड़े सलीक़े से दिखाया गया है। जीवन भर अपने भाई को कोसने वाली बच्छो फूफी उसे मरणासन्न दशा में देखकर सब कोसने भूल जाती है और कह उठती है—"या...या...अल्लाह...मेरी उम्र मेरे भैया को दे दे...या मौला...अपने रसूल का सदका !" यह महज़ एक भाववादी कहानी नहीं है। इसमें पति के जीवित रहते हुए विधवा का जीवन जीने को अभिशप्त एक स्त्री की त्रासदी निहित है।

'लिहाफ़' इस्मत की सर्वाधिक चर्चित कहानी है। मंटो की भाँति इस्मत पर इस कहानी को लेकर 1944-45 में लाहौर की एक अदालत में मुक़दमा चला। इस पर अश्लीलता का आरोप था। दरअस्ल यह अर्द्धसामन्तीय परिवेश में अपने नवाब पति के प्रेम से वंचित एक स्त्री की व्यथा-कथा है। कहानीकार का उद्देश्य उस व्यवस्था का पर्दाफ़ाश करना है जो स्त्री को पर्वर्ज़न की ओर धकेलती है। उसने एक अबोध बच्ची की आँख से उस भयानक यथार्थ को दिखाना चाहा है जिसकी चर्चा हमें अशालीन और अभद्र लगती है।

'जड़ें' कहानी एक दूसरे ढंग की रचना है। इसमें मुस्लिम जीवन के अन्तर्विरोधों की झलक मिलती है। यह एक ऐसे मुस्लिम परिवार की कशमकश का इज़हार है

जो अपनी जड़ों से कटकर दूसरे वतन का नहीं होना चाहता– "जिस मिट्टी में जनम लिया, जिसमें लोट-पोट कर पले-बढ़े, वही अपना वतन न हुआ तो फिर जहाँ चार दिन को जाकर बस जाओ, वह कैसे अपना वतन हो जाएगा ?" इन तमाम कहानियों में इस्मत के बाग़ियाना तेवर को जाबजा महसूस किया जा सकता है।

'क़ुर्रतुल-ऐन हैदर (जन्म 1927) कहानीकार की बनिस्बत उपन्यासकार के रूप में ज़्यादा विख्यात हैं। उनका 'आग का दरिया' उपन्यास क्लासिक की श्रेणी में आता है। इस उपन्यास ने उनकी एक सांस्कृतिक बोध से सम्पन्न कथाकार के रूप में पहचान बनाई। उन्होंने प्रगतिशील विचारधारा को आत्मसात् करते हुए सृजन का एक अलग रास्ता अख़्तियार किया। प्रगतिशीलों के सोच पर हावी होते हुए संकीर्णतावाद से उन्हें गुरेज़ रहा। बावजूद इसके उन्होंने उर्दू कथा-साहित्य की यथार्थवादी परम्परा को एक नया आयाम दिया। क़ुर्रत प्रमुख रूप से उपनिवेशीय जीवन और आज़ादी के बाद उभरे उच्च मध्यवर्ग के अन्तर्विरोधों को एक धारदार शैली में उजागर करनेवाली कथाकार हैं। इस वर्ग की जीवनशैली से उत्पन्न अपसंस्कृति, काइयाँपन, पाखंड और उपभोक्तावाद का उन्होंने गहरे में निरीक्षण किया है और इनसे मुक्ति की तलाश में अनेक महत्वपूर्ण कहानियाँ लिखीं। उन्होंने इस वर्ग की ऊपरी चमक-दमक और रंगीनी के साथ-साथ इसके आन्तरिक ख़ालीपन को भी उजागर किया।

'पतझड़ की आवाज़' उनकी एक बहुचर्चित कहानी है। यह रचना कहानी में कविता की-सी सघनता लिये हुए है। कहानी रूमान से शुरू होकर उच्च मध्यवर्ग की विकृतियों को परत-दर-परत उघाड़ती चलती है। कहानी की नायिका तनवीर फ़ातिमा अपने पहले प्रेम के पतझड़ की आवाज़ के सहारे जीने को अभिशप्त है। यह पतझड़ फ़ारूक़ जैसे नवधनाढ्य वर्ग के लोगों के भावशून्य हृदय को प्रतीकित करता है। फ़ातिमा, फ़ारूक़ के साथ लम्बे साहचर्य के बाजवूद निकाह से वंचित रही और जिन वक़ार साहब के साथ उसका बेमेल निकाह हुआ, वह भी उसके स्त्रीत्व का सम्मान नहीं कर सके। व्यक्ति के भीतर इच्छाएँ किस तरह शेष होती जाती हैं, यह कहानी हमें बख़ूबी समझा देती है। इस पतझड़ के जीवन में अपने पहले प्रेमी ख़ुशवक़्त की यादें उसके जीने की असास हैं।

'हस्ब-नस्ब' कहानी में क़ुर्रत एक समाजशास्त्री की भूमिका में उतर आती हैं। इस कहानी में हमारी सामाजिक संरचना का वस्तुनिष्ठ आकलन मिलता है। इसकी अन्तर्वस्तु के मूल में श्रेष्ठ कुल (हस्ब-नस्ब) के मिथ्याभिमान और नवधनाढ्य वर्ग की मूल्यहीनता का अन्तर्विरोध है। छम्मी बेगम अपनी कुलीनता की रक्षा के प्रति अतिरिक्त रूप से सावधान है। लेकिन उसे आभास भी नहीं हो पाता कि यह कुलीनता यथार्थ के थपेड़ों से कब की चकनाचूर हो चुकी है। अज्जू मियाँ के धोखा देने के बाद भी 'वह जुगादरी रोहिला सरदारों के नाम लेवा इस कुनबे की कुलीनता और प्रतिष्ठा को बचाने के लिए क़िलाबन्द होकर बैठी रही।' लेकिन एक-एक करके उसका सहारा छूटता

जाता है। शाहजहाँपुर से दिल्ली और बम्बई शहर-दर-शहर भटकती हुई अन्ततः एक तथाकथित सम्भ्रान्त वर्ग की महिला के यहाँ उसे पनाह मिलती है जो अपनी सम्भ्रान्तता की ओट में देह-व्यापार करती है। छम्मी बेगम इस बात पर ख़ुश है कि इस घर में इज़्ज़तदार लोग आते हैं। वह अपनी मालकिन के वास्तविक चरित्र से वाक़िफ़ नहीं है। वह शुक्र मनाती है कि ख़ुदा ने उसे एक अच्छे ख़ानदान में भेजकर उसकी लाज रख ली। यह हमारे समाज की एक बड़ी विडम्बना को लक्षित करने वाली कहानी है।

'हाजी गुल बाबा बेक़ताशी के मलफ़ूज़ात' कहानी में पराभौतिक तत्त्वों का समावेश है। कहानी की अन्तर्वस्तु राजनीतिक है। इस कहानी में लेखिका के संस्कृति एवं इतिहासबोध की झलक मिलती है। हाजी गुलबाबा सूफ़ी सिलसिले के एक ऐतिहासिक चरित्र हैं, हाजी सलीम काल्पनिक हैं। यह कहानी एक साथ दिल्ली से लेकर आर्मीनिया की भिन्न सांस्कृतिक भूमियों से सम्पर्क करा देती है। लेखिका एक स्त्री के पत्र को लेकर बेक़ताशी के पास आइज़रबान पहुँच जाती है जिसमें यह पूछा गया है कि उसका पति इस समय कहाँ है ? उसका विश्वास है कि उसका पति मरा नहीं है। लेकिन लेखिका को हाजी बेक़ताशी और हाजी सलीम से सन्तोषजनक उत्तर नहीं मिलते। "क्या मैं उस औरत को लिख दूँ कि वह सब्र के तन्दूर में अपनी रोटी पकाती रहे ?" यह कहकर लेखिका वापस दिल्ली आ जाती है। यहाँ एन.एस.डी. में उसे एक नौजवान मिलता है जो उसे बताता है कि उसकी माँ अपने मृत पति को खोजने पर बज़िद है। इस कहानी का शिल्प-विधान बहुत जटिल है। इसमें फ़ैंटेसी के साथ-साथ अनेक पेच और घुमाव हैं। इसी तरह 'सेंट फ़्लोरा आफ़ जार्जिया के ऐतराफ़ात' कहानी में पूर्व और पश्चिम की संस्कृति के संगम को रेखांकित किया गया है। क़ुर्रत ने फ़ैज़ के शे'र से प्रभावित होकर 'दाग़-दाग़ उजाला' जैसी सशक्त कहानी भी लिखी जिसने कथा-कथन की एक नई प्रवृत्ति को जन्म दिया।

संक्षेप में, मंटो की निम्न मध्यवर्गीय सौन्दर्य-चेतना, कृश्न चन्दर की जन-प्रतिबद्धता, बेदी की भावनात्मकता, क़ासमी की राजनीतिक चेतना, इस्मत की बेबाक अभिव्यक्ति और क़ुर्रतुल-ऐन हैदर का सांस्कृतिक बोध मिलकर उर्दू कहानी के विविधतापूर्ण परिप्रेक्ष्य को रचते हैं। इन मूर्धन्य कथाकारों की कहानियाँ प्रगतिशील और उसकी समानान्तर कथा-धाराओं के विकास को रेखांकित करती हैं। आज उर्दू कहानी के सरोकार काफ़ी बदल गए हैं। लेकिन अभी उसे अपनी परम्परा से बहुत कुछ ग्रहण करना बाक़ी है।

इस लेख के कुछ अंश 'इंडिया टुडे', 20 जनवरी, 1999 में प्रकाशित हुए।

क़ाज़ी अब्दुस्सत्तार का उपन्यास 'दाराशिकोह'

दिल्ली में उमड़ आया क्षुब्ध जन-पारावार,
राहुग्रस्त चन्द्र को भी देखकर उठा ज्वार;
दीन मदहीन एक हाथी पर राज्यहीन,
शाहंशाह भारत का दाराशुको' था सवार।

यह डॉ. रामविलास शर्मा की 'तार सप्तक' (1943 ई.) में संकलित 'दाराशिकोह' शीर्षक कविता का पहला छन्द है। इसमें 'दाराशिकोह' के जीवन के अन्तिम दिन का बड़ा ही कारुणिक और हृदयविदारक चित्रण है। यह कविता एक इतिवृत्त है लेकिन इसमें एक मनुष्य होकर जीने की त्रासदी को व्यापक अपील के साथ व्यंजित कर दिया गया है। यह प्रगतिशील रचनाकारों का दायित्व बनता है कि वे इतिहास के ऐसे पहलुओं को सामने लाएँ जहाँ एकता के आधार मौजूद हैं। रामविलास जी ने 'दाराशिकोह' कविता के ज़रिए इस दायित्व को बख़ूबी निभाया है। इस कविता को पढ़ने के बाद ही मेरा ध्यान क़ाज़ी अब्दुस्सत्तार के उर्दू उपन्यास 'दाराशिकोह' (1967 ई.) की ओर गया।

उर्दू कथा-साहित्य की प्रगतिशील धारा में क़ाज़ी अब्दुस्सत्तार का विशिष्ट स्थान है। वे विशेष रूप से अपने ऐतिहासिक उपन्यासों के लिए जाने जाते हैं। 'दाराशिकोह' के अलावा 'सलाहुद्दीन अय्यूबी', 'शब गज़ीदा', 'ख़ालिद बिन वलीद', 'ग़ालिब' और 'हज़रत जान' उनके चर्चित उपन्यास हैं। क़ाज़ी साहब ने 'हज़रत जान' लिखते हुए 'मंटो के आतिशख़ाने की रौशनाई' से काम लिया है। 'पीतल का घण्टा' नाम से उनका एक कहानी-संग्रह भी है। उर्दू कहानी पर बात करते हुए संग्रह की 'पीतल का घण्टा' और 'रज़्ज़ो बाजी' कहानियों को विस्मृत नहीं किया जा सकता। उनके 'दाराशिकोह' उपन्यास ने उर्दू उपन्यास की परम्परा में एक नया आयाम जोड़ा। लम्बे समय तक यह उपन्यास बहस के बीच रहा। यह उपन्यास ऐसे दौर में लिखा गया जबकि इतिहास की सम्प्रदायवादी व्याख्या की कोशिशें शुरू हो चुकी थीं। आमतौर पर क़ाज़ी साहब सामंतीय दौर के ऐसे पहलुओं को कथा-रचना के लिए चुनते हैं जहाँ साझा संस्कृति और साम्प्रदायिक सद्भाव की सम्भावनाएँ तलाश की जा सकती हैं। दाराशिकोह के

जीवन पर उपन्यास लिखने के मूल में भी यही प्रयोजन है।

दाराशिकोह के जीवन को रचना-विषय बनाने के पीछे आज के सांस्कृतिक परिदृश्य के दबाव रहे हैं। आज सम्प्रदायवादी फूटपरस्त शक्तियाँ भारतीय संस्कृति को मात्र हिन्दू संस्कृति के रूप में व्याख्यायित कर रही हैं। गोया सात सौ वर्ष से साथ रह रहे दूसरे समुदाय के जीवन का भारतीय संस्कृति में कोई अंश ही न हो। उनके लिए मूर्तिभंजक औरंगज़ेब तो दिखाई देता है, लेकिन सहिष्णुता की प्रतिमूर्ति दाराशिकोह नहीं। कहने का अभिप्राय यह है कि इतिहास के विकृतीकरण के इस दौर में हिन्दू-मुस्लिम एकता के आधारों को खोजने की ज़रूरत है। 'दाराशिकोह' एक अटूट विचार-परम्परा की महत्वपूर्ण कड़ी है। उससे पहले सूफ़ी और सन्त उपासना-पद्धति की भिन्नताओं के बावजूद धर्मों के बीच अभेद के विचार की नींव रख चुके थे। क़ाज़ी साहब ने वस्तुनिष्ठ इतिहास-दृष्टि के साथ दाराशिकोह के चरित्र के बहाने इस विचार-परम्परा को पुनरुज्जीवित करने की रचनात्मक कोशिश की है।

दाराशिकोह के जीवन के बारे में प्रामाणिक जानकारी के दो स्रोत हैं। एक, प्रख्यात इतिहासकार कालका रंजन क़ानूनगो की 'दाराशिकोह' किताब और दूसरे, मुंशी देवीप्रसाद कृत 'शाहजहाँनामा'। क़ानूनगो ने फ़ारसी के स्रोतों और स्वयं दाराशिकोह की कृतियों को आधार बनाया है। यह दाराशिकोह पर इतिहास की अकेली मुकम्मल किताब है। मुंशी देवीप्रसाद ने 1898 ई. में फ़ारसीमिश्रित खड़ी बोली में 'शाहजहाँनामा' की रचना की। इसमें शाहजहाँ के साथ-साथ उसके शाहज़ादों का जीवन-वृत्त भी है। किताब में दाराशिकोह से सम्बन्धित अन्तिम विवरण है—धौलपुर के निकट चम्बल के घाट पर औरंगज़ेब और दाराशिकोह का युद्ध जिसमें दारा की पराजय हुई। इन इतिहास-ग्रन्थों की रौशनी में 'दाराशिकोह' उपन्यास को देखने पर ज्ञात होता है कि उपन्यासकार ने तथ्यों के प्रति अत्यन्त सावधान रहते हुए मध्यकालीन जीवन के सामाजिक पक्षों को उन्मीलित करने में असाधारण कलात्मक संयम का परिचय दिया है।

उपन्यासकार ने शाहजहाँ द्वारा दाराशिकोह को 'शाह बुलंद इक़बाल' का ख़िताब दिए जाने से लेकर सामूगढ़ के युद्ध में दारा की पराजय के बाद औरंगज़ेब द्वारा दारा को क़त्ल कराए जाने तक की घटनाओं से कथानक का निर्माण किया है। उन्होंने इस दौरान की उन महत्वपूर्ण घटनाओं को ही चुना है जो रचना के मूल प्रयोजन में सहायक हैं।

'दाराशिकोह' एक 'अदब शनास वली अहद' है। उसका जीवन आस्थाओं की बहुलता के रहते हुए एकत्व की खोज के लिए समर्पित रहा। वह 1645 ई. में लाहौर का सूबेदार वली अहदे सल्तनत था। वहीं उसने हज़रत मियाँ पीर से शिक्षा ली। फिर कश्मीर में मुल्ला शाह बदख़्शी की शागिर्दी अख़्तियार की। इसी क्रम में वह वेदान्त की ओर प्रवृत्त हुआ। उसने इस्लाम के तौहीद और भारतीय एकेश्वरवाद की सारभूत एकता से जन-जन को परिचित कराने के प्रयास किए। उसका एक फ़ारसी शे'र है—

यक ज़र्रा न दीदीम ज़े ख़ुर्शीद सिवा
हर क़तरए-आब हस्त ऐन-ए-दरिया

अर्थात् सूर्य के सिवा हमें एक ज़र्रा भी दिखाई नहीं देता। प्रकाश ही सत्य है। बूँद, लहर, भँवर महज़ नाम हैं, अन्तिम सत्य तो दरिया ही है।

दाराशिकोह विरचित पुस्तकों में 'मज्मा-उल-बहरैन' सर्वाधिक महत्वपूर्ण है। संस्कृत में इसका नाम 'समुद्र-संगम' है। यह उसके हिन्दू और इस्लाम धर्म के तुलनात्मक अध्ययन का नतीजा है। इतिहासकार क़ानूनगो ने इसे स्पष्टतया भिन्न संस्कृतियों के विवेचनात्मक अध्ययन की दिशा में पहला गम्भीर और विद्वत्तापूर्ण प्रयास बताया है। दाराशिकोह के अनुसार वेदान्त और तसव्वुफ़ में सिर्फ़ शब्दों का अन्तर है, इसलिए उसने इनके बीच मुताबिक़त पैदा की है। उसने वेदान्त और तसव्वुफ़ को समन्दर के दो धारों से ताबीर किया। 'मज्मा-उल-बहरैन' की भूमिका में लिखा है, 'तारीफ़ उस ख़ुदा-ए-यगाना की है जिसने इस्लाम और कुफ़्र की दो ज़ुल्फ़ें, जो एक-दूसरे के मुक़ाबिल में हैं, अपने चेहरे पर लहराईं। इनमें से किसी भी एक के विना उसके चेहरे की सुन्दरता अधूरी रहेगी।'

'सिर्रे-अकबर' में उसने पण्डितों की सहायता से उपनिषदों का फ़ारसी अनुवाद किया। इसके अलावा उसने 'योग वासिष्ठ' का फ़ारसी अनुवाद कराया और इसकी भूमिका स्वयं लिखी। यह ध्यान देने योग्य है कि 'सिर्रे-अकबर' के रूप में उपनिषदों का अनुवाद 1657 ई. में अर्थात् अपनी मृत्यु (1659 ई.) से दो वर्ष पूर्व किया। इस वर्ष दाराशिकोह को बिहार का सूबा सौंपा गया था और इसके ठीक बाद ही सामूगढ़ का युद्ध होता है।

'दाराशिकोह' उपन्यास की शुरूआत एक रूपक से होती है। हज़रते देहली शाहजहाँबाद की पोशाक पहनकर, जामा मस्जिद की हमाइल गले से लगाकर, क़िला-ए-मुअल्ला की जड़ाऊ इमारतों के ज़ेवरात पहने और दारुल सल्तनत की मन्दील पर तख़्ते-ताऊस का गौहर निगार सरपैच बाँधकर शहंशाह अबुल मुज़फ़्फ़र शहाबुद्दीन मुहम्मद शाहजहाँ क़ुराने सानी के हुज़ूर में सात सलाम करता है। यह देहली का रूपक है। वातावरण की सृष्टि करने के बाद कथाकार उपन्यास की बीज-घटना पर आ जाता है। वह घटना है शाहजहाँ द्वारा दाराशिकोह को 'शाह बुलंद इक़बाल' का ख़िताब अता फ़रमाना। दाराशिकोह का जन्म 1614 ई. में हुआ था और उसे शाह बुलंद इक़बाल का ख़िताब 1642 ई. में मिला। यानी उस समय दाराशिकोह की आयु 28 वर्ष की थी। कथाकार ने दाराशिकोह के जीवन के शुरूआती 27 वर्षों को नहीं छुआ है। मुंशी देवीप्रसाद कृत 'शाहजहाँनामा' से ज्ञात होता है कि क़ंधार में ईरान के शाह सफ़ी का मुक़ाबिला करने के बाद दाराशिकोह जब शाहजहाँबाद वापस आया, तब उसे इस ख़िताब से नवाज़ा गया। क़ाज़ी साहब इन तथ्यों के विवरण में नहीं गए हैं और उन्होंने सीधे

उस घटना से उपन्यास को खोला है जो दाराशिकोह और औरंगज़ेब के बीच खटास का बाइस बनी। उपन्यास में लगातार यह द्वन्द्व गहराता गया है। हम इतिहास के साक्ष्य से भले यह जानते हैं कि इस उपन्यास का खलनायक औरंगज़ेब होगा लेकिन क़ाज़ी साहब शाह बुलंद इक़बाल के समारोह के वक़्त औरंगज़ेब की ईर्ष्या को एक नए ढंग से संकेतित करते हैं। समारोह के बाद शाहज़ादे-शाहज़ादियाँ दाराशिकोह के लिए उपहार पेश कर रहे हैं 'लेकिन औरंगज़ेब भारी क़दम रखता हुआ आया और अपने मुक़ाम पर खड़ा हो गया।' पाठकों पर यह बात भली-भाँति सम्प्रेषित हो जाती है कि औरंगज़ेब के 'भारी क़दम' उसकी राजनीतिक महत्वाकांक्षा की अलामत हैं। उपन्यासकार ने इतिवृत्त के बजाय पात्रों की चेष्टाओं से स्थितियों के द्वन्द्व को मूर्त किया है। पात्रों के चारित्रिक विकास को दर्शाने का क़ाज़ी साहब का यह अपना तौर है। दाराशिकोह का चरित्र शुरू से ही गति, प्रभाव और तीव्रता लेकर आता है।

दाराशिकोह, अपने संस्कृति-प्रेम और राजनीति में तालमेल नहीं बैठा पाता। अतएव उसके जीवन में ऐसे कई अवसर आते हैं, जब उसे शाहजहाँ की नसीहतों का सामना करना पड़ता है। इस आशय का एक प्रसंग उपन्यास के शुरूआती पृष्ठों में आता है। इतिहास यहाँ तक हमारा साथ देता है कि शाहजहाँ सबसे ज़्यादा दाराशिकोह को चाहता था। इससे अलग उपन्यासकार ने शाहजहाँ और दाराशिकोह के सम्बन्धों को एक शासक और उसके प्रतिनिधि के रूप में देखा है। प्रतिनिधि अपने निर्णय में स्वाधीन नहीं हो सकता लेकिन दारा ऐसा करता है। यहीं शाहजहाँ के व्यक्तित्व का एक दूसरा रुख़ सामने आता है। प्रयाग में गंगा-स्नान पर सरकारी मेहसूल की दरें आसमान छू रही हैं। हर यात्री को स्नान से पहले खरी चाँदी का खनकता हुआ एक रुपया शाही ख़ज़ाने में जमा करना पड़ता है। कवीन्द्र आचार्य श्रद्धालुओं की ओर से दाराशिकोह से मेहसूल मुआफ़ करने की प्रार्थना करते हैं। उसकी आँखें नम हो जाती हैं और वह मेहसूल मुआफ़ कर देता है। शाहजहाँ को दाराशिकोह का यह निर्णय आईन-ए-सियासत के ख़िलाफ़ लगता है। शाहजहाँ का कथन देखिए : "अगर दाराशिकोह बाबा सियासत से काम लेते तो मेहसूल भी मुआफ़ हो जाता और दामन भी मेहफ़ूज़ रहता। यानी तुम हमारे पास आते। हमसे अपनी ख़्वाहिश बयान करते और हम अपने तौर पर मेहसूल मुआफ़ कर देते।" यह पहला अनुभव है जिससे दारा में शासक के लिए वांछित योग्यता के अभाव का पता चलता है। कथाकार ने दारा के चरित्र के इस पहलू का कई कोणों से मुआयना किया है।

यह उपन्यास सिर्फ़ शाहजहाँ के शाहज़ादों और शाहज़ादियों का आख्यान नहीं है। इस वैचारिक द्वन्द्व में आम जन भी शरीक हैं। दिल्ली, आगरा, क़ंधार के जन-जीवन के चित्र जाबजा बिखरे हुए हैं। यहाँ छोटे (माइनर) चरित्र भी अपनी अल्पकालिक उपस्थिति के बावजूद हमारे मन पर प्रभाव छोड़ते हैं। दाराशिकोह की वेश-भूषा और खान-पान की आदतों की आम दिल्लीवालों पर क्या प्रतिक्रिया होती है, यह उपन्यासकार

की अपनी उपज है। दाराशिकोह की अभिरुचियों के विनोदपूर्ण क़िस्से बन जाते हैं। दल्लन बावर्ची की दुकान का यह दृश्य देखिए। किसी दिलजले ग्राहक ने दल्लन मियाँ से कहा,

"दल्लन मियाँ लाओ, धेले का हरीसा आज और खिला दो।"

"ये आज की क्या शर्त लगा दी मियाँ जी। अल्लाह चाहेगा तो दल्लन के मरने के बाद भी खाते रहोगे।"

"किस ख़्वाबे ख़रगोश में पड़े हो दल्लन मियाँ ! कल अगर दारा जी महाराज सिंहासन पर विराज गए तो परसों से गोश्त का क़िस्सा ख़त्म समझो।"

इस तरह धर्म और राजनीति की बहस को क़ाज़ी साहब आम जनता के बीच ले जाते हैं। गाहे-बगाहे इस क़िस्म के प्रसंगों की योजना से उपन्यास रोचक बन पड़ा है।

क़ाज़ी साहब ने दाराशिकोह के वैदुष्य और विद्यानुराग का निदर्शन करने में कालका रंजन क़ानूनगो की किताब से विशेष सहायता ली है। दारा ने शमशीर के बजाय शब्द से प्रेम किया। उसका पुस्तक-प्रेम आश्चर्य में डाल देनेवाला है। उसके चरित्र का केन्द्रीय अन्तर्विरोध यह है कि वह शासक और संस्कृतिकर्मी एक साथ होना चाहता है। उपन्यासकार ने उसके इस अन्तर्विरोध पर पर्दा डालने के बजाय इसे और गाढ़ा करके उभारा है। वह क़ंधार की मुहिम पर जाता है। अगर वह अपने साथ भारी हथियारबंद फ़ौज ले जाता है तो तीन ऊँटों पर किताबें लादकर ले जाना भी नहीं भूलता। इसके अलावा उसके साथ सात हाथियों पर संस्कृत, अरबी और फ़ारसी के आलिम, कवि, शाइर, ज्योतिषी, संन्यासी और योगी सवार थे।

यहाँ यह बात विचारणीय है कि क़ाज़ी साहब ने औरंगज़ेब के हिन्दू धर्मविरोधी मिथक को किस रूप में देखा है? इतिहासकार यदुनाथ सरकार ने औरंगज़ेब को जिस रूप में चित्रित किया है, वह कहीं-कहीं सम्प्रदायवाद की हदों को छू जाता है। अब विशम्भरनाथ पाण्डे ने ऐसे दस्तावेज़ खोजकर प्रकाशित कर दिए हैं जो औरंगज़ेब के इस मिथक को तोड़ते हैं। बहरहाल यह इतिहासकारों की खोजबीन का काम है। क़ाज़ी साहब ने उपन्यास में औरंगज़ेब के हिन्दू धर्मविरोधी रूप को तूल नहीं दिया है। अलबत्ता ऐसे संकेत ज़रूर किए हैं जिनसे उसकी धार्मिक असहिष्णुता का पता चलता है। यहाँ औरंगज़ेब एक ऐसा चरित्र है जो सत्ता और राजनीति के सिवा सब कुछ को तुच्छ समझता है—श्रेष्ठ जीवन-मूल्यों को भी। यह उपन्यासकार की चरित्र-सृष्टिगत मौलिक उद्भावना है। दाराशिकोह के जीवन से सर्वाधिक उन घटना-स्थितियों को चुना गया है जो उसकी धर्मनिरपेक्ष मनोरचना की पहचान कराती हैं। वह अपनी आस्थाओं के आगे राजनीति के तक़ाज़ों को महत्व नहीं देता। एक जगह उपन्यासकार ने उसकी वेशभूषा के बहाने धार्मिक संकीर्णतावादियों के चेहरों को उघाड़ दिया है। राय रायाँ उसे आगाह करता है कि "शाहजहाँबाद से अकबराबाद तक की एक-एक मस्जिद में हिन्दूपरस्त वली अहद के ख़िलाफ़ मुजाहिदीन की तलवारें तेज़ हो रही हैं... सियासत का तक़ाज़ा और इस

बंदा-ए-दरगाह का मशविरा है कि साहिबे आलम आज अपने लिबास के वो पुराने जवाहरात जिन पर शिव की तस्वीर, विष्णु की शबीह बनी हुई है और 'प्रभु' लफ़्ज़ खुदे हुए हैं, न पहनें। उनकी जगह ऐसे जवाहरात इस्तेमाल फ़रमाएँ जिन पर..."

दाराशिकोह का जवाब है, "राय रायाँ, तुम दाराशिकोह को दरबार का मस्ख़रा समझते हो। जो चंद जगमगाते इनामों की ख़ातिर गिरगिट की तरह एक वक़्त में दस रंग बदल सकता है।"

वह इस बात को जानता है कि उसका पहनावा उसके विरुद्ध चलाई जा रही साज़िश को हवा दे सकता है। लेकिन वह यह जोखिम उठाता है और राजनीति को अपनी आस्था पर क़ाबिज़ नहीं होने देता।

उपन्यास में दाराशिकोह एक प्रेमी के रूप में भी मिलता है। दारा क़ंधार की मुहिम के दौरान लाला नामक नर्तकी पर आसक्त हो गया था। उपन्यासकार ने दारा और लाला की प्रच्छन्न प्रेम-कहानी के ज़रिए दारा की त्रासदी को गहराना चाहा है। हम पाते हैं कि दारा के जीवन के अन्तिम क्षणों में लाला मौजूद है। क़त्ल से पहले जब उसे औरों को नसीहत के बतौर शहर में घुमाया जा रहा है, दारा देखता है कि लाला बेड़ियों में जकड़ी हुई सामने खड़ी है। उपन्यासकार ने इस मौक़े पर लाला की मौजूदगी का एक युक्ति (डिवाइस) के रूप में इस्तेमाल किया है। लाला को देखकर निस्सहाय दारा की स्मृति के तार झंकृत हो उठते हैं...बलख़ की लाला...क़ंधार की लाला...चम्बल की लाला!

उपन्यास का यह अन्तिम दृश्य अतीव मार्मिक है। बक़ौल क़ाज़ी साहब एक ऐसा दृश्य 'जिसे दरिया देख ले तो ख़ुश्क हो जाए...बाग़ देख ले तो उजड़ जाए।'

दाराशिकोह 'एक तहज़ीब, एक इन्सानी जीवन-पद्धति, एक संस्कृति को ज़िंदा करने उठा था लेकिन तक़दीर ने उसके हाथ से क़लम छीन लिया और तारीख़ ने उसके पन्नों पर स्याही फेर दी।' क़ाज़ी साहब ने इस तहज़ीब, इन्सानी जीवन-पद्धति और संस्कृति को उसकी बहुआयामिता में रूपायित किया है।

क़ाज़ी साहब ने इतिहासकारों के विश्लेषण को बरतरफ़ करके दाराशिकोह और औरंगज़ेब के द्वन्द्व को दो विचारधाराओं की टकराहट के रूप में उभारा है। इस प्रक्रिया में दोनों इतिहास के तैयारशुदा पात्र नहीं रह जाते बल्कि काफ़ी-कुछ बदलते हैं। इन्हें इस सलीक़े से गढ़ा गया है कि कई जगह इनका इतिहासवाला रूप अपदस्थ हो जाता है। अपनी व्यक्तिगत पहचान के साथ ये दो विचारों के ध्रुवान्त नज़र आते हैं। सामूगढ़ का युद्ध साझा संस्कृति के निर्माण की प्रक्रिया में पेश आनेवाली एक दुर्भाग्यपूर्ण घटना थी। कम-से-कम उपन्यासकार ने इस युद्ध के परिणाम को इसी रूप में देखा है। उपन्यास में कहा गया है कि 'सामूगढ़ की लड़ाई शाहजहाँ के दो बेटों के बीच तख़्तो-ताज के हिस्सों ही के लिए नहीं लड़ी गई बल्कि यह दो नज़रियों की जंग थी जिसका फ़ैसला सामूगढ़ के सफ़े पर तलवार की नोक से लिखा गया।'

इस दृष्टि से दाराशिकोह उपन्यास विचारधारा और कलात्मक अनुशासन के कारण मध्यकाल में सत्ता और संस्कृति का विमर्श बन जाता है। एक बदले हुए रूप में यह विमर्श आज भी जारी है।

क़ाज़ी साहब अप्रतिम वाग्मिता के धनी हैं। प्रायः वे रूपक की भाषा में बोलते हैं। भाषा में ऐसी गत्यात्मकता और प्रवाहमयता विरल है। उनकी भाषा में दास्तानों की सिफ़त महसूस की जा सकती है। उनके पास बयान के इतने ढंग हैं कि उपन्यास में कहीं भी अपने किसी मुहावरे या वाक्यांश को दोहराते नहीं हैं। वे शब्दों के चयन में एक कवि के विवेक का परिचय देते हैं। इस अर्थ में वे उर्दू कथा-साहित्य में एक शैलीकार की हैसियत रखते हैं। उनके उपन्यास और कहानियाँ पढ़कर लगता है कि भाषा और कला की सामर्थ्य के बग़ैर रचना की व्यापक पहुँच की बात करना बेमानी है।

('दाराशिकोह' उपन्यास का मेरा हिन्दी अनुवाद 1983 में आया। श्री अनिल नौरिया ने मेरे अनुवाद से एक अंश का अंग्रेज़ी अनुवाद किया जो 'दि टाइम्स ऑफ़ इंडिया' 10 फ़रवरी, 2000 में प्रकाशित हुआ।)

लोकप्रिय बनाम लोकग्राह्य शाइरी

आम धारणा है कि उर्दू शाइरी रूमानियत से लबरेज़ है। दरअस्ल रूमाननिगारी की एक सुपरिचित परम्परा रही है और यह एक प्रवृत्ति के रूप में आज भी मौजूद है, लेकिन इसे आज की समूची शाइरी की पहचान क़रार नहीं दिया जा सकता। रूमानियत एक दृष्टिकोण है जिसके तहत शाइर अन्तर्मुखी होकर चीज़ों को देखता है; फ़ारसी के पुराने प्रतीकों—साक़ी-शराब, साहिल-कश्ती और शमा-परवाना आदि का रूढ़ अर्थों में प्रयोग करता है। पुराने मज़मूनों को शे'र का कथ्य बनाता है। इसके साथ ही भावतरल भाषा और पुरानी बन्दिशों का इस्तेमाल करता है। निस्सन्देह भावप्रवणता और संवेगात्मकता के कारण इस प्रवृत्ति की शाइरी ज़्यादा लोकप्रिय रही है। ऐसी शाइरी ज़्यादातर ग़ज़ल के फ़ॉर्म में मिलती है।

आज मीडिया और मंच दोनों ने इस प्रवृत्ति को काफ़ी तरजीह दी है। कहा जाता है कि इन दिनों ग़ज़ल के व्यावसायिक इस्तेमाल की सम्भावनाएँ ज़्यादा बढ़ गई हैं क्योंकि यह छन्द का काव्य-रूप है। यह बात आंशिक रूप से सच है, सर्वांश में नहीं। दरअस्ल यह रचनाकार की विचारधारा पर निर्भर करता है। जिस रचनाकार में सामाजिक दायित्व-बोध है और जो सृजन को सामाजिक कर्म के रूप में लेता है, वह सस्ती लोकप्रियता से गुरेज़ करेगा, भले ही वह छन्द का कवि हो या न हो। बहरहाल, रूमानी शाइरी संकीर्ण अर्थों में लोकप्रिय भले हो जाए किन्तु लोकग्राह्य कभी नहीं हो सकती। न ही इन रचनाओं को सामने रखकर उर्दू शाइरी के मौजूदा परिदृश्य के साथ न्याय किया जा सकता।

आज की शाइरी का दूसरा और सकारात्मक रुझान है इस की जनोन्मुखता। इस प्रवृत्ति की शाइरी में अपने समय की विडम्बनाओं और अन्तर्विरोधों की अक्कासी की गई है। अवाम के सुख-दुःख और आशा-आकांक्षाओं का प्रतिबिम्बन है। इसमें बदलते हुए सामाजिक सम्बन्धों की रौशनी में आज के यथार्थ को मूर्त करने की जद्दोजहद दिखाई देती है। यह शाइरी तरक़्क़ीपसंद तहरीक की मूल्य-चेतना को नए आयामों में विकसित करती है। इसे हम प्रतिरोध की शाइरी कह सकते हैं।

इस प्रतिरोध की शाइरी की दो धाराएँ मिलती हैं। एक, जहाँ शाइरी कम है और तात्कालिकता का इतिवृत्त ज़्यादा है। राजनीतिक मुखरता (पॉलिटिकल ओवरटोन)

और उग्र मुहावरे का सम्मोहन है। इस कारण इसकी अपील कम है। अपनी सीमित प्रभाव-क्षमता के बावजूद यह शाइरी उर्दू शाइरों की वैचारिक प्रतिबद्धता का परिचय देती है। दूसरी धारा वह है जहाँ दृष्टि और कला का सन्तुलन मिलता है। ऐसी रचनाओं में शाइरी का एक नया डिक्शन भी उभरकर सामने आ सका है और शे'रियत की अपेक्षाओं का भी पूरा ध्यान रखा गया है। इस प्रवृत्ति के शाइरों ने पारम्परिक भावतरल भाषा और समसामयिक गुस्सैल भाषा, दोनों तरह के भाषा-रूपों से बचते हुए ज़ुबान और बयान के नए मे'यार क़ायम किए।

यह सच है कि विश्वव्यापी सांस्कृतिक संकट और समाजार्थिक बदलावों से उत्पन्न हालात के विरुद्ध प्रतिरोध जताने की दृष्टि से भारत की तुलना में पाकिस्तान की उर्दू शाइरी कहीं ज़्यादा प्राणवान है। पाकिस्तान के शाइर हबीब जालिब तो प्रतिरोध की अलामत बन गए हैं। शाइरी और जीवन दोनों में। इसी तरह अहमद फ़राज़, नासिर काज़मी, ज़हीर काश्मीरी और इफ़्तिख़ार आरिफ़ जैसे शाइर अपनी जन-प्रतिबद्धता के कारण पूरे उप-महाद्वीप के अवाम के बीच बहुत लोकप्रिय हुए हैं। अहमद फ़राज़ कुछ ज़्यादा। युवा पीढ़ी के शाइरों में यह तल्ख़ी और भी ज़्यादा है क्योंकि उनका धार्मिक राष्ट्र से पूरी तरह मोहभंग हो चुका है। इन शाइरों में अय्यूब ख़ावर, ऐतबार साजिद, ऐजाज़ गुल, सर्वत हुसैन, हसन अकबर कमाल, सलीम कौसर, शब्बीर शाहिद और सग़ीर मलाल के नाम प्रमुख हैं। भारत की तुलना में पाकिस्तान की उर्दू शाइरी में प्रतिरोध का स्वर अधिक मुखर क्यों है ? अहमद फ़राज़ ने अपने एक इंटरव्यू में इसका कारण बताते हुए कहा है कि "हिन्दुस्तान में शुरू से ही डेमोक्रेसी रही है, जिससे शाइरी में कोई नई चीज़ नहीं आ पाई। आज भी यहाँ की शाइरी में रूमानियत इतनी ज़्यादा है कि कई बार लगता है कि शाइरी डिटीरिओरेट हो रही है। पाकिस्तान में हमेशा तानाशाही रही है। इसलिए वहाँ सप्रेशन बहुत रहा है। सप्रेशन की ज़्यादती शाइर और राइटर में मुख़ालफ़त का जज़्बा पैदा करती है, जिससे पोयट्री में एक नया रुख़ पैदा होता है।" (इंडिया टुडे, 9 जुलाई, 1992)

जहाँ तक भारत की बात है, युवा और युवतर पीढ़ी के शाइरों की रचनाएँ समय के प्रति जागरूकता की दृष्टि से अधिक आश्वस्त करती हैं। इसे यथार्थवाद की विजय ही कहना चाहिए कि नए क़लम का रिश्ता रूमानियत से कम, हक़ायक़ से ज़्यादा है। हामिद सुहेल, अली सबा नवेदी, काविश बद्री, याक़ूब राही, रशीद इम्कान, फ़रहत एहसास, शकील शम्सी, वहाब दानिश, अज़रा परवीन और रफ़ीक राज़ जैसे शाइर उर्दू शाइरी की जनोन्मुख परम्परा को आगे बढ़ा रहे हैं। उल्लेखनीय बात यह है कि नज़्म के फ़ॉर्म में इस पीढ़ी की दिलचस्पी तेज़ी के साथ बढ़ी है। इसमें दो राय नहीं कि यथार्थ को समग्रता में अभिव्यक्ति देने की ग़रज़ से ग़ज़ल की अपेक्षा नज़्म ज़्यादा कारगर माध्यम हो सकता है।

हिन्दी पाठकों की उर्दू शाइरी में रुचि कोई नई बात नहीं है। इसका सिलसिला

महादेवप्रसाद सेठ से जुड़ता है। त्रिलोचन जी से बातचीत करने पर मालूम हुआ कि महादेवप्रसाद सेठ ने *मतवाला* के ज़माने में ग़ालिब के दीवान का नागरी लिप्यन्तरण कराया था। आंशिक टीका भी की थी जो अप्रकाशित रही। इस प्रकार के कुछ हवाले डॉ. रामविलास शर्मा की पुस्तक *निराला की साहित्य साधना* (भाग 1) में भी मिलते हैं। फिर 1955 के आसपास सरदार जाफ़री के सम्पादन में मीर और ग़ालिब के दीवानों के नागरी लिप्यन्तर हिन्दुस्तानी बुक ट्रस्ट, बम्बई से प्रकाशित हुए। हंसराज रहबर, उग्र और प्रकाश पंडित से होता हुआ यह सिलसिला आगे बढ़ता गया। आज उर्दू के तमाम प्रमुख शाइरों का कलाम हिन्दी में मौजूद है, जिनमें पाकिस्तान के शाइर भी शामिल हैं। यह एक स्वागतयोग्य कार्य है। इससे भाषा और लिपि के स्वार्थ-प्रेरित अनावश्यक झगड़े स्वतः समाप्त हो जाएँगे। लेखकों के एक वर्ग का तो यहाँ तक कहना है कि फ़ारसी की जगह देवनागरी लिपि ही अपना ली जाए तो लिपि को धर्म विशेष से जोड़ने की साज़िश रचनेवालों को कोई मौक़ा ही नहीं बच रहेगा। यह इरादा तो नेक है लेकिन इसकी व्यावहारिक उपादेयता संदिग्ध है। फ़ारसी लिपि का सम्बन्ध उर्दू लेखकों के सैकड़ों वर्षों से बने रचनात्मक मानस से है। यह एक सर्जक ही जान सकता है कि लिपि का उसके लिए क्या महत्व है? अतः होना यह चाहिए कि लोग अपनी सुहूलत से देवनागरी और फ़ारसी लिपि में से किसी का भी व्यवहार करें।

पिछले दिनों चार जाने-माने शाइरों के संग्रह हिन्दी में प्रकाशित हुए हैं। ये शाइर हैं—निदा फ़ाज़ली, बशीर बद्र, शीन काफ़ निज़ाम और जावेद अख़्तर। इन संग्रहों पर बातचीत से उर्दू शाइरी के मौजूदा परिदृश्य को समझने में मदद मिलेगी।

खोया हुआ-सा कुछ निदा फ़ाज़ली की हिन्दी में प्रकाशित तीसरी कृति है। इससे पूर्व उनकी *मोर नाच* (शाइरी) और *दीवारों के बीच* (आत्मकथात्मक उपन्यास) कृतियाँ हिन्दी में आ चुकी हैं।

इस संग्रह में निदा की नज़्में, ग़ज़लें और दोहे शामिल हैं। ये रचनाएँ शाइर के सहज रचनात्मक विवेक और जीवन के प्रति आत्मीय लगाव का परिचय देती हैं। उनके पास यथार्थ की अनदेखी सतहों के भीतर झाँकने की अन्तर्दृष्टि है। उर्दू शाइरी पर रूमाननिगारी के ऐतिराज़ के जवाब में इन रचनाओं को प्रस्तुत किया जा सकता है। निदा चीज़ों और स्थितियों का सूक्ष्म निरीक्षण करते हैं और अपनी कवि-चेतना पर अंकित उनके प्रभावों को सहज बनाकर रचना में रूपान्तरित करते हैं।

निदा फ़ाज़ली के शे'रों की दुनिया हमारी जानी-पहचानी हुई है। इस दुनिया में धार्मिक पाखंड और राजनीतिक छद्म के सताए हुए लोग हैं। कन्धे पर हल रखकर खेत की ओर जाते हुए किसान और स्कूल जाते हुए बच्चे हैं। उनके तिनके-से सुख और पहाड़-से दुःख हैं, उनके स्वभाव में लोकचातुर्य के बजाय नादानी है। यही उनकी पूँजी है। काश तथाकथित सम्भ्रान्त वर्ग के लोगों में भी यह नादानी होती—'सोच-समझवालों

को थोड़ी नादानी दे मौला।' निदा की शाइरी की जड़ें इन्हीं नादान लोगों के जीवन में हैं।

उर्दू शाइरी की लोकवादी परम्परा का सूत्र लम्बे अर्से के बाद निदा की रचनाओं में जुड़ता हुआ दिखाई देता है। वे पुराने सूफ़ी शाइरों की भाँति दीन-दुनिया के झगड़ों को अपनी मानवतावादी दृष्टि से सुलझाते हुए लगते हैं। इसमें उन्होंने शाइरी के अनेक निषेधों को तोड़ा है। शाइरी को कुलीनतावाद के दायरे से बाहर निकलकर उसे एक नई भूमिका में उतारा है। ग़ज़लों की तुलना में उनकी नज़्मों और दोहों में यह रंग ज़्यादा नुमायाँ हुआ है।

इस संग्रह की रचनाएँ 'एक मुकम्मल जहाँ' की तलाश का प्रयास हैं—आदमी की भरी-पूरी दुनिया। आज के गहराते हुए सांस्कृतिक संकट ने इस भरी-पूरी दुनिया को विकृत कर दिया है। आदमी की पहचान खो गई है। इसके लिए शाइर धार्मिक संकीर्णता और असहिष्णुता को विशेष रूप से ज़िम्मेदार मानता है। हमने जो समाज बनाया है उसमें आदमी कहाँ है—

मन्दिरों में भजन, मस्जिदों में अज़ाँ,
आदमी है कहाँ ?

इस प्रसंग में 'यहाँ भी है वहाँ भी' नज़्म का उल्लेख ज़रूरी लगता है। यह नज़्म उन्होंने पाकिस्तान से लौटने के बाद लिखी थी। यह नज़्म धर्म के संस्थाबद्ध रूप और उसे प्रश्रय देनेवाली व्यवस्था पर तीखा व्यंग्य है। ऊपरी भेदों के बावजूद दोनों जगह इन्सान की हालत एक जैसी है। देखिए—

हिन्दू भी मज़े में है/मुसलमाँ भी मज़े में
इन्सान परेशान/यहाँ भी है वहाँ भी

निदा के यहाँ परिवार की जीवन्त उपस्थिति है। इन रचनाओं में 'बेसन की सौंधी रोटी पर खट्टी चटनी जैसी माँ' है और 'आँगन-आँगन बेटियाँ' हैं और बच्चों के तो इतने रूप हैं कि शायद ही किसी दूसरे शाइर के यहाँ मिलें। इन पात्रों से युक्त रचनाओं में शाइर की संवेदनशीलता का उत्कृष्ट रूप नज़र आता है। निदा के यहाँ बच्चा एक ऐसी इकाई है जो यथार्थ के विविध रूपों की व्यंजना का बायस बनता है। सजी-धजी नायिका की जगह आँगन में गेंद से जी बहलाता बच्चा यथार्थ के ज़्यादा समीप लगता है। यहाँ एक बच्चे के सन्दर्भ से वृहत्तर सामाजिक परिस्थिति को मूर्त करनेवाले अनेक शे'र मिल जाएँगे—

ऐ शाम के फ़रिश्तो ज़रा देख के चलो
बच्चों ने साहिलों पे घरौंदे बनाए हैं

नज़ीर अकबराबादी की 'आदमीनामा' और निदा की 'मैं जीवन हूँ' कविता को एक साथ पढ़ना एक सुखद अनुभव होगा। इन दोनों कविताओं के केन्द्र में मनुष्य की गरिमा को बचाए रखने की चिन्ता है। नज़ीर ने हर बंद में एक वर्ग विशेष के आदमी का वर्णन किया है। और हर बंद के अन्त में कहते हैं—'वो भी है आदमी।' इसी तरह निदा भी 'वो भी मैं हूँ' की टेक को दोहराते हैं।

अक्सर निदा की भाषा की प्रशंसा इस बात के लिए की जाती है कि उन्होंने हिन्दी शब्दों का प्रचुरता के साथ प्रयोग किया है। दरअस्ल बात सिर्फ़ यह नहीं है बल्कि यह भी है कि उन्होंने विभिन्न वर्गों और समुदायों के लोगों की पारस्परिक अन्तर्क्रियाओं से निर्मित भाषा-रूपों को अपनाया। उनकी भाषा को फ़ारसी लिपि में लिखने पर उर्दू तथा नागरी में लिखने पर हिन्दी कहा जा सकता है। 'अंछर तो हैं प्रेम के दो ही लेकिन है बिस्तार बहुत'—मीर की यह भाषा क़रीब 200 साल बात निदा के यहाँ एक नया रूप लेकर आती है। यह भाषा इस भ्रम को भी तोड़ती है कि फ़ारसीनिष्ठता के रहते हुए उर्दू को जीवित रखा जा सकता है।

बशीर बद्र का *उजाले अपनी यादों के* शीर्षक संग्रह उर्दू शाइरी के एक भिन्न रंग का परिचय कराता है। इस रंग को रूमान और यथार्थपरकता की रूढ़ व्याख्याओं से नहीं समझा जा सकता। निजता या रागात्मक अनुभवों की परिणति भाववाद में ही हो, यह ज़रूरी नहीं है। जीवन में निजी भाव-स्पन्दों और बाह्य वस्तुगत स्थितियों के बीच फाँक नहीं होती। इसलिए निजी भाव-स्पन्दों की मौजूदगी हर स्थिति में रूमाननिगारी नहीं है। रूमाननिगारी का एकमात्र निकष यह है कि वहाँ शाइर अपने वक़्त के सवालों से दो-चार होने के बजाय पलायन का रुख़ अपनाता है। इस अर्थ में बशीर बद्र को मात्र रूमानी शाइर कहना ठीक न होगा। यह उनका अपना ख़ास रंग है जो उनके विशिष्ट मानसिक रचाव और भाषिक प्रयोगों का नतीजा है।

उजाले अपनी यादों के संग्रह में सभी रचनाएँ ग़ज़ल के फ़ॉर्म में मिलती हैं। बशीर बद्र ने ग़ज़ल को एक नया व्यक्तित्व दिया है। उसमें जीवन की छोटी-छोटी इच्छाओं को दर्ज किया है। उसे कल्पनाशीलता से समृद्ध किया जिसके रहते जीवन के सीमित सन्दर्भों से यथार्थ के व्यापक रूपों तक जाने का रास्ता खुलता है। यह बशीर बद्र की विशेषता है। क़ाफ़िया-पैमाई और ग़ज़ल के शे'र कहना दो जुदा चीज़ें हैं। बक़ौल उनके 'ग़ज़ल के शे'र कहाँ रोज़-रोज़ होते हैं !' हालाँकि ग़ज़ल के बारे में 'ज़ौक़' बहुत पहले कह चुके हैं—'न हुआ पर न हुआ मीर का अंदाज़ नसीब/'ज़ौक़' यारों ने बहुत ज़ोर ग़ज़ल में मारा।' यह बात आज भी सच है। दरअस्ल इस कथन को मीर के प्रति ज़ौक़ के सम्मान भाव के रूप में लिया जाना चाहिए, ग़ज़ल की मृत्यु की घोषणा के रूप में नहीं। आज बशीर बद्र जैसे शाइर ग़ज़ल की समृद्ध परम्परा को जीवित बनाए हुए हैं। मंच की लोकप्रियता से सर्जनात्मकता के ह्रास की सम्भावनाएँ

रहती हैं, लेकिन बद्र इसके अपवाद हैं। उनके अनेक शे'र लोगों के ज़ुबानज़द हैं, जैसे–

उजाले अपनी यादों के हमारे साथ रहने दो
न जाने किस गली में ज़िंदगी की शाम हो जाए

बशीर बद्र के भाव-लोक में प्रेम और सौन्दर्य की अनुभूतियों का रचाव है। उर्दू शाइरी की पूरी रिवायत में यह बात देखी जा सकती है लेकिन बशीर बद्र ने प्रेमानुभूतियों को जीवन की दूसरी समस्याओं की सापेक्षता में तरजीह दी है। प्रेम उनके यहाँ निराशा के मरुस्थल के बीच मरुद्यान की तरह है। यह भाव उन्हें अन्तर्मुखी नहीं बनाता बल्कि तल्ख़ हक़ीक़तों से जूझने की अन्तःशक्ति देता है। यह विशेषता उन्हें मोमिन के बहुत क़रीब ले जाती है।

बशीर बद्र के शे'रों की एक बड़ी ख़ूबी है उनकी व्यंजकता। वे अतिकथन से बचते हुए संकेतों के माध्यम से हालात को उभारते हैं। यदि वे बदलते हुए मानवीय सम्बन्धों पर टिप्पणी करते हैं तो पिछले शाइरों की तरह शिकवे-शिकायतों की झड़ी नहीं लगाते बल्कि ख़ास अंदाज़ में यों कहते हैं–

मेरी मुट्ठी में सुलगती रेत का रख कर दिया
कितनी आवाज़ें दिया करता था ये दरिया मुझे

नाज़ुक ख़याली के लिए बशीर बद्र की बहुत प्रशंसा की जाती है। यह काम तलवार की धार पर चलने की तरह है क्योंकि इसमें घोर रूमानी हो जाने का ख़तरा भी दरपेश रहता है। लेकिन एक शाइर के रूप में बशीर बद्र की निजता यहीं उभरती है कि वे नाज़ुक ख़याली के बावजूद ग़ज़ल को जीवन के ऊबड़-खाबड़ रास्तों पर ले जाने में नहीं हिचकते।

उर्दू में छपे अपने पहले संग्रह *इकाई* से ही बशीर बद्र ने एक ऐसे शाइर के रूप में पहचान बनाई जिसने रूढ़ काव्य-प्रतीकों से निजात पा कर शाइरी को नए अप्रस्तुत-विधान से समृद्ध किया। उन्होंने यह साबित किया कि ग़ज़ल की पारम्परिक प्रकृति से मेल न खानेवाले विषयों से ग़ज़लों की दुनिया को आबाद किया जा सकता है। प्रकृति के साथ उनके सम्बन्ध अपने अन्य समकालीनों से भिन्न हैं। उनके प्रकृति-बिम्बों में नाज़ुक ख़याली भी है और तल्ख़ी भी। एक शे'र में उन्होंने हिरन की आँखों में पिछली रात की चाँदनी के सूक्ष्म बिम्ब को उभारा है। फिर इस बिम्ब को 'ग़ज़ल' के उपमान के रूप में प्रस्तुत किया है। फिर इसके बाद शाइर ने ग़ज़ल के जीवन में प्रकाश की कामना की है। सृजन के प्रति प्रतिबद्धता को लेकर ऐसे शे'र कम कहे गए होंगे–

ये ग़ज़ल कि जैसे हिरन की आँखों में पिछली रात की चाँदनी
न बुझे ख़राबे की रौशनी, कभी बेचिराग़ ये घर न हो

बशीर बद्र के शे'र यथार्थ से साक्षात्कार की प्रक्रिया में पाठक से नई सौन्दर्याभिरुचि की माँग करते हैं। थोड़ी गहराई से देखने पर पता चलेगा कि उनके शे'रों में हर्षोन्माद के पीछे विषाद की गहरी छाया विद्यमान है। मानवीय पीड़ा का तीव्र एहसास है। यहाँ दंगों पर कहे गए उनके शे'रों की अनायास ही याद आ जाती है–

लोग टूट जाते हैं एक घर बनाने में
तुम तरस नहीं खाते बस्तियाँ जलाने में

शीन काफ़ निज़ाम के *सायों के साये में* में आस्वाद का एक भिन्न धरातल मिलता है। अपने सामाजिक सरोकारों और भाषा के ख़ास मुहावरे के कारण उन्होंने अपनी विशिष्ट पहचान बनाई है। निज़ाम की एक शाइर के रूप में निजता यह है कि उनमें जीवन के धूप-छाँही रंगों को लेकर चिन्तन की प्रवृत्ति अधिक मिलती है। वे सामाजिक परिस्थिति पर कोई बयान नहीं देते, न उस पर सौन्दर्य का आवरण चढ़ाते, बल्कि उस परिस्थिति के मूल में निहित कारणों पर सोच-विचार करते हैं। ग़ालिब के शब्दों का इस्तेमाल करते हुए कहें तो निज़ाम 'यूँ होता तो क्या होता' की शैली मे अपनी नियति से जूझते हुए मनुष्य के हालात पर चिन्तन करते हैं। स्वाभाविक है कि इस प्रक्रिया में शाइरी कुछ दुरूह और क्लिष्ट अवश्य हो जाएगी। लेकिन यह सोच नितान्त भ्रामक है कि क्लिष्ट कविता अवाम से दूर होती है। अवाम की कविता का एकमात्र निकष है अवाम के जीवन की उपस्थिति। निज़ाम की शाइरी पर इसी परिप्रेक्ष्य में विचार करने की ज़रूरत है। वे 'सोचकर' शे'र कहते हैं। बक़ौल उनके–

बाग़ में बस गया है डर लिखना
ऐसी बातें न भूल कर लिखना

पैर को पैर सर को सर लिखना
इसमें क्या है कि सोच कर लिखना

निज़ाम एक चेतनासम्पन्न शाइर हैं। उनके बेशतर शे'र विभिन्न मानवीय स्थितियों के द्वन्द्वों को अपने भीतर समोए हुए हैं। वे इस द्वन्द्व को सपाट ढंग से नहीं उभारते बल्कि उसे विडम्बना (आयरनी) के स्पर्श के साथ प्रस्तुत करते हैं। जहाँ विडम्बना का भाव अधिक तीव्र हो गया है वहाँ उसमें व्यंग्य की क़ैफ़ीयत पैदा हो गई है। ऐसे शे'र मनुष्य के दुःखों के प्रति शाइर की संवेदना को बहुत प्रभावशाली रूप में व्यक्त करते हैं। साथ ही साथ यथार्थ के बदलते हुए रूपों से जुड़ाव पैदा

करने की बेचैनी का परिचय भी देते हैं। इन शे'रों में वक़्त बोलता है—

ले के बारूद का बदन यारो
आग लेने निकल पड़े हैं लोग

निज़ाम की शाइरी के केन्द्र में तमाम प्रतिकूलताओं के बावजूद जीने की इच्छा रखनेवाला मनुष्य है। इनकी बुनियाद उम्मीदों और सपनों पर है। आस्था इनकी ज़मीन है—

दस्तो-बाज़ू लिये ज़बाँ मत ले
आख़िरी पर तो मत कतर मेरा

कहीं-कहीं उनके शे'र दार्शनिकता की सतह को छूने लगते हैं। उनमें परोक्ष को जानने की ललक दिखाई देती है। अलबत्ता उनके ऐसे शे'रों में दर्शन की नीरसता नहीं है क्योंकि वे किसी आत्मीय सन्दर्भ के माध्यम से ही विचारों की ये गुत्थियाँ सुलझाते हैं—

सुन लिया होगा हवाओं में बिखर जाता है
इसलिए बच्चे ने काग़ज़ पे घरौंदा लिक्खा

उनके साम्प्रदायिकता-विरोधी शे'रों में भी सतहियत के बजाय ऐसी ही गहराई है। निज़ाम ने इस तरह के शे'र रस्म-अदायगी के लिए नहीं कहे बल्कि ये धर्मनिरपेक्ष और जनवादी मूल्यों की चिन्ता का परिणाम हैं। वे साम्प्रदायिकता को व्यवस्था के आधार से जोड़ कर देखते हैं। ऐसे कई शे'र संग्रह में मिल जाएँगे—

पत्थरों की नदी बह गई शहर में
जाने कैसी हवा फिर बही शहर में

दोनों अत्राफ़ के लोग ज़ख़्मी हुए
पत्थरों की कहाँ थी कमी शहर में

जावेद अख़्तर मुख्यतः फ़िल्म लेखक हैं। इनका *तरकश* नाम से संग्रह आया है। यह 'रिक्त तूणीर' है, इसमें कोई तीर बमुश्किल नज़र आता है। जावेद को शाइरी के संस्कार विरासत में मिले हैं। लेकिन फ़िल्मी लेखन के आग्रहों के कारण उनके सृजन की एकाग्रता में बिखराव आया है। इसीलिए वे अपना कोई रंग विकसित नहीं कर पाए। उनके यहाँ शाइरी का कच्चा माल तो मिलता है, शाइरी कम है। इस संग्रह में उनकी नज़्में और ग़ज़लें हैं। यहाँ तेईस ग़ज़लों में एक ऐसी ग़ज़ल खोजना मुश्किल है जो समग्रता में अच्छी और जानदार हो। कोई-कोई शे'र बीच में चमक उठता है।

तरकश की भूमिका क़ुर्रतुल-ऐन हैदर ने लिखी है। यह भूमिका हिन्दी पाठक के लिए उपयोगी है। एक तो इसके ज़रिए जावेद की पारिवारिक पृष्ठभूमि को समझने में मदद मिलती है। दूसरे यह है कि क़ुर्रतुल-ऐन हैदर ने जाँ निसार अख़्तर और उनके समकालीनों के बहाने उर्दू की तरक़्क़ीपसंद तहरीक की एक दिलचस्प रूपरेखा प्रस्तुत की है। लेकिन जावेद की रचनात्मकता के विषय में उनकी प्रशंसात्मक टिप्पणियाँ बड़े लेखकों की उदारता का परिचायक हैं। वे कहती हैं—"*तरकश* ग़मे जानाँ और ग़मे दौराँ के तीरों से भरा है।" लेकिन रचनाओं से गुज़रने के बाद कुछ और ही निष्कर्ष हाथ आता है।

जावेद अख़्तर की कवि-चेतना में वर्तमान के बजाय अतीत का हस्तक्षेप ज़्यादा है। यह अतीतराग (नॉस्टेल्जिया) उन्हें मौजूदा यथार्थ से जुड़ाव पैदा करने से रोकता है। हालाँकि अपने अतीत से पूर्णतः सम्बन्ध-विच्छेद करना किसी रचनाकार के लिए मुश्किल है। स्मृतिहीनता की स्थिति में सृजन सम्भव नहीं है। सृजन में स्मृति का महत्व अपनी जगह है, किन्तु भावुकता के अतिरेक में सिर्फ़ अतीत के होकर रह जाना एक क़िस्म का पलायन है। 'वह कमरा याद आता है' नज़्म इसका अपवाद है। इसमें कवि-चेतना का एक छोर आज के हालात से भी वाबस्ता है। यह नज़्म अन्त में वर्तमान की ज़मीन पर आ कर टिकती है। इस नज़्म में कमरा ख़ुद एक किरदार में बदल जाता है और हमसे बातें करने लगता है।

संग्रह की बेशतर नज़्मों में अतीतराग की गहरी छाया है। 'मेरा आँगन मेरा पेड़', 'जहन्नुमी', 'दुश्वारी' नज़्में और 'मुझ को यक़ीं है…' जैसी ग़ज़ल को मिसाल के तौर पर लिया जा सकता है। इस प्रकार की रचनाएँ हमारे मन में दो प्रकार की प्रतिक्रियाएँ जगाती हैं। एक, अतीत अच्छा था, वर्तमान बुरा है। उपर्युक्त ग़ज़ल को ही लें, इस में 'ये दिन और वो दिन' की तकरार से यही साबित किया गया है। दूसरे, जावेद अपनी आत्मकथा को कई-कई ढंग से लिखते दिखाई देते हैं। इस आत्मकथा में वे अकेले होते हैं, बाक़ी दुनिया नदारद रहती है। शाइर के पास आपबीती के अलावा कुछ कहने के लिए न रह जाए तो यह सृजन के स्तर पर ह्रास का संकेत है। अपने 'स्व' से इतना आविष्ट रहते हुए वह ऐसे मामूली शे'र ही निकाल सकता है—

हम तो बचपन में भी अकेले थे
सिर्फ़ दिल की गली में खेले थे

जहाँ उनका रचनाकार इस अतीतराग से कुछ क़दर मुक्त हो सका है, वहाँ 'फ़साद से पहले' और 'फ़साद के बाद' जैसी सशक्त नज़्में भी दे सका है। यह यथार्थ का दबाव है।

चारों शाइरों के सामाजिक सरोकारों में भिन्नता है। इसके बावजूद इनका सृजन उर्दू शाइरी की इन्सान-दोस्ती और भाईचारे की शानदार परम्परा का हिस्सा है। इनकी

रचनाओं से सोच का एक सामान्य धरातल उभरता है। वह यह कि उर्दू शाइरों में जनवादी और धर्मनिरपेक्ष मूल्यों की रक्षा को लेकर गहरी चिन्ता दिखाई देती है। वे कविता को साम्प्रदायिकता के ख़िलाफ़ लड़ाई के एक औज़ार के रूप में लेते हैं। उनमें हर क़िस्म की साम्प्रदायिकता के ख़िलाफ़ शब्द से काम लेने का साहस है। बाद की युवा पीढ़ी के शाइरों में यह रुझान और ज़्यादा नुमायाँ तौर पर देखा जा सकता है।

—'समकालीन भारतीय साहित्य', सितम्बर-अक्तूबर, 1996

उर्दू शाइरी में होली की बहारें

उर्दू देश के जिस भाग में पहुँची, वहाँ की स्थानीय परिवेश के रंग में रंग गई। फलतः धर्म और आस्थाओं के मसले इसकी लोकप्रियता के मार्ग में कहीं आड़े नहीं आए। जिस सामाजिक मेल-मिलाप ने इस भाषा को जन्म दिया था, उसी ने इसे एक ख़ास भारतीय रंग भी प्रदान किया। यह भारतीय रंग केवल स्थानीय बोलियों की शब्द-सम्पदा तक सीमित नहीं है बल्कि इसमें भारतीय संस्कृति के आन्तरिक और बाह्य रूपों की झलक भी शामिल है। यह सुविदित है कि लम्बे समय तक एक साथ रहते हुए हिन्दू और मुसलमानों के बीच सांस्कृतिक, सामाजिक और धार्मिक स्तर पर काफ़ी आदान-प्रदान हुआ। इस समन्वित संस्कृति का प्रतिबिम्बन उर्दू शाइरी में होना स्वाभाविक था। उर्दू ने भारतीय परिवेश में आँखें खोलीं। उसकी आँखों ने पहले-पहल यहाँ के पर्व और त्योहारों का उल्लासमय वातावरण देखा। हमारे देश के अधिकांश त्योहारों का सम्बन्ध ऋतु-चक्र के परिवर्तन से है। इसलिए उर्दू शाइरों ने जहाँ भारत की ऋतुओं का वर्णन किया, वहीं ऋतुओं से जुड़े त्योहारों को भी रचना का विषय बनाया। शुरूआती दौर के शाइरों के कलाम को ग़ौर से पढ़ा जाए तो महसूस होगा कि उनके भीतर लोकचित्त से जुड़ने की ज़बरदस्त बेचैनी है। इसका एक आयाम होली पर लिखी मस्नवियों और नज़्मों में देखा जा सकता है। यह परम्परा आगे तक चलती रही। मीर, क़ुली क़ुतबशाह, फ़ायज़ देहलवी, नज़ीर अकबराबादी, महजूर और आतिश जैसे अनेक बड़े शाइरों ने होली को काव्य-विषय के रूप में अपनाया और कई शाहकार रचनाएँ दीं।

उर्दू शाइरी और होली पर बात करते हुए सबसे पहले हमारा ध्यान मिर्ज़ा क़तील की फ़ारसी गद्यकृति 'हफ़्त तमाशा' की ओर जाता है। 'हफ़्त तमाशा' 1800 ई. के आसपास की रचना है। इसका उर्दू अनुवाद उपलब्ध है। इसमें मुग़ल काल के आरम्भ से लेकर सत्रहवीं शताब्दी के अन्त तक का सांस्कृतिक इतिहास सुरक्षित है। इसमें क़तील ने होली पर एक महत्वपूर्ण टिप्पणी की है। वे कहते हैं कि "अफ़ग़ानों और कुछ विद्वेष रखने वाले लोगों के अलावा सब मुसलमान होली खेलते थे। कोई छोटा-से-छोटा व्यक्ति बड़े-से-बड़े सम्भ्रान्त आदमी पर रंग डालता था तो वह उसका बुरा नहीं मानता था।" इस कथन से यह ज़ाहिर होता है कि होली को मेल-मिलाप और रूठे को मनाने के दिन के रूप में उत्सवित किया जाता था। इस त्योहार की धार्मिक पहचान अपनी

जगह है किन्तु इसका सामाजिक पक्ष अपेक्षाकृत अधिक व्यापक है। उर्दू शाइरों की रचनाओं से इस बात की पुष्टि हो जाती है।

यहाँ यह संकेत कर देना भी ग़ैर ज़रूरी न होगा कि औरंगज़ेब के शासनकाल को छोड़कर आरम्भ से अन्त तक मुग़ल दरबार में होली का जश्न मनाया जाता था। अवध के नवाबों के दरबार में भी होली की महफ़िलें सजती थीं। अमीर उमराव भी होली मनाया करते थे। इसका अर्थ यह नहीं लेना चाहिए कि शाइरों ने बादशाहों, नवाबों और अमीरों से प्रेरणा लेकर शाइरी में फागें लिखीं। दरअस्ल उनकी प्रेरणा के स्रोत दरबार नहीं थे, भले ही वे दरबार से जुड़े रहे हों। उनके काव्य-विषय अवाम की ज़िंदगी से उठकर आते थे।

बीजापुर और गोलकुंडा के जिन शाइरों ने होली पर नज़्में लिखी हैं उनमें क़ुली क़ुतबशाह का नाम अग्रणी है। उनकी होली विषयक नज़्म से पता चलता है कि उन्हें भारतीय त्योहारों और उनसे जुड़े लोकविश्वासों की गहरी समझ थी। स्थानीय लोकभाषा के मुहावरे ने उनकी नज़्म में एक विशेष कैफ़ीयत पैदा कर दी है। बानगी के दौर पर इस नज़्म के कुछ शे'र देखिए—

बसन्त खेलें इश्क़ की आ पियारा
तुम्हीं मैं चाँद में हूँ जूँ सितारा
जोबन के हौज़ ख़ाने में रंग मदन भर
सू रोमा रोम चर्किया लाए धारा
नबी सदके बसन्त खेल्या क़ुतब शाह
रंगीला हो रहिया तिरलोक सारा।

'मदन' और 'त्रिलोक' जैसे शब्द भारतीय लोकविश्वासों की गहरी समझ को सूचित करते हैं। शाइर मज़हब की आस्थाओं का अतिक्रमण करता नज़र आता है और एक मिली-जुली संस्कृति की पैरवी करता है।

उत्तर भारत के शाइरों में आमतौर पर सभी ने होली के रंग की फुहारों को अपने शे'रों में बाँधा है। फ़ायज़ देहलवी अठारहवीं सदी के आरम्भ में एक मशहूर शाइर हुए हैं। वे औरंगज़ेब के अन्तिम दौर से मुहम्मद शाह के युग (1719-1748 ई.) तक जीवित रहे थे। वे दिल्ली के अमीर थे। मीर उनसे बाद के शाइर हैं। फ़ायज़ की 'तारीफ़े-होली' नज़्म क़ाबिले-तारीफ़ है। इस नज़्म में दिल्ली में होली खेलने की विशेष शैली का उल्लेख किया गया है। दिल्ली के दिलवाले रूमाल में अबीर और अरगजा भरकर आसमान में उछाला करते थे। स्त्रियाँ भी विद्युत की गति से होली खेलती नज़र आती थीं। दो शे'रों में दिल्ली की होली का मंज़र देखिए—

ले अबीर और अरगजा भर कर रूमाल
छिड़कते हैं और उड़ाते हैं गुलाल
ज्यूँ झड़ी हर सू है पिचकारी की धार
दौड़ती हैं नारियाँ बिजली की सार।

'हातिम' भी इसी दौर के एक बड़े शाइर थे। उनकी शाइरी दिल्ली की ज़बान के प्रारम्भिक प्रयोगों का अच्छा नमूना है। होली पर उनकी नज़्में मिलती हैं। इस सिलसिले में उनकी निरीक्षण-क्षमता बड़ी अद्‍भुत है। नीचे उद्धृत शे'रों में उन्होंने स्त्रियों और पुरुषों के आपस में होली खेलने के दृश्य का सजीव चित्रांकन किया है–

मुहैया सब हैं अब अस्बाबे-होली
उठो यारो भरो रंगों से झोली
इधर यार और ऊधर ख़ूबाँ सफ़आरा
तमाशा है तमाशा है तमाशा।

मीर (1722-1810 ई.) और 'सौदा' के दौर को उर्दू शाइरी का स्वर्णयुग कहा जाता है। 'मीर' की शाइरी मानवीय वेदना की व्यापकता और गहराई के लिए अपना कोई सानी नहीं रखती। मीर के एहसासों की जड़ें इतनी गहारी हैं कि दिल्ली की तबाही से उत्पन्न आत्मवेदना एक विस्तृत फलक पर फैल जाती है। उनके पास बात कहने का अपना एक तौर था। 'नासिख़' और 'ग़ालिब' जैसे शाइरों ने भाषिक प्रयोगों को लेकर 'मीर' के ऋण को स्वीकार किया है। मीर ने शहरे-दिल्ली के मर्सिए ही नहीं लिखे हैं, बल्कि उन्होंने अवाम की ज़िंदगी के हर्षोन्माद के दृश्यों को भी अपनी आँखों से महसूस किया है। उनके कुल्लियात में होली पर दो मस्नवियाँ और एक ग़ज़ल मिलती हैं। 'होली' शीर्षक मस्नवी में मीर के दिल्ली छोड़कर लखनऊ पहुँचने की मानसिकता का प्रतिबिम्बन है। उन्होंने आसफ़ उद्दौला के दौर (1775-1795 ई.) में लखनऊ प्रवास किया था। पैंतालीस शे'रों की इस मस्नवी में आसफ़ उद्दौला के दरबार की होली का वर्णन है। मस्नवी यों शुरू होती है–

होली खेला आसफ़ुद्दौला वज़ीर
रंग सुहबत से अजब है ख़ुर्दो-पीर

'मीर' की दूसरी मस्नवी का नाम है 'साक़ीनामा होली'। काव्य-तत्त्व की उत्कृष्टता के लिहाज़ से यह मस्नवी पहली रचना से बेहतर लगती है। इसमें मीर की बेबाकी और उन्मुक्तता अधिक मुखर हुई है। इसमें तथाकथित शिष्टता के बाँधों को तोड़ देनेवाला उछाह नज़र आता है। शाइर होली के शोर पर ग़ौर से कान लगाने की मुद्रा में दिखाई देता है–

आओ साक़ी, शराब नोश करें
शोर-सा है जहाँ में गोश करें
आओ साक़ी, बहार फिर आई
होली में कितनी शादियाँ लाई।

'साक़ीनामा' का पहला शे'र मीर के एक मशहूरतरीन शे'र की याद दिलाता है—

गोश को होश के टुक खोल के सुन शोरे-जहाँ
सबकी आवाज़ के पर्दे में सुख़न साज़ है एक

'मीर' ने होली पर एक ग़ज़ल भी कही है। यह ग़ज़ल उनके दर्द और सोज़ के रंग से अलग हटकर नए रंग में है। इस पर लखनवी रंग का असर साफ़-साफ़ देखा जा सकता है।

अब ब्रज की होली का रंग देखिए। नज़ीर अकबराबादी (1735-1830 ई.) एक ऐसे शाइर हैं जिन्होंने होली पर सबसे अधिक रचनाएँ लिखीं और ख़ूब लिखीं। नज़ीर के कुल्लियात में होली पर दस नज़्में मिलती हैं। नज़ीर मूलतः दिल्ली के थे। इक्कीस वर्ष की उम्र में आगरा जाकर बस गए थे। वे तबीयत से फक्कड़ और स्वच्छन्द आदमी थे। बहुत कुछ नानक और कबीर जैसे सन्त कवियों का मिज़ाज उन्हें प्राप्त था। ब्रज क्षेत्र के लोक-जीवन में उनकी पैठ थी। उन्हें ब्रज-क्षेत्र के मेले-ठेलों और तीज-त्योहारों में शामिल होने से जीवन की ऊर्जा मिलती थी। शाइरी उनके लिए कोई बैठे-ठाले का शग़ल नहीं था बल्कि दोनों समुदायों को आस्था की एक समान भूमि पर खड़ा करने का एक सशक्त साधन था। वे इस सच्चाई को जानते थे कि अवाम के भीतर तीज-त्योहारों की ख़ुशियाँ मनाने को लेकर कोई परहेज़गारी नहीं है। वे ईद और होली में एक जैसे आनन्द का अनुभव करते हैं। नज़ीर ने त्योहारों पर लिखी नज़्मों में अपने सर्वधर्मसमभाव के नज़रिए को अभिव्यक्ति दी। ब्रज की संस्कृति से निकट सम्पर्क के रहते हुए उनका मन होली में कुछ ज़्यादा ही रमा है। होली में उनकी रुचि का एक कारण यह भी है कि इस त्योहार पर रूठे लोग आपस में मिलते हैं और नज़ीर एक दूसरे को रूठा हुआ नहीं देखना चाहते थे। नज़ीर जैसे कहते हैं कि होली सिर्फ़ हिन्दुओं का त्योहार नहीं, बल्कि साझा त्योहार है। इसके आनन्द से कोई वंचित नहीं रहना चाहता। सब इसमें शामिल हैं—

कोई तो रंग छिड़कता है कोई गाता है
जो ख़ाली रहता है वो देखने को आता है

नज़ीर की होली विषयक नज़्में अनेक विशेषताओं से युक्त हैं। एक, इनसे शाइर

के संगीत सम्बन्धी विशद ज्ञान का पता चलता है। ब्रज की फागों के टुकड़े उर्दू की बहरों के बीच उन्होंने बड़ी कुशलता से जड़ दिए हैं। वाद्ययन्त्रों को लेकर उनकी असाधारण जानकारी थी। दफ़, तबला, ढोलक, मृदंग, बीन, रबाब, चंग, तम्बूरा, ढमढमी, मुँहचंग, घुँघरू और ऐसे ही कितने वाद्ययन्त्रों के न सिर्फ़ नाम गिनाए हैं बल्कि इन्हें बजाने की विधियाँ भी इन नज़्मों में बताई गई हैं। दूसरे, जीवन का जीवन्त स्पन्दन दूर से खड़े होकर महसूस करने की चीज़ नहीं है। यह उसमें शरीक होकर ही सम्भव है। तभी इन नज़्मों में शाइर हमें होली खेलनेवालों की भीड़ के बीच रंगों में शराबोर नज़र आता है। तीसरे, इन नज़्मों में से कोई भी नज़्म एक-दूसरे का दोहराव नहीं है। जीवन का उछाह सबमें एक जैसा है किन्तु दृश्य और स्थितियाँ अलग-अलग हैं। ग़रज़ यह कि नज़ीर होली की बहारें दिखाते हुए थकते नहीं हैं–

गुलज़ार खिले हों परियों के और मजलिस की तैयारी हो
कपड़ों पर रंग के छींटों से ख़ुशरंग अजब गुलकारी हो
मुँह लाल, गुलाबी आँखें हों और हाथों में पिचकारी हो
उस रंग भरी पिचकारी को अंगिया पर तक कर मारी हो

लखनऊ के शाइर 'महजूर' की होलियाँ भी मशहूर हैं। 'महजूर' मूलतः फ़तेहपुर के रहनेवाले थे। बाद में लखनऊ जाकर बस गए थे। नवाब सआदत अली ख़ाँ के दौरे-हुकूमत (1798-1818 ई.) में वे लखनऊ में ही थे। उनकी 'नवाब सआदत की मजलिसे होली' शीर्षक से एक अच्छी नज़्म है। लखनऊ के बाँकों का बाँकपन इस नज़्म में देखा जा सकता है। यह एक शृंगारिक काव्य है। इसमें होली खेलती हुई सुन्दरियों का चित्र खींचा गया है। नज़्म यों शुरू होती है–

मौसमे-होली का तेरी बज़्म में देखा जो रंग।

बहादुरशाह 'ज़फ़र' अपने उजड़े दयार के बावजूद होली का बहुत एहतिराम करते थे। ज़फ़र एक ऐसे शाइर हैं जिन्होंने होली के पारम्परिक रागों में फागें लिखी हैं। उन्होंने इसके लिए फ़ारसी बहरों का इस्तेमाल नहीं किया। उनकी होली विषयक नज़्म में गाँवों की एक प्रथा का ज़िक्र किया गया है। ब्रज और बुन्देलखंड के देहातों में स्त्रियाँ जब हास-परिहास के सम्बन्ध वाले किसी व्यक्ति पर रंग डालती हैं तो उससे फगवा लेती हैं। यानी वह व्यक्ति गुड़ और बताशे मंगाता है और वे सब स्त्रियों में बाँटे जाते हैं। 'ज़फ़र' की होली का एक अंश–

क्यों मो पे रंग की मारी पिचकारी
देखो कुँवर जी दूँगी मैं गारी
भाग सकूँ मैं कैसे मो सों भागा नहिं जात

ठाड़ी अब देखूँ और को सन्मुख आत
बहुत दिनन में हाथ लगे हो कैसे जाने दूँ
आज फगवा तोसों का था पीठ पकड़कर लूँ

ख़्वाजा हैदर अली 'आतिश' लखनऊ की ज़बान के एक अज़ीम शाइर थे। अपने उदार धार्मिक दृष्टिकोण को लेकर वे मशहूर थे। उनके दीवान में होली पर फुटकर शे'र मिल जाते हैं। एक शे'र में कहते हैं–

ख़ाके-शहीदे-नाज़ से भी होली खेलिए
रंग इसमें है गुलाल का, बू है अबीर की

इसी दौर के 'इंशा' और 'ताबाँ' जैसे शाइरों ने भी होली पर नज़्में लिखी हैं।

उर्दू शाइरों ने मात्र एक विषय या काव्य-रूढ़ि के तौर होली को नहीं अपनाया है बल्कि भारत के सांस्कृतिक परिवेश की बहुलता को आत्मसात् करने के उद्देश्य से उन्होंने होली को मौजू बनाया है।

होली या अन्य त्योहारों की मौजूदगी उर्दू शाइरी की भारतीय अस्मिता का अन्तिम निकष नहीं है। इस निकष में जीवन के और बहुत से सरोकार शामिल हैं। फिर भी इससे यहाँ के परिवेश से जुड़ाव के एक आयाम का पता तो चलता ही है।

–जनसत्ता, 27 मार्च, 1994

बनती नहीं है बादा-ओ-साग़र कहे बग़ैर

हरचंद हो मुशाहिदः-ए-हक़ की गुफ़्तगू
बनती नहीं है बादा-ओ-साग़र कहे बग़ैर

'ग़ालिब' का यह शे'र उर्दू शाइरी में शराब के प्रतीक की अपरिहार्यता को समझने में हमारी मदद करता है। जैसा कि 'ग़ालिब' की सिफ़त है, उनके शे'रों में एकाधिक अर्थ-छायाएँ निहित होती हैं। यहाँ ग़ालिब कहते हैं कि भले ही ब्रह्म से साक्षात्कार की कितनी ही बातें होती रहें लेकिन शराब का ज़िक्र किए बग़ैर बात नहीं बनती। सानी मिसरे में ग़ालिब इससे भी आगे बहुत कुछ कहना चाहते हैं।

इस शे'र के सानी मिसरे के माध्यम से बहस के दो बिन्दु उभर सामने आते हैं। एक, इससे उर्दू शाइरी की विशिष्ट प्रकृति का पता चलता है। यानी बादा-ओ-साग़र के विना ग़ज़ल नहीं कही जा सकती। इस बात के लिए विशेष तर्क जुटाने की ज़रूरत नहीं कि साक़ी, शराब, मयख़ाना आदि की उपेक्षा करके तीन सौ साल की उर्दू शाइरी नहीं चल सकी। इन प्रतीकों की यह अपरिहार्यता क्यों ? इसका जवाब तलाश करते हुए हमें उर्दू शाइरी की पूर्व परम्परा अर्थात् फ़ारसी शाइरी की ओर लौटना होगा। ये प्रतीक फ़ारसी से ही आए हैं।

ग़ालिब के इस मिसरे से दूसरा बिन्दु यह उभरता है कि शराब उर्दू-फ़ारसी शाइरों के रचनात्मक चित्त (साइकी) का हिस्सा है। इस साइकी के निर्माण में समाजार्थिक तथा सांस्कृतिक परिस्थितियों का हाथ रहा है। ख़ुलासा यह है कि चाहे शीराज़, साद, नीशापूर, इस्फ़हान और तर्शीज़ हों या फिर दिल्ली, फ़ैज़ाबाद और लखनऊ हों—उर्दू-फ़ारसी शाइरी विलासिता की संस्कृति की छाया तले पली-बढ़ी। इससे यह निष्कर्ष कदापि न निकाला जाए कि उर्दू शाइरी में अवाम के सुख-दुःख, आशा-आकांक्षाएँ और संघर्ष नदारद हैं। कहना सिर्फ़ यह है कि जिस सांस्कृतिक परिवेश में उर्दू शाइरी ने आँखें खोलीं उस परिवेश को साक़ी, शराब और मयख़ाने के बिना अधूरा ही समझा जाएगा।

ज़रा फ़ारसी की ओर मुड़ें। शराब का ज़िक्र छिड़ते ही उमर ख़य्याम (1048-1131 ई.) का नाम सामने आता है। वे अपने समय के प्रसिद्ध गणितज्ञ और खगोलविद्

थे। उन्होंने शराब के ज़रिये ही जीवन के अर्थ को जाना था। ख़य्याम की संवेदना शराब से इतना एकात्म है कि उनकी रुबाइयों से शराब को निकाल दिया जाए तो शाइरी ही नहीं बच रहेगी। ख़य्याम ने बाद की फ़ारसी-उर्दू शाइरी पर इतना असर छोड़ा कि उसे ख़य्याम के रंग के नाम से ही जाना जाने लगा। नौ सौ साल बाद हिन्दी कविता भी ख़य्याम के शराब के फ़लसफ़े से न बच पाई। उनकी रुबाइयों की तर्ज़ पर 'मधुशाला', 'मधुकलश', 'मधुकण' और 'मधूलिका' जैसी कई काव्य-कृतियाँ रची गईं। जहाँ तक उर्दू शाइरी की बात है, उसमें ख़य्याम की अनुगूँज आज भी सुनाई देती है। ख़य्याम और शराब में द्वैत की स्थिति नहीं है–'मा दर सरे मय शुदीम ओ मय दर सरे मा', अर्थात् मुझमें शराब है और शराब में मैं हूँ। दोनों में कोई द्वैत नहीं है।

मुहम्मद क़ुली सलीम (मृत्यु 1647 ई.) तेहरान में पैदा हुए थे। इस फ़ारसी शाइर ने शराब को जो मर्तबा दिया, वह शायद कम शाइरों ने दिया होगा–

शराब नक़्ल न ख़्वाहद बगीर साग़र रा
कि एहतियाज शकर नीस्त शीरे-मादर रा

अर्थात् शराब में कुछ मिलाने की ज़रूरत नहीं है, शुद्ध पिओ, क्योंकि माँ के दूध में शक्कर नहीं मिलाई जाती। शाइर यहाँ शराब को माँ का दूध कह गया है।

उर्दू-फ़ारसी शाइरी में शराब का प्रतीक मुख्य रूप से दो रूपों में प्रयुक्त हुआ है। एक, काव्य-रूढ़ि के रूप में और दूसरे, शे'र के कथ्य की अपेक्षा के मुताबिक़। हर भाषा की कविता में कुछ काव्य-रूढ़ियाँ बन जाती हैं। यानी कुछ शाइरों ने मात्र एक रीति को निभाने के लिए अपने क़लम को शराब में डुबोया। नशे और ख़ुमार की कैफ़ीयत से अपरिचित होते हुए भी इन्होंने शराब पर ढेर सारे शे'र लिख मारे।

दूसरे, जहाँ शराब और इससे सम्बन्धित अन्य लवाज़मात का प्रयोग कथ्य की अपेक्षा के मुताबिक़ किया गया है, वहाँ उमर ख़य्याम और ग़ालिब जैसे शाइर पैदा होते हैं। इनके लिए जीवन-चिन्तन की दार्शनिक गहराइयों को तरजीह देने के लिए शराब से ऊँचा माध्यम कोई और नहीं हो सकता था।

प्रश्न उठता है कि उर्दू-फ़ारसी शाइरी में शराब के महिमा-मंडन का जनसामान्य के जीवन पर क्या असर हुआ होगा ? रचना सामाजिक प्रभावों से जन्म लेती है और फिर समाज को प्रभावित करने की भूमिका भी अदा करती है। शाइरी में साक़ी, शराब, पैमाना, मयख़ाना, रिंद और नासेह या वाइज़ आदि के अतिशय प्रयोगों ने पाठकों और श्रोताओं के मनोविज्ञान को कुछ न कुछ अवश्य बदला होगा। इस प्रकार वह शराब जो कि सामन्तीय जीवन-पद्धति का अंग थी, उसके प्रति अवाम के मन में आकर्षण उत्पन्न हुआ होगा। यह सच है कि बड़ी शाइरी में शराब पीछे छूट जाती है और उसके द्वारा व्यंजित अर्थ महत्वपूर्ण हो उठता है। लेकिन जिन पाठक-श्रोताओं के पास

यह साहित्यिक समझ नहीं है, उनके गुमराह होने से भी इनकार नहीं किया जा सकता।

शराब से जुड़े पात्रों में साक़ी, रिंद और नासेह या वाइज़ प्रमुख हैं। पूरी उर्दू शाइरी गवाह है कि अगर नासेह नामक पात्र न होता तो सामाजिक छद्म और पाखंड को इतने प्रभावशाली रूप में कदापि उद्घाटित नहीं किया जा सकता था। मज़े की बात यह है शराब न पीने की नसीहत करनेवाले पात्र नासेह या वाइज़ की उर्दू-फ़ारसी शाइरी में बड़ी मज़म्मत की गई है। उपदेशक की क़लई खोलने वाले शे'र उर्दू-फ़ारसी शाइरी की श्रेष्ठ व्यंग्य रचनाएँ हैं। यह शाइरी आज भी उतनी ही प्रासंगिक है और आयंदा भी रहेगी—

कहाँ मयख़ाने का दरवाज़ा 'ग़ालिब' और कहाँ वाइज़
पर इतना जानते हैं कल वो जाता था कि हम निकले!

उर्दू शाइरों में शराबनोशी एक आम रिवाज है। दीगर लोगों में यह रिवाज नहीं है—यह कहना भी ग़लत होगा। लेकिन शराब उर्दू शाइरों की शख़्सियत की पहचान-सी बन गई है। ग़ालिब, फ़िराक़, जिगर और मजाज़ जैसे शाइरों के शराब से रिश्तों को आम आदमी भी जानता है, साहित्यिक दुनिया के लोगों की बात तो और है। 'यादगारे-ग़ालिब' में हाली लिखते हैं कि ग़ालिब सोते वक़्त नियमित रूप से शराब पीते थे। जिस बक्से में बोतलें रहती थीं, उसकी कुँजी नौकर के पास रहती थी और ताकीद कर रखी थी कि मैं अगर ज़्यादा पीना चाहूँ तो मुझे कुँजी हरगिज़ न देना। लेकिन पीने के बाद ग़ालिब अपनी ताकीद को भूल जाते थे और चाबी न देने पर नौकर को भला-बुरा कहते थे।

वह वाक़ेआ तो मशहूर है कि जब ग़दर के बाद ग़ालिब की पेंशन बन्द हो गई तो मिर्ज़ा ने अपने एक मित्र से कहा—"तमाम उम्र में एक दिन शराब न पी हो तो काफ़िर और एक दफ़ा नमाज़ पढ़ी हो तो गुनहगार ! फिर मैं नहीं जानता कि सरकार ने किस तरह मुझे बाग़ी मुसलमानों में शुमार किया।"

मजाज़ लखनवी की बहन सफ़िया का विवाह जाँ निसार अख़्तर से हुआ था। जावेद अख़्तर, सफ़िया और जाँ निसार अख़्तर के बेटे हैं। जावेद के देवनागरी में प्रकाशित संग्रह (तरकश) की भूमिका क़ुर्रतुल-ऐन हैदर ने लिखी है। भूमिका में कहा गया है कि मजाज़ ने अपनी बहन की शादी पर बहनोई को एक अदद व्हिस्की की बोतल तोहफ़े में दी थी। शराब के प्रति उर्दू शाइरों की आसक्ति का यह चरम प्रमाण है। यहीं क़ुर्रतुल-ऐन हैदर ने एक महत्वपूर्ण बिन्दु की ओर हमारा ध्यान खींचा है कि "उर्दू शाइरों के बेपनाह पीने-पिलाने का आज तक मनोवैज्ञानिक और समाजशास्त्रीय अध्ययन नहीं किया गया।"

यहाँ फ़ौरी तौर पर हम कुछ नुक्तों पर बात करते हैं। शे'र जैसे सीमित फ़ार्म के लिए मस्तिष्क की असाधारण एकाग्रता की ज़रूरत है। शायद शाइरों को यह लगा

हो कि शराब इस एकाग्रता को अर्जित करने में उनकी मदद कर सकती है। दूसरे, उर्दू शाइरी में जो नायक मिलता है वह अतीव उन्मुक्त और स्वच्छन्द वृत्ति का व्यक्ति है। हो सकता है, इस नायक के साथ जुड़कर अपनी पहचान बनाने की कोशिश में उर्दू शाइर शराब की तरफ रुजू हुए हों। ग़म भुलाना कोई कारण नहीं हो सकता क्योंकि ग़म शाइरों के ही नहीं जनसामान्य के भी हैं।

मंचीय शाइरों की शराब में दिलचस्पी के कारण प्रत्यक्ष दिखाई देते हैं। मुशाइरे सिर्फ़ आला दर्जे की शाइरी से ही नहीं लूटे जाते बल्कि इसमें अन्य कारकों का भी बड़ा हाथ होता है। मंच पर मदहोश शाइर अनायास ही श्रोताओं की रुचि का केन्द्र बन जाता है। दूसरे यह है कि हूटिंग का असर सूफ़ी शाइर पर तो हो सकता है लेकिन बादानोश शाइर पर नहीं।

उर्दू शाइरी में उस्ताद और शागिर्द की परम्परा बहुत पुरानी है। अपवादस्वरूप ही कोई ऐसा पुराना शाइर मिलेगा जो कि उस्ताद न रखता हो, जैसे नज़ीर अकबराबादी। उस्ताद और शागिर्द की परम्परा आज भी बदस्तूर क़ायम है। बहुत स्वाभाविक है कि उस्ताद अगर शराब का शौक़ फ़रमाते हैं तो उनके शागिर्द भी इस नैमत का स्वाद लेने लगेंगे पर यह कोई नित्य नियम नहीं है क्योंकि ग़ालिब के शागिर्द हाली शराब से कोसों दूर थे। आज के सन्दर्भ में तो यह बात सौ फ़ीसदी सच होती जा रही है कि चाहे काव्य-गुरु हों या कथा-गुरु—शराब के बिना उनके मन में शागिर्द की रचना में संशोधन का उत्साह ही नहीं जागता।

अन्त में, हम फिर ग़ालिब की बात पर लौटकर आते हैं। आज के उर्दू शाइर की बात भी बादा-ओ-साग़र कहे बग़ैर नहीं बनती। मौजूदा दौर की शाइरी शराब और उससे सम्बन्धित अन्य प्रतीकों से ख़ाली नहीं है, न रह सकती है। अलबत्ता यह रूढ़ प्रतीक नए शाइरों में नई अर्थवत्ता लेकर आता है। उर्दू शाइर तो अब भी यह कहता है—

और जाम टूटेंगे इस शराबख़ाने में
मौसमों के आने में, मौसमों के जाने में

(बशीर बद्र)

—राष्ट्रीय सहारा, शनिवार, 13 जुलाई, 1996

पाकिस्तान में प्रतिरोध की शाइरी

आज़ादी के बाद से ही पाकिस्तान में अभिव्यक्ति की आज़ादी और नागरिक अधिकारों के हनन की प्रक्रिया शुरू हो जाती है। हमारे देश में आपातकाल के दौरान जैसा अनुभव रहा, पाकिस्तान में ऐसे हालात लगभग कुछ अन्तराल के साथ बराबर बने रहे। विभाजन के बाद कम्युनिस्ट पार्टी ने सज्जाद ज़हीर को सांगठनिक काम करने के लिए पाकिस्तान भेजा। वहाँ वे कम्युनिस्ट पार्टी ऑफ़ पाकिस्तान के जनरल सेक्रेटरी बने और उन्होंने विद्यार्थी संगठन व ट्रेड यूनियनों को सक्रिय बनाया। लेकिन 1951 ई. में हुकूमत पाकिस्तान ने रावलपिंडी साज़िश केस में उन्हें गिरफ़्तार कर लिया। इस दौरान उन्होंने हैदराबाद सिन्ध, क्वेटा, लाहौर और मछ की जेलों में 'रौशनाई' लिखी। इसके साथ ही हुकूमत ने प्रगतिशील विचारों के साहित्य पर पाबंदी लगाई। सन 1955 में सज्जाद ज़हीर की रिहाई हुई। अभिव्यक्ति की आज़ादी को लेकर पाकिस्तानी हुकूमत के रवैये को दर्शानेवाली शायद यह पहली घटना है।

1956 ई. में इस्लामिक रिपब्लिक ऑफ़ पाकिस्तान का संविधान अपनाया जाता है। अब संस्कृति, साहित्य और कलाओं को धर्म की आँख से देखा जाने लगा। पाबंदियाँ और सख़्त हुईं। उसी दौर में फ़ैज़ ने सत्ता के दमनकारी रवैये के ख़िलाफ़ कहा—

हम परवरिश-ए-लौह-ओ-क़लम करते रहेंगे
जो दिल पे गुज़रती है रक़म करते रहेंगे

इसके बाद हबीब जालिब से लेकर फ़हमीदा रियाज़ और उनके बाद तक एक लम्बा सिलसिला है, जहाँ प्रतिरोध की आवाज़ उठाने की मिसालें मिलती हैं। हबीब जालिब तो प्रतिरोध के प्रतीक ही बन गए थे। उन्होंने प्रतिरोध को प्रैक्टीकल बना लिया था और अपनी जगह सलाख़ों के पीछे तय कर ली थी। फ़हमीदा रियाज़ को ज़ियाउल हक़ के तानाशाही दौर में निर्वासित होकर कुछ साल भारत में रहना पड़ा। अहमद फ़राज़ ने शब्द और लय पर आयद इस संकट को इस तरह अभिव्यक्ति दी—

इस शहर में तुम क्या देखोगे
जब हर्फ़ यहाँ मर जाएगा

जब तेग़ पे लय कट जाएगी
जब शे'र सफ़र कर जाएगा

धार्मिक क़ानून और जनाकांक्षाओं के अन्तर्विरोध के कारण पाकिस्तान में लोकतन्त्र की बुनियाद ठीक से जम ही नहीं पाई। वहाँ के अवाम को तीन बार मार्शल लॉ का सामना करना पड़ा। पहली बार गवर्नर जनरल सिकन्दर ने 1958 ई. में संविधान रद्द करके मार्शल लॉ लगाया जो दो साल तक जारी रहा। फिर 1969 ई. में जनरल याहिया ख़ाँ ने तीन साल के लिए मार्शल लॉ का प्रयोग किया। इसके बाद 1977 ई. में जनरल ज़ियाउल हक़ ने यही रास्ता अपनाया और क़रीब 8 साल तक यह परिस्थिति बनी रही। इसके अलावा चार बार चुनी गई सरकारों को सेना प्रमुख या राष्ट्रपति द्वारा बर्ख़ास्त किया गया। एक बार ज़ुल्फ़िक़ार अली भुट्टो और दो बार बेनज़ीर भुट्टो की सरकारों को। आज की सूरते-हाल हमारे सामने है ही। पीरज़ादा क़ासिम ने ठीक ही कहा था, 'साहिबे-इख़्तियार हो आग लगा दिया करो!'

यह बात ध्यान में रहनी चाहिए कि 1985 ई. में जनरल ज़िया के मार्शल लॉ उठ जाने के बाद राजनीतिक हालात में बदलाव आया। बेनज़ीर और नवाज़ शरीफ़ की सरकारें बारी-बारी से बनीं और गिरीं। पाकिस्तानी अवाम के मन में लोकतन्त्र की बहाली को लेकर उम्मीद जागी। सत्ता के दमन की ओर से लेखक और संस्कृतिकर्मियों का ध्यान भी किसी क़दर हटा, पर एकदम नहीं। आमतौर पर जनरल ज़िया के दौर तक प्रतिरोध की ज़बरदस्त लहर रही। अहमद फ़राज़ जैसे शाइरों की अस्ल पहचान उसी दौर की है। हाल के फ़ौजी शासन के अनुभव का पाकिस्तान के लेखकों की रचनाशीलता पर क्या असर होता है, इसकी तस्वीर कुछ अर्से बाद साफ़ होगी। साहित्य में नए रुझान आकस्मिक रूप से पैदा नहीं होते।

पाकिस्तान के समकालीन उर्दू साहित्य के बीच से जो सामाजिक परिदृश्य उभरता हे, वह एक विशिष्ट स्थानीय संदर्भ के बावजूद समूची तीसरी दुनिया का सच भी है। हम बहुत बार इस साहित्य में भारतीय अनुभव की मौजूदगी भी पाते हैं। इस लेख में हम प्रतिरोध के विविध रूपों–व्यक्तिगत और संगठित–की चर्चा करते हुए सिर्फ़ शाइरी के संदर्भों तक ख़ुद को सीमित रखेंगे।

एक रचनाकार अपने पक्ष को रखने हेतु राजनीतिक घटनाओं को भी मौज़ू बना सकता है और ठीक इसी प्रकार प्रेम और सौन्दर्य भी उसके भावजगत का हिस्सा बन सकते हैं। पाकिस्तान की शाइरी में ये दोनों रूप जाबजा देखे जा सकते हैं। दिनोंदिन बढ़ते हुए दमन ने शाइरी में प्रतिरोध का रुख़ पैदा किया। अहमद फ़राज़ अपने एक इंटरव्यू में कह चुके हैं कि लगातार दमन की ज़द में रहने के कारण वहाँ की शाइरी हिन्दुस्तान की शाइरी की बनिस्बत ज़्यादा प्रतिरोधमूलक है। इसके बरअक्स पाकिस्तान की उर्दू आलोचना पिछड़ी हुई है क्योंकि वहाँ वैचारिक बहसों के लिए खुला माहौल

नहीं है। पाकिस्तान में एक रचना-माध्यम के रूप में ग़ज़ल की लोकप्रियता और ताज़गी में कोई कमी नहीं आई है लेकिन यथार्थ के दबावों ने नज़्म की शाइरी को ज़्यादा प्रोत्साहित किया है। ग़ज़ल बनाम नज़्म की बहस को बरतरफ़ करके देखें तो अब पाकिस्तान की ग़ज़ल का आहंग बदला है, वह ज़्यादा प्रयोगधर्मी हुई है। साथ ही नज़्म पर तात्कालिकता का दबाव ज़्यादा तीव्र हुआ है। वह जनविरोधी हालात में हस्तक्षेप की भूमिका में उतर आई है। ख़ास तौर पर '70 के बाद दोनों ही काव्यरूपों की शाइरी में एक नए सौन्दर्यबोध को गढ़ने की कोशिश मिलती है। यहाँ हम बानगी के बतौर कुछ रचनाओं का ज़िक्र कर रहे हैं जिनमें 'पत्थरों के मुक़ाबिल शीशों को सजाने' का साहस देखा जा सकता है।

23 मार्च, 1973 को रावलपिंडी में विरोधी दल के जलसे पर चार घंटे तक फ़ायरिंग हुई थी। फ़हमीदा रियाज़ ने इस घटना पर '23 मार्च, 1973' शीर्षक नज़्म लिखी। इस घटना की उन पर क्या कैफ़ीयत हुई, देखिए–

यक ब यक आज मिरे दिल से मिटा ख़ौफ़-ओ-हिरास
आज सीने में भड़कती है अजब ख़ून की प्यास
इक बगूले की तरह रक़्स को जी चाहता है

अपने संग्रह 'मेरी नज़्में' की भूमिका में फ़हमीदा रियाज़ ने एक रचनाकार की संघर्षधर्मी आस्था को रेखांकित करते हुए लिखा है : "समाज ने जो आर्ट और अदब पैदा किया है, वह दीवाने फ़नकारों का व्यवस्था की दीवार से बार-बार सर टकराना है। लेकिन एक सच्चाई अटल है। वह यह कि जब सर सलामत नहीं रहते तो दीवार कैसे सलामत रह सकती है ?"

परवीन शाकिर की नज़्म 'ज़िल्ले-इलाही की प्राब्लम्ज़' सत्ता और व्यवस्था के वर्ग चरित्र पर तीखा व्यंग्य है। यह नज़्म बताती है कि शासक वर्गों की नज़र में जनसमस्याओं की अहमियत नहीं है, उनकी अपनी बड़ी समस्याएँ हैं, अपने ग़म हैं–

राज-पाट करनेवाले की जान
हथेली पर रहती है
बेचारों के मसायल कैसे अजब होते हैं
कभी इस बाज़ गुज़ार रियासत की शोरीदासरी
कभी उस ज़ेर नगीं सूबे की नाफ़रमानी
कभी ख़ुद पाया-ए-तख़्त के अंदर ग़ैर मुनासिब बेदारी
कभी सिपहसालारे आज़म का शौक़े-लश्कर आराई…

पाकिस्तान का शाइर हालात के पेशेनज़र सृजन के ख़तरों से वाक़िफ़ है मगर वह यह ख़तरा उठाता है। अज़रा अब्बास की नज़्म 'जलावतन से पहले' में इस ख़तरे

की आहट सुनिए—

सरकारी मुर्दाख़ाने में
मुझे बाक़ी जलावतनों के साथ फेंक दिया जाएगा
और एक ख़बर छपेगी—
'मुल्ज़िमा फ़लाँ बिनत फ़लाँ के घर
पुराने सन्दूक़ में/पुराने कपड़ों की तहों में
बहुत-सी नज़्में क़ाबिले-ऐतिराज़ हालत में पाई गईं।'

अफ़्ज़ाल अहमद सैयद नज़्म के मैदान में एक अहम नाम है। उनकी नज़्म 'शाइरी मैंने ईजाद की' की ख़ासी चर्चा रही है और 'मे'यार' के पाकिस्तानी अदब नम्बर में संकलित है—'मैंने सारी शाइरी बेचकर आग ख़रीदी। और हीर का हाथ जला दिया।' उनकी एक अन्य नज़्म 'मैं मार दिया जाऊँगा' में आम आदमी के भय को इन शब्दों में व्यक्त किया गया है—

मैं मार दिया जाऊँगा
जैसे कि तादेवस्रोज़ेविच की नज़्मों के
किरदारों को मार दिया जाता है

इरफ़ाना अज़ीज़ की नज़्म 'आज़ाद सहाफ़ी' पाकिस्तान के पत्रकार नजम सेठी के पिछले दिनों हुए उत्पीड़न की याद दिलाती है। सहाफ़ी का अर्थ पत्रकार होता है। शाइर की ख़्वाहिश है—

काश आज़ाद सहाफ़ी कोई
हर्फ़े-हक़ मेरा करे दर्द के सफ़हों पे रक़म
ताकि मेहबूब अवाम चुन के ले जाएँ दुकाने-दिल से
मेरे विज्दान के नीलम/मेरे नग़मों के गुहर

सरमद सहबाई की नज़्मों में भी 'हवाओं में उड़ते मौत के ज़ायक़े' को महसूस किया जा सकता है। उनकी नज़्म 'हमारे लिए सुबह के होंटों पर बद्दुआ है' बहुत धारदार है। दूसरे युवा शाइर सरवत हुसैन की 'दस से ऊपर' पारम्परिक गीत शैली में लिखी गई एक तीखी नज़्म है। यह रचना वहाँ की सूरते-हाल का आईना है—

औज़ारों के नाम बहुत हैं
हथियारों के दाम बहुत हैं
ऐ सौदागर, कौन गिने
दस से ऊपर कौन गिने ?

शायस्ता हबीब ने 1979 ई. में ज़ुल्फ़िक़ार अली भुट्टो को फाँसी दिए जाने की घटना पर 'दूल्हा' शीर्षक नज़्म लिखी थी। दूल्हा भुट्टो हैं और बारात, लोकतन्त्र की बारात है। बारात के मंज़िल पर पहुँचने से पहले ही रास्ते में दूल्हे का क़त्ल कर दिया जाता है। इस नज़्म में सिन्धी समाज की वैवाहिक रस्मों का वर्णन भी है। उनकी एक अन्य रचना 'धरती का बोझ उठाना चाहती हूँ' लेखक की सामाजिक भूमिका की निशानदेही करती है। शाइरा की यह इच्छा अवाम की आकांक्षाओं से भिन्न नहीं है–

मुझे ज़ेवर पहनने का सलीक़ा नहीं
फिर भी मैं गले में तलवारों का हार पहनना चाहती हूँ
मुझे तहरीरों के बदले किसी प्राइज़ की चाहत नहीं है
फिर भी नेरूदा की तरह
मैं क़लम और क़दम से ऐलाने-जंग चाहती हूँ।

अतहर अब्बास की नज़्म 'एक था बादशाह' में अपने भयावह हालात का दबाव साफ़ तौर पर महसूस किया जा सकता है। इसकी अपील व्यापक है लेकिन इसका एक स्थानीय सन्दर्भ भी है। इसके बीच से एक ख़ास राजनीतिक परिदृश्य खुलता है। "ये उसी बादशाह की कहानी है/जिसके ज़माने में चौराहे में फाँसियाँ दी गईं/और आधी रियाया की जेलों में उम्र कटी/जो कोई सर उठकार चला उसकी गर्दन कटी..."

संयोग से अब तक के सभी उदाहरण नज़्म से हैं। ग़ज़ल में प्रतिरोध के स्वर को उतने लाउड रूप में तलाश करना बेमानी है। ग़ज़लगोई की अपनी रिवायतें और तक़ाज़े हैं। उसका एक मख़्सूस मिज़ाज है और यह मिज़ाज ही यथार्थ के ग्रहण की प्रक्रियाओं को तय करता है। उसमें भावों और विचारों के फैलाव के बजाय सघनता होती है याकि होनी चाहिए। एक दृष्टिसम्पन्न और सामाजिक रूप से जागरूक शाइर ग़ज़ल के अनुशासन को मद्देनज़र रखते हुए अपने युगीन यथार्थ को यक़ीनी तौर अपने बोध का हिस्सा बनाता है। ग़ज़ल को एक ठहरा हुआ काव्यरूप समझना भूल होगी। 'शाइर' (मुम्बई) के सम्पादक इफ़्तिख़ार इमाम सिद्दीक़ी ने ग़ज़ल की हिमायत को लगभग एक आन्दोलन का रूप दे दिया है। ('शाइर' का हमअस्र उर्दू अदब नम्बर देखा जाना चाहिए।) दरअस्ल प्रगतिशील शाइर के लिए ग़ज़ल का माध्यम वही नहीं है जोकि एक रूमानी शाइर के लिए होता है। प्रकट रूप में दोनों के यहाँ फ़ार्म की यक्सानियत दिखाई देती है। लेकिन दोनों जगह भिन्न अन्तर्वस्तु की सापेक्षता में यह फ़ार्म एक अलग पहचान बना लेता है।

शाइरी के अलग-अलग रंगों में प्रतिरोध का स्वरूप बदल जाता है। ग़ज़ल के ऐसे शे'र भी मिल जाएँगे जिनमें द्विअर्थकता (एम्बीगुइटी) की गुंजाइश नहीं है। शाइर जिनमें अपने प्रयोजन को लेकर कोई मुग़ालता नहीं रखना चाहता। 'हाली' के बक़ौल 'पालिटिकल मुआमलात में शे'र से बड़े-बड़े काम लिये गए हैं।' शे'र से कहीं-कहीं

यह काम लेने की कोशिश भी मिलती है—

बटे रहोगे तो अपना यूँ ही बहेगा लहू
हुए न एक तो मंज़िल न बन सकेगा लहू
हो किस घमंड में ऐ लख़्त-लख़्त दीदावरो !
तुम्हें भी क़ातिले-मेहनतकशाँ कहेगा लहू

—हबीब जालिब

सहर की खुशियाँ मनाने वालो सहर के तेवर बता रहे हैं
अभी तो इतनी घुटन बढ़ेगी कि साँस लेना अज़ाब होगा
वो दिन गए जब हर इक सितम को अदा-ए-महबूब कहके ख़ुश थे
उठी जो अब कोई ईंट हम पर तो उसका पत्थर जवाब होगा

—मुर्तज़ा बरलास

जहाँ ग़ज़ल में तात्कालिक प्रतिक्रिया की व्यग्रता बढ़ी है, वहाँ वह नज़्म के नज़दीक पहुँच गई है और ऐसी रचनाओं को ग़ज़ल के फ़ार्म में नज़्म ही कहना चाहिए। ऐसी ग़ज़लों ने जनसामान्य तक अपनी पहुँच बनाई है। वहीं ग़ज़ल की एक ऐसी धारा भी है जिसकी संगति जनसामान्य की ज़ेहनी सतह से नहीं बैठती। इसके सामाजिक सरोकारों पर क़तई सन्देह नहीं किया जा सकता। इस तरह की रचनाओं से तदात्म होने के लिए थोड़े धीरज की दरकार है। वैसे भी कविता या अन्य कलाओं से उनके स्वभाव की अनुरूपता में ही प्रतिरोध की अपेक्षा करना उचित होगा। मसलन दो शे'र देखिए—

कुछ यादगारे-शहरे-सितमगर ही ले चलें
आए हैं इस गली में तो पत्थर ही ले चलें

—नासिर काज़मी

ठोकर से मेरा पाँव तो ज़ख़्मी हुआ मगर
रस्ते में जो खड़ा था वो कुहसार हट गया

—शकेब जलाली

इन शे'रों की व्याख्या के लिए विस्तार में जाना पड़ेगा। संक्षेप में, नासिर काज़मी के शे'र में 'यादगारे-शहरे-सितमगर' हमें एक अत्याचारी शासन की याद दिलाती है। सितमगर की इस गली में पत्थर यानी संवेदनशून्यता के सिवा और कुछ नहीं है। शकेब जलाली अपने शे'र में एक ऐसे व्यक्ति को सामने लाते हैं जो अपने पैर की ठोकर से कुहसार (पहाड़) के हट जाने पर ख़ुश है, यह अलबत्ता है कि इस चेष्टा में उसका पैर ज़ख़्मी हो जाता है। इन शे'रों में इसके अलावा और भी अर्थ-स्तर निहित हैं लेकिन इनमें एक विशेष सामाजिक परिस्थिति का प्रतिबिम्बन बज़ाहिर दिखाई देता है।

यथार्थ-सापेक्ष अन्तर्दृष्टि के बिना कोई शाइर ऐसे शे'र कह ही नहीं सकता।

आठवें दशक के साथ शुरूआत करने वाले रचनाकारों में ग़ज़ल का लहजा कुछ बदला हुआ लगता है। पाकिस्तान के 'आज', 'दुनिया-ए-अदब', 'अफ़्कार', 'अख़बार-ए-उर्दू', 'जरीदा' तथा भारत के 'शाइर', 'शबख़ून', 'आजकल' व 'ऐवान-ए-उर्दू' आदि रिसालों में समय-समय पर प्रकाशित ग़ज़लों और मुहम्मद ख़ालिद द्वारा सम्पादित 'नई पाकिस्तानी ग़ज़ल : नए दस्तख़त' (लाहौर) में शामिल रचनाओं में हम ग़ज़ल के इस नए आहंग की पहचान बख़ूबी कर सकते हैं। इनमें अंधरों के ख़िलाफ़ 'एक रौशन सुबह की ख़्वाहिश' जाबजा मिलती है—

इक रौशन सुबह की ख़्वाहिश से लबरेज़ हैं आँखें भी लेकिन
इक ख़्वाब में ज़िन्दा रहना भी इस जीवन की मजबूरी है
—गुलाम हुसैन साजिद

हमें इस भ्रम में नहीं रहना चाहिए कि प्रतिरोधमूलक रचनाएँ कुछ विशिष्ट कवियों ने ही लिखी हैं याकि कुछ कवि अपनी इसी ढंग की रचनाओं के कारण जाने जाते हैं। दरअस्ल, जिन रचनाकारों की पहचान इस रूप में है, उनके यहाँ भी जीवनानुभवों की विविधता मिलती है। दूसरे, यथार्थ के दबाववश उन रचनाकारों के यहाँ भी सामाजिक अन्तर्वस्तु से सम्पन्न रचनाएँ मिल जाती हैं जो कविता की एक स्वायत्त दुनिया के पक्षधर हैं। जैसे हिन्दी में अज्ञेय से दूसरे विश्वयुद्ध के बाद 'हिरोशिमा' जैसी सशक्त युद्धविरोधी कविता लिखी हो जाती है, वैसे ही पाकिस्तान के ग़ैर प्रगतिशील रचनाकारों की ओर से प्रतिरोध के स्वर उठ सकते हैं।

प्रतिरोधमूलक साहित्य के सिलसिले में महिला रचनाकारों के लेखन को अलग से रेखांकित करने की ज़रूरत है। यूरोप में फ़ेमिनिज़्म का आन्दोलन आठवें दशक के आरम्भ में ज़ोर पकड़ता है। जल्द ही यह आन्दोलन रैडिकल फ़ेमिनिज़्म और सोशलिस्ट फ़ेमिनिज़्म की दो धाराओं में बँट जाता है। रैडिकल फ़ेमिनिस्टों के अनुसार समाज में जेंडर का अन्तर्विरोध ही मुख्य है। जबकि सोशलिस्ट फ़ेमिनिस्ट मुख्य अन्तर्विरोध वर्गों के बीच मानते हैं। स्वभावतः फ़ेमिनिज़्म की इन दोनों धाराओं का असर पाकिस्तान की महिला रचनाकारों पर भी पड़ा। वहाँ धार्मिक तत्त्ववाद और फ़ेमिनिज़्म के बीच ज़बरदस्त टकराव हुआ। भारत की उर्दू पत्रिकाओं (मसलन 'उर्दू चैनल') में भी इस्लाम और फ़ेमिनिज़्म को लेकर बहस उठी है। फ़हमीदा रियाज़, किश्वर नाहीद, अज़रा अब्बास और सारा शगुफ़्ता जैसी कवयित्रियों ने इस दोहरे प्रतिरोध को अपनी रचनाओं में साहसपूर्ण अभिव्यक्ति दी है। वहीं फ़र्ख़ंदा लोधी, सायरा हाशमी, ज़ाहिदा हिना और ख़ालिदा हुसैन ने औरत के हक़ में तीखी कहानियाँ लिखी हैं। अंग्रेज़ी कथा-लेखिकाओं में बेप्सी सिधवा और तहमीना दुर्रानी ने अपनी कृतियों में औरत के प्रतिरोध को आवाज़ दी है। तहमीना दुर्रानी ने अपने उपन्यास 'ब्लासफ़ेमी' में एक

धार्मिक कट्टरतावादी समाज में औरत होने की पीड़ा को बड़े औद्धत्य के साथ बयान किया है।

इस संक्षिप्त बातचीत में हमारा प्रयोजन प्रतिरोध के सामान्य परिप्रेक्ष्य को रेखांकित करना रहा है, नाम-गणना नहीं। ऊपर जिन रचनाकारों का ज़िक्र किया गया है, इनके अलावा भी अनेक महत्वपूर्ण नाम हैं जो छूट गए होंगे। यह पाकिस्तान में समकालीन सृजन की एक नातमाम झलक है। नातमाम इसलिए कि दूसरे देशों की भाषाओं की तरह वहाँ भी साहित्य के अनेक रुझान सक्रिय हैं। लेकिन यह निर्विवाद है कि इनमें प्रतिरोध का रुझान भी एक नुमायाँ हैसियत रखता है—कहीं मुखर और कहीं संयत।

—'उद्भावना', जनवरी-मार्च, 2000

भाषा और साम्प्रदायिकता पर एक बहस

हमारे मौजूदा राजनीतिक और सांस्कृतिक परिदृश्य का तक़ाज़ा है कि हिन्दी-उर्दू विवाद और साम्प्रदायिक सोच की परस्पर अन्तर्क्रियाओं पर खुले मन और बेबाकी के साथ पुनर्विचार किया जाए और समस्या की ऊपरी सतह को भेद कर उस सोच की जड़ों तक पहुँचा जाए जो भाषा को चाहे हिन्दी हो या उर्दू—साम्प्रदायिक भूमिका में उतारने के लिए ज़िम्मेदार है। आज के लेखक के सामने जहाँ और बहुत-सी सांस्कृतिक चुनौतियाँ हैं, वहीं एक अहम चुनौती यह भी है कि वह अपनी भाषा के चरित्र को साम्प्रदायिक होने से बचाए। इसमें हिन्दी-उर्दू भाषा और साहित्य के इतिहास से हम काफ़ी मदद ले सकते हैं। वह इतिहास जहाँ हम हिन्दी और उर्दू को परस्पर पूरक और साम्प्रदायिक एकता के आधार के रूप में देखते हैं। इसके साथ ही अंग्रेज़ी साम्राज्यवाद की साज़िशों के तहत एक-दूसरे के विरोध की भूमिका में भी देख सकते हैं। यह सच है कि अवाम साम्प्रदायिक नहीं हैं लेकिन इस बात से भी इन्कार नहीं किया जा सकता कि हिन्दी-उर्दू विवाद धर्म का आवरण पहनकर अवाम की मानसिकता में सेंध लगाने को तैयार है। कृपाशंकर सिंह की 'हिन्दी-उर्दू-हिन्दुस्तानी, हिन्दू-मुस्लिम साम्प्रदायिकता और अंग्रेज़ी राज—1800-1947' एक ऐसी महत्वपूर्ण पुस्तक है जिसमें इन तमाम सवालों पर गम्भीरता से विचार किया गया है। पिछले सौ सालों में हिन्दी-उर्दू विवाद पर गाहे-बगाहे काफ़ी कुछ लिखा जाता रहा है। इस पुस्तक में लेखक ने अपने मन्तव्य की पुष्टि के लिए इन तमाम लेखों, पत्रों और दस्तावेज़ों के रूप में उपलब्ध सामग्री का उपयोग किया है। यह पुस्तक उद्धरण-संग्रह भर नहीं है बल्कि समस्या की जड़ों तक पहुँचने की दिशा में एक वस्तुपरक विश्लेषण है। सहमति-असहमति के रास्ते सबके लिए खुले हुए हैं।

पुस्तक का विषय-क्षेत्र बहुत व्यापक है। 1800 ई. में फ़ोर्ट विलियम कॉलेज की स्थापना से लेकर स्वाधीनता प्राप्ति तक के क़रीब डेढ़ सौ वर्ष के राजनीतिक, सामाजिक-आर्थिक और साहित्यिक-सांस्कृतिक इतिहास के विभिन्न पड़ावों का लेखा-जोखा यहाँ प्रस्तुत किया गया है। अनेक जगह हमें महसूस हो सकता है कि कृपाशंकर सिंह नवजागरण और स्वाधीनता आन्दोलन की सुपरिचित घटनाओं के ब्यौरे पेश कर रहे हैं लेकिन वास्तविकता यह है कि उन्होंने उस दौर के बदलते हुए जन-मानस

को उभारने के उद्देश्य से ही घटनाओं का हवाला दिया है। वे इतिहास के हवालों से यह स्थापित करना चाहते हैं कि खोट दोनों सम्प्रदायों के अवाम की मानसिकता में न होकर अंग्रेज़ी राज की साम्राज्यवादी नीतियों में रहा है।

पिछले दशक में इसी समस्या पर अमृत राय की 'ए हाउस डिवाइडेड' अंग्रेज़ी पुस्तक प्रकाशित हुई थी। 'ए हाउस डिवाइडेड' हिन्दी-उर्दू के सम्बन्धों पर रौशनी डालनेवाली एक अद्वितीय पुस्तक है। इसमें भाषा, इतिहास और संस्कृति के बदलते हुए रूपों और मानों पर बहस की गई है। हिन्दी-उर्दू विवाद के सन्दर्भ में कृपाशंकर सिंह की इस पुस्तक को अमृत राय की 'ए हाउस डिवाइडेड' की पूरक रचना कहा जा सकता है।

हिन्दी-उर्दू के मधुर-तिक्त सम्बन्धों की दृष्टि से लेखक ने समय को चार भागों में बाँट कर देखा है। 1800-1835 तक का समय फ़ोर्ट विलियम कॉलेज की स्थापना से लेकर मैकाले द्वारा अंग्रेज़ी भाषा के प्रस्ताव के पेश करने की घटना तक फैला हुआ है। दूसरा भाग 1835 से प्रथम स्वाधीनता संग्राम 1857 तक है। तीसरे भाग का विस्तार 1857 से लेकर 1900 तक है जबकि उर्दू के साथ-साथ हिन्दी को भी दफ़्तरी कामकाज की भाषा का दर्जा मिलता है। अन्तिम भाग 1900 से स्वाधीनता प्राप्ति तक है। इस दौरान हिन्दी-उर्दू विवाद हिन्दू-मुस्लिम साम्प्रदायिकता में बदलता हुआ दिखाई देता है।

पुस्तक में 1800 से लेकर 1947 तक की अंग्रेज़ी साम्राज्यवादी नीतियों का जो विश्लेषण किया गया है और उसकी भाषा व संस्कृति सम्बन्धी नीतियों का जो जायज़ा लिया गया है, उस पर असहमति की कोई गुंजाइश नहीं है। इस जायज़े का सार-तत्त्व यह है कि 'फूट डालो और राज करो' की नीति के तहत हिन्दी-उर्दू भाषा तथा देवनागरी-फ़ारसी लिपियों के बीच सामंजस्य के बजाय विरोध के रिश्ते क़ायम किए गए। भारतीय अवाम को बाँटने के जहाँ और बहुत-से आधार हो सकते थे, उनमें भाषा और लिपि का एक नया आधार और जोड़ दिया गया। इसे धार्मिक पहचान से जोड़ने की ज़रूरत थी। वह ज़रूरत अंग्रेज़ों और सर सैयद जैसे उनके कृपा-पात्रों ने पूरी कर दी। अंग्रेज़ी भाषा के प्रचार-प्रसार की दृष्टि से अंग्रेज़ों को हिन्दी और उर्दू दोनों का विकास बराबर खटकता था। कृपाशंकर सिंह ने ठीक ही कहा है, "यह बात क़ाबिलेग़ौर है कि भारतीय भाषाओं में से हिन्दी-उर्दू को विशेष रूप से चुना गया। जिसे ब्रिटिश सत्ता ने बड़ी होशियारी से और सुनियोजित ढंग से पीछे धकेला। वजह यह थी कि हिन्दी-उर्दू का क्षेत्र बहुत व्यापक था। दूसरे शब्दों में अंग्रेज़ी को व्यापक बनाने में इसके द्वारा बाधा उत्पन्न हो सकती थी।" (पृ. 35)

लेखक का यह निष्कर्ष भी निर्विवाद है कि 1835 में मैकाले के भाषा-प्रस्ताव के बाद हिन्दी-उर्दू के झगड़े हिन्दू-मुस्लिम झगड़ों में तब्दील होते गए और इन झगड़ों को अंग्रेज़ किसी न किसी रूप में हवा देते रहे।

कृपाशंकर सिंह ने भाषा, लिपि और धर्म के मुद्दों पर कई जगह ऐसी टिप्पणियाँ भी की हैं, जिन पर पुनर्विचार करने की ज़रूरत है। हम यहाँ ऐसे ही कुछ बिन्दुओं पर चर्चा करना चाहेंगे।

पुस्तक के दूसरे अध्याय में फ़ोर्ट विलियम कॉलेज के हिन्दुस्तानी के प्रोफ़ेसर गिलक्राइस्ट को हिन्दी-उर्दू विवाद का जनक सिद्ध किया गया है। इसके अलावा गिलक्राइस्ट की इस 'शरारत' पर कई जगह प्रहार किए गए हैं। अपनी राय क़ायम करने में कृपाशंकर सिंह ने उर्दू विद्वान सादिक़-उर-रहमान क़िदवाई की थीसिस 'गिलक्राइस्ट एंड दि लैंग्वेज ऑफ हिन्दुस्तान' का भरपूर उपयोग किया है। क़िदवाई की बातों को इस पुस्तक में आधे-अधूरे रूप में उद्धृत किया गया है। कहते हैं, "उनके (गिलक्राइस्ट) हिसाब से हिन्दवी केवल हिन्दुओं की भाषा है।" (पृष्ठ 21) जबकि प्रो. क़िदवाई ने लिखा है, "गिलक्राइस्ट ने हिन्दवी का प्रयोग केवल हिन्दुओं की भाषा अथवा मुसलमानों के आगमन से पूर्व भारत की भाषा के रूप में किया है।" (पृ. 90) इसमें क्या ग़लत है यदि गिलक्राइस्ट मुसलमानों के भारत आगमन से पूर्व की भाषा को हिन्दवी कहते हैं क्योंकि तब देश में सिर्फ़ हिन्दू रहते थे। इसलिए उस काल-विशेष में उसे हिन्दुओं की भाषा कह देना भी क्या बुरा है ? कृपाशंकर सिंह ने क़िदवाई के कथन के उत्तरांश को छोड़ दिया है।

इसी प्रकार आप क़िदवाई की पूरी पुस्तक पढ़ जाइए, वे कहीं भी स्पष्ट शब्दों में गिलक्राइस्ट को उर्दू-हिन्दी विवाद का जनक नहीं कहते। वे यह ज़रूर कहते हैं कि गिलक्राइस्ट हिन्दी-उर्दू विवाद के बीज बोने के लिए ज़िम्मेदार ठहरा दिए गए। इसके बाद वे यह भी स्वीकार करते हैं कि हिन्दी-उर्दू विवाद में गिलक्राइस्ट की भूमिका नहीं रही। इस विवाद को बढ़ाने में उस दौर के 'ऑफ़िशियल सर्कल' की भूमिका रही है। गिलक्राइस्ट इस ग्रुप से बाहर हो गए थे। (पृष्ठ 138)

कृपाशंकर सिंह ने फ़ोर्ट विलियम कॉलेज के अधीन लिखी गई उर्दू की पुस्तकों पर एक चलताऊ रिमार्क दे दिया है कि इन पुस्तकों में कोई साहित्यिक मूल्य परिलक्षित नहीं होते हैं। यह सच है कि फ़ोर्ट विलियम कॉलेज में हिन्दी-उर्दू की पुस्तकें तैयार कराने के पीछे मुख्य उद्देश्य यह था कि शासक जन-भाषा को ठीक-ठीक समझ सकें। लेकिन ये पुस्तकें साहित्यिक महत्व से ख़ारिज नहीं हैं। सिर्फ़ दिल्ली के मीर अम्मन ने गिलक्राइस्ट के अनुरोध पर फ़ारसी के 'क़िस्सा-ए-चहार दरवेश' का अनुवाद किया था। इसके बारे में उर्दू के मूर्धन्य आलोचक एहतिशाम हुसैन ने कहा है कि "अनुवाद होने पर भी यह मीर अम्मन की रचना मालूम पड़ती है।" 'बाग़ो-बहार' आरम्भिक उर्दू गद्य का शाहकार है। ऐसी रचनाएँ बाद में जाकर कहानी-उपन्यास जैसी विधाओं के विकास का आधार बनीं।

यह सच है कि हिन्दुस्तानी शब्द पहली बार गिलक्राइस्ट द्वारा प्रयुक्त और प्रचारित

हुआ। लेकिन वे हिन्दुस्तानी के बीच के रूप के पक्षधर थे। वे एक संस्कृतनिष्ठ शुद्ध खड़ी बोली को ठीक नहीं समझते थे तो इसका अभिप्राय यह नहीं कि वे उर्दू की वकालत करते थे। हिन्दुस्तानी की अंग्रेज़ों द्वारा की गई व्याख्या उनके राजनीतिक स्वार्थ से प्रेरित थी। कृपाशंकर सिंह ने ठीक कहा है कि "हिन्दी के नाम पर अंग्रेज़ बहादुर नागरी लिपि को देकर सन्तुष्ट करना चाहते थे और उर्दू का दुहरा प्रयोग कर एक जगह उसे उर्दू कहते थे, जब वह फ़ारसी लिपि में लिखी जाती थी और दूसरी जगह हिन्दुस्तानी, जब नागरी लिपि में लिखी जाती थी।" (पृष्ठ 139-140) हमें यह नहीं भूलना चाहिए कि यह स्थिति गिलक्राइस्ट के बहुत बाद की है।

एक अन्य विचारणीय बिन्दु यह है कि उर्दू शब्द का व्यवहार कब से शुरू हुआ ? पुस्तक में कहा गया है कि उन्नीसवीं शताब्दी के आरम्भिक दिनों तक उर्दू शब्द का अधिक प्रयोग नहीं होता था। अमीर ख़ुसरो (1255-1324) तक तो यह बात ठीक है लेकिन मीर का जो शे'र उन्होंने उद्धृत किया है, उसमें 'हिन्दी ज़बाँ' शब्दों का प्रयोग हिन्दुस्तान की भाषा के अर्थ में है न कि खड़ी बोली के अर्थ में। वास्तविकता यह है कि उर्दू शब्द अठारहवीं शताब्दी में ही बहुत प्रचलित हो चुका था। अमृत राय ने 'ए हाउस डिवाइडेड' में ग्राहम बैली के सन्दर्भ से यह कहा है कि उर्दू भाषा के लिए 'उर्दू' शब्द का प्रयोग प्रथम बार 'मुसहफ़ी' (1750-1824) ने अपने निम्नांकित शे'र में किया है—

ख़ुदा रक्खे ज़बाँ हमने सुनी है मीर-ओ-मिर्ज़ा की
कहें किस मुँह से हम ऐ मुसहफ़ी उर्दू हमारी है

यह भी ध्यातव्य है कि मुसहफ़ी, मीर के समकालीन रहे हैं। उसी दौर में नई उभरती हुई भाषा के लिए 'रेख़्ता' शब्द का प्रयोग किया जाने लगा था। मीर को ग़ालिब ने भी रेख़्ता का उस्ताद कहा है, हिन्दी का उस्ताद हमने कभी नहीं सुना।

ग़ालिब को लेकर कृपाशंकर सिंह ने कहा है कि उन्होंने अपने दीवान को हिन्दवी दीवान कहा। अमीर ख़ुसरो के यहाँ हिन्दवी का जो अर्थ होता था, वह ग़ालिब के यहाँ नहीं है। ग़ालिब का एक फ़ारसी शे'र देखिए जिसमें वे खुलकर कहते हैं—

फ़ारसी बीं ताबः बीनी नक़्शहाए रंग-रंग
बगुज़र अज़ मज्मूअए-उर्दू केः बेरंगे-मनस्त

यानी मेरी फ़ारसी शाइरी को देखो, जिसमें मैंने तरह-तरह के रंग समो दिए हैं। उर्दू के दीवान पर ध्यान न दो, यह तो मेरी फीकी शाइरी का नमूना है। ('यादगारे-ग़ालिब')

यह सिद्ध करने से धर्मनिरपेक्ष शक्तियों का क्या हित हो सकता है कि मीर, सौदा और ग़ालिब के ज़माने में 'उर्दू' शब्द प्रयोग में लाया जाता था या नहीं ? उर्दू

भाषा के लिए उर्दू शब्द का व्यवहार होता रहा हो या नहीं, लेकिन शाइरी के उन दीवानों (संग्रहों) को आप किस नाम से पहचानेंगे जिनकी भाषा उत्तर रीतिकालीन काव्य-भाषा से बिल्कुल अलग है। उस दौर में सिर्फ़ नज़ीर अकबराबादी ऐसे शाइर हैं, जिनका कृपाशंकर सिंह ने ज़िक्र किया है, जो आगरा जनपद की खड़ी बोली युक्त ब्रजभाषा में रचना करते थे और इसके लिए फ़ारसी लिपि को अपनाते थे। उनके लिए भाषा और लिपि की दीवारें बेमानी थीं। लिहाज़ा हमें यह नहीं भूलना चाहिए कि यदि देवनागरी लिपि में हिन्दुस्तानी के नाम पर उर्दू लिखी जाती रही थी तो दूसरी ओर फ़ारसी लिपि में हिन्दी भी लिखी जा रही थी। क्या इसे भी आप साज़िश कहेंगे ?

पुस्तक में कहा गया है कि कांग्रेस द्वारा अपनाई गई हिन्दुस्तानी अंग्रेज़ों द्वारा प्रचारित हिन्दुस्तानी से एकदम भिन्न थी। दोनों की भूमिकाएँ अलग थीं। दोनों में अवधारणात्मक अन्तर था'''(पृष्ठ 141) अन्तर जो भी हो, लेकिन हिन्दुस्तानी को लेकर दोनों का लक्ष्य एक ही था—मुसलमानों को अपने पक्ष में लेना या मुस्लिम तुष्टिकरण। इस बात से इन्कार नहीं किया जा सकता कि भाषा और लिपि के साथ अपनी अस्मिता जोड़ने का जो भय मुस्लिम समाज में व्याप्त था, कांग्रेस ने उस भय को उत्तरोत्तर प्रबल ही बनाया। आज़ादी के बाद तो और भी ज़्यादा।

कृपाशंकर सिंह ने भाषा और धर्म के सम्बन्धों पर भी चर्चा की है। आज के सन्दर्भ में यह मुद्दा काफ़ी प्रासंगिक है। यह अंग्रेज़ी राज ही नहीं, आज की व्यवस्था का सच भी है कि भाषा धीरे-धीरे धर्म का रूप लेती जा रही है। हिन्दू-मुस्लिम साम्प्रदायिक शक्तियाँ अब भाषा में अपना आधार खोज रही हैं। इसकी शुरूआत 1906 ई. में मुस्लिम लीग की स्थापना से हुई। साथ ही साथ हिन्दू महासभा ने भी प्रतिक्रियास्वरूप हिन्दी को हिन्दू धर्म से जोड़ने की पहल की। आज यह काम दोनों तरह के साम्प्रदायिक मंच और राजनीतिक दल कर रहे हैं। लेखक का विश्लेषण यह है कि मुस्लिम नेताओं के सामने सभी मुसलमानों को एकसूत्र में बाँधने का सबसे बड़ा ज़रिया इस्लाम है। सभी को एकसूत्र में बाँधने का दूसरा बड़ा ज़रिया उर्दू ज़ुबान है। बल्कि उर्दू ज़ुबान से भी बढ़कर फ़ारसी रस्मुलख़त। (पृष्ठ 122) सिलसिला यह बनता है कि पहले इस्लाम उसके बाद उर्दू ज़ुबान फिर फ़ारसी लिपि अर्थात् बात अन्ततः लिपि पर आकर टिक जाती है। यह बात पुस्तक में कई जगह दोहराई गई है कि असल झगड़ा भाषा का नहीं लिपि का है। कोई भाषा और उसे बोलनेवाला समुदाय यदि अपने जनतान्त्रिक अधिकारों की माँग करने लगे तो हम इसे 'झगड़ा' कहने लगें, यह बात जँचती नहीं है। लेखक की राय एक तरह से यह है कि फ़ारसी लिपि को बाला-ए-ताक़ कर दिया जाए। फ़ारसी लिपि को दोषपूर्ण सिद्ध करने के लिए अनेक विद्वानों के मत भी उद्धृत किए गए है, जिनके पीछे यही मंशा है कि अगर उर्दू भी देवनागरी लिपि में लिखी जाने लगे तो उर्दू-हिन्दी विवाद ही ख़त्म हो जाए। हम यह

प्रश्न उठाना चाहेंगे कि वह कौन-सा भय है जिसके कारण फ़ारसी लिपि को तिलांजलि देने की बात कही जा रही है ? लिपि-विज्ञान के झमेले में हम नहीं पड़ना चाहते। हमारा आग्रह यह है कि बात सिर्फ़ लिपि पर नहीं रुक जाएगी बल्कि मुस्लिम संस्कृति तक भी पहुँचेगी। और फ़ारसी लिपि को छोड़ने के तर्क को आगे बढ़ाया जाए तो यह कह देना भी आश्चर्यजनक नहीं होगा कि मुसलमानों को हिन्दुओं के आचार-विचार और जीवन-शैली अपना लेनी चाहिए।

हिन्दी और उर्दू के बीच लिपि के सिवा कोई बहुत बड़ा अन्तर नहीं है लेकिन फ़ारसी लिपि को अलग करने का दुर्भाग्यपूर्ण प्रयोग हमने किया तो हम देखेंगे कि न सिर्फ़ हिन्दी और उर्दू का अन्तर और अधिक बढ़ जाएगा बल्कि दोनों समुदायों के बीच की खाई और अधिक चौड़ी हो जाएगी। यह क्यों नहीं हो सकता कि उर्दू को अपनी सुविधा और इच्छानुसार फ़ारसी और नागरी दोनों लिपियों में लिखा जाता रहे। आप कितना भी कहें कि लिपि और भाषा दो अलग चीज़ें हैं, लिपि के ख़त्म होने से भाषा ख़त्म नहीं होती। लेकिन उर्दू के सन्दर्भ में यह बात गले नहीं उतरती। जहाँ तक साहित्य की बात है, रचनाकार के लिए लिपि केवल ध्वनि के संकेत-चिह्न नहीं होती, वह सदियों की परम्परा के सातत्य में बने उसके सर्जनात्मक मानस का अभिन्न अंग होती है। जो भी हो, धीरे-धीरे यह बात एक समुदाय विशेष के नागरिक अधिकारों को छीनने तक पहुँच जाती है। फ़ारसी लिपि को ख़ारिज करने की बात कहकर हम इसी धारणा का समर्थन करते दिखाई देते हैं कि उर्दू मुसलमानों की भाषा है और हिन्दी हिन्दुओं की।

फ़ारसी लिपि को ख़त्म करने की बहस पिछले वर्षों में फिर उठी है। 'हंस' के अगस्त 1987 अंक में 'आँखों तले अँधेरा' शीर्षक से कमलेश्वर का एक लेख छपा था। इसमें उन्होंने उर्दू वालों के सामने फ़ारसी के 'झीने कवच' को छोड़ने की तज्वीज़ पेश की है। हम एक ओर यह भी कहते हैं कि हिन्दी-उर्दू की लड़ाई बनावटी है और दूसरी ओर ऐसे नकारात्मक सोच से इस लड़ाई को साम्प्रदायिक रंग देने की साज़िश का शिकार स्वयं हो जाते हैं। हम ऐसा माहौल भी तो पैदा कर सकते हैं कि भाषा और लिपियों की भिन्नता के बावजूद साम्प्रदायिक एकता क़ायम रह सके। साम्प्रदायिक शक्तियाँ यदि भाषा और लिपि का घृणा के लिए इस्तेमाल करती हैं तो हम इनका इस्तेमाल सौहार्द के लिए क्यों नहीं कर सकते ?

भाषा और लिपि को लेकर हमारा सोच अनजाने में कहीं-न-कहीं धार्मिक तत्त्ववादियों के तर्कों को छू जाता है। इधर की हिन्दी आलोचना से एक उदाहरण लीजिए। जब शानी, असग़र वजाहत और अब्दुल बिस्मिल्लाह का ज़िक्र होता है तो अक्सर उन्हें मुस्लिम-हिन्दी लेखक के रूप में प्रस्तुत किया जाता है। ज़रा हम सोचें कि अन्य लेखकों को 'हिन्दू-हिन्दी लेखक' क्यों नहीं कहा जाता ? क्या इसमें यह भाव नहीं है कि उपर्युक्त लेखक अपने धर्म से मुसलमान हैं और मुसलमानों की भाषा

उर्दू है लेकिन ये हिन्दी में लिखते हैं, इसलिए इन्हें मुस्लिम-हिन्दी लेखक कहा गया है। यह दरअस्ल भाषा में प्रवेश करती हुई साम्प्रदायिकता की एक आहट है। इस पर ग़ौर से कान देने की ज़रूरत है। हिन्दू राष्ट्रवाद के नारे के बुलंद होने के साथ-साथ 'मुस्लिम-हिन्दी लेखक' जैसे शब्द तेज़ी के साथ प्रयोग में आने लगे हैं। क्या इसी बिना पर दयाशंकर नसीम, पं. ब्रज नारायन चकबस्त, आनन्द नारायन मुल्ला और रघुपति सहाय 'फ़िराक़' को हिन्दू-उर्दू शाइर कहा जाए ?

लेखक ने बीच-बीच में हिन्दू और इस्लाम धर्मों पर टिप्पणियाँ की हैं। यह बात तो उन्होंने ईमानदारी के साथ स्वीकार की है जिस तरह मुस्लिम नेता अपने राजनीतिक स्वार्थों को लेकर उर्दू को इस्लाम से जोड़ते दिखाई देते हैं, उसी तरह हिन्दुओं की भी एक जमात हिन्दी को हिन्दू क़ौम की ज़ुबान साबित करने में लगी हुई है। आगे वे यह कहना चाहते हैं कि हिन्दी का हिन्दुओं के साथ रिशता जोड़ना सम्भव नहीं है क्योंकि हिन्दुत्व में बहुत कुछ हज़्म कर लेने की शक्ति है। (पृष्ठ 156) एक अन्य जगह (पृष्ठ 55) पर भी हिन्दुत्व की प्रशंसा में बहुत कुछ लिखा गया है। यहाँ इतना संकेत कर देना काफ़ी होगा कि इस हज़्म करने की शक्ति का प्रमाण 6 दिसम्बर, 1992 है।

कृपाशंकर सिंह की यह मान्यता भी आश्चर्यजनक है कि "उर्दू लखनऊ, अलीगढ़, मेरठ, बुलंदशहर, मुरादाबाद जैसे कुछ शहरों में मुसलमानों द्वारा बोली जाती है। इसलिए मुस्लिम क़ौम की क़ौमी पहचान के तौर पर हम इसे नहीं ले सकते।" आप इसे मुसलमानों की क़ौमी पहचान के तौर पर लें या नहीं लें लेकिन उर्दू उपर्युक्त शहरों तक महदूद नहीं है। दिल्ली, भोपाल और हैदराबाद की बात कौन कहे, यह समूचे भारत में बोली जाती है और मुसलमान व हिन्दू दोनों ही इसे बोलते हैं। भाषा यदि किसी समुदाय की क़ौमी पहचान हो सकती है तो मुसलमानों की क़ौमी पहचान कौन-सी भाषा होगी ? जीती-जागती सच्चाई को नज़रअंदाज़ कर जब यह सिद्ध करने का आग्रह किया जाता है कि उर्दू देश के चंद शहरों में बोली जाती है तो इसका निहितार्थ यह हुआ कि उर्दू को अपने अधिकार की माँग नहीं करना चाहिए।

कतिपय बिन्दुओं पर लेखक की राय से सहमत या असहमत होना एक अलग बात है। लेकिन इस पुस्तक के रूप में किए गए उनके परिश्रम की सार्थकता यह है कि उन्होंने सांस्कृतिक सवालों पर संवाद के लिए एक आधारभूमि तैयार की है। आँकड़े और तथ्य प्रस्तुत करने का उतना महत्व नहीं होता, महत्व लेखक की मूल चिन्ता का होता है। यहाँ उनकी चिन्ता के मूल में भाषा और धर्म की राजनीति के सहारे उभरती हुई साम्प्रदायिक चुनौतियाँ रही हैं।

—'आजकल', अक्टूबर, 1993

कि आती है उर्दू ज़बाँ आते-आते

[‘समकालीन भारतीय साहित्य’ (सितम्बर-अक्तूबर, 1996) में मेरा ‘लोकप्रिय बनाम लोकग्राह्य शाइरी’ शीर्षक लेख प्रकाशित हुआ था। मुम्बई की ‘शाइर’ पत्रिका के जनवरी, 1998 अंक में इस लेख का उर्दू अनुवाद आया। अनुवादित लेख के शुरू में श्री इफ़्तिख़ार इमाम सिद्दीक़ी ने एक सम्पादकीय नोट लिखा था जो बहस को दावत देनेवाला था। मैंने यह टिप्पणी मूल रूप में इस सम्पादकीय नोट की प्रतिक्रियास्वरूप लिखी थी। ‘शाइर’ के अप्रैल, 1998 अंक में जब यह टिप्पणी प्रकाशित हुई तो इसके बाद लगभग आठ-दस अंकों में देश-विदेश के उर्दू लेखकों और पाठकों की इस पर प्रतिक्रियाएँ आती रहीं। मैं ‘शाइर’ के सम्पादक सिद्दीक़ी साहब और इस बहस में शामिल पाठकों का शुक्रगुज़ार हूँ। मूल उर्दू टिप्पणी के संशोधित-परिवर्धित प्रारूप का हिन्दी अनुवाद यहाँ प्रस्तुत है।]

‘शाइर’ का जनवरी, 1998 अंक पढ़कर बहुत प्रसन्नता हुई। आपने साहित्य अकादेमी के हिन्दी जरीदे में शायाशुदा मेरे मज़्मून को ‘शाइर’ के पाठकों तक पहुँचाया, इसके लिए मैं आभारी हूँ। आपका सम्पादकीय नोट बहस को दावत देनेवाला है। और वह सम्पादकीय ही क्या जो पाठकों को बहस के लिए प्रेरित न करे। उनके ज़ेहन को न कुरेदे। मैं यहाँ ज़ाती मुआमलों में नहीं जाऊँगा। फ़क़त उन नुक्तों पर बात करूँगा जिनका ताल्लुक़ आज के अदबी सेनेरियो और समाजी ज़िंदगी से है।

पहले मैं यह अर्ज़ कर दूँ कि निदा फ़ाज़्ली, बशीर बद्र, शीन काफ़ निज़ाम और जावेद अख़्तर जिन चार शाइरों के देवनागरी में आए संग्रहों पर मैंने बातचीत की है, वह मेरे एक बड़े काम का हिस्सा है। वह महज़ एक रस्मी तब्सिरा नहीं है। जिन लोगों ने उर्दू ज़बान-ओ-अदब की समस्याओं पर हिन्दी में प्रकाशित मेरे लेखादि पढ़े हैं, वे मेरे बाक़ी काम के साथ इस टिप्पणी के रिश्ते को बख़ूबी समझते हैं। गुज़िश्ता तीस सालों में मेरा यह यक़ीन लगातार पुख़्ता होता गया है कि हिन्दी और उर्दू ज़बानों को नज़दीक लाने और एक जीवन्त संवाद क़ायम करने का एक कारगर तरीक़ा यह हो सकता है कि एक ज़बान के अदब को दूसरी में मुन्तक़िल किया जाए। और भी, फ़ारसी रस्मुलख़त में छुपी दौलत से हिन्दी दुनिया को परिचित कराया जाए। यही बात

देवनागरी लिपि और उर्दू दुनिया के बारे में भी।

दुर्भाग्यवश हम एक ऐसी साहित्यिक संस्कृति को रिवाज नहीं दे पाए जहाँ दोनों भाषाओं के आपसी सम्बन्धों और सापेक्ष विकास के बारे में खुली बहस कर सकते। जब भी किसी ने यह ज़िक्र छेड़ा तो उसे संजीदगी से नहीं लिया गया। मसलन पाँचवे दशक में फ़िराक़ गोरखपुरी ने हिन्दी कवियों की ज़बानदानी पर तीखे तब्सिरे किए तो उन्हें हिन्दी का दुश्मन क़रार दे दिया गया। पाठकगण फ़िराक़ और डॉ. रामविलास शर्मा के बीच हुई बहसों से परिचित होंगे। 'रौशनाई' पढ़ने के बाद मालूम हुआ कि प्रगतिशीलों ने भाषा और लिपि के मसले पर लम्बी बहसें चलाई थीं लेकिन बाद में इन्हें सही दिशा में आगे नहीं बढ़ाया जा सका।

यह दलील भी कोई नई नहीं है कि फ़ारसी लिपि के अभाव में भी उर्दू जीवित रह सकती है। भाषाविज्ञान की दृष्टि से यह बात सच हो सकती है क्योंकि दुनिया की अनेक भाषाएँ अपनी प्राचीन लिपि से अलग होकर दूसरी लिपि में लिखी जाने लगी हैं। लेकिन उर्दू का मुआमला पेचीदा है और आख़िर ऐसी क्या मजबूरी है कि उर्दू लिपि को तिलांजलि दे दी जाए ? जब लोग इस बात को नए सिरे से तूल देते हैं तो उनकी नीयत और मंशा पर शक होता है।

हिन्दी-उर्दू सम्बन्धों की दृष्टि से दोनों भाषाओं के साहित्येतिहासों पर ग़ौर करने से मालूम होगा कि इनकी बुनियाद में अन्तर्क्रियाओं के बजाय अलगाव ज़्यादा रहे हैं। साहित्येतिहासकारों की निष्ठा और परिश्रम का हम सम्मान करते हैं क्योंकि इन्हें पढ़ने के बाद ही आज हम इतना कुछ सोच पा रहे हैं। इस स्वीकारोक्ति के बाद विनम्रतापूर्वक यह बात कही जा सकती है कि हिन्दी और उर्दू दोनों के पास साहित्येतिहास की ऐसी पुस्तक नहीं है जिसमें दोनों भाषाओं के एक-दूसरे के समीप प्रतीत होनेवाले साहित्यों का समानान्तर अध्ययन किया गया हो। हिन्दी में तो फिर भी आचार्य रामचन्द्र शुक्ल का इतिहास है जिसमें हाशिए पर ही सही लेकिन उर्दू रचनाकारों के कृतित्व का उल्लेख मिलता है। सामूहिक प्रयासों से शायद ऐसा इतिहास भी लिखा जाए जो यथावश्यक रूप से दोनों भाषाओं के साहित्यों को साथ लेकर चल सके। जहाँ तक उर्दू में मौजूद तारीख़ों की बात है, सैयद एहतिशाम हुसैन का 'उर्दू साहित्य का इतिहास' (1954 ई.) वैज्ञानिक पद्धति से लिखा गया है। इसमें उर्दू के विकास की पृष्ठभूमि के रूप में भक्ति-आन्दोलन की चर्चा की गई है। हिन्दी और उर्दू को एक साथ लेकर एहतिशाम हुसैन साहब भी नहीं चले हैं। मुहम्मद हुसैन आज़ाद की 'आबे-हयात' और रामबाबू सक्सेना की 'तारीख़े-अदब उर्दू' हिन्दी-उर्दू के सापेक्ष विकास को लेकर मौन हैं। इनमें हिन्दी के उस साहित्य तक का उल्लेख नहीं है जो पारम्परिक अर्थों में भी उर्दू का साहित्य है। मसलन घनानन्द की फ़ारसी बहरों में अनेक रचनाएँ (इश्कलता), भारतेन्दु हरिश्चन्द्र की ग़ज़लें और हरिऔध के चौपदे आदि। निश्चय ही इसके पीछे कोई तास्सुब (द्वेष) नहीं है। यह हमारी नियति है और इस

नियति से हम चश्मपोशी नहीं कर सकते।

आज उर्दू भाषा और साहित्य की परम्परा पर पुनर्विचार करने की ज़रूरत है। सामान्य दृष्टिकोण यह है कि सिर्फ़ खड़ी बोली में लिखे गए साहित्य तक उर्दू की परम्परा को सीमित कर दिया जाता है। खड़ी बोली से बाहर जहाँ उर्दू के प्रयोग मिलते हैं, उसे उर्दू नहीं कहा जाता। दूसरे शब्दों में, स्थानीय बोलियों से उर्दू का नाता तोड़ दिया गया है। उर्दू रंग की रचनाएँ बोलियों में भी लिखी गई हैं। लेकिन उन्हें एक अलग ज़बान यानी हिन्दी माना गया। मसलन एक प्रसिद्ध आध्यात्मिक व्यक्तित्व शेख़ अब्दुल क़ुद्दूस गंगोही की 'अलखबानी' पश्चिमी उत्तरप्रदेश की (फ़ारसी मिश्रित) बोली में लिखी गई, उर्दू में जिसका ज़िक्र नहीं मिलता। उर्दू के सिलसिले में जायसी का भी नाम नहीं लिया जाता। बोलियों से सम्बन्ध-विच्छेद के कारण उर्दू का दायरा सिमटता गया। उसमें शैलियों की विविधताओं के अवसर लगातार कम होते गए।

कबीर भाषिक प्रयोगों और शब्द-सम्पदा के ऐतिबार से उर्दू के बहुत समीप जान पड़ते हैं। उन्होंने सीधे-सीधे ग़ज़ल भी कही है। उनकी एक मशहूर ग़ज़ल के पहले दो शे'र देखिए—

हमन हैं इश्क़ मस्ताना हमन को होशियारी क्या
रहे आज़ाद या जग में हमन दुनिया से यारी क्या
जो बिछड़े हैं पियारे से भटकते दर-ब-दर फिरते
हमारा यार है हम में हमन को इंतज़ारी क्या

—शुजाअत अली संदेलवी : 'तआरुफ़ तारीख़े-उर्दू'

ऐसे प्रमाण नहीं मिलते कि उर्दू ने कबीर को अपना लिया हो। कुछ उर्दू विद्वानों ने कबीर पर काम अलबत्ता किया है। इनमें डॉ. आज़म किरेवी का नाम सबसे पहला है। डॉ. किरेवी की 'कबीर' नामक किताब 1950 ई. के आसपास हिन्दुस्तानी एकेडमी, इलाहाबाद से प्रकाशित हुए थी। फिर अलीगढ़ मुस्लिम विश्वविद्यालय के प्रो. अंसार उल्लाह 'नज़र' ने कबीर पर एक किताब सम्पादित की। सरदार जाफ़री ने भी 'कबीर की बानी' का सम्पादन किया। इसके अलावा डॉ. बशीर बद्र के निर्देशन में सज्जाद रिज़्वी ने कबीर पर पी-एच.डी. (मेरठ विश्वविद्यालय) के लिए शोध-प्रबन्ध तैयार किया। और भी काम हुए होंगे। ग़रज़ यह कि निजी अध्ययन के रूप में अध्यापकों और शोधार्थियों ने कबीर पर काम ज़रूर किया है लेकिन जब उर्दू साहित्य की परम्परा का मूल्यांकन किया जाता है तब कबीर को फ़रामोश कर दिया जाता है। आज भारत के शायद किसी भी विश्वविद्यालय में कबीर उर्दू पाठ्यक्रम में बाक़ायदा शामिल नहीं हैं। प्रो. मुहम्मद हसन (पूर्व अध्यक्ष, भारतीय भाषा केन्द्र, जे.एन.यू.) से मालूम हुआ कि उनके कार्यकाल में कबीर को उर्दू पाठ्यक्रम में पढ़ाने की कुछ व्यवस्था थी। कुछ समय पहले तक अलीगढ़ मुस्लिम विश्वविद्यालय के उर्दू पाठ्यक्रम में भी कबीर को

किसी न किसी रूप में पढ़ाया जाता था। अभी-अभी जवाहर लाल नेहरू विश्वविद्यालय में एक पुराना पाठ्यक्रम फिर से शुरू हुआ है—'लिटरेरी एंड कल्चरल ट्रेडिशंस ऑफ़ हिन्दुस्तान'। यह पाठ्यक्रम हिन्दी और उर्दू दोनों की स्नातकोत्तर कक्षाओं के लिए है। इस पाठ्यक्रम के ज़रिए मध्यदेश की साहित्यिक एवं सांस्कृतिक परम्पराओं के सम्बन्धों की जानकारी दी जा सकेगी। लेकिन इसमें टैक्स्ट निर्धारित नहीं किया गया है। स्वभावतः कबीर का टैक्स्ट भी नहीं। कहने का अभिप्राय यह है कि उर्दू की परम्परा को यदि व्यापक अर्थों में लिया जाए तो इससे एक तो उर्दू समृद्ध होगी, दूसरे, हिन्दी-उर्दू विवाद को सुलझाने में भी मदद मिलेगी।

अब बहस का दूसरा पहलू देखिए। आपने अपने सम्पादकीय नोट में लिपि की रक्षा का सवाल उठाया है। लिखा है कि "अब यह रुझान आम है कि पहले देवनागरी में और बाद में उर्दू में शे'री मज्मुए शाया हो रहे हैं।" अगर ऐसा होता है तो उर्दू वालों को यह गौरव की बात होनी चाहिए कि उनका अदब उर्दू से अपरिचित ज़्यादा से ज़्यादा पाठकों तक अपनी रसाई बना रहा है। इसे आत्म-विज्ञापन न समझा जाए तो मैं एक वाक़ए का ज़िक्र करने की इजाज़त चाहूँगा। अलीगढ़ के क़ाज़ी अब्दुस्सत्तार साहब ने ग़ालिब पर एक उपन्यास लिखा था। सन् 1984 में दिल्ली की एक अदबी महफ़िल में उनसे मुलाक़ात का शर्फ़ हासिल हुआ। क़ाज़ी साहब से मालूम हुआ कि उन्होंने एक नया उपन्यास लिखा है। क्योंकि इससे पहले मैं उनके 'दाराशिकोह' उपन्यास का हिन्दी अनुवाद कर चुका था, इसलिए मैंने 'ग़ालिब' उपन्यास के अनुवाद का इसरार किया। इस तरह 'ग़ालिब' उपन्यास पहले हिन्दी में 1985 ई. में प्रकाशित हुआ और फिर बाद में उर्दू में। ऐसा होने से उर्दू लिपि को क्या नुक़सान पहुँचा होगा, यह बात समझ से परे है।

अब तो उर्दू रिसाले देवनागरी में छपने लगे हैं। जोधपुर से हसन जमाल 'शेष' नाम से एक उर्दू रिसाला हिन्दी में निकालते हैं। इसमें उर्दू रचनाओं की सिर्फ़ लिपि बदली हुई होती है। हिन्दी में इसकी प्रशंसा हुई है। मुझे नहीं मालूम कि उर्दू वालों के बीच इस क़दम की बाबत क्या राय है ? हिन्दी उच्चारण और वर्तनी की अशुद्धियों के बावजूद इस रिसाले को पढ़ा और समझा जा सकता है। ऐसी और भी कोशिशें जारी हैं।

सम्पादकीय नोट में उर्दू अदब के देवनागरी में लिप्यन्तरण की बाबत आगे कहा गया है कि "जहाँ यह एक मुस्तहसिन क़दम (प्रशंसनीय प्रयास) है, वहीं उर्दू रस्मुलख़त के लिए नुक़सानदेह भी।" साथ ही आपने उर्दू लिपि के सिमटने के अन्य कारण गिनाए हैं, उनसे मैं इत्तिफ़ाक़ करता हूँ। लेकिन मेरी राय में उर्दू अदब का हिन्दी में रूपान्तरित होना उर्दू लिपि के लिए किसी भी सूरत में नुक़सानदेह नहीं है। यहाँ यह दलील दी जा सकती है कि हिन्दी में उपलब्ध न होने पर लोग उर्दू अदब को फ़ारसी लिपि में पढ़ना चाहेंगे और उर्दू सीखेंगे भी। इससे फ़ारसी लिपि का हित होगा। वस्तुतः यह

एक नकारात्मक सोच है। क्योंकि हिन्दी या किसी अन्य भारतीय भाषा के जो पाठकगण फ़ारसी लिपि में उर्दू अदब को पढ़ने का आनन्द लेना चाहेंगे और जो एक लिपि विशेष के महत्व को समझते हैं, वे किसी के रोके नहीं रुकेंगे और उर्दू वर्णमाला से बराहेरास्त रिश्ता क़ायम करेंगे। दरअस्ल उर्दू अदब का लिप्यन्तरित होना उर्दू लिपि सीखने के लिए एक उत्प्रेरक तत्त्व का काम करेगा। एक न एक दिन उर्दू अदब पढ़ने के शौक़ीन हिन्दी पाठक के मन में उर्दू लिपि से परिचित होने की ललक ज़रूर पैदा होगी और हो रही है।

लिहाज़ा ख़तरा शे'रो-अदब के लेन-देन का नहीं है। जहाँ से ख़तरा है, उधर हम ध्यान नहीं देते। हमारी चिन्ता यह होनी चाहिए कि स्वाधीनता आन्दोलन के दौरान अर्जित धर्मनिरपेक्षता और जनवाद के मूल्य नेस्तनाबूद हो रहे हैं, वैश्वीकरण के नाम पर हमारी स्थानीय सांस्कृतिक विशेषताएँ नष्ट की जा रही हैं, उर्दू ही नहीं हमारी तमाम भारतीय भाषाओं के सौन्दर्य को उपेक्षा की दृष्टि से देखा जा रहा है, हमारी सामाजिक और साहित्यिक परम्पराओं के मूलोच्छेद की साज़िशें बुनी जा रही हैं। ताज्जुब इस बात का है कि यह काम हिन्दुस्तान का अभिजन वर्ग कर रहा है, अगर सीधे नहीं कर रहा है तो किसी न किसी रूप में शामिल ज़रूर है। यह एक सोची-समझी हुई साज़िश है कि अरुन्धती राय के 'गॉड ऑफ़ स्माल थिंग्स' को एक पश्चिमी इदारे ने बुकर प्राइज़ देकर भारतीय भाषाओं के साहित्यकारों को यह एहसास कराना चाहा है कि सृजनात्मक संवेदना तो यहाँ सिर्फ़ अंग्रेज़ीदानों के पास बची रह गई है। सलमान रुश्दी अपने एक वक्तव्य में बहुत पहले ही भारतीय भाषाओं में अच्छे गद्य की सम्भावनाओं से इनकार कर चुके हैं। तो जनाब हिन्दी और उर्दू दोनों को ही ख़तरा यहाँ से है।

सच बात तो यह है कि हमारे अवाम ही उर्दू के मुहाफ़िज़ हो सकते हैं, कोई हुकूमत नहीं। उर्दू एक संस्कृति है, वह भाषा में जीने का एक ढंग है। जिस भाषा ने मेल-जोल से जन्म लिया है, वह संग-साथ रहने का संस्कार भी देती है। उसका अब तक का विकास अवाम की सांस्कृतिक और वैचारिक प्रगति से सापेक्ष है।

एक ज़माने तक उर्दू पंजाब से आए लोगों यानी राम लुभाया ख़ुशतर गरामी की पीढ़ी के सहारे फलती-फूलती रही। वह अंग्रेज़ी शिक्षा के वर्चस्व और अंग्रेज़ी मीडिया के क़हर का दौर भी नहीं था। इसलिए कुछ उम्मीद बनी रही। स्वाधीनता आन्दोलन की बची-खुची विरासत ने भी उर्दू को फ़ायदा पहुँचाया। लेकिन अब सारा परिदृश्य बदल गया है। भीषण यथार्थ के दबाव ने लोगों को यह सोचने पर विवश किया है कि मुल्क में उर्दू जब रोज़ी-रोटी की ज़बान नहीं है तो उर्दू क्यों पढ़ी जाए ?

आज साहित्य से इतर ज्ञान की अन्य शाखाओं में उर्दू की हालत पर ग़ौर कीजिए। समाजविज्ञानों के क्षेत्र में उर्दू में मूल लेखन नहीं के बराबर हुआ है। इस मुआमले में हिन्दी की हालत भी ज़्यादा अच्छी नहीं है। लेकिन उर्दू उससे भी पीछे है। दुर्भाग्य

से अन्तर्राष्ट्रीय स्तर पर मान्यता अंग्रेज़ी में लिखे बग़ैर मिलती नहीं है। इसलिए जो विद्वान् राष्ट्रीय जीवन के विविध पहलुओं पर उर्दू में वैचारिक गद्य लिख सकते हैं, वे भी अंग्रेज़ी की राह पकड़ लेते हैं।

उर्दू सिनेमा और रंगमंच को लेकर भी उर्दू दुनिया की ओर से कोई कारगर पहल नहीं हुई है। दोनों जगह उर्दू की पहचान हिन्दी से भिन्न नहीं है। सिर्फ़ फ़िल्म समारोहों में किसी फ़िल्म को 'उर्दू फ़िल्म' के रूप में पेश कर दिया जाता है, वैसे सब कुछ हिन्दी फ़िल्म है। इस बात की शिकायत इसलिए नहीं की जा सकती क्योंकि आख़िरकार हिन्दी फ़िल्मों के ज़रिए उर्दू ज़बान को ही फ़रोग़ मिल रहा है।

कई सूबों में उर्दू को दूसरी सरकारी ज़बान का दर्जा काग़ज़ों में दिया जा चुका है लेकिन सरकारी काम-काज में उर्दू के प्रयोग को सम्भव बनाने की दिशा में ठोस क़दम नहीं उठाए गए। हम उत्तरप्रदेश की मिसाल लें। यहाँ के स्कूलों में उर्दू टीचर्स की नियुक्ति के काम को अब तक (1998 ई.) पूरी तरह अंजाम नहीं दिया जा सका है। फिर लिपि की रक्षा कैसे हो ? अतहर फ़ारूक़ी ने 1993 ई. में अपनी रिपोर्ट में एक सर्वेक्षण का हवाला दिया है, जिसके अनुसार उत्तरप्रदेश में दस फ़ीसदी मुसलमान भी उर्दू को उसके रस्मुलख़त में नहीं पढ़ सकते। यह बदहाली क्यों है ? जबकि हर सियासी पार्टी अपने चुनावी घोषणा-पत्र में उर्दू की बहबूदी की बात करती है। यह तुष्टिकरण के अलावा और क्या है ? जब उर्दू मुसलमानों के वोट बैंक में रिड्यूस कर दी जाए, तब अल्लाह ही मालिक है !

मैं आपकी इस बात से मुत्तफ़िक़ हूँ कि सेक्यूलर हिन्दुस्तान के लिए हिन्दी से ज़्यादा उर्दू ज़रूरी है। ज़ाहिर है कि आप यह बात हिन्दी को ज़रूरी मानकर ही कह रहे हैं। धर्मनिरपेक्षता शून्य में नहीं पनपेगी, उसके लिए एक ठोस ज़मीन चाहिए। उर्दू के अधिकार की कटौती करके धर्मनिरपेक्षता की बात नहीं की जा सकती। भाषा का कोई धर्म नहीं होता लेकिन उसके बोलनेवाले होते हैं। सम्प्रदायवाद से निबटने की रणनीति में भाषा के सवाल को इसलिए नज़रअंदाज़ कर दिया जाता है कि हम वर्गचेतना से लैस अवाम की कल्पना कर लेते हैं। लेकिन ऐसी स्थिति अभी है नहीं। जब तक अवाम यह नहीं समझ लेते हैं कि अलग-अलग सम्प्रदायों के बावजूद वे एक जैसी वर्गस्थिति में जी रहे हैं, उनके हित एक जैसे हैं, तब तक भाषा की साम्प्रदायिक राजनीति के लिए गुंजाइश बनी रहेगी। लिहाज़ा उर्दू को इस नीयत के साथ उसका अधिकार दिया जाए कि यह मुस्लिम अल्पसंख्यकों पर कोई अनुग्रह नहीं है बल्कि यह उर्दूभाषी जनसमुदाय का जनतान्त्रिक अधिकार है। बहरसूरत उर्दू को अल्पसंख्यक समुदाय से वाबस्ता करके नहीं देखा जाना चाहिए, क्योंकि यह वही मुल्क है जहाँ आनन्द नारायन मुल्ला ने कहा था कि उर्दू मेरी मादरी ज़बान है।

आख़िर में एक बात और। सम्पादकीय नोट में कहा गया है कि 'हमअस्र उर्दू शाइरी और शाइरों के बारे में मेरा इल्म बहुत महदूद है और बेशतर ख़बरों पर आधारित

है।' मैं इसकी सफ़ाई में कुछ नहीं कहना चाहता। लेकिन आपका यह कथन आधा सच है। मुझे यह स्वीकार करने में कोई ऐतिराज़ नहीं है कि मेरा ज्ञान सीमित है क्योंकि मैंने आप जैसे आलिमों से यही सीखा है कि कोई भी ज्ञान सीमित ही होता है। यह बात उर्दू वालों पर भी सादिक़ आती है। चार साल पहले उर्दू एकेडमी, दिल्ली के रिसाले 'ऐवान-ए-उर्दू' ने हिन्दी अदब नम्बर प्रकाशित किया था। इसमें समकालीन हिन्दी रचनाशीलता की वह तस्वीर पेश की गई थी जो कि नहीं है। मैंने इस सिलसिले में 'आजकल' हिन्दी (दिसम्बर, 1994) में लिखा भी था। यह एक सच्चाई है कि हम एक-दूसरे के अतीत की बनिबस्त वर्तमान से कम परिचित हैं। बल्कि मुझे यह कहने की इजाज़त दी जाए कि हम अपनी ही भाषा (हिंदी या उर्दू) की वर्तमान सर्जनात्मकता से भी भली-भाँति परिचित नहीं हैं।

उर्दू का बेहतरीन अदब हिन्दी पाठकों के लिए सुलभ है। लेकिन केन्द्रीय साहित्य अकादेमी द्वारा कराए गए कुछ पुरानी किताबों (जैसे हरिऔध द्वारा सम्पादित कबीर वचनावली) और चंद पुरस्कृत कृतियों के उर्दू लिप्यन्तर/अनुवाद को छोड़ दिया जाए तो सामान्यतया हिन्दी का साहित्य उर्दू में न के बराबर उपलब्ध है।

इस पारस्परिक अपरिचय की क्षतिपूर्ति यों की जा सकती है कि हिन्दी और उर्दू की सम्मिलित रचना और विचार-गोष्ठियाँ आयोजित की जाएँ। हम अपने रिसालों में अनुवाद के ज़रिए एक-दूसरे के समकालीन साहित्य को प्रकाशित करें। एक ऐसा सामान्य मंच बनाया जाए जहाँ हिन्दी और उर्दू रचनाकारों के बीच विचार-विनिमय सम्भव हो सके। सच बात तो यह है इसी उद्देश्य के लिए जिन मंचों की स्थापना की गई, वे भी इस दिशा में कोई ख़ास भूमिका अदा नहीं कर पाए। ग़रज़ यह कि यह हमारे समय का एक सांस्कृतिक संकट है कि एक ही हवा में साँस लेते हुए हम एक-दूसरे को इतना कम जानते हैं। हाल की उर्दू शाइरी के बारे में मेरी राय 'शाइर', 'शबख़ून', 'ऐवान-ए-उर्दू', 'आजकल' और 'मे'यार' जैसे रिसालों को पढ़ कर बनी है। इसके बावजूद मेरे ज्ञान की अल्पता की कोई दलील नहीं है…और अभी तो मैं उर्दू सीख ही रहा हूँ। उर्दू आते-आते ही आएगी—

नहीं सहल ऐ 'दाग़' यारों से कह दो
कि आती है उर्दू ज़बाँ आते-आते

आचार्य शुक्ल के उर्दू भाषा एवं साहित्य विषयक विचार

आचार्य रामचन्द्र शुक्ल के उर्दू विषयक विचार 'हिन्दी साहित्य का इतिहास', 'रस-मीमांसा' और 'चिन्तामणि' भाग-दो व तीन में गाहे-ब-गाहे बिखरे हुए हैं। उर्दू से सम्बन्धित कई अंश ऐसे हैं जिनका उपयोग एक प्रयोजन विशेष के अन्तर्गत एक से अधिक पुस्तकों में कर लिया गया है। विदित है कि 'हिन्दी साहित्य का इतिहास' के वर्तमान रूप में भी नागरी प्रचारिणी सभा के सम्पादकों ने आचार्य जी की कुछ टिप्पणियाँ जोड़कर वृद्धि कर दी है। इसी तरह 'रस-मीमांसा' और 'चिन्तामणि' के दूसरे और तीसरे भाग विद्वानों ने सम्पादित किए हैं। लिहाज़ा इस बिखरी हुई सामग्री में एकवाक्यता बिठाना एक श्रमसाध्य कार्य है।

उर्दू को लेकर आचार्य शुक्ल की धारणाओं का अध्ययन करते समय हमें उनके विवेचन के मूल प्रसंग को ध्यान में रखना ज़रूरी होगा। कारण, उर्दू को लेकर बहुत-सी बातें उन्होंने अपने काव्य-सिद्धान्तों की व्याख्या करते हुए दृष्टान्त के रूप में कही हैं। सीधे-सीधे इसी विषय पर भी उन्होंने क़लम चलाया है। अलग-अलग सन्दर्भों में व्यक्त विचारों का जायज़ा लेने के बाद कहा जा सकता है कि शुक्ल जी भले ही उर्दू के तरफ़दार न रहे हों लेकिन वे हिन्दी भाषा और साहित्य की विभिन्न परम्पराओं के आकलन को उर्दू के बग़ैर अधूरा समझते थे। तभी रीतिकाल के अवसान से लेकर द्विवेदी-युग पर्यन्त की साहित्यिक प्रवृत्तियों के विश्लेषण में उन्होंने उर्दू से हस्बे-ज़रूरत मदद ली है।

यह सच है कि 'हिन्दी साहित्य का इतिहास' में इतिहासलेखन की योजना के अनुरूप हिन्दी रचनाकारों पर जैसी स्वतन्त्र टिप्पणियाँ की गई हैं, वैसी स्वतन्त्र टिप्पणी किसी उर्दू रचनाकार पर नहीं मिलती है। केवल नज़ीर अकबराबादी पर चन्द सतरें मिलती हैं। वहाँ नज़ीर को एक हिन्दी कवि के रूप में परिचित कराया गया है। लेकिन एक पाठक के रूप में यह निर्णय ले लेना नादानी होगी कि शुक्ल जी अठारहवीं सदी से शुरू हुई उर्दू साहित्य की समानान्तर परम्परा से अनभिज्ञ हैं या उसकी अनदेखी करते हैं। अन्यथा भक्तिकाव्य की प्रेममार्गीय शाखा के प्रसंग में नूर मुहम्मद और सगुण धारा की फुटकर रचनाओं के प्रसंग में क़ादिर और मुबारक जैसे कवियों का ज़िक्र न किया जाता। इसी प्रकार गाहे-ब-गाहे इंशा, मीर, सौदा और हाली के नाम

न लिये जाते। उनकी मान्यताओं पर अलबत्ता बहस हो सकती है।

'हिन्दी साहित्य का इतिहास' में हिन्दी-उर्दू विवाद का सिरा प्रेममार्गीय शाखा के मूल्यांकन में मिलता है। नूर मुहम्मद के सन्दर्भ में तो शुक्ल जी ने इसकी टकराहट की आहट को पहले ही पहचान लिया था। उल्लेखनीय है कि नूर मुहम्मद ने फ़ारसी के अच्छे आलिम होते हुए भी हिन्दी में 'इन्द्रावती' नामक आख्यानकाव्य की रचना की। शुक्ल जी ने 'इन्द्रावती' की उस चौपाई को उद्धृत किया है जो नूर मुहम्मद ने स्पष्टीकरण के बतौर लिखी थी–

जानत है वह सिरजन हारा, जो किछु है मन मरम हमारा।।
हिन्दू मग तर पाँव न राखेऊँ, का जा बहुतै हिन्दी भाखेऊँ।।

इस सामग्री का उपयोग फ़ैज़ाबाद के प्रान्तीय साहित्य सम्मेलन में पठित भाषण में भी किया गया है जो कि 'चिन्तामणि' भाग तीन में संकलित है।

शुक्ल जी संवत् 1800 वि. (अर्थात् 1744 ई.) तक उर्दू जैसी किसी भाषा के अस्तित्व को स्वीकार नहीं करते। इस मान्यता के समर्थन में उन्होंने 'इन्द्रावती' से ही निम्नलिखित चौपाई उद्धृत की है–

कामयाब कह कौन जगावा, फिर हिन्दी भाखै पर आवा।
छाँड़ि पारसी कन्द नवातैं, अरुझाना हिन्दी रस बातैं।।

उपर्युक्त चौपाई से हिन्दी और फ़ारसी दो भाषा-माध्यमों का स्पष्ट पता चलता है लेकिन यह ज़ाहिर नहीं होता कि एक अन्य विकल्प के रूप में अब तक उर्दू सामने नहीं आ चुकी थी। जबकि वली (निधन 1744 ई.) का दीवान 1700 ई. में सामने आ चुका था। इससे भी पहले क़ुतबशाही शासकों और कवियों की अनेक रचनाएँ 17वीं सदी में काफ़ी महशूर हो चुकी थीं। इनकी भाषा दकनी उर्दू या दखनी हिन्दी दोनों नामों से जानी जाती है। उत्तर भारत में 18वीं सदी के आरम्भ से ही उर्दू कविता के साफ़-सुथरे उदाहरण मिलने लगते हैं। फ़ाइज़, आबरू, नाजी, हातिम, यकरंग, मज़हर जान जानाँ, मज़मून, फ़ुग़ाँ और ताबाँ की रचनाएँ अब तक मंज़रे-आम पर आ चुकी थीं। यह ध्यान देने योग्य है कि भक्तिकाल के सूफ़ी काव्य के सिलसिले में शुक्ल जी ने दकन के शाइर नुसरती की दकनी उर्दू में लिखी 'गुलशने-इश्क़' रचना का उल्लेख भी किया है। अगर दकनी उर्दू, उर्दू नहीं थी तो वली दकनी उर्दू के पहले बड़े साहिबे-दीवान शाइर कैसे हुए ? (पर उर्दू दुनिया तो यही मानती है।) इसी के आसपास मीर और सौदा के कलाम का एक बड़ा हिस्सा सामने आ चुका है। इसके अलावा इस भाषा को अब तक रेख़्ता कहने का रिवाज था। रेख़्त का अर्थ है बिखरना। फ़ारसी सामासिक भाषा है और रेख़्ता विग्रहप्रधान। लगभग कुछ समय बाद इस भाषा के लिए उर्दू शब्द का प्रचलन हो गया। अमृतराय ने 'ए हाउस डिवाइडेड' में मुसहफ़ी के उस

शे'र को उद्धृत किया है जिसमें 'उर्दू' शब्द का इस्तेमाल किया गया है। यह शे'र 18वीं सदी के उत्तरार्द्ध में कहा गया बताया जाता है—

ख़ुदा रक्खे ज़बाँ हमने सुनी है मीर-ओ-मिर्ज़ा की
कहें किस मुँह से हम ऐ 'मुसहफ़ी' उर्दू हमारी है

स्वयं आचार्य शुक्ल ने जिन उर्दू शाइरों का उल्लेख किया है उनका रचनाकाल संवत् 1800 वि. के आसपास का रहा है। अतः यह स्वीकार करने में कठिनाई है कि 1800 वि. तक उर्दू का साहित्य में कोई स्थान नहीं था।

आचार्य शुक्ल ने उर्दू के विकास को खड़ी बोली के साथ वाबस्ता करके देखा है, लेकिन उनकी दृष्टि में उर्दू और खड़ी बोली दो भिन्न भाषा परम्पराएँ हैं। अलबत्ता वे इनके बीच अन्तर्क्रियाओं को स्वीकार करते हैं। उनका यह दृष्टिकोण उस दौर के समाजार्थिक और राजनीतिक परिदृश्य पर आधारित था। उन्होंने खड़ी बोली और बाज़ार के अन्तर्सम्बन्धों की खोज की। 18वीं सदी के दौरान दिल्ली के सत्ता-केन्द्र के कमज़ोर पड़ने और यहाँ के जनजीवन के अस्त-व्यस्त होने के बाद मीर और इंशा जैसे शाइर फ़ैज़ाबाद और लखनऊ की राह पकड़ गए। शुक्ल जी ने न केवल इन शाइरों के बर्हिगमन की ओर तवज्जो दी है बल्कि पश्चिमी क्षेत्र के व्यापारियों के पूर्व की ओर पलायन का उल्लेख करना भी ज़रूरी समझा है। लिखते हैं, "धीरे-धीरे पूरब के शहरों में भी इन पश्चिमी व्यापारियों की प्रधानता हो चली। इस प्रकार बड़े शहरों के बाज़ार की भाषा भी खड़ी बोली हुई। यह खड़ी बोली असली और स्वाभाविक थी, मौलवियों और मुंशियों की उर्दू-ए-मुअल्ला नहीं।"

शुक्ल जी खड़ी बोली और उर्दू की पहचान के भ्रम को लेकर बहुत सचेत हैं। उनके अनुसार खड़ी बोली अपने पीछे एक हज़ार वर्ष की परम्परा रखती है। अपभ्रंश काव्यों में तक खड़ी बोली के प्रयोग मिलते हैं। खुसरो और कबीर की रचनाएँ तो इसका जीता-जागता प्रमाण हैं ही। फिर रेख़्ता को खड़ी बोली के विकास को लेकर ज़िम्मेदार नहीं ठहराया जा सकता। कुछ लोग अगर यह कहते हैं कि उर्दू में से अरबी और फ़ारसी शब्द निकालकर आधुनिक हिन्दी गद्य की भाषा गढ़ ली गई है, शुक्ल जी के मत में यह शुद्ध भ्रम या अज्ञान है। इस भ्रम का मुख्य कारण यह है कि अन्य प्रान्तीय बोलियों की भाँति 'खड़ी बोली भी कोने में बैठी रही।' और ब्रजभाषा का वर्चस्व रहा। यहाँ यह संकेत कर देना भी ज़रूरी लगता है कि रामबाबू सक्सेना प्रभृति उर्दू के साहित्येतिहासकार उर्दू को 'मग़रिबी हिन्दी की एक शाख़' स्वीकार करते हैं। अतः इस नुक्ते पर शुक्ल जी से असहमति की गुंजाइश नहीं रह जाती।

शुक्ल जी ने खड़ी बोली के विकास में उर्दू की भूमिका को कम करके नहीं आँका है। उन्होंने खड़ी बोली के उर्दू में 'मंजने' की बात स्वीकार की है। वहीं अपने 'इतिहास' में अनेक जगह उर्दू के 'झंझट' और 'झमेले' पर भी खेद व्यक्त किया

गया है। इस झंझट और झमेले के मूलभूत कारण और आधार क्या थे ? इस पर ग़ौर करना दरकार है।

भाषा और धर्म के सम्बन्धों को लेकर आचार्य शुक्ल के यहाँ दोहरी व्याख्याएँ मिलती हैं। सूफ़ी परम्परा के कवियों और रसख़ान व रहीम के विषय में उन्होंने यह कहीं नहीं कहा है कि इन रचनाकारों ने हिन्दुओं की भाषा में कविताएँ लिखीं। अर्थात् यहाँ वे हिन्दी (अवधी और ब्रजी) को सिर्फ़ हिन्दुओं की भाषा नहीं कहते। भक्तिकाल के प्रकरण में वे भाषागत विभेद पर कम बल्कि हिन्दू-मुसलमान दोनों के लिए 'सामान्य भक्ति मार्ग' पर ज़्यादा बल देते हैं। खड़ी बोली गद्य के विकास के प्रकरण में वे हिन्दी को हिन्दुओं की भाषा के रूप में देखने लगते हैं। इस विरोधाभास का मुख्य कारण हमें यह लगता है कि भक्तिकाल के दौरान उर्दू के बजाय फ़ारसी का बोलबाला था और उसका हिन्दी जनभाषा से कोई सीधा टकराव नहीं था। अवधी और ब्रजी को साहित्यिक भाषा के रूप में अपनाने वाले कवियों को फ़ारसी से कहीं कोई हानि की आशंका नहीं थी। लेकिन 18वीं सदी के उत्तरार्द्ध से स्थिति बिलकुल बदल गई। खड़ी बोली के स्वरूप निर्माण के इस दौर में उर्दू न केवल एक साहित्यिक भाषा के रूप में प्रतिष्ठा पा गई बल्कि उसने एक जनभाषा के रूप में भी अवाम के दिलों में जगह बना ली। यह रोज़मर्रा मुहावरों में इतनी रच बस गई कि इसकी शब्द-सम्पदा का विदेशीपन भी जाता रहा। हालांकि भक्तिकाल में ही इस सांस्कृतिक सामंजस्य के लक्षण भाषा में गोचर होने लगे थे तभी सूर, तुलसी और मीरा के काव्य में अरबी-फ़ारसी के प्रयोग इतने स्वाभाविक रूप में नज़र आते हैं। अठारहवीं सदी तक आते-आते यह आदान-प्रदान और ज़्यादा बढ़ा। वहीं दूसरी ओर हिन्दी-उर्दू का झगड़ा भी चलता रहा। कभी-कभी फ़ारसी के शब्दों को हिन्दी के समझकर व्यवहार में लाया जाने लगा। स्वयं शुक्ल जी ने एक पंडितजी का मनोरंजक संस्मरण दिया है जो 'लाल' शब्द तो बराबर बोलते थे पर 'कलेजा' और 'बेंगन' शब्दों को म्लेच्छ भाषा के समझकर बचाते थे। जनभाषा के रूप में हिन्दी उर्दू के अभेद को लेकर यह उदाहरण ही काफ़ी होगा। लेकिन विरोधाभास यह है कि एक ओर शुक्ल जी भाषा के इस धर्मनिरपेक्ष स्वरूप के हामी हैं, दूसरी ओर वे हिन्दी को हिन्दुओं और उर्दू को मुसलमानों के साथ जोड़कर देखते हैं। कहते हैं, "पर शिष्ट समाज के बीच उन्हें (अंग्रेज़ों को) दो ढंग की भाषाएँ चलती मिलीं। एक तो खड़ी बोली का सामान्य देशी रूप, दूसरा वह दरबारी रूप जो मुसलमानों ने उसे दिया था और उर्दू कहलाने लगा था।"

शुक्ल जी 'रस-मीमांसा' में आकर एक बार फिर इस बात को दोहराते हैं कि उर्दू मुसलमानों की भाषा है। 'काव्य का लक्ष्य' निबन्ध में वे हृदय की वास्तविक अनुभूति और शब्दचातुरी में अन्तर दर्शाते हैं और कविता को सिर्फ़ मज़ाक़ की चीज़ बना देने की आलोचना करते है। आगे लिखते हैं, "फिर कविता सिर्फ़ एक मज़ाक़ की चीज़ या शब्दचातुरी मात्र रह गई। सखुन संज और शाइर एक ही चिड़िया का नाम समझनेवाले

मुसलमानों के आने पर यह धारणा और भी जड़ पकड़ गई।''

इस बात से इन्कार नहीं किया जा सकता कि मुस्लिम अवाम के दैनिक बोलचाल की भाषा में खड़ी बोली का यह सामान्य देशी रूप कुछ बदल गया होगा। लेकिन यह बदला हुआ रूप, जिसे उर्दू कहा गया है, केवल मुसलमानों तक सीमित रहा होगा—इस बात में सन्देह है। वस्तुतः हिन्दू और मुसलमानों का जीवन आर्थिक और सामाजिक रूप से इतना अन्तर्निभर था कि उनकी भाषाएँ एक-दूसरे से बेअसर रह ही नहीं सकती थीं। आशय यह है हिन्दू जनता भी भाषा के इस नए रूप को व्यवहार में लाती थी और लाती है। फिर इसे सिर्फ़ मुसलमानों की भाषा कहना कहाँ तक समीचीन है।

अंग्रेज़ों के सन्दर्भ में ही शुक्ल जी ने पुनः उर्दू भाषा और साहित्य के विदेशी होने का उल्लेख किया है। उनके शब्द हैं, ''अंग्रेज़ यद्यपि विदेशी थे पर उन्हें यह स्पष्ट लक्षित हो गया था कि जिसे उर्दू कहते हैं, वह न तो देश की स्वाभाविक भाषा है, न उसका साहित्य देश का साहित्य है जिसमें जनता के भाव और विचार रक्षित हों।'' इस कथन में साहित्य और संस्कृति विषयक एक गम्भीर बहस के बीज छुपे हुए हैं। उर्दू शाइरी और गद्य की गौरवशाली परम्परा का बहुत बड़ा हिस्सा शुक्ल जी के समय तक सामने आ चुका था, मीर और ग़ालिब की ही क्या बात की जाए ? क्या यह साहित्य इस देश का साहित्य नहीं है ? क्या इस साहित्य में जनता के भाव और विचार सुरक्षित नहीं हुए हैं ? यह कहना धृष्टता होगी कि शुक्ल जी इन शाइरों की महानता से अपरिचित थे। ऐसे में यही कहा जा सकता है कि शुक्ल जी को शायद उर्दू मात्र से विरोध न रहा होगा बल्कि वे खड़ी बोली को आधुनिक चिन्तन की सामर्थ्य प्रदान करने को लेकर बेचैन रहे होंगे। जहाँ उन्हें लगा होगा कि उर्दू के अधिकार की माँग खड़ी बोली के विकास की फ़ज़ा ख़राब कर रही है, वहाँ उन्होंने सख़्त वैचारिक स्थित अपना ली। इसी कारण उन्होंने फ़ोर्ट विलियम कॉलेज के अन्तर्गत जॉन गिलक्राइस्ट की हिन्दी और उर्दू किताबें तैयार कराने की योजना पर कोई नकारात्मक टिप्पणी नहीं की। इस योजना के अन्तर्गत मीर अम्मन ने 'बाग़ो-बहार' और लल्लूलाल गुजराती ने 'नासिकेतोपाख्यान' की रचना की। इस योजना के ज़रिए आचार्य शुक्ल को यह सिद्ध करने में सुविधा हुई कि हिन्दी खड़ी बोली का अस्तित्व उर्दू से स्वतन्त्र एक शिष्ट भाषा के रूप में था।

'इतिहास' में हिन्दी-उर्दू विवाद को लेकर अनेक लेखकों के उद्धरण मिलते हैं जिनका सार यह है कि हिन्दी हिन्दुओं की और उर्दू मुसलमानों की भाषा है। 'रघुवंश' के गद्यानुवाद के प्राक्कथन में राजा लक्ष्मण सिंह कहते हैं, ''हमारे मत में हिन्दी और उर्दू दो बोली न्यारी-न्यारी हैं। हिन्दी इस देश के हिन्दू बोलते हैं और उर्दू यहाँ के मुसलमानों और पारसी पढ़े हुए हिन्दुओं की बोलचाल है।'' इसी प्रकार पंजाब के बाबू नवीनचन्द्र राय का उद्धरण दिया गया है जिसमें उन्होंने उर्दू को ख़ास मुसलमानों की

भाषा कहा है। नवीन बाबू की तो यह मान्यता भी है कि "उर्दू में आशिक़ी कविता के अतिरिक्त किसी गम्भीर विषय को व्यक्त करने की शक्ति ही नहीं है।"

हालाँकि उपर्युक्त दोनों उद्धरण शुक्ल जी के निजी विचार नहीं हैं लेकिन उर्दू भाषा और साहित्य विषयक ऐसी भ्रान्त धारणाओं को लेकर उनका मौन खलता है। आगे चलकर इस मौन के एक कारण का भी पता चलता है। यह वह दौर था जब सर सैयद अहमद के नेतृत्व में उर्दू मसले ने एक राजनीतिक रूप अख़्तियार कर लिया था और एम.एस. हावेल (M.S. Havell) जैसे शिक्षा अधिकारी इस नज़ाकत को भाँप गए थे और अपनी विशिष्ट कार्यनीति के तहत उर्दू को एक राजनीतिक हथियार के रूप में इस्तेमाल करने लगे थे। यह निर्विवाद है कि 18वीं-19वीं सदी के खड़ी बोली आन्दोलन की चर्चा करते हुए शुक्ल जी उर्दूविरोधी लेखक समूह से एक हद तक सहमत नज़र आते हैं।

शुक्ल जी ने जगह-जगह उर्दू शब्दों से बचाव की बात भी दोहराई है। लल्लूलाल की इसलिए प्रशंसा की गई है कि उन्होंने फ़ारसी-अरबी शब्दों से दामन बचाया है। ऐसे और भी कई सन्दर्भ हैं। पर इसके विपरीत उन्हें तुलसी-काव्य में इन विजातीय शब्दों पर आपत्ति नहीं हुई है। तुलसी की एक पंक्ति है—गोरो गरूर गुमान भरो यह, छोटो सो ढोटो है काको ? शुक्ल जी ने इस पंक्ति की 'कोमल भाषा' की भूरि-भूरि प्रशंसा की है जबकि 'गुरूर' शब्द अरबी का और 'गुमान' शब्द फ़ारसी का है। दरअस्ल अंग्रेज़ी राज के सामाजिक और राजनीतिक परिप्रेक्ष्य की जो सीमा है, वह हिन्दी-उर्दू विवाद को लेकर आचार्य जी की दृष्टि-सीमा भी बन जाती है। अन्यथा शुक्ल जी लोकपक्ष समन्वित काव्यदृष्टि के ऊपर शब्द-सम्पदा के मूल स्रोतों को तरजीह नहीं देते हैं।

शुक्ल जी ने देश के हिन्दीविरोधी लोगों से ज़्यादा गार्सां द तासी की भर्त्सना की है। गार्सां द तासी ने फ्रांस में बैठे-बैठे इस झगड़े को हवा दी है। संवत् 1909 के आसपास हिन्दी और उर्दू दोनों को ज़रूरी भाषा माननेवाले फ्रांसीसी विद्वान ने अनायास अपना पक्ष बदल लिया और आगे चलकर हिन्दी को महज़ एक बोली (Dialect) क़रार दिया। लगता है कि शुक्ल जी उर्दू को मुसलमानों की भाषा कदापि न कहते यदि अंग्रेज़ और उनके मंज़ूरे-नज़र लोग हिन्दी को हिन्दुओं की ज़बान घोषित न करते। यह एक प्रतिक्रिया है। उन्होंने भाषा को साम्प्रदायिक रंग देने की साज़िश को बहुत सही रूप में पहचान लिया था। बक़ौल उनके, "अंग्रेज़ों को सुझाया गया कि हिन्दी हिन्दुओं की ज़बान है जो बुतपरस्त हैं और उर्दू मुसलमानों की जिनके साथ अंग्रेज़ों का मज़हबी रिश्ता है—दोनों सामी या पैग़बरी मत को माननेवाले हैं।"

अब उर्दू के सांस्कृतिक पक्ष पर आएँ। शुक्ल जी उर्दू को इसलिए अग्राह्य समझते थे कि उसमें देश की संस्कृति की झलक नहीं दिखाई देती है। वे संस्कृति-परम्परा की सापेक्षता में भाषा का विकास देखना चाहते थे। उन्होंने राजा शिवप्रसाद की हिन्दी

सेवा की जहाँ प्रशंसा की है, वहीं इस बात को लेकर आलोचना भी की है कि राजा साहब ने अरबी-फ़ारसी मिश्रित खड़ी बोली का व्यवहार किया। विशेष रूप से उनके 'भाषा का विकास' निबन्ध पर टिप्पणी करते हुए शुक्ल जी ने खड़ी बोली के इस रूप को आदर्श नहीं माना है। उनके विचार में ''किसी देश के साहित्य का सम्बन्ध उस देश की संस्कृति-परम्परा से होता है। अतः साहित्य की भाषा उस संस्कृति का परित्याग करके नहीं चल सकती।'' यह सच है कि उर्दू शाइरी के पीछे मुस्लिम संस्कृति की एक लम्बी परम्परा रही है। शमशेर बहादुर सिंह ने भी 'दोआब' में उर्दू की 'संस्कृतिजन्य प्रेरणाओं' को स्वीकार किया है। लेकिन यहाँ बात ही कुछ और है। यहाँ यह बात विचारणीय है कि देश की संस्कृति-परम्परा को महज़ हिन्दू-परम्परा मान लेना कहाँ तक न्याय्य है ? क्या सात-आठ सौ वर्ष में देश की इस संस्कृति-परम्परा में मुस्लिम जीवन-शैली, आचार-विचार, रस्मो-रिवाज की कोई जगह नहीं रही है। इस सिलसिले में इतिहास की दो पुस्तकें हमारी विशेष मदद करती हैं—ताराचन्द की 'इनफ़्लुएंस ऑफ़ इस्लाम ऑन इंडियन कल्चर' और मुहम्मद उमर की 'हिन्दुस्तानी तहज़ीब का मुसलमानों पर असर'। इनकी विषय-वस्तु इनके नामों से ही स्पष्ट है। अतः हम इनके ब्यौरों में नहीं जाना चाहते। यह उर्दू की बात रही। इसी दौर में बाद में संस्कृतनिष्ठ हिन्दी और फ़ारसीनिष्ठ उर्दू के बीच एक आम भाषा की पेशकश की गई जिसे हिन्दुस्तानी कहा गया। शुक्ल जी ने 'हिन्दी साहित्य का इतिहास' में हिन्दुस्तानी पर अलग से कोई टिप्पणी नहीं की है। अलबत्ता पं. महावीरप्रसाद द्विवेदी के परिचय के दौरान उनके दो निबन्धों से उद्धरण दिए गए हैं जो हिन्दुस्तानी की प्रकृति को रेखांकित करते हैं। असग़र अली ख़ाँ साहब की मान्यता थी कि 'उर्दू ऑर हिन्दुस्तानी इज़ दि लिंगुआ फ्रैंका ऑफ़ दि कंट्री।' इस पर द्विवेदी जी की राय थी, ''समझना चाहिए कि जब हिन्दुस्तानी भाषा के प्रयोग पर ज़ोर दिया जाता है तब हिन्दुस्तानी नाम की आड़ में उर्दू का पक्ष लिया जाता है।'' शुक्ल जी ने कुछ समय बाद द्विवेदी जी के इसी विचार को 'चिन्तामणि' भाग तीन के निबन्ध 'हिन्दी और हिन्दुस्तानी' में दोहराया है—''हम भोली-भाली जनता को इस हिन्दुस्तानी से सावधान करना अत्यन्त आवश्यक समझते हैं। जो हिन्दुस्तानी इन लोगों के ध्यान में है वह थोड़ी छनी हुई उर्दू के सिवा और कुछ नहीं है।''

आचार्य शुक्ल के यहाँ उर्दू साहित्य, ख़ास तौर से शाइरी का स्वतन्त्र आकलन नहीं मिलता। उनके प्रबन्धों की योजना में इसकी कोई ख़ास जगह भी नहीं बनती थी। जहाँ उन्हें सादृश्य दिखाने की ज़रूरत पड़ी है, वहाँ वे उर्दू शाइरी को भूले नहीं हैं। उर्दू शाइरी के जो उल्लेख उनके यहाँ मिलते हैं, उनके आधार पर यह कहना अनुचित न होगा कि उर्दू शाइरी शुक्ल जी के समीक्षा-प्रतिमानों के अनुरूप नहीं बैठती। शाइरी में निहित विजातीय प्रवृत्तियाँ उन्हें सबसे ज़्यादा खटकती हैं। हम इस वहम के शिकार न हों कि संस्कृत, हिन्दी और बंगला की सम्पूर्ण कविता उन्हें जातीय परम्परा

और लोकमंगल से युक्त प्रतीत हुई हो। वे कबीर की कविता को भी 'चिड़चिड़ाहट पैदा करनेवाली' कविता कह सकते हैं और हिन्दू व मुसलमानों में प्रेमपूर्ण सम्बन्ध क़ायम करने की दृष्टि से जायसी की कविता की सराहना कर सकते हैं। अर्थात् यह कहना ज़्यादती है कि आचार्य जी का उर्दू साहित्य विषयक आकलन द्वेषजन्य और पक्षपातपूर्ण है।

आचार्य शुक्ल को मीर और ग़ालिब जैसे महान् शाइरों की कविता ने क्यों प्रभावित नहीं किया ? जबकि अंग्रेज़ी के रोमैंटिक कवियों की कविता के सकारात्मक पहलुओं की उन्होंने प्रशंसा की है। लेकिन इसी देश में और खड़ी बोली की ही एक भिन्न शैली यानी उर्दू में हो रही उच्च कोटि की कविता की ओर उनका ध्यान नहीं गया। मीर का महज़ नामोल्लेख करके रह जाते हैं और ग़ालिब को कमज़ोर कविता के उदाहरण के रूप में पेश करते हैं। जबकि निराला अपनी मानसिक उद्विग्नता के क्षणों में ग़ालिब के शे'रों का सहारा ढूँढ़ते थे।

अलबत्ता शुक्ल जी ने दो शाइरों की प्रशंसा की है—नज़ीर और सौदा। नज़ीर का उन्हें लोकवादी रंग पसंद आया होगा। उन्होंने काफ़ी सोच-समझकर नज़ीर के साथ 'मनमौजी' विशेषण लगाया है। यहाँ नज़ीर की कविता के लोकरंजनकारी पक्ष की ओर संकेत है। मिर्ज़ा मुहम्मद रफ़ी 'सौदा' की हज्व (निन्दापरक कविता) की शक्ति को भी शुक्ल जी ने स्वीकार किया है। 'सौदा' ने अपनी हज्वों और क़सीदों में अठाहरवीं सदी की दिल्ली के यथार्थ चित्र खींचे हैं। शुक्ल जी ने रीतिग्रन्थकार कवियों के प्रकरण में बेनी बंदीजन कवि के परिचय के दौरान सौदा को याद किया है। बेनी बन्दीजन अपने भड़ौवों (हास्य-व्यंग्य कविता) के लिए मशहूर थे। इसे उर्दू-फ़ारसी में हज्व कहते हैं। आचार्य जी ने सौदा के बारे में लिखा है, ''उर्दू साहित्य में सौदा हजों के लिए प्रसिद्ध हैं। उन्होंने किसी अमीर के दिए घोड़े की इतनी हँसी की है कि सुननेवाले लोट-पोट हो जाते हैं।''

शुक्ल जी ने उर्दू शाइरी के मर्सिया और ग़ज़ल काव्य-रूपों को काव्य के विभागों में उचित स्थान दिया है। काव्य के दो विभाग हैं—काव्य की साधनावस्था या प्रयत्न पक्ष को लेकर चलनेवाले और आनन्द की सिद्धावस्था या उपभोगपक्ष को लेकर चलनेवाले। मर्सियों को संस्कृत, हिन्दी और यूरोपीय महाकाव्यों के साथ पहले विभाग के अन्तर्गत रखा है। इसके अनन्तर फ़ारसी-उर्दू के शे'र और ग़ज़लों को दूसरे विभाग का उदाहरण माना है। वे केवल आनन्द के उपभोग पक्ष से सम्बद्ध काव्य को श्रेष्ठ नहीं मानते बल्कि उसमें आनन्द के प्रयत्न पक्ष की समाहिति भी ज़रूरी समझते हैं। इसी प्रकार मात्र प्रयत्न पक्ष तक सीमित काव्य भी उनकी दृष्टि में अधूरा है। उनके अनुसार वे ही पूर्ण कवि हैं जो जीवन की अनेक परिस्थितियों के भीतर सौन्दर्य का साक्षात्कार करते हैं। यहाँ यह बात ध्यान देने योग्य है कि आनन्द की साधनावस्था या प्रयत्न पक्ष के अन्तर्गत जिन महाकाव्यों और वीरगाथाओं का उन्होंने समावेश किया

है, उनमें से केवल भूषण के वीररसात्मक मुक्तकों को प्रयत्न पक्ष तक सीमित और उपभोग पक्ष से विमुख बताया है। अगर मर्सियों में भी यह एकांगिता होती तो आचार्य जी उसका उल्लेख किए बग़ैर न रहते क्योंकि उर्दू शाइरी की थोड़ी-सी ख़ामी भी उन्हें बहुत महसूस होती है। तब वे मर्सियों की सीमाएँ बताए बग़ैर कैसे रहते ? यह अनुमान करना मुश्किल न होगा कि काव्य की साधनावस्था या प्रयत्न पक्ष का विवेचन करते हुए किन शाइरों के मर्सिए उसके ज़ेहन में रहे होंगे ? शुक्ल जी जिस भाव-जगत् की व्यापकता और उसके लोक मंगलकारी पक्ष की बात करते हैं, वह अपने उदात्त रूप में मीर अनीस (1804-1874 ई.) के मर्सियों में विद्यमान है। कुछ अंशों में मिर्ज़ा सलामत अली 'दबीर' के मर्सियों में भी। अनीस फ़ैज़ाबाद में और दबीर दिल्ली में पैदा हुए थे। लेकिन दोनों की कर्मभूमि लखनऊ बनी। अनीस के मर्सियों में मानवस्वभाव की विविधताओं और शोक-संवेदना के साथ-साथ अन्यान्य भावों की जैसी व्यंजना मिलती है, वह अन्यत्र दुर्लभ है। दबीर का भी अपनी विलक्षण वर्णन-शैली को लेकर कोई सानी नहीं था। बाद के उर्दू शाइरों ने मर्सियों में अनीस का अनुसरण किया या दबीर का।

शुक्ल जी जीवनानुभवों की विविधता से रहित शोभा-सौन्दर्य को ग्राह्य नहीं मानते। उनकी दृष्टि में यह 'सजावट की रुचि का सामान' है। मात्र शृंगार, काव्य का प्रयोजन नहीं है। इसके लिए उन्होंने रवीन्द्रनाथ ठाकुर की भी आलोचना की है। 'जगत् के साधारण और अरुचिकर के बीच से असाधारण और रूचिर को छाँट-छाँट कर सजाना' शुक्ल जी को पसंद नहीं है। इसी के चलते उन्होंने फ़ारस की शाइरी को भी मुआफ़ नहीं किया है। उनकी राय में "फ़ारस की शाइरी भी अधिकतर चुनी हुई सजावट ही लेकर चलती है।"

'रस-मीमांसा' में ही विभाव विवेचन के अन्तर्गत फ़ारस की शाइरी और उससे प्रभावित हिन्दी व उर्दू कविता पर शुक्ल जी की आपत्तियाँ विचारणीय हैं। वे अमूमन किन्हीं रचनाओं पर निर्णय देने से पूर्व अपने काव्य-सिद्धान्त को सामने रख देते हैं। उनके मत में 'काव्य का चरम लक्ष्य सर्वभूत को आत्मभूत कराके अनुभव कराने में है। उसके माध्यम में भी अहंकार का त्याग आवश्यक है।' यहाँ 'अहंकार' शब्द का निहितार्थ समझना ज़रूरी है। जैसा कि हमें लगता है, शुक्ल जी कवियों द्वारा विभाव पक्ष के कुछ प्रमुख रूपों—पशु-पक्षी, प्राकृतिक दृश्य आदि—को केन्द्रीयता देकर शेष रूपों की उपेक्षा को कवि का अहंकार मानते हैं। उन्हें फ़ारसी कविता इस अहंकार से ग्रस्त लगती है। कहते हैं, "खेद है कि फ़ारस की उस महफ़िली शाइरी का कुसंस्कार भारतीयों के हृदय में भी इधर बहुत दिनों से जम रहा है। जिसमें चमन, गुल, बुलबुल, लाला, नरगिस आदि का ही कुछ वर्णन विलास की सामग्री के रूप में होता है। कोह, बियावान आदि का उल्लेख किसी भारी विपत्ति या दुर्दिन के ही प्रसंग में मिलता है। फ़ारस में क्या और पेड़-पौधे नहीं होते ? पर उससे वहाँ के शाइरों को कोई मतलब

नहीं। अलबुर्ज़ जैसे सुन्दर पहाड़ का विशद वर्णन किस फ़ारसी काव्य में है ?'' 'चिन्तामणि' भाग दो के 'प्राकृतिक दृश्य' निबन्ध में भी यह अंश अन्तर्भुक्त है। जहाँ तक हम शुक्ल जी के आशय को समझ सके हैं, वे प्रकृति के रूढ़ रूपों को कविता की प्रभावोत्पादकता में बाधक मानते हैं। मनुष्य के भाव-जगत् की भाँति प्रकृति को भी बहुरूपीय और विविधतापूर्ण होना चाहिए। कवि में रूढ़ प्रतीकों को नवीन अर्थ से सम्पन्न करने की प्रतिभा होना चाहिए। 'फ़ैज़' ने ग़ालिब की इसी विशेषता को लेकर उनकी प्रशंसा की है। ग़ालिब के यहाँ लाला-ओ-गुल का वही अर्थ नहीं रह जाता, जो कि पुरानी फ़ारसी शाइरी में मिलता है। 'सब कहाँ कुछ लाला-ओ-गुल में नुमायाँ हो गईं/ख़ाक में क्या सूरतें होंगी कि पिन्हाँ हो गईं।' ग़ालिब ने यहाँ स्मृतियों के शेष होते जाने के दुःख को व्यंजित किया है। पारम्परिक प्रतीकों द्वारा आधुनिक संवेदना को व्यक्त करनेवाले बेशुमार शे'र यहाँ पेश किए जा सकते हैं।

प्रसंगवश उर्दू-फ़ारसी के प्रतीकों के बारे में शुक्ल जी की राय जान लें। उन्हें पारम्परिक प्रतीकों से कोई गुरेज़ नहीं है। 'काव्य में रहस्यवाद' शीर्षक निबन्ध में उन्होंने हिन्दी-संस्कृत के हंस, चातक, मेघ, सागर, दीपक, पतंग आदि प्रतीकों की भाँति फ़ारसी शाइरी के बुलबुल, शमा-परवाना, शराब-प्याला आदि को सिद्ध प्रतीक कहा है।'' तभी ग़ालिब ने कहा होगा—'बनती नहीं है बादा-ओ-साग़र कहे बग़ैर।'

शुक्ल जी के इस कथन की गम्भीरता को समझना चाहिए कि 'फ़ारस में क्या और पेड़-पौधे नहीं होते ?' यह आपत्ति तब की जा सकती है जब हम उन पेड़-पौधों के नाम गिनाएँ जिन तक उर्दू-फ़ारसी कवियों ने अपने-आपको सीमित रखा है। शुक्ल जी ने सिर्फ़ 'लाला' और 'नरगिस' दो पौधों का उल्लेख किया है। अर्थात् उर्दू-फ़ारसी शाइरी में सिर्फ़ इन दो पेड़-पौधों की भरमार है। शेष प्रकृति नदारद है। जबकि इनके अलावा सर्व, सनोबर, यासमीन, अंजीर, घास-फूस, काँटेदार झाड़ियाँ आदि पर बेशुमार शे'र कहे गए हैं। 'हिन्दी साहित्य का इतिहास' में अमीर ख़ुसरो की प्रशंसा हुई है। उनकी फ़ारसी कविता में 'सर्व' पेड़ मिल जाएगा। फ़ारस की बात छोड़िए, उर्दू शाइरी में भारतीय वनस्पति का भावपूर्ण चित्रण किया गया है। मालूम हो कि 'मुसहफ़ी' ने अजबाइन पर तक एक मस्नवी लिखी है। नज़ीर के 'तिल के लड्डू' तो मशहूर हैं ही। ग़ालिब की 'आम' पर लिखी कविता भी हमें याद होना चाहिए। मोतिया, मोगरा, चम्पा, मौलिश्री जैसे भारतीय फूलों की छटा भी उर्दू कविता में देखी जा सकती है।

अब 'अलबुर्ज़' पहाड़ पर आइए। यहाँ फ़ारसी विषयक शुक्ल जी का ज्ञान आश्चर्य में डाल देनेवाला है। कोहे-अलबुर्ज़ उत्तरी ईरान में है। वास्तव में इस सुन्दर पहाड़ पर फ़ारसी में कोई बड़ी शाइरी नहीं मिलती। फ़ारसी दास्तानों में अलबत्ता इसके सन्दर्भ मिलते हैं। परियों के रहने के ठिकाने अक्सर पहाड़ हुआ करते थे। वहाँ एक पहाड़ यह भी है। फ़ारसी शाइरी में अलबुर्ज़ की जगह 'ग़ारे-हिरा' और 'कोहे-तूर' ने ले ली। तूर का सम्बन्ध हज़रत मूसा से है और ग़ारे-हिरा हज़रत मुहम्मद के जीवन

से जुड़ा है। फ़ारसी शाइरी में अलबुर्ज़ की तरफ़ ध्यान नहीं जाने के पीछे सांस्कृतिक कारण रहे हैं। हमें यह भी जान लेना चाहिए कि इक़बाल ने 'हिमाला' नाम से एक नज़्म लिखी थी। इसके अलावा हाली ने 'मुसद्दस' में कोहे-आदम (लंका की पर्वत श्रेणी की सबसे ऊँची चोटी) और कोहे-बीज़ा (स्पेन का एक पहाड़) के भरपूर हवाले दिए हैं।

आगे चलकर शुक्ल जी ने स्वाभाविक सहृदयता और अतिशयोक्तिपूर्ण वर्णन का अन्तर बताते हुए उर्दू शाइरी की चर्चा की है। कालिदास की स्वाभाविकता और भूषण के चमत्कार की तुलना की गई है। वहीं शुक्ल जी कहते हैं, "पर मुबालग़ा जहाँ हद से ज़्यादा बढ़ा कि मज़ाक़ हुआ। खेद है कि उर्दू की शाइरी ऐसे ही मज़ाक़ की सूरत में आ गई।" यहाँ यह जिज्ञासा स्वाभाविक है कि यह टिप्पणी देते हुए शुक्ल जी के मन में किस प्रकार की उर्दू शाइरी रही है ? जिस ओर आचार्य जी लक्ष्य कर रहे हैं, यह उस समय तक की उर्दू शाइरी का एक रंग तो हो सकता है, पर समूची उर्दू शाइरी नहीं। पुराने शाइरों के ब्यौरों में हम क्यों जाएँ ? इक़बाल तो शुक्ल जी के समकालीन रहे हैं। इक़बाल के ख़ुदी के फ़लसफ़े में मुबालग़ा के लिए कोई गुंजाइश नहीं है। तमाम उर्दू शाइरी ऐसी नहीं है, जहाँ यार की कमर ग़ायब होने पर वाह-वाह की गई हो।

'रस-मीमांसा' में काव्य में रस-विरोध का विवचेन करते हुए उर्दू शाइरी के दोष गिनाए गये हैं। इसे नैरंतर्यकृत विरोध भी कहा गया है। उनके मतानुसार एक रस विशेष के परिपाक की प्रक्रिया के बीच विजातीय भावों के आ जाने से रस-विरोध की स्थिति पैदा हो जाती है। भारतीय काव्यशास्त्र यही कहता है। उर्दू शाइरों ने इसके प्रति उदासीनता बरती है। उन्होंने भाव के उत्कर्ष और मुहावरे पर ज़्यादा ज़ोर दिया है। मिसाल के बतौर शुक्ल जी तीन शे'र रखते हैं–

बहुत शोर सुनते थे पहलू में दिल का
जो चीरा तो एक क़तरए-ख़ूँ न निकला

–आतिश

ज़ख़्म के भरने तलक नाख़ुन न बढ़ आएँगे क्या ?

–ग़ालिब

ऐ हुमा ! क्या मुँह है तेरा पोस्तकंदः मुझसे सुन
उस्तख़्वाँ मेरे हैं सब वक़्फ़े-सगाने-कूए-दोस्त।

तीसरे शे'र के साथ रचनाकार का नाम नहीं दिया गया है। कुछ खोजबीन के बाद मालूम हुआ कि यह भी 'आतिश' का शे'र है। पूरी ग़ज़ल को एक साथ पढ़ने के बाद इसकी रदीफ़ 'दोस्त' का महत्व समझ में आता है। यह लखनऊ के ख़ुसूसी

रंग में कही गई ग़ज़ल है जिसमें एकनिष्ठ प्रेम को अभिव्यक्ति मिली है। सानी मिसरे में चित्रित बीभत्स स्थिति फ़ारसी की एक रिवायत है। जायसी के यहाँ ऐसे चित्र बहुत मिल जाएँगे। संस्कृत काव्यशास्त्र के अनुसार यह रस-विरोध का उदाहरण बनता है।

लेकिन आतिश का पहला शे'र दूसरी नुअय्यत का है। इसमें हमें सजातीय और विजातीय भावों का विरोध नहीं ढूँढ़ना चाहिए। बल्कि इसके मफ़हूम को समझना चाहिए। शाइर चीज़ों के प्रति मनुष्य के भ्रम को लक्षित करना चाहता है। यहाँ भाव विशेष के विकास में एक प्रतिचरमोत्कर्ष की सृष्टि की गई है।

दूसरे नम्बर पर ग़ालिब की एक ग़ज़ल के मतूले का सानी मिसरा दिया गया है। पूरा शे'र यों है—

दोस्त ग़मख़्वारी में मेरी सई फ़रमाएँगे क्या
ज़ख़्म के भरने तलक नाख़ुन न बढ़ आएँगे क्या

इस ग़ज़ल के रचना-सन्दर्भ को अगर हम ध्यान में रखें तो शुक्ल जी से भिन्न नतीजा निकलेगा। विपरीत स्थितियों के ज़रिए भावों की तीव्रता और सघनता को उभारना ग़ालिब की कला का एक पहलू है। ग़ालिब दिल्ली को ख़ैरबाद नहीं कहना चाहते थे और पेंशन की चाह में लखनऊ व कलकत्ते का सफ़र भी लाज़िमी था। इस ज़ेहनी कशमकश की हालत में ग़ालिब ने यह ग़ज़ल कही थी। आख़िरी शे'र में आता भी है—'हमने ये माना कि दिल्ली में रहें, खाएँगे क्या ?' उपर्युक्त शे'र में ग़ालिब की मुराद यह है कि दोस्त हमदर्दी में मेरी मदद के लिए कहाँ तक दौड़-धूप करेंगे ? उनकी मदद के चंद दिनों के बाद फिर वही तंगदस्ती। ज़ख़्म जब तक भरेंगे, तब उन्हें कुरेदने वाले नाख़ुन फिर बढ़ आएँगे। शुक्ल जी ने 'ज़ख़्म के भरने' और 'नाख़ुनों के बढ़ने' की क्रियाओं में एक ही रस के भीतर विरोधी भाव की सामग्री देखी है। इस व्याख्या से काव्यशास्त्र के कुछ गूढ़ पक्षों से परिचय का लाभ ज़रूर होता है लेकिन ग़ालिब के शे'र का मर्म समझ में नहीं आता।

आचार्य शुक्ल ने 'चिन्तामणि' भाग तीन के 'हिन्दी और हिन्दुस्तानी' लेख में इस विवादास्पद बिन्दु पर अपने विचारों को अपेक्षाकृत ज़्यादा खुलकर प्रस्तुत किया है। यद्यपि संकेत रूप में ये बातें 'हिन्दी साहित्य का इतिहास', 'रस-मीमांसा' और 'चिन्तामणि' भाग दो में व्यक्त हो गई हैं। लेकिन यहाँ बिखरे हुए विचार-सूत्रों को एक व्यवस्था दे दी गई है। यह एक भाषण का लिखित रूप है और इसका रचना काल 1939 ई. है। यानी यह लगभग उनकी अन्तिम रचनाओं में से एक है। इससे पूर्व की उर्दू भाषा और साहित्य विषयक टिप्पणियों को देखते हुए यहाँ आचार्य जी के रुख़ में नर्मी आई है। उन्होंने भाषा और साहित्य की बहुलताओं का स्वागत किया है। कहते हैं, ''अनेकरूपता का नाम ही संसार है। सौन्दर्य की विभूति अनेक रूपों में प्रकट होती है। सहृदय उन सबमें आनन्द का अनुभव करते हैं।''

लेकिन उर्दू शब्द-भंडार के प्रति उनकी स्वाभाविक अरुचि सम्प्रति भी झलकती है। प्रसंगवश यह उल्लेख कर देना ग़ैर ज़रूरी न होगा कि अपने भाव और मनोविकार विषयक निबन्धों में शुक्ल जी अपनी सैद्धान्तिक मान्यता के विपरीत उर्दू शब्दों और मुहावरों का बड़ा ही सटीक और मौज़ूँ इस्तेमाल कर गए हैं। उनके अनेक वाक्य पाठकों की ज़बान पर रहते हैं–

'इसी बात का विचार करके सलाम साधक लोग हाकिमों से मुलाक़ात करने के पहले अर्दलियों से उनका मिज़ाज पूछ लिया करते हैं।' (उत्साह)

'जानवरों की इसकी (कविता की) ज़रूरत नहीं।' (कविता क्या है)

बात 'उर्दू और हिन्दुस्तानी' लेख की चल रही है। यहाँ यह बात ज़रूर साफ़ हो जाती है कि शुक्ल जी को उर्दू में से हिन्दीपन निकाले जाने पर सख़्त ऐतिराज़ है। उन्होंने मुल्ला वजही की देसी भाषा की प्रशंसा की है। नुसरती और वली दकनी की शाइरी के आरम्भिक नमूनों को भी ग्राह्य माना है। 'सौदा' की हिन्दी ढंग की रचनाओं को तो उन्होंने उद्धृत भी किया है। आशय यह है कि उन्हें हिन्दी की जातीय परम्परा के संस्पर्श से युक्त उर्दू रचनाएँ भाती हैं। वहीं उर्दू का एक दूसरा रूप भी है जिसमें 'हिन्दी के शब्दों की छँटाई' की गई है। उनके अनुसार यह काम दिल्ली में ख़ास तौर से 'हातिम' और लखनऊ में 'नासिख़' ने किया। दरअस्ल खड़ी बोली की संस्कृति परम्परा के संरक्षण की दृष्टि से तो हिन्दीपन निकालने की सचेत कोशिश की आलोचना की जानी चाहिए। इससे भी आगे अगर हिन्दी के शब्द-भंडार को निकालकर अरबी-फ़ारसी शब्दों को भरने की ग़रज़ से ही यह काम किया गया है तो और भी बुरा है। लेकिन उसी दौर की उर्दू कविता में गम्भीर मानवीय आशय को व्यक्त करने की ग़रज़ से भाषा में फ़ारसीनिष्ठता का पुट आ गया हो तो उसके प्रति हमारा नज़रिया क्या हो ? उसी दौर में ख़ुद ख़ुदाए-सुख़न 'मीर' के यहाँ दोनों भाषा-स्तर मिलते हैं–

दिल की तह की कहि नहिं जाती नाज़ुक हैं इसरार बहुत
अंछर तो हैं प्रेम के दो ही लेकिन है बिस्तार बहुत।

और इस शे'र में भाषा का दूसरा स्तर देखिए जिसके बारे में सरदार जाफ़री ने कहा था कि ऐसी इमेजरी फ़ारसी और उर्दू शाइरी में कहीं नहीं मिलती–

उगते थे दस्त-ए-बुलबुल-ओ-दामान-ए-गुल बहम
सहन-ए-चमन नमून : -ए-यौमुलहिसाब था।

अब दूसरे शे'र में मौजूद भाषा के रंग के बारे में यह कहना शायद ज़्यादती होगी कि इसमें से हिन्दीपन को निकाला गया है। ग़ालिब के यहाँ तो दोनों तरह की मिसालों की इफ़्रात है। ग़ालिब की काव्य-भाषा में 'सौदा' और 'मीर' की भाँति हिन्दी के तत्सम शब्द तो नहीं मिलते लेकिन देसी खड़ी बोली के 'चलते' प्रयोग जा ब जा

मौजूद हैं। हिन्दी शब्द-भंडार ही हिन्दीपन की एकमात्र पहचान नहीं है। 'फ़िराक़' गोरखपुरी ने अपनी किताब 'उर्दू कविता' में ग़ालिब की उस ग़ज़ल पर एक स्वतन्त्र अध्याय लिखा है जिसमें ग़ालिब ने हर मिसरे में हिन्दी भाषा के दरिया बहा दिए हैं—'क्या बने बात जहाँ बात बनाए न बने !' इतना ही नहीं ग़ालिब के यहाँ 'धौल-धप्पा' जैसे अनुकरण वाचक व देशज शब्दों का प्रयोग मिल जाता है जिनका फ़ारसी में कोई स्रोत नहीं है—'धौल-धप्पा उस सरापा नाज़ का शेवः नहीं।'

भाषा में से हिन्दीपन निकालने के लिए एक पारिभाषिक शब्द है—मत्रूकात। मत्रूक का अर्थ है तर्क किया हुआ या छोड़ा हुआ। डॉ. रामविलास शर्मा ने आचार्य शुक्ल के इस हिन्दीपन निकालने के सूत्र को आगे बढ़ाते हुए अपनी 'भाषा और समाज' किताब में मत्रूकात के सिद्धान्त का विशद विवेचन किया है। डॉ. शर्मा इसका मूल कारण उर्दू का संकुचित सामन्ती आधार मानते हैं। आचार्य शुक्ल ने इसे दरबारी कहा था। बात एक है। आचार्य शुक्ल हिन्दुओं और मुसलमानों के मेल से उर्दू का जन्म नहीं मानते हैं। क्योंकि 'मेल से पैदा हुई चीज़ की सूरत ऐसी नहीं होती' जैसी कि उर्दू की दिखाई देती है। इसी तर्क को डॉ. शर्मा ने पल्लवित किया है और कहा है कि "हिन्दुओं और मुसलमानों के मिलने से जो एक नई भाषा के जन्म का सिद्धान्त गढ़ा गया है, वह एकदम लचर है।" अतः आचार्य शुक्ल की भाँति डॉ. रामविलास शर्मा भी उर्दू को एक मुश्तर्का ज़बान के रूप में नहीं देखते हैं। ग़ौर तलब है कि अविभाजित भारत में उर्दू आन्दोलन के नेता मौलवी अब्दुल हक़ उर्दू की पैदाइश हिन्दू और मुसलमानों के सांस्कृतिक संश्लेषण (कल्चरल सिंथेसिस) से मानते हैं। यह दीगर बात है कि भारत विभाजन के बाद उन्होंने पाकिस्तान के निर्माण में उर्दू की मुख्य भूमिका बताई।

आचार्य शुक्ल और डॉ. रामविलास शर्मा तथा मौलवी अब्दुल हक़ के बीच जो मत-भिन्नता है उसका एक सामयिक सन्दर्भ है। उर्दू के मुश्तर्का ज़बान होने या न होने को लेकर ये बहस-मुहाबिसे आज भी जारी हैं। अब इसमें लिपि का प्रश्न और जुड़ गया है। आचार्य शुक्ल ने उर्दू के लिए नागरी लिपि अपनाने की बात कहीं नहीं कही। क्योंकि उर्दू और हिन्दी का यह भेद उन्हें ख़त्म होता नहीं दिखाई दे रहा था। अब इसके कुछ आसार नज़र आते हैं तो लिपि आड़े आ जाती है। लिहाज़ा मुआमला और पेचीदा हो उठता है। बोलचाल की उर्दू एक हद तक मुश्तर्का नज़र आती है। उर्दू अदब की एक धारा में भी यह साझापन है। वहीं दूसरी धारा में फ़ारसीयत की रिवायत का वर्चस्व है। इसी पेचीदगी के पेशेनज़र यह कहा जा सकता है कि यह सिर्फ़ भाषा का प्रश्न नहीं है बल्कि सांस्कृतिक और जातीय अस्मिता का प्रश्न भी है। आचार्य शुक्ल के विश्लेषण से यह बात तो समझ में आ जाती है कि उर्दू एक मुश्तर्का ज़बान नहीं है और इसका जन्म हिन्दू व मुसलमानों के मेलजोल से नहीं हुआ है, पर यह जिज्ञासा शान्त नहीं होती कि आख़िर यह भाषा कैसे अस्तित्व में आई ?

शायद समस्या के इस दूसरे पक्ष पर विचार व्यक्त करना उनकी योजना में नहीं आता था। वरना कहीं इसका ज़िक्र ज़रूर होता। बहरहाल।

इस आलेख में आचार्य शुक्ल के प्रबन्धों से उनके उर्दू भाषा और साहित्य विषयक विचारों को चुनकर पेश किया गया है। यथावश्यक टिप्पणी भी की गई है, कोई निर्णय नहीं दिया गया। उर्दू को लेकर उनके विचारों पर कोई निर्णय देने से पहले नवजागरण के दौरान हिन्दी और उर्दू की समानान्तर साहित्यिक परम्पराओं व भाषा-आन्दोलनों के बीच सामंजस्य और विरोध के बिन्दुओं की तलाश करनी होगी क्योंकि इन्हीं बिन्दुओं के इर्द-गिर्द शुक्ल जी की धारणाएँ बनी हैं। हमें इस समस्या से भी दो-चार होना पड़ेगा कि क्या हिन्दी जातीयता के निर्माण में उर्दू की भी वाक़ई कोई हिस्सेदारी रही है ? फिर भी इस चर्चा के बीच उद्धृत उनके विचारों की पृष्ठभूमि को समझने में हमें स्वयं उनकी समीक्षकीय विवेक-दृष्टि से मदद लेनी चाहिए। शुक्ल जी ने लोक में रुचि और प्रकृति की भिन्नता के बावजूद 'सामान्य अन्तर्भूमियों' की विद्यमानता स्वीकार की है। क्या हमें हिन्दी-उर्दू भाषाओं और उनके साहित्यों के बीच इन सामान्य अन्तर्भूमियों की खोज नहीं करनी चाहिए ?

—'नया मानदंड', जनवरी-मार्च, 1999

कवि शमशेर : ग़ज़ल पर बातचीत के दौरान

हक़ीक़त को लाए तख़ैयुल से बाहर
मेरी मुश्किलों का जो हल कोई लाए

—शमशेर

शमशेर की कविता कला की अन्तर्वर्ती चेतना का सामाजिक अन्तर्विरोधों से रिश्ता क़ायम करने की जद्दोजहद है। यही वजह है कि उनकी कविता में यथार्थ के रूपांतरण की प्रक्रिया उनके दौर के तथा आज के दीगर प्रगतिशील कवियों की बनिस्बत ज़्यादा संश्लिष्ट, सघन और बहुआयामी है। वे कला के प्रति अपनी ज़ाती मान्यताओं के तहत बाह्य यथार्थ का आभ्यन्तरीकरण करते हैं; फलतः उनकी मान्यताओं से अपरिचित आलोचक के लिए उनकी कविता की वस्तु और सामाजिक यथार्थ के अंतस्सम्बन्धों को पहचानने में कुछ भ्रान्तियों का शिकार होना पड़ता है। लेकिन हम यह मानकर चलते हैं कि किसी कवि की रचना-दृष्टि के बारे में एक वस्तुनिष्ठ नज़रिया बनाने के लिए उसकी सम्पूर्ण कविता में निहित उस मानवीय वस्तु पर दृष्टि केन्द्रित करना लाज़मी है जो ऊपर के तमाम अन्तरों के बावजूद आद्यन्त उसमें मौजूद रहती है। शमशेर की कविता में वह मानवीय वस्तु है—ऐतिहासिक प्रक्रिया के बीच सर्वहारा की मुक्ति-आकांक्षा। इस आकांक्षा का संवेदनात्मक बोध ही किसी रचनाकार का सत्य होता है। इसी 'सत्य का रुख़' और 'रंग' जानने की जुस्तजू 'बात बोलेगी' (1945) से लेकर 'ईरान और अफ़ग़ानिस्तान' (जनवरी 1980) नज़्म तक विभिन्न तेवरों में हर जगह मिलती है। सत्य का रुख़ और रंग जानने के दौरान वे वर्गीय सम्बन्धों से पैदा हुए तमाम अन्तर्विरोधों को खोलते चलते हैं और यह प्रक्रिया चूँकि उनके कलात्मक मीज़ानों से शासित होती है इसलिए कहीं अमूर्तता के नज़दीक पहुँच जाती है। यहाँ इस प्रक्रिया की प्रामाणिकता को समझने में उनकी कविता की वह वस्तु ही हमारी मदद करती है, जिसकी तरफ़ हमने ऊपर संकेत किया है। ऐसी स्थिति में आलोचना वहीं अपनी कारगर भूमिका अदा करती है जहाँ वह कवि की मनःक्रिया के भीतरी द्वन्द्वों से जुड़कर उसके बाह्य आधारों को रेखांकित कर सके।

बज़ाते-खुद मैं इसके लिए ज़रूरी समझता हूँ कि आलोचक को कवि की टिप्पणियों

पर ग़ौर करना चाहिए जो उसने अपनी कविता की मनोभूमि को समझाने के लिए गाहे-ब-गाहे लिखी हैं। मुक्तिबोध की कविता काफ़ी दिनों तक इसीलिए ग़लत व्याख्याओं के दौर से गुज़रती रही क्योंकि उनके वक्तव्यों से उसे समझने में कोई मदद नहीं ली गई। लेकिन प्रगतिशील आलोचकों ने जब 'नई कविता का आत्म-संघर्ष' और 'एक साहित्यिक की डायरी' से रचना-प्रक्रिया विषयक उनकी धारणाओं का जायज़ा लिया तब मुक्तिबोध के सामाजिक पक्ष को समझा गया। अभिप्राय यह है कि शमशेर की कलामूल्यगत धारणाओं के परिप्रेक्ष्य में उनकी कविता की वस्तु का विश्लेषण किया जाना चाहिए। मेरे सामने दो कथन हैं–

एक, "तस्वीर, इमारत, मूर्ति, नाच, गाना और कविता–इन सबमें बहुत कुछ एक ही बात अपने-अपने ढंग से खोलकर या छिपाकर या कुछ खोलकर कुछ छिपाकर कही जाती है। मगर इनके ये अलग-अलग ढंग दरअस्ल एक-दूसरे से ऐसे अलग-अलग नहीं हैं, जैसे कि ऊपरी तौर से लगते हैं।" (दूसरा सप्तक, वक्तव्य पृ. 79)

दूसरे, "इसका सीधा-सादा मतलब हुआ, अपने चारों तरफ़ की ज़िन्दगी में दिलचस्पी लेना, उसकी ठीक-ठीक यानी वैज्ञानिक आधार पर (मेरे नज़दीक यह वैज्ञानिक आधार मार्क्सवाद है) समझना और अनुभूति और अपने अनुभव को इसी समझ और जानकारी से सुलझाकर, स्पष्ट करके, पुष्ट करके अपनी कला-भावना को जगाना। यह आधार इस युग के हर सच्चे और ईमानदार कलाकार के लिए बेहद ज़रूरी है। (वही पृष्ठ 80)

पहले कथन में उन्होंने कलाओं के अन्तरानुशासन से जुड़ी हुई मूलभूत समस्याओं को रेखांकित किया है। शमशेर अलग-अलग कलाओं के रूप-विधान और रचना-प्रक्रियागत भेदों के बावजूद उनकी केन्द्रीय स्थिति में कोई फ़र्क़ स्वीकार नहीं करते। वे उस मानवीय वस्तु को ऊपरी भेदों की तुलना में ज़्यादा अहमियत देते हैं जो कि किसी रचना या प्रस्तुति को कला का दर्जा देती है। रचना-प्रक्रियागत आग्रहों के कारण कविता इस वस्तु को ज़्यादा खुलकर तरजीह देती है, नृत्य, चित्रकला आदि अपेक्षाकृत छिपकर। शमशेर अपनी कविता में चित्रकला की इम्प्रेशनिस्ट शैली का व्यवहार करते हैं। वे अपनी काव्य-संवेदना को रंगों के भावात्मक अर्थों से सम्पन्न करते हुए चलते हैं। यह भी सही है कि रंगों के संयोजन में वे कहीं आत्मविमुग्धता की स्थिति तक पहुँच जाते हैं। एक स्थिति के बाद उनके कवि का विवेक उन्हें पुनः सामाजिक चेतना के प्रवाह से जोड़ देता है। यह स्थिति ही शमशेर की कविता में आत्मसंघर्ष का वह बिन्दु है जहाँ से उनकी रचनात्मकता सही दिशा ग्रहण करती है। यह आत्मसंघर्ष की प्रक्रिया उनकी कविता में इस सिरे से उस सिरे तक व्याप्त है। बहरहाल उनकी कविता को पढ़ते हुए एम.एच. अब्राहम की बात बहुत मौजूँ लगती है : "पेंटिंग इज़ म्यूट पोयट्री एंड पोयट्री ए स्पीकिंग पिक्चर।"

और दूसरे कथन में वे कवि के लिए महज़ अनुभवों और अनुभूतियों को बयान

करना ही काफ़ी नहीं मानते बल्कि उन्हें एक ख़ास वैज्ञानिक दृष्टि के तहत ग्रहण करने की सिफ़ारिश करते हैं। कला-भावना के जाग्रत होने के लिए वे वर्गीय समाज के सांस्कृतिक व आर्थिक-सामाजिक अन्तर्विरोधों के प्रति एक सुलझी हुई समझ ज़रूरी मानते हैं। इस वैज्ञानिक समझ के अभाव में रचनाकार उन्हीं विचारों की पक्षधरता करने लगता है जो कि अभिजन वर्ग के पक्ष में जाते हैं। इसलिए रचनाकार सर्वहारा वर्ग की विचारधारा के तहत अनुभवों को रचना के संस्कार देता है। अनुभव गें यथार्थ को रूपान्तरित करने के लिए सामाजिक परिप्रेक्ष्य के परिवर्तन की प्रक्रिया को जानने पर शमशेर का विशेष ज़ोर है। भाववादी लेखकों की तरह रचना-प्रक्रिया को वे कोई रहस्यमय मानस-व्यापार नहीं तस्लीम करते, बल्कि उसे व्यापक सामाजिक आधार से जोड़ते हैं। मलयज से एक बातचीत में भी उन्होंने अपनी रचना-प्रक्रिया की ज़मीन की ओर इशारा किया है। उनके अल्फ़ाज़ हैं : ''मेरी ज़रूरत थी, सच्ची ज़रूरत, उसने मार्बिड और रुग्ण मनःस्थिति से जिसमें कि मुझे डर था कि पड़ा रहकर मैं बिलकुल ही डूब जाऊँगा, सपाट हो जाऊँगा, उबारा। मार्क्सवाद का जनवादी रूप, उसकी जनवादी आकांक्षा हमेशा मुझे आकर्षित करती है जो मुझसे मेरी प्रकृति से भिन्न न हो।'' (कविता से साक्षात्कार) इससे यह साफ़ ज़ाहिर होता है कि वे अपनी कविता का एक वह पक्ष भी मानते हैं जो कि ऐंद्रिय संवेदनों से जुड़ा हुआ है और जिसके होते हुए भावुक हो जाने का ख़तरा बरहमेश बना रहता है, जहाँ वस्तुपरक दृष्टि अपनी सक्रियता खो देती है और चीज़ों के प्रति विवेकरहित आवेश का रवैया ही कवि की नियति बन जाती है। यह स्थिति मूल्यचेतना के स्तर पर एक प्रकार के नियतिवाद को प्रश्रय देती है जिससे व्यवस्था और सत्ताधारी वर्ग द्वारा प्रचारित मूल्यों पर प्रश्न चिह्न लगाने के बजाय कवि या तो उन्हें 'कन्फ़र्म' कर देता है या एक उत्तेजनाजनित प्रतिक्रिया व्यक्त करके रह जाता है। वैज्ञानिक वस्तुपरक दृष्टि की भूमिका कवि के लिए यहीं अहम हो जाती है। यह दृष्टि शमशेर में बज़ाहिर दिखती है। इसीलिए वे 'शाम और रात : तीन स्टैंज़ा' जैसी वैयक्तिक स्वर वाली प्रेम कविताएँ लिखते हैं और 'य' शाम है' तथा 'वाम वाम वाम दिशा' जैसी जनवादी चेतना से युक्त कविताएँ भी। वस्तुतः प्रेम और जनवादी कविता में आन्तरिक विरोध की स्थिति नहीं है। फिर डॉ. रामविलास शर्मा को शमशेर के कवि-संस्कार रीतिवादी कविता और छायावादियों में पन्त की रचनाओं से प्रभावित लगते हैं तो इस पर हैरत ही की जा सकती है। अपने इस आकलन में दरअस्ल वे अपनी ही मान्यताओं के ख़िलाफ़ खड़े हो जाते हैं। उन्होंने कहीं लिखा है कि 'आर्थिक-राजनीतिक स्तरों पर परिवर्तन की प्रक्रिया तेज़ी के साथ चल सकती है, लेकिन इन्द्रियबोध के स्तर पर यह परिवर्तन शनैः-शनैः होते हैं। कविता का सम्बन्ध इन्द्रियबोध से है। अतः इसकी अन्तर्वस्तु में भी धीरे-धीरे बदलाव आता है। यही कविता की सापेक्ष स्वतन्त्रता है।' एक ओर कविता की सापेक्ष स्वतन्त्रता का समर्थन और दूसरी ओर कविता से एक तथ्यवादी चरित्र की माँग; इन दोनों प्रतिमानों का विरोधाभास स्पष्ट

है। यहाँ ज़रूरत इस बात की है कि शमशेर की कविता के भीतर इन्द्रियबोध और वस्तुगत स्थितियों के अंतस्संबंधों को समझना चाहिए। वरिष्ठ ही नहीं नए आलोचक भी कभी इन अंतस्संबंधों पर ध्यान दिए बिना अतार्किक निर्णय देते पाए जाते हैं। मसलन, एक नए आलोचक ने 'भावतरंगों या भावधाराओं का उच्छवास' शमशेर की कविता की मूलवस्तु माना है।...यह ग़ौर तलब है कि डॉ. रामविलास शर्मा ने अपनी आपत्ति ज़ाहिर करते हुए शमशेर की ग़ज़ल का एक शे'र उद्धृत किया है। शे'र है—

गुलशन से जो इतराती आँगन में बहार आई
खुशज़ौक़ दुल्हन उसकी शोख़ी को सँवार आई

ऐसे रोमानी अंदाज़ के और भी कोई शे'र उनकी कविता में मिल सकते हैं। लेकिन रोमानी स्थितियों के प्रति शमशेर का सुलूक वही नहीं है जैसा कि उर्दू के रीतिवादी कवियों का है। हम अपनी बात को फिर दोहराते हैं कि वर्गचेतना से प्रकट सम्बद्धता के न होते हुए भी इस तरह की कविताओं में मानवीय वस्तु की कहीं-न-कहीं स्थिति है। यह स्वीकार्य है कि जनवादी आकांक्षाओं तथा सामाजिक दायित्वबोध के सन्दर्भ में इस तरह की कविताएँ अपेक्षाकृत कम महत्व की रचनाएँ साबित होती हैं।

शमशेर की कविता से जुड़े हुए इन मुद्दों को लेकर स्वतन्त्र रूप से उनकी ग़ज़लों पर भी सोचा जा सकता है। उनकी ग़ज़लों में 'तख़ैयुल' की दुनिया से बाहर आकर 'हक़ीक़त' की ज़मीन पर पहुँचने की अन्तर्यात्रा मौजूद है। ग़ज़लगो शमशेर इम्प्रेशनिज़्म या सर्रिअलिज़्म से प्रभावित नहीं हैं। बल्कि ग़ज़ल के कलात्मक आग्रहों के प्रति सचेत रहते हुए भरे-पूरे मानवीय संसार को तरजीह देनेवाले कवि हैं। 'नाज पकने पर खुले आकाश से, बिजलियाँ गिरती हैं निर्धन के लिए', जैसे शे'र इसकी मिसाल हैं। ग़ज़लों में कहीं आत्म-चित्र हैं तथा कहीं वस्तु-सत्य का अंकन भी। मैं उनकी ग़ज़लों का सम्बन्ध उर्दू परम्परा के बजाय भारतेन्दु और निराला की ग़ज़लों से जोड़ना चाहूँगा। यह तर्कसंगत भी है। अगरचे उनकी ग़ज़लें भारतेन्दु और निराला से कहीं ज़्यादा उर्दू ज़ुबान के मुहावरे के समीप हैं। उनकी ग़ज़लें प्रगतिशील आन्दोलन से लेकर अब तक काफ़ी बहसतलब रही हैं। आज चूँकि विशुद्ध रूपवादी आग्रहों के कारण ग़ज़ल के नाम पर बहुत-सी रचनाएँ प्रकाश में आ रही हैं, इस लिहाज़ से शमशेर की ग़ज़लों पर काफ़ी-कुछ सोचना बाक़ी है। इसके लिए मुझे ज़रूरी लगा कि स्वयं उनसे ग़ज़ल के बारे में उनकी राय जानी जाए और ख़ासतौर से अपनी ग़ज़लों की वस्तु और रचना-प्रक्रिया को समझा जाए। मैंने साक्षात्कार की औपचारिकताओं से बचते हुए उनसे एक बातचीत की है। बहुत सारी साहित्यिक-राजनीतिक बातों के बीच यह बातचीत भी होती रही। मेरे पास कोई प्रश्नमाला जैसी चीज़ नहीं थी। शमशेर जी किसी प्रश्न के उत्तर में या तो मौन रहते हैं या बहुत दूर तक चले जाते हैं। इसलिए उनके उन्हीं विचारों को यहाँ प्रस्तुत किया जा रहा है जो कि मेरे प्रश्नों के आसपास हैं—

जा.—'कण्टेंट' और 'फ़ार्म' की अंतक्रिया सम्बन्धी मान्यता पर सभी प्रगतिशील चिन्तक एकमत हैं। 'आलोचना' के प्रगतिशील साहित्य विशेषांक में मैंने पढ़ा था कि आपने डॉ. रामविलास शर्मा के हवाले से इस विषय पर कुछ लिखा था। डॉ. शर्मा ने आपकी किसी ग़ज़ल को लेकर पूरी ग़ज़ल विधा को सामन्ती फ़ार्म कह दिया है। क्या ग़ज़ल सचमुच में सामन्ती फ़ार्म है ?

श.—हाँ, रामविलास जी उस ज़माने में एक पत्र के सम्पादक थे। मैंने उन्हें अपनी एक पसन्दीदा ग़ज़ल भेजी थी। जिसका एक शे'र है—'यह सलामी दोस्तों को है मगर, मुट्ठियाँ तनती हैं दुश्मन के लिए।' उन्होंने इस टिप्पणी के साथ ग़ज़ल को वापिस लौटा दिया कि ग़ज़ल तो दरबारों से निकली हुई विधा है, वह प्रगतिशील मूल्यों को अभिव्यक्ति देने में अक्षम है। रामविलास जी की मेरे प्रति अच्छी राय कभी नहीं रही—आज भी नहीं है। लेकिन मैं उनकी आलोचना से काफ़ी हद तक प्रेरणा लेता हूँ। अपने आपको सुधारता हूँ। पर जहाँ तक उनके पूर्वग्रहों की बात है उनका मैंने सदा विरोध किया है। मैंने उस वक़्त भी प्रगतिशीलता और ग़ज़ल को लेकर उन्हें विस्तार से जवाब दिया। मैंने ख़ुद उनसे सवाल किया था कि आल्हा का छन्द भी कौन-सा प्रगतिशीलता के अनुकूल है, क्या यह भी सामन्ती फ़ार्म नहीं ? क्योंकि रामविलास जी ने आल्हा छन्द में कई कविताएँ लिखी हैं। मैं कण्टेंट और फ़ार्म के अन्तर्सम्बन्धों को रचना की बुनियादी शर्त मानता हूँ। कण्टेंट स्वयं अपनी प्रकृति के मुताबिक़ फ़ार्म की तलाश करता है। एक सही रचनाकार बेहतर ढंग से जानता है कि उसे किस बात के लिए कौन-सा माध्यम चुनना है ? मुझे ग़ज़ल में कोई पुरानापन नज़र नहीं आता।

जा.—लेकिन आपने 'दो आब' में ग़ज़ल के सम्बन्ध में लिखा है, "दरबारी सभ्यता के चिह्न इसमें विशेष हैं, कवि एक ही भाव में दिमाग़ को नहीं उलझाता।" इन दरबारी चिह्नों को पीछे छोड़ने या त्यागने की प्रक्रिया से आप किस तरह गुज़रे हैं ?

श.—मैंने यह बात उर्दू ग़ज़ल के बारे में कही थी। यह वह उर्दू ग़ज़ल है जो या तो दरबार युग की है या उसकी समाप्ति के ठीक बाद की जिसमें दरबारी परम्परा अभी शेष रही है। मैंने जिस समय ग़ज़लें लिखीं वह समय दरबारी युग से काफ़ी बाद का है। और ख़ासतौर से हिन्दी कविता में रीतिकाल को गुज़रे हुए शताब्दियाँ बीत गईं। अतः उससे बचने के लिए प्रयास करने की आवश्यकता भी महसूस नहीं होती।

जा.—हिन्दी और उर्दू भाषाओं की प्रकृति में कुछ अन्तर है। आपकी ग़ज़लों में उर्दू भाषा के इस्तेमाल को लेकर यह विवाद है कि ये ग़ज़लें हिन्दी लिपि में लिखी गईं उर्दू ग़ज़लें हैं। आप इससे कहाँ तक इत्तिफ़ाक़ करते हैं ?

श.—दरअस्ल बात यह है कि मैंने ग़ज़ल को अपनी और कविता से अलग कोई विशिष्ट रचना नहीं माना। हिन्दी-उर्दू भाषाएँ मुझे कभी दो चीज़ें नहीं लगी हैं। मेरा प्रयास हमेशा यह रहा है कि मैं इन दोनों भाषाओं के फ़र्क़ को दूर कर सकूँ। ग़ज़ल

भी लिरिक की एक विधा है, जिसकी अपनी एक सुस्पष्ट परम्परा है। मैंने उसमें रचना की है तो किसी विशिष्टता के दावे के साथ नहीं। ये तत्त्वतः हिन्दी की रचनाएँ हैं क्योंकि इनका मिज़ाज उर्दू शाइरी का नहीं है।

जा.—शमशेर जी, आपने 'दो आब' में लिखा है कि हिन्दी और उर्दू कविता के बीच 'संस्कृतिजनित भिन्नता' है। यह भिन्नता किस प्रकार की है, थोड़ा स्पष्ट कर सकेंगे ?

श.—कविता की प्रक्रिया के पीछे उसकी सांस्कृतिक पृष्ठभूमि तो होती ही है, इस तथ्य को नकारा नहीं जा सकता। लेकिन इस बात पर ग़ौर करना चाहिए कि यह सांस्कृतिक पीठिका नए भावों को अभिव्यक्ति देने में बाधा नहीं बनती। इसलिए लगभग एक-से भावों को दोनों भाषाओं के साहित्य में अभिव्यक्ति मिल सकती है। जैसा कि मैंने हाली के 'मुसद्दस' और मैथिलीशरण गुप्त की 'भारत-भारती' की तुलना करते हुए भी कहा है। यह बात ज़रूर है कि जिस युग में संस्कृति कविता से घनिष्ठ रही होती है, उस युग की दोनों भाषाओं की कविताओं में अवश्य अन्तर देखने को मिलेगा। आज यह बात नहीं है।

जा.—अभी आपने जो ईरान और अफ़ग़ानिस्तान की समस्या पर ग़ज़ल सुनाई है, उसमें आपकी राजनीतिक दृष्टि का बहुत ही साफ़ परिचय मिलता है और जनवादी राजनीतिक व्यवस्था की ज़बरदस्त हिमायत भी। इस ग़ज़ल का सम्बन्ध वस्तु के स्तर पर आपकी आरम्भिक प्रगतिशील कविताओं से लगता है। यह ग़ज़ल क्योंकि तात्कालिक घटना के प्रति ताज़ा प्रतिक्रिया है, इसलिए इसकी रचना-प्रक्रिया में आपकी पिछली ग़ज़लों या कविताओं की तुलना में यदि कुछ फ़र्क़ नज़र आता है तो उस पर रौशनी डालें ?

श.—पहली बात तो यह है कि मेरी जिस रचना को आप ग़ज़ल कह रहे हैं, यह ग़ज़ल नहीं नज़्म है। अक्सर लोग यह भूल कर बैठते हैं कि रदीफ़-क़ाफ़िए की संगति को देखकर नज़्म को ही ग़ज़ल कह देते हैं। ख़ासतौर से हिन्दी आलोचक के साथ यह बड़ी शिकायत है। मुक्तिबोध पर लिखी गई मेरी नज़्म को भी लोग ग़ज़ल कह देते हैं। नज़्म में एक ही विषय के प्रति कवि का वस्तुनिष्ठ नज़रिया रहता है, उसी विषय या मौज़ू को वह अलग-अलग अशआर में तरजीह देता है। याने उसमें अनेक भाव-स्थितियाँ तो हो सकती हैं लेकिन उनका आधार एक ही मौज़ू होगा। जबकि ग़ज़ल के हर शे'र में अलग मौज़ू रहता है। यह और बात है कि ग़ज़ल के हर शे'र में विषयों की भिन्नता के बाद भी एक 'यूनिटी' होती है। दूसरी बात, ईरान और अफ़ग़ानिस्तान का मसला कोई इन्हीं दो मुल्कों का मसला नहीं है। यह एक मानवीय समस्या है, अमरीकी साम्राज्यवादी शक्ति का यह एक ऐसा भद्दा प्रदर्शन है जो जनवादी मूल्यों की पक्षधरता करनेवाले किसी भी रचनाकार को प्रभावित करे; यह स्वाभाविक है। हम चाहें तो भी इन समस्याओं से अपने मस्तिष्क को मुक्त नहीं रख सकते। इस नज़्म को मैं पिछली कविताओं से कोई ज़्यादा अलग करके नहीं देखता। दरअस्ल

इसको लिखते समय मैं काफ़ी बेचैन रहा और अब काफ़ी सुकून महसूस कर रहा हूँ।...ग़ज़ल पर और भी कई सवाल उठाए जा सकते हैं। लेकिन विशेष रूप से इसके बारे में मेरा अपना जो सोचना है, वह शायद इस बातचीत से काफ़ी-कुछ स्पष्ट हो सका होगा।

[यह बातचीत 27 जनवरी, 1980 को मॉडल टाउन, दिल्ली में उनके आवास पर सम्पन्न हुई और इसी वर्ष 'धरती' पत्रिका (इलाहाबाद) में प्रकाशित हुई।]

●●●